민법전의 용어와 문장구조

2018년 법무부 민법개정안
(알기 쉬운 민법안)을 중심으로

,

송덕수

박영사

머리말

우리 민법전이 제정된 것이 1958. 2. 22.이니 올해로 만 60년이 되었다. 사람의 경우 만 60세는 환갑(還甲)이라고 하여 새로운 인생을 시작하는 나이이다. 민법전도 그런 시점에 이른 것이다. 그런데 민법전은 －최근에 개정되어 쉽게 표현된 일부 조문을 제외하고는－ 거의 전부가 제정될 때의 고색창연한 모습을 그대로 유지하고 있다. 즉 토씨를 빼고는 모두 한자로 되어 있고, 용어들은 대부분 어려운 한자어이며, 띄어쓰기는 물론 마침표도 없는 상태이다. 그리고 어구나 표현 자체가 우리 어법에 맞지 않는 일본식인 경우가 태반이다. 그러다보니 일반 국민이나 민법을 처음 공부하는 이들은 말할 것도 없고, 때에 따라서는 법률전문가조차도 민법을 매우 어렵고 생소하게 느끼게 된다. 민법전의 이와 같은 모습을 바꾸기 위하여 법무부는 민법 일부개정 법률안(알기 쉬운 민법안)을 2018. 2. 28. 입법예고하였다.

법무부가 입법예고한 이 개정안(아래에서는 '2018년 법무부안'이라고 함)은 이번에 처음 준비한 것이 아니다. 법무부는 그러한 법률안을 2009년과 2015년에도 준비하여 입법을 시도하였었다. 그런데 입법에 성공하지 못했고, 그리하여 이번에 세 번째로 다시 준비하였다. 민법을 알기 쉽게 만드는 개정은 외국의 거의 모든 나라가 이미 완수했으며, 우리나라는 오히려 늦은 셈이다. 그리고 이 개정은 되도록 빨리 이루어져야 한다. 그리고 그렇게 될 것으로 기대한다. 개인적으로는 2018년 법무부안이 곧 입법화되어, 우리 민법전이 시행된 지 60주년이 되는 2020. 1. 1.부터는 개정된 민법이 시행되었으면 하는 바람이다.

저자는 −최초의 알기 쉬운 민법안인− 2009년 법무부안을 성안한 '알기 쉬운 민법 만들기 특별분과위원회'에 위원으로 참여하여 활동하였다. 그리고 2013년에는 법제처 '민법 알기 쉽게 새로 쓰기 자문위원회'의 위원장을 맡아 2013년 법제처 정비안을 성안하였으며, 그 정비안은 2015년 법무부안의 실질적인 기초로 되었다. 저자는 그 과정에서 제안하거나 논의한 사항에 대하여 자료를 보관하고 있었으며, 후에 민법이 개정되고 여건이 되면 이 책과 같은 연구를 해보리라 마음먹고 있었다. 그런데 민법이 아직 개정되지 않았지만 이 연구를 하게 되었다. 그 이유는 다음과 같다.

2018년 법무부안은 법제처가 2006년부터 시작한 '알기 쉬운 법령 만들기 사업'의 정점에 있는 것이라고 할 수 있다. 그 안은 −일부 사항을 제외하고는− 법령 정비에 대한 최신이면서 최고인 거의 모든 기준이 적용된 결과를 내포하고 있다. 그리고 거기에 적용된 정비기준 중에는 아직 법령 정비기준으로 확정되지 않았지만 앞으로 당연히 정비기준으로 되어야 할 것들도 있다. 따라서 2018년 법무부안의 모든 용어와 문장은 현재 가장 진보된(그리고 장래에 나아가야 할 방향의) 것으로서 법률과 법률문장의 가장 모범이 되는 것이라고 할 수 있다. 저자가 2018년 법무부안을 중심으로 '민법전의 용어와 문장구조' 연구를 그 안에 따른 민법 개정이 이루어지기 전에 하게 된 연유가 거기에 있다.

저자가 이 연구를 하게 된 주된 이유는 단순히 2018년 법무부안이 신속하게 입법되도록 촉구하기 위해서가 아니다. 2018년 법무부안은 우리 민법전이 당연히 취해야 할 모습인 만큼 그것의 입법화는 조만간 이루어질 것이어서, 오히려 그 안을 전제로 민법전상의 새로운 모습의 용어와 문장을 조사하여 저자 스스로도 그것을 익히고, 나아가 그것들을 민법학자나 법조인, 그 밖의 다른 법률전문가들에게 알려주고 싶었다. 이것이 저자가 이 연구를 한 주된 이유이다.

저자가 이 연구를 서둘러 하게 된 계기가 있다. 저자는 재직하는 이화여자대학교에서 인문사회계 교수로는 처음이자 현재까지는 유일하게 '이화 펠로우(fellow)'로 선정되어 지원을 받고 있다.

저자는 그 지원으로 지난 2월 프랑스 파리1대학 법학도서관에 가서, 희귀본 도서여서 그 대학에서도 열람을 극히 제한하고 있는 세계 최초의 근대민법전인 '프랑스인의 민법전'(1804년)과 ―그 후에 이름이 바뀐― '나폴레옹법전'(1807년)의 열람을 사전에 신청한 뒤, 며칠 후에 특별열람실에서 전율을 느끼면서 떨리는 손으로 표지의 가루가 묻어나는 그 두 권의 책을 조심스럽게 살펴본 바 있다.

그 책들을 보면서 놀라운 사실을 발견했다. 그 당시에 인쇄된 법전 뒤쪽에 많은 페이지에 걸쳐 프랑스민법전의 사항 색인이 두어져 있었던 것이다. 프랑스가 얼마나 열심히 민법 제정을 준비하고 관리했는지 짐작할 수 있었다.

그리고 우리나라에서는 어떤가 하고 반문해 보았다. 그리고 저자만이라도 새로운 민법에 대해 ―어차피 그 방향으로 나아갈 것이라면 입법이 되기 전이라도― 용어와 문장을 분석하고 그것을 널리 알려야겠다고 생각했다. 다행히 저자가 그에 대한 연구를 하는 데 필요한 자료와 경험이 많으니 다른 사람보다는 하기가 쉬울 것 같았다.

이 연구는 2018년 법무부안의 경우 단순히 용어와 문장에서 어떤 변화가 있는지를 요점만 추려놓은 것이 아니다.

우선 중요하게 변동된 사항(공통적인 특징)에 대해서는 2018년 법무부안 전체 즉 제1조부터 제1118조까지를 모두 조사하여, 중요 변동사항이 개별조문에서 그대로 바뀌었는지 살펴보고, 개별 조문에서 다소라도 차이가 있다면 어떻게 차이가 있는지를 구체적으로 분류하여 정리하였다. 그 결과 중요 개정사항이 개별 조문에서 구체적으로 어떻게 실현되었는지를 모두 살펴볼 수 있었다. 그리고 그렇게 연구를 하였더니 동일한 표현이라도 개별적인 문장에서 약간씩 바뀐 모습을 사소한 것까지도 확인할 수 있었다. 이는 귀납적인 연구방법에 따른 성과라고 할 수 있다. 이 책에서 여러 곳에 동일하게 또는 유사하게 변경된 조문들을 모아놓은 그룹을 보게 될 텐데 그것들이 바로 개별적인 조문을 조사해서 함께 적어 둔 것이다.

다음에는 개별 조문들을 하나씩 차례로 살펴서 특기할 만한 변동사항이 있는 경우 해당 조문들을 따로 추려 변동사항에 대하여 설명을 하였다. 그러면서 때로는 이전 단계의 민법안들을 조사하여 어떤 단계에서 변화되었는지를 찾아서 적어주기도 하였다.

위와 같은 방법으로 연구를 하다 보니 연구가 무척 힘들었다. 단순히 머리로만 생각하여 판단하고 그 결론을 적는 것과는 사뭇 다르게, 조사 자체에만도 많은 시간이 소요되었다. 그리고 조사한 결과를 분류하고 해석을 하는 것도 여간 고역이 아니었다. 그런데 그렇게 연구를 해 두니 민법 규정의 구체적인 변동사항이 확연히 드러나게 되었고 그것을 저자 스스로도 쉽게 알 수 있었다.

민법학자를 포함하여 법률전문가들은 이 연구 책자를 정독을 하게 되면 아주 짧은 시간 안에 2018년 법무부안의 실상을 파악하고 —일본식 어법이나 표현이 아니고— 우리 어법과 표현에 맞는 모범적인 법률용어와 법률문장을 익히게 될 것이다. 그리고 이것이 저자가 이 연구를 하고 책을 펴내는 궁극적인 목적이다. 아무쪼록 이 책이 우리의 법률전문가의 연구와 법률문화의 발전에 조금이라도 기여하게 되기를 바라마지 않는다.

이 책은 우리 민법전 자체를 가지고 분석하고 연구한 현재까지 유일한 연구서이다. 다른 법률의 경우에도 이와 같은 연구는 없었던 것으로 알고 있다. 그래서 그런지 이 연구를 마치고 나니 선구적인 연구를 한 것 같아 보람이 느껴진다. 앞으로 민법 분야에서뿐만 아니고 다른 법률 분야에서도 이와 같은 연구가 행해지고, 그리하여 전체적으로 법률용어와 법률문장이 더욱 발전되기를 기원한다.

이 책이 나오기까지는 여러 분들의 도움이 있었다. 우선 저자를 '이화 펠로우'로 선정 · 지원하여 이 연구에 활력을 불어넣어 준 이화여자대학교 당국에 깊이 감사드린다. 그리고 우리나라의 법률문화와 민법학의 발전을 위하여 이 연구서의 출판을 쾌히 승낙해 주신 박영사 안종만 회장님과 조성호 기획이사, 이 책을 빠른 시간 안에 훌륭하게 만들어주신 김선민 부장에게도 감사드린다. 또한 원고 정리를 하느라 수고를 많이 한 이화여대 대학원 법학과 석사과정의 황희옥 법학사(행정법 전공이지만 저자의 연구조교임), 아주 바쁜 중에도 이 책의 원고를 꼼꼼하게 읽고 조그마한 흠까지 지적해 준 한국법학원 전문위원 홍윤선 박사와 이선미 위원에게도 감사 인사를 전한다. 아울러 이 연구에 필요한 자료를 제공해주신 법제처 송상훈 운영지원과장(2013년 법제처 자문위원회 회의 당시 주무 과장인 법령정비담당관이었음)과 법무부 법무심의관실 김훈주 연구위원에게도 감사드린다.

2018. 10.

송덕수

차 례

제1장 서론

제2장 알기 쉬운 민법의 입법 필요성과 2018년 법무부안의 성안 경과

제3장 공통적인 특징(중요 변동사항)

제4장 조문별 특기사항

제5장 알기 쉬운 민법을 위한 추가 연구 과제

일러두기

- 이 책에서 민법 조문을 인용할 때에는 조문수만 적었다.
- 이 책 조문대비표상의 민법 조문은 2018년 법무부 입법예고안에서 따온 것이다. 그 조문들 중 현행 규정은 관보에 공포된 모습 그대로이다(다만, 2018년 법무부 입법예고안의 현행 규정 중에 일부 부정확하게 기재된 부분이 있었는데, 그러한 경우에는 관보를 직접 확인하여 수정하였다).
- 조문대비표에서는 용어 등의 변동사항을 쉽게 파악할 수 있게 하기 위하여 특별히 비교해서 살펴보아야 할 부분에 음영 표시를 하였다.
- 이 책에서 공통적인 특징을 보이는 조문들을 모아둘 경우에 조문들이 많은 때에는 그 부분을 다른 부분과 쉽게 구별해서 볼 수 있도록 따로 구분하였고 또 들여쓰기를 하였다. 우선 전체적으로 요점만을 먼저 파악하려고 할 때에는 그 부분을 건너뛸 수 있을 것이다.

- 이 책에서는 몇 가지의 알기 쉬운 민법안을 가리키는 표현을 사용하고 있는데, 그 안이 가리키는 것은 다음과 같다.
  · 2009년 법무부안: 법무부에서 2008. 7. 14.에 구성한 '알기 쉬운 민법 만들기 특별분과위원회'에 의하여 성안된 민법 개정안
  · 2013년 법제처 정비안: 법제처에서 2013. 6. 13.에 구성한 '민법 알기 쉽게 새로 쓰기 자문위원회'가 마련한, 민법 개정을 위한 법제처 권고안
  · 2015년 법무부안: 법무부에서 2014. 9.에 구성한 '알기 쉬운 민법 개정위원회'에 의하여 성안된 민법 개정안
  · 2018년 법무부안: 법무부에서 2017. 1. 24.에 구성한 '알기 쉬운 민법 개정 T/F'에 의하여 성안되고 2018. 2. 28에 입법예고된 민법 개정안

- 이 책에서는 참고문헌 가운데 자주 인용되는 것은 약칭을 써서 인용하였다. 그러한 문헌 약칭과 정식 문헌 표시는 다음과 같다.

· 법제처, 정비기준(제1판): 법제처, 알기 쉬운 법령 만들기를 위한 정비기준, 2006(초판)
· 법제처, 정비기준(제8판): 법제처, 알기 쉬운 법령 정비기준, 제8판, 2017. 12
· 법제처, 민법 설명자료집: 법제처, 알기 쉽게 새로 쓴「민법」설명자료집, 2013
· 법제처, 민법 설명자료집 별책: 법제처, 알기 쉽게 새로 쓴「민법」설명자료집 [별책] 알기 쉽게 새로 쓴「민법」정비안, 2013
· 법제처, 알법 백서: 법제처, 알기 쉬운 법령 만들기 백서, 2016
· 김문오/홍사만, 우리 민법: 김문오/홍사만, 쉽게 고쳐 쓴 우리 민법, 국립국어원, 2003
· 송덕수 외, 알법 용역 보고서: 연구책임자 송덕수, 알기 쉬운 법령 만들기 10년의 성과 평가 및 발전방안에 관한 연구, 법제처 연구용역 보고서(발간등록번호 11－1170000－000588－01, 미공간), 2016
· 2018 민법개정안 의견서: 한국민사법학회 편, 2018년 민법 일부 개정법률 [알기 쉬운 민법]안에 관한 민법학자 의견서, 2018
· 2018년 공청회 자료집: 법무부,「알기 쉬운 민법」개정을 위한 민법 개정 공청회, 2018

제1장 서론

1. 연구의 목적

2018. 2. 28. 법무부는 민법 일부개정 법률안(아래에서는 '2018년 법무부안'이라고 한다)을 입법예고하였다. 그 법률안은 민법을 알기 쉽게 고친 것인데, 입법예고는 민법안 전체를 하나로 하지 않고 총칙편(법무부공고 제2018-38호), 물권편(법무부공고 제2018-39호), 채권편(법무부공고 제2018-40호), 친족편 · 상속편(법무부공고 제2018-41호)의 넷으로 나누어 행하여졌다. 물론 공고일자는 2018. 2. 28.로 동일하였다. 2018년 법무부안은 법무부가 중심이 되어 법제처 · 국회사무처 등 여러 관련 기관과 협력하여 여러 단계를 거쳐 마련된 것이다. 법무부가 이른바 '알기 쉬운 민법안'을 입법예고한 것이 이번이 처음은 아니다. 뒤에 자세히 설명하는 바와 같이(제2장 2. 참조), 법무부는 2009. 7. 23.에 친권제도의 개정내용과 함께 알기 쉬운 민법안을 입법예고한 바 있고(법무부공고 제2009-117호), 2015. 8. 26.에는 알기 쉬운 민법안만으로 입법예고를 했었다(법무부공고 제2015-228호). 그리고 이번 입법예고가 세 번째의 것이다. 이들 중 2009년에 입법예고한 개정안은 알기 쉬운 민법안은 빼고 친권제도에 관한 것만 국회에 제출되었으며, 2015년에 입법예고한 개정안은 국회에 제출된 뒤(의안번호: 1917126) 법제사법위원회에 회부되어 전문위원 심의까지 마쳤으나, 제19대 국회 임기 만료로 폐기되었다. 그

후 법무부는 2015년 개정안을 수정 · 보완하여 2018. 2. 28.에 다시 입법예고를 하게 된 것이다.

저자는 이 책에서 2018. 2. 28.에 입법예고된 민법개정안 즉 2018년 법무부안을 중심으로 용어와 문장구조를 분석 · 정리하려고 한다. 법률을 올바르게 해석하려면 우선 법률에 사용된 용어와 표현, 문장구조 등을 파악하고 있어야 한다. 그래야 법률규정의 의미를 정확하게 알 수 있기 때문이다. 그럼에도 불구하고 그 동안 우리나라에서는 법률해석에서 문리해석을 등한시해왔다. 법률의 연구자들은 대체로 어떤 법률문제에 대하여 연구할 때 관련된 법률규정을 찾아서 문자적인 해석을 하는 데서 출발하기보다는 곧바로 해당 문제에 관한 문헌을 읽고 내용을 파악하려고 시도해 왔던 것이다. 그러다 보니 법률의 용어나 문장구조를 연구한 문헌이 나온 적도 없다. 그 점은 민법의 경우에도 마찬가지이다. 이러한 상황에서 저자는 2018년 법무부안이 곧 입법화될 것으로 생각하고, 민법이 개정된 후에는 민법의 연구자들이 민법을 해석할 때 먼저 문리해석을 철저하게 하고 그러면서 용어나 문장의 뜻을 정확하게 이해하도록 하기 위하여 이 연구서를 펴내려고 한 것이다. 이 책은 비단 민법을 자세히 연구하는 사람들에게만 유용한 것은 아니다. 이 책을 보게 되면 민법을 인용하거나 참고하는 사람들은 아주 짧은 시간에 민법 전체의 용어와 문장에 익숙해질 수가 있으며, 그 결과 정확하게 인용하고 표현하는 것이 가능하게 될 것이다. 또한 앞으로 민법이나 다른 법률을 제정하거나 개정할 때에도 크게 참고가 될 것이다. 우리나라에서는 입법의 방법에 관해서는 연구도 적을뿐더러 전문적인 교육은 전무하다시피 하다. 그러한 상황에서 이 책은 간접적으로 입법방법을 알려주는 역할도 해주리라 믿는다. 그 외에 국회에서 2018년 법무부안을 심의할 때에도 이 책은 적지 않게 도움이 될 것이다. 앞에서 설명한 바와 같이, 이 책은 주로 2018년 법무부안을 분석하여 용어나 표현, 문장구조를 정리하려고 하는 것이며, 그 안을 비판하고 수정하려고 하는 데 목적이

있는 것이 아니다. 그렇지만 그 안이 아직 입법화되지 않았기 때문에, 그에 대한 비판의견이나 수정의견이 있으면 – 그것이 의미가 클 경우 – 그러한 의견에 대해서도 언급하고, 필요한 때에는 사견도 밝히려고 한다. 그렇게 되면 그 부분은 입법을 하는 과정에서 요긴하게 쓰일 수도 있다.

저자가 이 책을 집필하게 된 계기는 다음과 같다. 뒤에 설명하는 바와 같이(제2장 2. 참조), 2018년 법무부안은 단기간에 마련된 것이 아니고, 2008년부터 10년에 걸쳐 성안되었다. 그리고 그 성안은 크게 네 단계를 거쳤다. 저자는 네 단계 중 앞의 두 단계에 직접 참여하였다. 그리하여 저자는 2018년 법무부안의 성안경과를 처음부터 소상히 알고 있는 몇 안 되는 사람 중 하나이다. 그리고 2018년 법무부안의 내용 중 큰 변화는 그 대다수가 앞의 두 단계에서 이루어졌다. 따라서 저자는 그러한 사항들에 대하여 그것들을 결정한 과정까지 상세히 알고 있다. 이미 발표된 자료 중에 2018년 법무부안의 성안경과와 주요 개정내용을 소개한 것이 많이 있으나, 완전히 누락되었거나 불충분하게 소개된 내용도 적지 않다. 그리하여 저자는 전술한 목적을 위하여 저자가 보관하고 있는 자료가 흩어지기 전에 그 자료도 활용하여 2018년 법무부안의 성안경과와 그 안에서의 용어와 문장구조를 그 근거와 함께 자세히 알려서, 이 책의 내용이 필요한 모든 이에게 도움을 주고자 하였다.

이 책의 연구목적에 비추어 볼 때, 이 책은 무엇보다도 민법을 연구하거나 교육하는 민법학자 등의 민법전문가에게 가장 유용할 것이다. 그리고 민법만의 전문가는 아니지만 수시로 민법을 참고하고 인용하는 판사·변호사·검사 등의 법조인과 그 밖의 법률전문가에게도 크게 도움이 될 것이다. 어쩌면 민법전문가보다 일반적인 법 전문가인 이들에게 더욱 유용할지도 모른다. 왜냐하면 민법전문가는 민법 개정에 자주 관심을 가지고 있어서 민법상의 용어 변화에 대해 어느 정도 알고 있을 때가 많은 데 비하여, 일반적인 법 전문가는 민법 자체의 변화나 움직임에 대해 잘 모르고 있는 때가 많기 때문이다. 뒤의 경우에는 –민법이 개정된 뒤라면– 많은 노력과 시간을 들여 용어 등에 관하여 파악하지 못하면 잘못된 용어를 사용하거나 새로운 민법에 맞지 않게 표현할 가능성이 크게 된다. 그 외에 전문가는 아니지만 민법을 활용하거나 공부하는 사람들도 이 책을 보게 되면 아주 빠르게 민법에 적응할 수 있을 것이다.

2. 연구의 내용과 범위

이 책에서는 2018년 법무부안을 중심으로 민법상의 용어와 표현, 문장구조를 파악하여 정리하려고 한다. 그럼에 있어서 현행 민법전(민법이라는 이름의 법률)과 비교하여 살펴보려고 한다. 민법전문가는 물론이고 일반적인 법 전문가도 2018년 법무부안을 현행 민법전과 비교해 보았을 때에 보다 쉽게 변화된 내용을 인식할 수 있을 것이기 때문이다. 그 점은 민법에 어느 정도 익숙해져 있는 사람이라면 전문가가 아니라도 마찬가지이다. 그리하여 2018년 법무부안이 '어떠하여야 하는가?'보다는 용어나 문장구조에서 '어떤 모습인가?'라는 측면에서 연구를 할 것이다. 물론 앞에서 언급한 바와 같이(제1장 1. 참조), 때로 2018년 법무부안에 대한 수정의견도 제시할 것이나, 그것은 이 책의 주된 연구내용이 아니고 부수적인 것일 뿐이다.

이 책에서는 우선 2018년 법무부안에서 용어나 문장구조와 관련해서 여러 조문에 공통적이고 중요한 사항이 있을 경우 그것들을 자세히 살펴보려고 한다. 그러한 사항에 관하여 논의과정에서 사용된 자료가 있으면 그 과정과 근거도 설명해 줄 것이다. 만약 상세한 자료가 없으면 문헌들을 참고하거나 추정하여 설명할 가능성도 있다. 공통적인 사항 가운데에는 법률용어나 법적인 문장에 해당하는 것이 많을 것이나, 법령에서의 일반적인 용어나 표현인 경우들도 있을 것이다. 이들 중 후자에 대해서는 법제처의 '법령정비기준'에 미뤄야 한다는 의견도 있을 수 있다. 그러나 일반적인 용어나 표현이지만 2018년 법무부안에서 처음 현실화된 것이 적지 않은데 그것들은 당연히 설명해 주어야 하고, 그렇지 않은 것이라도 민법전이 가지는 의미나 영향범위를 생각해 볼 때 중요한 것들은 이 책에서 분석하고 소개해주는 것이 바람직하다. 그렇게 본다면 이 책에서 다룰 공통적인 중요사항에는 법률용어, 일반용어, 법적인 표현, 일반적인 표현, 구두점 등과 같은 맞춤법, 서술어 등 여러 가지가 있을 수 있다.

이 책에서는 공통적인 중요 변동사항 외에 조문별로 개별적인 사항도 살펴볼 것이다. 출현빈도가 1회나 소수라는 이유로 그 같은 변화를 도외시한다면 2018년 법무부안을 온전하게 파악할 수 없을 것이기 때문이다. 조문들을 개별적으로 살펴볼 때에는 2018년 법무부안을 현행 민법전과 대비해 보려고 한다. 그러면 그 개정안이 현행 민법전과 어떻게 다른지를 한눈에 비교해볼 수 있을 것이다. 그런데 모든 조문이 아니고 특기사항이 있는 중요한 조문만을 선별하여 설명할 것이다. 그리고 특기사항으로는 의미가 큰 것만, 그것도 다른 조문에서 설명하지 않은 것에 대해서만 적을 것이다.

그 외에 이 책에서는 2018년 법무부안에 포함되지 않았지만 추후에 시간을 가지고 연구하여야 할 과제에 대하여도 적으려고 한다. 그 가운데에는 어느 정도 연구가 된 사항의 경우에 국회 심의과정에서 과감하게 입법에 반영할 수 있는 것도 있을 수 있다.

3. 논술 순서

이 책의 논술순서는 다음과 같다. 이 책 제2장에서는 알기 쉬운 민법의 입법 필요성과 2018년 법무부안의 성안 경과를 기술하려고 한다. 그리고 제3장에서는 2018년 법무부안의 여러 조문에 공통적인 중요한 변동사항에 대하여 설명할 것이다. 제4장에서는 2018년 법무부안의 개별 조문별로 특기사항과, 추가로 고려할 사항이 있다면 그것도 적으려고 한다. 제5장에서는 2018년 법무부안에 반영되지 못한 추가적인 장기 연구과제를 기술할 것이다. 그리고 제6장에서는 이 연구를 하면서 느낀 점을 밝히면서 이 책의 집필을 마무리하려고 한다.

제2장 알기 쉬운 민법의 입법 필요성과 2018년 법무부안의 성안 경과

1. '알기 쉬운 민법'의 입법 필요성

(1) 법제처의 '알기 쉬운 법령 만들기' 사업과 민법

1) 국민의 생활을 규율하는 법률이나 명령·규칙 등(아래에서는 이들을 통틀어 '법령'이라고 한다)은 마땅히 알기 쉽게 되어 있어야 한다. 그런데 과거에 우리의 법령은 일반 국민은 물론이고 지식인들까지도 알기 어렵게 되어 있었다. 우선 법령 전체가 토씨를 제외하고는 모조리 한자로 되어 있었고, 용어 자체도 일본에서 만들어진 생소한 것이거나 어려운 한자어 투성이였다. 게다가 표현이나 문장구조도 일본식이거나 우리의 어법과 거리가 먼 경우가 비일비재하였다. 그러다 보니 법령은 법조인을 비롯한 법률전문가의 전유물로 전락하고 말았다.

이러한 상황에서 정부가 법령을 알기 쉽게 고치려고 노력한 것은 당연한 일이었다. 정부의 그러한 노력은 크게 둘로 나누어진다. 하나는 2006년부터 시작된 '알기 쉬운 법령 만들기 사업'(아래에서는 '알법 사업'이라고 한다)이고, 다른 하나는 '알법 사업' 이전의 사업이다. 이 두 사업을 간략하게 소개하면 다음과 같다.

2) '알법 사업'을 하기 전에도 법제처는 법령을 알기 쉽게 고치기 위하여 몇 가지 사업을 하였다.[1] 먼저 1985년부터 2003년까지 법령용어 순화 사업을 시행하였다. 구체적으로는 법령용어 순화 편람(1985년부터 1996년 사이에 제1집~제6집 발간), 법령용어 사례집(2001년), 법령용어 순화 정비 편람(2002년 · 2003년) 등을 발간하였다. 이 사업은 법령용어의 순화를 위한 자료를 상당부분 축적하게 하였으나, 편람이 강제성을 가지고 있지 않아서 직접적으로 법령용어를 순화하게 하지는 못했다.[2]

다음에 법제처는 2005년부터 알기 쉬운 법령 만들기의 일환으로 법령 이름 띄어쓰기를 추진하였다. 그때까지 법령의 이름은 하나의 단일한 고유명사로 취급되어 띄어쓰기를 하지 않고 모두 붙여 써왔다. 그러던 것을 2005. 1. 1. 이후 제정 · 개정되는 법령부터 법 이름을 어법에 맞게 띄어쓰기 시작한 것이다.[3]

한편 2000년부터 2005년까지는 법률 한글화 사업을 시행하였다. 우리나라에서는 1948. 10. 9.에 이미 「한글 전용에 관한 법률」이 제정되었고, 정부가 1963. 11. 20.에 정부공문서규정을 개정하여 법규문서를 포함하여 문서는 표준어를 사용하여 한글로 띄어서 가로쓰기를 하도록 하였다.[4] 그럼에도 불구하고 한글 전용의 원칙은 충실하게 지켜지지 않았다. 그러자 정부는 1968. 12. 24. 「한글 전용에 관한 국무총리 훈령」을 제정하여 1970. 1. 1.부터 법규문서를 포함한 정부의 공문서는 모두 한글로 표기하게 하였고, 그에 따라 시행령 · 시행규칙 등 하위법령에 대해서는 개별법령별로 전부 개정 절차를 밟아 모두 한글화하였다.[5] 그런데 시행령 · 시행규칙 등이 모두 한글화된 것과 달리 법률에서는 2000년

1) 여기에 관하여 자세한 내용은 법제처, 알기 쉬운 법령 만들기 백서, 2016(아래에서는 '법제처, 알법 백서'라고 인용한다), 12면 이하 참조. 이 책은 법제처에서 2006년부터 10년간 시행한 '알법 사업'의 성과를 정리하고 향후의 추진방향을 제시한 것이다.

2) 법제처, 알법 백서, 13면.

3) 법제처, 알법 백서, 14면.

4) 다만, 이 규정은 법규문서는 한자를 혼용할 수 있다고 규정하고 있었다. 동 규정 제10조 제1항 단서 참조.

5) 법제처, 알법 백서, 16면.

대까지도 상당수가 여전히 한자와 한글이 혼용되고 있었다. 그리하여 정부에서는 2000년 이후 법률 한글화 사업을 시작하여, 2000년에는 새로 제정하거나 전부 개정하는 법률에 대해서 한글화를 추진하였고, 2001년부터는 일부 개정하는 법률도 개정되는 조문은 모두 한글화를 하였다.[6] 그러나 이에 따라 한글화되는 법률 건수가 너무 적었고,[7] 개정 필요성이 적은 법률이나 법률 조문은 시간이 아무리 오래 지나도 한글화되기가 어려운 문제가 있었다.[8] 그래서 정부는 2002년부터 모든 법률을 전면적으로 한글화하기 위한 방안을 검토하였고, 그 결과 한자로 된 법률을 일괄해서 모두 한글로 바꾸는 「법률 한글화를 위한 특별조치법안」을 마련하여 2003년과 2004년 두 번에 걸쳐 국회에 제출하였다.[9] 그런데 이 법안은 각각 16대 국회 임기 만료, 17대 국회 임기 만료로 모두 폐기되었다. 이 법안은 한자가 사용된 법률을 한꺼번에 한글화하는 점에서는 큰 의미가 있으나, 법률에는 한자 외에 일본식 한자어, 어려운 한자어 등도 많아서 한자를 한글로 바꾸는 것만으로는 근본적으로 법률을 알기 쉽게 만들지 못하는 문제가 있었다. 참고로 말하면, 이 법안에서는 민법 · 상법 · 상법시행령 · 어음법 · 수표법 · 형법 · 형사소송법 · 사회보호법의 8개 법률은 중 · 장기적 연구를 거쳐 점진적으로 한글화하여야 할 법률로 분류되어 즉시 한글화하는 법률 759건에서 제외되어 있었다.[10]

그 외에 법제처에서는 2005년에 일본식 용어 표기의 실태와 정비 방안 연구용역을 추진하였다.[11]

---

6) 법제처, 알법 백서, 18면.

7) 당시 법률 1,000여건 중 매년 한글화되는 법률 건수는 20건~40건에 불과했다고 한다. 법제처, 알법 백서, 18면 주 3 참조.

8) 법제처, 알법 백서, 18면.

9) 법제처, 알법 백서, 18면.

10) 법제처, 알법 백서, 19면의 본문 및 주 4 참조.

11) 법제처, 알법 백서, 19면.

3) 방금 설명한 '알법 사업' 이전의 사업들은 대체로 적극적이지 않고 소극적이었으며, 법령 전체에 관한 것이라기보다는 그 일부나 특정 부분에 한정되는 것이었다.[12] 그리고 그 사업들만으로는 법령을 충분히 알기 쉽게 만들 수 없었다. 그리하여 법제처에서는 법률의 한글화 사업과 법령용어 순화 사업을 포괄하면서 확대 개편한 '알법 사업'을 시작하게 되었다. '알법 사업'은 2005년에 계획을 수립하여 2006년부터 본격적으로 시작하였다.[13] 2006. 5. 30. 국무회의에 보고된 '알법 사업' 5개년 계획에 따르면, 2006년에는 정비기준을 마련하고 법률 70건을 정비하며, 2007년부터 2010년까지 매년 약 250건씩 정비하도록 되어 있다.[14] 그런데 이 계획에서도 민법·상법·형법·형사소송법 등 내용이 중요한 법률을 법제처가 아니고 소관 부처에서 정비하도록 하였다고 한다.[15]

'알법 사업'의 추진방식을 보면, 우선 개정 단위는 정비 대상 용어로 하지 않고 개별적인 법령으로 하기로 하였다. 그리고 개정 유형과 관련해서는 그 사업 초기에는 해당 법률의 전 조문을 대상으로 모두를 알기 쉽게 정비하는 '전부 개정' 방식을 채택하였으나, 그러한 경우에는 실무적으로 검토해야 할 사항이 너무 많아서 2007년부터는 '일부 개정' 방식으로 전환하였다.[16] 한편 법률이 개정되어야 할 때 비로소 알기 쉽게 고치는 경우에는 계획대로 5년 동안 1,000여건의 정비를 하는 것이 불가능하였기에, 내용 개정이 없이 순수하게 표현만을 알기 쉽게 정비하는 새로운 방식의 입법유형(이를 '순수 알법'이라고 한다)을 고안하여 시행하였으며, 이러한 '순수 알법'은 법제처가 주도하여 정비안을 마련하고 입법

12) 연구책임자 송덕수, 알기 쉬운 법령 만들기 10년의 성과 평가 및 발전방안에 관한 연구, 법제처 연구용역 보고서(발간등록번호 11-1170000-000588-01, 미공간), 2016(아래에서는 '송덕수 외, 알법 용역 보고서'라고 인용한다), 12면.

13) 법제처, 알법 백서, 23면.

14) 법제처, 알법 백서, 26면 참조.

15) 이지원, "알기 쉬운 민법을 만들기 위한 법무부 개정 작업", 「민법개정, 무엇을 어떻게 할 것인가?」(한국민사법학회 2008년 하계 학술대회 발표문집), 2008, 233면.

16) 법제처, 알법 백서, 38면.

절차를 거쳐 국회에 제출하기로 하였다.[17] 그리고 2007년부터는 사업의 효율적인 추진을 위해 추진 방식을 이원화하여, 부처의 입법계획이 수립된 법률은 법제처가 권고안을 제공하면 이를 기초로 부처가 입법절차를 주도하는 '내용 알법'으로 추진하고, 내용 개정 수요가 없는 법률은 법제처가 주도하여 입법절차를 대행하는 '순수 알법'으로 추진하였다.[18]

'알법 사업'은 2013년 이후 확대되었다. 우선 법제처는 2013년부터 자문위원회를 구성하여 국민생활과 법 체계에 큰 영향을 미치는 기본법에 대하여 알기 쉽게 새로 쓰는 방법으로 정비를 시작하였다. 그 대상은 민법 · 형법 · 민사소송법 · 가사소송법 · 행정소송법 · 형사소송법이었는데, 2013년과 2014년에는 민법[19]과 형법을, 2016년에는 형사소송법을 알기 쉽게 정비하여 소관 부처인 법무부에 송부하였다.[20] 그리고 2014년부터는 법령의 일본식 용어, 장애인 비하표현 등의 정비를 시작하였고, 2015년부터는 특정 계층 또는 집단에 대한 부정적 인식이나 차별적 의미의 법령용어, 구시대적인 권위적 법령용어, 어려운 전문분야의 법령용어 등의 정비를 추진하고 있다.[21]

4) '알법 사업'의 추진실적을 살펴본다. 법제처의 조사(2016. 8. 31. 기준)에 따르면, 법률 정비는 '알법 사업' 5개년 계획에 따라 2006년부터 2010년까지 법률 977건에 대한 정비안을 국회에 제출하였고 그 중

17) 법제처, 알법 백서, 39면.

18) 법제처, 알법 백서, 40면.

19) 여기의 민법 정비안이 뒤에 설명하는 2018년 법무부안의 성안 경과의 두 번째 단계에 해당한다.

20) 법제처, 알법 백서, 27면. 그리고 이 책 27면 · 34면에 따르면, 민사소송법은 2002년에 전부 개정으로 한글화 및 표현 순화가 이루어졌고, 가사소송법은 2002년에 알법 개정이 완료되었으며, 행정소송법은 법무부가 입법예고한 행정소송법 개정안에 대하여 법제처가 2013년에 자문위원회를 구성하여 검토한 뒤 그 결과를 법무부에 보냈다. 그 외에 법제처 홈페이지에 따르면, 2017년에는 상법 정비안을 법무부에 송부했다고 한다. [법제처 홈페이지 '법령 · 해석정보'→'알기 쉬운 법령 만들기'→'최근 추진 실적 및 현황' 사이트 http://www.moleg.go.kr/lawinfo/easylaw/status] (최종방문일 2018. 8. 7)

21) 법제처, 알법 백서, 28면 · 29면.

783건이 국회를 통과하였으며, 2016년까지 추가로 제출한 것까지 합하면 총 1,106건이 제출되어 877건이 통과되었다.[22] 그리고 하위법령은 2010년까지 1,106건이 정비되었고, 2016년까지는 3,211건이 정비되었다.[23] 또한 위에서 설명한 바와 같이, 2013년부터는 민법 등 기본법의 정비안을 만들어 소관 부처에 보냈다.

'알법 사업'에 대한 국민들의 평가는 매우 좋은 편이다. 법제처가 의견조사 전문기관에 의뢰하여 조사한 바에 따르면, 국민들은 압도적인 다수가 '알법 사업'에 의해 정비된 후가 훨씬 이해하기 쉬워졌다고 하며, 성과지수는 매년(2013년~2015년) 조금씩 차이는 있으나 85.0에서 87.5까지 나타났다.[24] 그리고 국민들이 많이 찾아본 법령으로는 조세법령과 민법이 높게 나타났고, 개선이 필요한 법령으로도 조세법령과 민법이 매년 높은 비율을 보였다.[25] 나아가 국민들은 '알법 사업'은 앞으로도 지속적으로 추진되어야 하고, 법률의 전문용어도 쉽게 고쳐져야 한다는 의견이었다.[26]

5) 이제 '알법 사업'과 민법 사이의 관계를 정리해본다. 앞에서 언급한 바와 같이(제2장 1. (1) 2) · 3) 참조), 법제처에서는 '알법 사업' 전에 「법률 한글화를 위한 특별조치법안」을 마련할 때부터 민법과 같은 기본법은 즉시 한글화를 할 수 없고 연구를 한 연후에 비로소 한글화를 해야 한다는 입장을 취했다. 그리고 그러한 태도는 '알법 사업' 5개년 계획을 수립할 때에도 마찬가지였다. 즉 민법은 이른바 '순수 알법'의 대상으로 삼을 수 없다고 본 것이다. 그리하여 2008년~2009년에 법무부에서 알기 쉬운 민법안을 준비하게 된다. 그런데 2013년부터 법제처가 '알법 사업'을 확대시행하면서 민법을 비롯한 기본법들에 대해서 '새

22) 법제처, 알법 백서, 42면 · 50면.
23) 법제처, 알법 백서, 50면.
24) 법제처, 알법 백서, 247면 이하; 송덕수 외, 알법 용역 보고서, 26면 이하 참조.
25) 송덕수 외, 알법 용역 보고서, 31면.
26) 송덕수 외, 알법 용역 보고서, 31면 · 32면.

로 쓰기 자문위원회'를 구성하여 정비안을 마련하였고, 그 안을 법무부에 보내게 된다. 구체적으로 민법의 정비안은 2013년 12월에 법무부로 보내졌다. 그 후 법무부에서는 그 안을 기초로 알기 쉬운 민법 개정안을 마련하여 2015. 10. 8. 국회에 제출하였다. 그런데 19대 국회 임기 만료로 폐기되었다. 그러고 나서 법무부가 알기 쉬운 민법안을 다시 마련하여 입법예고한 것이 2018년 법무부안이다.

(2) **현행 민법전의 순수한 모습**(민낯)

현행 민법은 1958. 2. 22. 관보 제1983호에 법률 제471호로 공포되었다. 공포 당시의 민법의 모습은 아래와 같다.

〈공포 당시 민법의 모습〉[27]

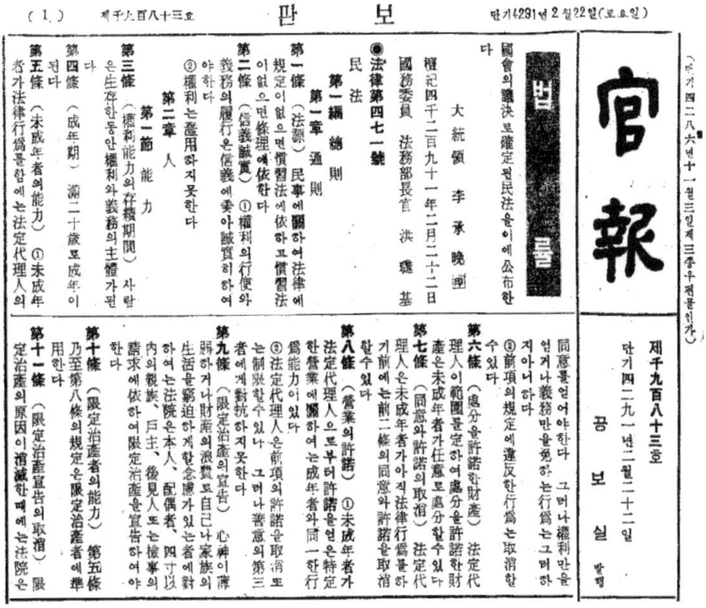

(1) 제千九百八十三호 관 보 단기4291년 2월22일(토요일)

(단기四二八六년十一월三일제三종우편물인가)

官報

제千九百八十三호

단기四二九一년二월二十二일

공보실 발행

법률

國會의議決로確定된民法을이에公布한다

大統領 李承晩 印

檀紀四千二百九十一年二月二十二日

國務委員 法務部長官 洪璡基

◉法律第四七一號

民法

第一編 總則

第一章 通則

第一條(法源) 民事에關하여法律에規定이없으면慣習法에依하고慣習法이없으면條理에依한다

第二條(信義誠實) ①權利의行使와義務의履行은信義에좇아誠實히하여야한다

②權利는濫用하지못한다

第二章 人

第一節 能力

第三條(權利能力의存續期間) 사람은生存한동안權利와義務의主體가된다

第四條(成年期) 滿二十歲로成年이된다

第五條(未成年者의能力) ①未成年者가法律行爲를함에는法定代理人의同意를얻어야한다 그러나權利만을얻거나義務만을免하는行爲는그러하지아니하다

②前項의規定에違反한行爲는取消할수있다

第六條(處分을許諾한財産) 法定代理人이範圍를定하여處分을許諾한財産은未成年者가任意로處分할수있다

第七條(同意와許諾의取消) 法定代理人은未成年者가아직法律行爲를하기前에는前二條의同意와許諾을取消할수있다

第八條(營業의許諾) ①未成年者가法定代理人으로부터許諾을얻은特定한營業에關하여는成年者와同一한行爲能力이있다

②法定代理人은前項의許諾을取消또는制限할수있나 그러나善意의第三者에게對抗하지못한다

第九條(限定治産의宣告) 心神이薄弱하거나財産의浪費로自己나家族의生活을窮迫하게할念慮가있는者에對하여는法院은本人、配偶者、四寸以內의親族、戶主、後見人또는檢事의請求에依하여限定治産을宣告하여야한다

第十條(限定治産者의能力) 第五條乃至第八條의規定은限定治産者에準用한다

第十一條(限定治産宣告의取消) 限定治産의原因이消滅한때에는法院은

27) 출처: 국가기록원 기록물. [행정안전부 국가기록원 홈페이지 '기록물 검색'→'관련용어 검색'→'법률제471호' 검색 사이트 http://theme.archives.go.kr/viewer/common/archWebViewer.do?bsid=200301038364&dsid=000000000001&gubun=search] 참조. (최종방문일 2018. 9. 26)

여기서 보는 바와 같이, 현행 민법전은 토씨 외에는 조문 번호를 포함하여 전부가 한자로 되어 있고, 띄어쓰기도 전혀 되어 있지 않아 문장 전체의 글자가 붙어 있다. 그리고 각 문장의 끝에 마땅히 있어야 할 마침표도 없다. 이러한 민법전의 개별 조문은, 공포 후 개정되어 바뀐 것이 아니라면, 위와 같은 모습 그대로일 것이 당연하다. 그러므로 시중에 나와 있는 법전에서 민법전의 문장을 띄어쓰기를 하고 문장의 끝에 마침표를 찍어 둔 것이나 법제처 홈페이지에서 민법전을 전부 한글로 표기해 둔 것은 정확하게는 현행의 민법전과 일치하지 않는다.

특히 법원 판결이나 학술논문에서 민법전을 직접 인용할 때에는 관보에 실린 모습 그대로 인용해야 한다. 그런데 요즈음 누구도 그렇게 하고 있지 않다. 그렇다고 하여 올바르게 인용하지 않는 법률전문가를 탓할 수는 없다. 오히려 그렇게 할 수밖에 없도록 아직까지 민법전을 고치지 않고 있는 것이 더 큰 문제이다.

우리 민법전은 제정된 후 현재(2018. 8. 1. 기준)까지 29차례 개정되었다.[28] 그 개정 법률은 제1차(1962. 12. 29) · 제2차(1962. 12. 31)까지는 제정민법과 같이 여전히 한자투성이에다 띄어쓰기를 전혀 하지 않았다. 그런데 제3차(1964. 12. 31) 개정 법률부터는 한자는 사용했지만 처음으로 띄어쓰기를 하기 시작하였다. 그 후 제10차(2001. 12. 29) 개정에 이르러 개정조문은 모두 한글화를 하였는데, 그것은 2000년부터 정부에서 새로 제정하거나 전부 개정하는 법률(2001년부터는 개별적으로 개정되는 법률 조문까지도)을 모두 한글화하는 사업의 결과였다(이 책 제2장 1. (1) 2) 참조). 그리고 제12차(2005. 3. 31) 개정부터는 적은 범위에서 용어나 표현의 순화도 행해졌다. 제18차(2011. 3. 7) 개정부터는 '최고(催告)'와 같은 중요한 법률용어와 '사술(詐術)'과 같은 어려운 한자어도 변경하고 문장이 다듬어지기도 하였다. 이는 법무부에서 2008년~2009년에 행해진 알기 쉬운 민법안 작업의 직접적인 영향에 따른 것으로 생각된다.

28) 민법전의 1차~28차 개정의 내용에 관하여는 송덕수, 민법총칙, 제4판, 2018, [27] 참조.

이와 같이 여러 가지 형태로 민법이 개정된 결과 현재의 우리 민법전은 −그것을 가공하지 않고 그 본래의 모습을 본다면− ① 제정 민법 당시의 한자 투성이이면서 띄어쓰기도 전혀 되어 있지 않은 조문들, ② 한자 투성이이기는 하나 띄어쓰기는 되어 있는 조문들, ③ 한글화되어 있기는 하나 전혀 순화되지 않고 외관만 한글일 뿐 어려운 내용 그대로인 조문들, ④ 한글화되고 어려움도 어느 정도 해소된 조문들, ⑤ 한글화되어 있을 뿐만 아니라 현대적으로 순화가 된 조문들에 이르기까지 여러 가지 색깔의 조문들이 규칙 없이 들쑥날쑥 섞여 있는 볼썽사나운 모습을 보이고 있다. 민법 규정이 조문 단위로만 서로 다른 모습을 보이고 있는 것도 아니다. 아래에서 보는 바와 같이,[29] 한 조문 안에서 한글로 한자를 병기한 부분(및 한글로만 되어 있는 한자어)과 한자로 되어 있는 부분이 병존하는 경우(제850조)도 있고, 같은 조문의 제1항에서는 단서가 '그러나'로 시작되는데, 제2항에서는 '다만,'으로 시작되는 경우(제1034조)도 있다. 그리고 아래의 인용 조문 중 위의 것은 본문에 한자가 있는데 마침표는 있고, 아래 조문 중 제1항은 마침표가 없다.

第850條(遺言에 依한 親生否認) 부(夫) 또는 처(妻)가 遺言으로 否認의 意思를 表示한 때에는 遺言執行者는 친생부인의 소를 提起하여야 한다.

第1034條(配當辨濟) ①限定承認者는第1032條第1項의期間滿了後에相續財産으로서그期間內에申告한債權者와限定承認者가알고있는債權者에對하여各債權額의比率로辨濟하여야한다 그러나優先權있는債權者의權利를害하지못한다

②제1019조제3항의 규정에 의하여 한정승인을 한 경우에는 그 상속인은 상속재산 중에서 남아있는 상속재산과 함께 이미 처분한 재산의 가액을 합하여 제1항의 변제를 하여야 한다. 다만, 한정승

29) 인용된 조문의 밑줄은 저자가 그은 것이다.

인을 하기 전에 상속채권자나 유증받은 자에 대하여 변제한 가액은 이미 처분한 재산의 가액에서 제외한다.

민법전이 이와 같은 기괴한 모습에서 탈피하기 위해서도 정비가 신속하게 이루어져야 함을 알 수 있다.

(3) 민법을 알기 쉽게 고쳐야 하는 이유

앞에서 언급한 바와 같이, 이 책은 주로 2018년 법무부안이 입법화될 것을 전제로 그 안에서의 용어와 문장구조를 분석하여 정리하려는데 그 목적이 있으며, 입법을 해야 하는 이유를 찾아서 제시하는 것 등은 주된 목적이 아니다. 그것은 법무부안을 입법하는 것이 당연하기 때문에도 그렇다. 그렇지만 2018년 법무부안의 정당성을 한번쯤은 짚고 넘어가는 것이 필요하여 여기서 '왜 민법을 알기 쉽게 고쳐야 하는지'에 대하여 간략하게 기술하려고 한다.

민법(실질적 민법)은 사법의 일반법, 즉 사법 가운데 원칙적인 법이다. 따라서 이자제한법·주택임대차보호법과 같은 민사특별법은 물론이고 상법 등의 특별사법도 민법을 기반으로 하여 그 위에 존재한다. 또한 민법은 법체계 면에서뿐만 아니라 용어나 표현, 문장구조 등에서도 민사특별법이나 특별사법의 모범으로 되고 있다. 그런데 그러한 민법의 중심을 이루고 있는 것이 민법이라는 이름의 법률인 민법전이다. 그리하여 사법 분야에서 법령을 입안하는 경우에는 민법전을 많이 참고하게 된다. 심지어 조그만 단체의 규칙을 만드는 경우에도 －법률을 조금이라도 안다면－ 민법전의 법인규정 등을 참고하기도 한다. 다른 한편으로 민법은 일반인의 일상생활을 규율하고 있다. 그러므로 민법은 일반인에게도 매우 중요한 법인 것이다. 앞에서 언급한 것처럼(제2장 1 (1) 4) 참조), 최근(2015년) 법제처의 조사에 따르면, 민법은 조세법과 함께 국민들에게 가장 관심이 많은 법률이었다. 여기서 특히 일반 국민을 위하여 민법전을 알기 쉽게 고쳐야 함을 알 수 있다. 아직까지도 민법전의 압도적인 다수의 규정이 토씨를 제외하고는 모두 한자로 되어 있고, 용어 또한 대다수가 어려운 한자어나 일본식으로 되어 있으며, 띄어쓰기조차 되어 있지 않다는 사실은 무슨 말로도 합리화하기 어렵다. 일반 국민이 민법의 법 규정을 읽기도 어려운데 그것을 지키라고 하는 것은 부끄러운 일이다. 이에 대한 입법을 해야 할 사람들은 그 직무를 다하지 못하고 있는 것이며, 비판에서 결코 자유로울 수 없다. 이러한 상태에 있으면 법조인을 비롯한 법률전문가들은 일반인들이 알기 어려운 용어로 특별 계층인 양 대화를 하게 되고, 그러면 일반인들은 법률전문가를 매우 권위주의적으로 느끼는 것은 물론 더 나아가서는 불신을 하게 될 가능성이 크다. 민법전을 쉽게 고쳐야 하는 것은 비단 일반 국민에게만 필요한 것은 아니다. 전술한 바와 같이, 민법은 체계적으로 사법의 기초를 이루고 있으며 용어나 표현·문장에서도 사법 전체의 모범이 되고 있다. 따라서 법조인을 비롯한 법률전문가가 올바른 용어와 체계를 익힐 수 있게 하기 위해서도 민법전은 시급히 알기 쉽게 고쳐져야 한다.

그 동안 문헌에서는 민법을 알기 쉽게 고쳐야 한다는 주장만 보였다.[30] 그리고 사석에서도 '알기 쉬운 민법' 개정에 대해서는 때로 개정 내용이나 범위에 관하여 이견을 보이는 경우는 있어도 개정 자체를 반대하는 경우는 없었다. 그런데 2018년 법무부안이 입법예고된 상태에서

30) 가령 류창호, "2013년 민법개정시안의 문장과 용어의 순화에 관한 연구", 법조(법조협회, 2015), 제64권 제8호, 259면 이하; 박동진, "알기 쉬운 민법 만들기", 민사법학(한국민사법학회, 2008), 제42호, 151면 이하; 윤철홍, "'알기 쉬운 민법' 개정작업의 경과와 주요내용", 법조(법조협회, 2016), 제65권 제1호(아래에서는 이 논문을 '윤철홍, 앞의 논문'이라고 인용한다), 165면 이하; 황희윤, "민법 알기 쉽게 새로 쓰기", 고려법학(고려대학교 법학연구원, 2014), 제72호, 51면 이하가 그렇다. 그리고 유영일, "상법 제2편(상행위)의 용어와 문장 정비에 관한 고찰－2015년「알기 쉬운 민법」 개정안과 관련하여－", 영남법학(영남대학교 법학연구소, 2017), 제45호, 241면 이하는 2015. 10. 6.의「알기 쉬운 민법」 개정안을 법제처 '알법 사업'의 가장 중요한 성과라고 하면서, 상법 제2편 상행위 부분의 정비가 시급하다고 한다. 그런가 하면 가정준, "적법절차적 측면에서 바로 본 미국 연방의 'Plain Writing Act'", 미국헌법연구(미국헌법학회, 2013), 제24권 제3호, 22면은 "'쉬운 법령 만들기'가 실질적 법치주의로 진입하기 위한 관문이라면 '쉬운 법문서와 공공문서 만들기'는 실질적 법치주의로의 완성이라고 할 수 있다"고 한다.

제시된 일부 의견[31]과 2018년 법무부안에 관한 공청회 자료집에서의 일부 의견[32]은 개정을 반대하고 있다. 물론 위의 의견서에는 개정에 찬성하면서 개별적으로 수정의견을 제시하는 경우가 더 많았고, 공청회 자료집에도 유사한 주장이 있었다. 그렇다고 해도 저자는 이 같은 반대 견해가 주장된 데 대하여 처음에는 눈을 의심하였고 후에는 매우 의아하였다. 다만, 그러한 의견들도 나름대로 어떤 측면에서 2018년 법무부안에 만족하지 못하기 때문에 주장되었을 것이다.[33] 그러한 의견들에 대하여 개별적으로 논평하는 것은 이 책의 주된 목적과 거리가 멀기 때문에, 아래에서는 과거 법무부에서 알기 쉬운 민법안에 대한 준비를 시작하던 때에 저자의 마음가짐과 그 후에 있었던 심경의 변화를 적는 것으로 논평을 대신하기로 한다.[34]

2008. 6. 19. 부산대학교에서는 '민법개정, 무엇을 어떻게 할 것인가?'를 대주제로 하여 한국민사법학회 2008년 하계 학술대회가 열렸다. 그리고 그 대회 제2부 제2분과(소주제: 국민에게 친숙한 민법)에서는 이지원(당시 법무부 법무심의관실 검사)이 '알기 쉬운 민법을 만들기 위한 법무부 개정 작업'이라는 제목으로 알기 쉬운 민법을 만들기 위한 그 동안의 추진 경과 및 계획과 정비기준을 발표하였다. 저자는 그 발표에 대하여 토론으로 여러 가지를 말하였다.[35] 우선 민법이 권위주의적이어서는 안 되지만 내용상 권위는 있어야 한다고 하였다. 그리고 민법전상의 '상당한'을 '적절한'으로 수정하려는 계획을 발표한 데 대하여[36] 강한

31) 한국민사법학회 편, 2018년 민법 일부 개정법률[알기 쉬운 민법]안에 관한 민법학자 의견서, 2018(아래에서는 '2018 민법개정안 의견서'라고 인용한다), 41면(이진기), 43면(정태윤).

32) 법무부, 「알기 쉬운 민법」 개정을 위한 민법 개정 공청회, 2018(아래에서는 '2018년 공청회 자료집'이라고 인용한다), 109면 이하(이진기).

33) 그런데 그 글 중에는 정확하지 않은 근거에 기초한 기술들도 보였다.

34) 개정 반대 의견에 대한 반론에 대해서는 2018년 공청회 자료집, 6면 이하(윤철홍) 참조.

35) 이는 10년 전의 토론내용을 기억으로 재생하는 것이기 때문에 부분적으로는 실제와 조금 다를 수도 있다. 그러나 그때 요점을 메모해 두었던 것이 있고, 일부는 아직도 생생하게 기억하고 있어서, 실제와 크게 다르지는 않을 것이다.

36) '상당한'에 대한 수정계획은 발표문에는 있지 않다. 그런데 당시 법제처와 그러한 방식으로 수정하기로 합의하고 있었고, 그에 대하여 구두로 발표하였다.

어조로, 알기 쉬운 민법을 만들기 위하여 개정한 것이 민법 규정의 의미를 손상해서는 절대로 안 된다고 하면서, 현행법상의 '상당한'은 '어느 정도'라는 의미를 가지고 있는 데 비하여 '적절한'은 '충분한'이라는 의미를 내포하고 있어서 '상당한'을 '적절한'으로 수정해서는 안 된다고 하였다. 그러고 나서 '알기 쉬운 민법'을 위한 개정에 관한 방법과 관련하여, 누구를 대상으로 하여야 하는가에 대하여는 법을 공부하는 사람, 법학자, 법률가이어야 하고,[37] 개정 방법은 가능한 범위 내에서 쉽게 하여야 하며, 이때 의미를 손상시켜서는 안 된다고 하였고, 순수한 일본 용어는 제외해야 하고, 새로운 용어(특히 외래어)를 만들 때 유의해야 한다고 하였다.[38] 그 후 법무부에서 추진 계획에 대한 논의가 있었다고 한다. 그리고 신속하게 처리하려던 기존 계획을 변경하여 본격적으로 심의를 하기로 하고 심의를 맡을 위원회를 구성하였다.[39] 법무부에서는 저자에게도 그 위원회에 위원으로 참여해 달라는 연락을 받았다. 사실 그 연락을 받고서 저자는 매우 의아해했다. 학술대회에서 개정 방법이나 내용에 관하여 강하게 다른 의견을 제시하여 오히려 위원회의 운영에 부정적이라고 생각하는 것이 당연할 것이기 때문이다. 그리고 저자로서도 성격상 위원이 된다고 소신과 무관하게 태도가 바뀔 것도 아니어서 불편하기는 마찬가지였다. 그래도 법무부에서 저자가 필요하다고 해서 요청한 만큼 그에 응하기로 하였다.[40] 저자는 그 위원회에 참여해

37) 특히 법률용어의 문제에 관하여 그렇다고 하였다.

38) 그럼에 있어서는 문헌의 글들을 고려해야 한다고도 하였다. 그리고 개정을 할 때에는 경험 많은 민법학자, 법 실무가의 참여가 필요하다고 하고, 또 법무부에서 발표한 계획이 너무 급하지 않은지, 개정안을 공표한 뒤에 상당한 시간을 두어 검토할 기회를 가질 필요가 있다고도 하였다.

39) 그에 관하여는 제2장 2. (1)·(2) 참조.

40) 그 위원회에 참여한 뒤에 저자가 위원으로 된 내막을 들어서 알게 되었다. 저자를 그 위원회에 추천한 이는 2007년에 법무부에서 용역을 받아 '알기 쉬운 민법개정안'을 작성한 박동진(당시 연세대학교 법과대학 교수)이라고 한다. 개정안이 현행법의 의미를 손상시키는지를 정밀하게 검토해야 하는데, 그 일에 저자가 적격이라고 했다는 것이다. 그에 대하여 법무부에서는 처음에는 저자가 위원으로 참여할 경우에 개정이 어려워질 것을 우려하여 반대했다고 한다. 그럼에도 박동진이 강하게 요청하여 결국 법무부가 그 의견을 수용하게 되었다고 한다.

서도 초기에는 이전과 같은 마음가짐으로 개정시안을 검토하고 아주 보수적으로 의견을 개진하였다. 그런데 두 차례 회의를 해가면서 '알기 쉬운 민법'을 위한 개정을 과연 누구를 위해서 해야 하는가, 그리고 내용 손상이 우려되면 —그것이 아주 사소한 정도일지라도— 현행규정을 억지로 유지하는 것이 바람직한가 등에 대하여 많은 생각을 하였다. 그러면서 방송국에서 방송은 초등학교 6학년이 이해할 수 있도록 하게 한다는 사실[41]과, 법조 출입기자들은 일치하여 민법전에 있는 '최고(催告)'를 고치지 않으면 알기 쉽게 고쳐진 것이 아니라고 하였다는 사실[42]도 알게 되었다. 그리고 그러한 숙고의 결과 '알기 쉬운 민법'을 위한 개정은 법률가를 위한 것이 되어서는 안 되고 일반 국민을 대상으로 하여야 하며, 적어도 법학을 전공하지 않은 대학 1학년이라면 민법전을 어려움 없이 이해할 수 있어야 한다는 결론에 도달하였다. 또한 한자를 전혀 알지 못하는 사람은 한자어의 의미를 사전을 찾아보아야 비로소 알 수 있어서 한자를 병기하는 것이 의미가 전혀 없다는 것도 생각하게 되었다. 나아가 법률이 전문가용이기 때문에 그 용어가 어려워도 어쩔 수 없다고 하는 것은 전문가들이 자신들만 편하면 된다는 안일한 생각에서 국민들의 편의를 무시하는 태도로 여겨졌다. 또 그 개정은 최소한 20~30년 후의 젊은이가 민법전을 볼 경우를 상정하면서 해야 할 것이라고 보았다. 사고(思考)가 거기까지 미치자, 법률용어라고 하더라도, 그리고 쉽게 고친 결과 의미가 약간 손상되더라도 장래의 법 수범자를 생각하여 과감하게 수정을 하는 것이 당연하다고 생각되었다. 용어는 약속이기 때문에 법률전문가는 새로운 용어라도 기존의 용어의 의미로 이해하는 것이 어렵지 않다. 그에 비하여 기존의 어려운 용어를 유지할 경우에 수많은 일반인들은 두고두고, 이번 기회를 놓칠 경우에는 어쩌

---

41) 그에 관하여는 한국민사법학회 2008년 하계 학술대회에서 김정인(당시 SBS 정치부 기자)이 발표한 바도 있다. 김정인, "국외자가 본 민법의 용어와 문장", 「민법개정, 무엇을 어떻게 할 것인가」(한국민사법학회 2008년 하계 학술대회 발표문집, 2008), 232면 참조.

42) 김정인, 앞의 논문, 229면도 같은 취지로 기술하고 있다.

면 영원히 어려움의 늪에서 헤어 나오지 못할 수도 있다. 그리하여 그 후부터 저자는 법률용어를 포함하여 어려운 용어와 표현, 문장구조를 의미가 크게 손상되지 않는 한 과감하게 수정해야 한다는 쪽으로 태도가 바뀌었다.[43] 그렇다고 하여 저자가 위의 위원회의 참여하면서 현행 민법의 의미 손상 여부의 검토를 소홀히 하지는 않았다.

(4) 주요 외국의 상황

주요 외국에서 알기 쉬운 법령을 만들기 위하여 어떤 노력을 하고 있는지, 그리고 민법을 알기 쉽게 고치는지에 대하여 간략하게 살펴보기로 한다.[44]

1) 독일

독일의 법체계는 연방법과 주법의 이원구조로 되어 있는바, 여기서는 연방의 입법과정을 중심으로 기술한다. 연방정부의 법률안은 의결의 전 단계에서 법체계 및 법형식의 관점에서 심사(즉 법 심사)를 받기 위하여 연방법무부에 송부해야 하고, 필요성 심사·합헌성 심사·이해가능성 심사·통일성 심사를 받아야 하는데, 그 중 이해가능성 심사는 '법령이 적절한 체계를 갖추었는가'와 '법령용어와 법문이 수범자가 알기 쉽게 작성되었는가'를 심사받는 것이다.[45] 그리고 독일의 연방의회는 1966년 이래 편집지휘부가 설치되어 있으며, 그 편집지휘부는 법률안의 소관위에서 결정하는 경우 언어적 정확성 및 이해가능성을 심사해야 하고, 필요한 경우 권고사항을 소관 위원회에 제시하도록 규정되어 있다(연방의회 직무규칙 제80조의 a).[46] 한편 독일의 채권법은 「채권법의 현

43) '알기 쉬운 민법'을 위한 개정에 반대하거나 주저하는 이들 중에는 저자의 초기의 모습과 흡사한 경우도 적지 않은 듯하다.

44) 여기에 관하여는, 특히 주요 외국의 '알법 사업'에 관하여는 송덕수 외, 알법 용역 보고서, 122면 이하 참조.

45) 송덕수 외, 알법 용역 보고서, 123면.

46) 송덕수 외, 알법 용역 보고서, 124면.

대화에 관한 법률」에 의해 2001년에 전면적으로 개정되어(2002년 시행) 새로운 모습을 보이고 있다.

2) 프랑스

프랑스의 법령은 나폴레옹 시대에 만들어진 오래된 것인데, 프랑스에서는 20세기에 들어오면서 이러한 법령의 현대화를 위한 개정 작업이 이루어지고 있으며, 그 작업에서 기본방침의 하나가 일반인에게 알기 쉬운 법률로 만드는 것이다.[47] 이에 따라 프랑스 민법전[48]도 개정이 이루어지고 있으며, 2006년에는 담보법이, 2008년에는 시효법이, 그리고 2016년 2월에는 채권법이 개정되었다. 프랑스에서는 민법을 개정하면서 프랑스민법전 제정 당시에 추구한 프랑스민법전의 가독성과 접근성이라는 목표를 달성하기 위하여 노력하였다. 그 결과 내용이 현대화되면서도 알기 쉽게 되고 접근성도 높아졌다.

3) 스위스

스위스는 유럽 각국에 알기 쉬운 법령 만들기의 모범적인 사례를 보여주고 있는 나라로 평가된다. 스위스에서는 법을 알기 쉽게 만들어야 하는 요청이 헌법상 인정되는데, 그 이유는 직접민주주의에서 연방헌법의 개정 및 연방법률에 관한 의무적·선택적 국민투표(연방헌법 제140조 제1항 a. c. 및 제141조 제1항 a. b.)에서 국민의 권리를 행사하려면 투표의 대상이 되는 법령이 알기 쉽게 규정되어 있어야 하기 때문이다.[49] 그리고 스위스에서는 3개의 언어(독일어·프랑스어·이탈리아어)가 공용어로 되어 있어서 각 언어 간의 통일성을 확보하기 위하여 법문이

---

47) 송덕수 외, 알법 용역 보고서, 131면.

48) 프랑스 민법전은 1804년에 제정된 최초의 근대민법전인데, 그 문장이 간결하고 쉬우면서도 아름답기로 정평이 나있다. 그래서 프랑스의 유명 소설가인 스탕달은 어조를 유지하기 위하여 매일 프랑스민법전을 몇 조문씩 읽었다고 한다.

49) 송덕수 외, 알법 용역 보고서, 150면.

나 법률용어의 순화에 많은 노력을 기울이고 있기도 하다.[50]

스위스연방의 입법과정을 중심으로 법령을 알기 쉽게 만들기 위한 제도를 살펴본다. 우선 연방정부에서는 법령안의 이해가능성 심사를 연방내각처와 연방법무부가 공동으로 담당하는데, 이 두 기관은 '각 공용어로 작성된 연방법령이 내용상·형식상 일치하는지, 대상규율 및 수범자에 적합하고, 통일성을 가지며, 국민이 이해하기 쉽게 서술되어 있는가'에 초점을 두어 심사한다.[51] 연방내각처에서 법률안을 연방의회에 제출하면 거기서 다시 법령의 이해가능성을 심사하는데, 심사기관은 연방의회의 편집위원회이다.[52]

4) 오스트리아

오스트리아에서는 입법기술지침(1979년, 1990년)을 제정하여 법령을 알기 쉽게 하고 있으나, 다른 나라에 비해서는 상대적으로 소극적인 편이다. 오스트리아의 1990년 입법기술지침에 따르면, 법문은 쉽게 읽을 수 있어야 하고, 원칙적으로 일상용어로 작성하여야 하며, 이해가능성의 판단은 해당 법령의 수범자의 범위에 따르도록 되어 있다.[53]

5) 영국

영국에서는 민간인들의 운동(Campaign)에 의해 쉬운 법령 작업이 시작되었다. 우선 '알기 쉬운 영어 운동'과 전국소비자협회라는 2개의 조직이 출현하여 각각 행정관서와 상업활동에서 일반인을 위하여 활동하였고, 비슷한 시기에 클래리티(Clarity)라고 하는 새로운 변호사조직이 법률문서의 전통적 스타일에 변경을 요구하는 목소리를 더했고 이 조직은 후에 '쉬운 언어 위원회'로 통합되었다.[54] 그리고 영국정부는 정부부

50) 송덕수 외, 알법 용역 보고서, 150면.
51) 송덕수 외, 알법 용역 보고서, 151면.
52) 송덕수 외, 알법 용역 보고서, 152면.
53) 송덕수 외, 알법 용역 보고서, 157면.
54) 송덕수 외, 알법 용역 보고서, 158면.

서와 공공양식에서 어려운 법률용어를 제거하는 것을 돕고 입법에서 더 쉬운 언어를 향한 움직임을 지원하고 있다.[55]

'알기 쉬운 영어 운동'은 1999년 영국정부의 법제도 개선에도 참여하여 영국 국민들이 이해하지 못하는 공식적 법률용어와 라틴어 관용구 등 상당수를 사라지게 하였다.[56]

영국에서는 1999년부터 재무부장관이 조세법을 다시 쓰는 프로젝트를 시작하여 2001년~2007년에 세법을 여러 법률로 제정하여 시행하고 있다.[57] 그리고 잉글랜드와 웨일즈의 민사소송규정이 재검토되어 개정된 민사소송규칙이 1999. 4. 26.부터 시행되고 있는데, 그 개정규칙에서는 오래된 용어도 변경하였는바, 예를 들면 소답(訴答)(pleadings)을 사건진술(state of case)로, 영장(writ)을 청구양식(claim form)으로, 원고(plaintiff)를 청구한 사람(claimant)으로, 소환장(subpoena)을 증인소환(witness summons)으로, 증거개시절차(discovery)를 증거공개(disclosure)로 고쳤고, 종래 사용되던 라틴어 용어는 모두 배제하고 더 친숙하고 일상적인 용어가 도입되었다.[58]

6) 미국

미국에서 알기 쉬운 법령 만들기 작업은 '알기 쉬운 언어 운동(Plain Language Movement)'을 중심으로 이루어져왔다. 이 운동은 원래 언어와 문학 분야에서 시작되어 산업계로 확대되었고, 후에는 정부문서 서식을 포함하여 법령을 제정하는 데까지 영향을 미쳤다.[59] 미국에서는 2009년 오바마 대통령이 '투명하고 열린 정부를 위한 메모랜덤'을 통하여 투명성, 대중의 참여 및 협력시스템 구축의 중요성을 강조하였고, 그것을 달성하기 위해서는 반드시 알기 쉬운 문서작성이 필요하다고 역설

55) 송덕수 외, 알법 용역 보고서, 158면.
56) 송덕수 외, 알법 용역 보고서, 159면.
57) 송덕수 외, 알법 용역 보고서, 160면·161면.
58) 송덕수 외, 알법 용역 보고서, 161면.
59) 송덕수 외, 알법 용역 보고서, 167면.

하였으며, 2010. 10. 13. 법률안에 서명하여 '알기 쉬운 문서작성에 관한 법(Plain Writing Act of 2010)'이 제정되었다.[60] 그리고 이러한 알기 쉬운 문서작성의 구체적인 방법은 '연방 알기 쉬운 언어 지침' 등을 통하여 구체화하고 있다.[61] 이 법은 입안 당시에는 행정문서와 함께 정부가 제정하는 규칙도 규율하려고 하였는데, 규칙을 규율하는 데 대해 많은 의원들이 반대하여 규칙에 대해서는 따로 '규정제정에 관한 법(Plain Regulations Act)'으로 나누게 되었으며, 후자는 아직까지 의회를 통과하지 못하고 있다.[62] 한편 미국의 각 주에서는 알기 쉬운 법령과 관련된 알기 쉬운 언어 사용에 관한 내용을 주법에 포함하여 규정하고 있다.[63]

7) 호주

호주에서는 알기 쉬운 언어 운동이 1970년대에 시작되었는데, 그 운동은 그 후 법령작성, 회사법, 조세법 등 다시 쓰기 등의 영역으로 점차 확대되어 진행되었다.[64] 호주에서는 1990년대 중반까지 회사법의 단순화와 세법의 개선 프로젝트를 시행하여 두 법을 간결하고 쉽게 수정하였다. 그리고 다른 여러 연방법도 독자가 읽기 좋게 다시 쓰고 있다.[65]

8) 캐나다

캐나다의 알기 쉬운 법령 만들기 작업은 1970년대에 시작한 '알기 쉬운 언어 운동'에 의하여 추진되고 있으며, 여러 주와 연방 정부부처도 알기 쉬운 용어로 양식을 마련하는 등 나름대로 활동을 하고 있다.[66]

---

60) 가정준, 앞의 논문, 14면. 이 법의 자세한 내용에 관하여는 가정준, 앞의 논문, 4면 이하 참조.
61) 송덕수 외, 알법 용역 보고서, 168면.
62) 송덕수 외, 알법 용역 보고서, 169면·170면.
63) 송덕수 외, 알법 용역 보고서, 170면.
64) 송덕수 외, 알법 용역 보고서, 179면.
65) 송덕수 외, 알법 용역 보고서, 185면·186면 참조.
66) 송덕수 외, 알법 용역 보고서, 189면-193면 참조.

9) 일본

일본에서 알기 쉬운 법령 만들기는 특히 명치(明治)법령을 현대화하는 방법으로 진행하였는데, 구체적으로는 기본법의 법령문장을 쉽게 고쳤다.[67] 1990년 무렵까지도 일본의 민법 · 상법 · 민사소송법 · 형법은 가타카나, 문어체로 되어 있어서 일반인은 그 법들을 읽고 이해하기가 대단히 어려웠다. 그리하여 1995년부터 2005년 사이에 이들 법률이 모두 히라가나, 구어체로 개정되었다. 그리고 2004년에는 민법전의 전3편과 −1947년에 이미 히라가나 구어체로 변경된− 후2편(친족편 · 상속편)이 통합되기도 하였다. 그 결과 일본에서는 민법 전체가 알기 쉽게 변경되었다(2004년).[68] 물론 그 후인 2017년에 일본민법전 중 채권법이 전면적으로 개정되면서 그 부분은 다시 다듬어지기도 하였다.

10) 중국

중국에서는 알기 쉬운 법령 만들기에 관하여 특별히 논의하지 않는데, 그 이유는 여러 법률이 요즈음에 새로 제정되고 있기 때문이 아닌가 추측된다. 그런데 중국에도 법령의 제정에 대해서는 입법법이 제정되어 있고, 구체적인 입법지침도 마련되어 있어서, 알기 쉬운 법령을 만들도록 간접적으로 규제하고 있다.[69]

11) 대만

대만에서는 알기 쉬운 언어에 대하여 특별히 논의하고 있지는 않으나, 법령의 제정에 대해서는 중앙법규표준법이 입법절차와 법령의 형식을 규율하고 있고, 입법에서의 주의사항이 행정기관에 의하여 마련되어 있으며, 그 밖에 입법과 관련된 세부지침이 마련되어 있다.[70] 그리고

---

67) 송덕수 외, 알법 용역 보고서, 200면.

68) 일본 민법의 현대화에 관한 자세한 내용은 정종휴, "일본민법의 현대화", 법학연구(부산대학교, 2007), 제48권 제1호, 929면 이하 참조.

69) 여기에 관한 자세한 내용은 송덕수 외, 알법 용역 보고서, 206면 이하 참조.

70) 송덕수 외, 알법 용역 보고서, 212면.

학설은 이들 규정이 정하고 있는 것 외에 표현의 간결성 · 평이성도 필요하고, 따라서 법령의 조문과 문구는 통상적으로 이해하기 쉬워야 할 것이라고 한다.71) 한편 대만민법은 1929년과 1930년에 제정된 후 개정이 없다가 1980년대부터 총칙편(1982년) · 친족편(1985년. 그 후 1996년 · 1998년 · 2007년에도 개정됨) · 상속편(1985년) · 채권편(1999년) · 물권편(2007년 · 2009년 · 2010년)의 순으로 개정되었다.72) 그리고 민법전은 개정시에 자연스럽게 순화가 되었을 것으로 생각된다.

(5) 소결

이상에서 본 바와 같이, 주요 외국들에서는 국가 간에 적극성에서 다소 차이는 있으나 모두가 법령을 알기 쉽게 고치려고 노력하고 있다. 그리고 그 노력은 나라에 따라서 국가가 주도하기도 하고 민간이 주도하기도 한다. 또한 법률을 알기 쉽게 고치는 방법에서는, 정도의 차이는 있지만, 어려운 용어를 피하는 것은 일치된 모습이고, 때로는 오래된 전문적인 법률용어를 바꾸기도 한다. 한편 일반 국민의 일상생활을 규율하고 있는 민법전은 이미 주요 국가들이 읽기 쉽고 알기 쉽게 고친 상태에 있다. 특히 일본은 2004년에, 내용 개정에 앞서서 용어와 표현 · 문체를 가타카나 · 문어체에서 히라가나 · 구어체로 바꾸어 일반인이 쉽게 알 수 있도록 개정하였다. 이는 우리 민법전으로 비교하자면 한자를 한글로 바꾸고 표현도 현대적으로 쉽게 고친 것이라고 할 수 있다. 이와 같은 주요 외국의 사례에 비추어 보아도 우리 국민들을 위하여 민법전을 알기 쉽게 고치는 일을 게을리해서는 안 될 것이다.

---

71) 송덕수 외, 알법 용역 보고서, 214면.

72) 대만민법의 개정에 관하여는 김성수, "대만민법전의 재산편 개정에 관한 연구－제정 후의 주요 개정내용을 중심으로－", 비교사법(한국비교사법학회, 2007), 제14권 제4호, 35면 이하; 김성수, "대만민법전의 물권법개정(2009년, 2010년)과 우리 민법전의 비교법적 시사점－물권편(제3편) 통칙과 소유권, 용익물권의 점유를 중심으로－", 법학연구(경상대학교 법학연구소, 2014), 제22권 제2호, 1면 이하 참조.

2. 2018년 법무부안의 성안 경과

(1) 서설

법제처가 '알법 사업'을 시작할 무렵인 2006. 5. 법무부는 법제처와 민법 등의 기본법을 알기 쉽게 개정하는 일은 법무부가 추진하기로 하였다.[73] 그에 따라 법무부에서는 2006. 12. '알기 쉬운 민법 만들기' 실무전담팀을 구성하여 활동을 시작하였고, 2007. 3.에 연구용역을 발주하여 2007. 12.에 결과보고서를 수령하였으며, 2008. 2.부터 —한국민사법학회 2008년 하계 학술대회가 열리던— 2008. 6. 13.까지 민법 재산편의 1차 개정작업을 완료하였다.[74] 그리고 당시의 계획으로는 2008. 7.부터 2008. 9.까지 개정위원회를 운영하고, 2008. 10.부터 2008. 11.까지는 공청회 개최·부처의견 조회·입법예고·법제처 심사를 한 뒤, 2008. 12.에 개정안을 국회에 제출하려고 하였다.[75] 그런데 개정위원회의 운영이 계획보다 오랫동안 진행되었고(2008. 7. ~ 2009. 1.), 거기에서 마련한 개정법률안(아래에서는 이를 '2009년 법무부안'이라고 한다)은 —후술하는 바와 같이— 입법예고까지 했으나 법제처에 제출하지는 않았다.

알기 쉬운 민법의 개정이 지체되자 2013년에 법제처에서는 '민법 알기 쉽게 새로 쓰기 자문위원회'(아래에서는 때로 이를 '2013년 법제처 자문위원회'라고 한다)를 구성하여 활동을 하도록 하였고, 거기에서 마련한 민법개정안(아래에서는 이를 '2013년 법제처 정비안'이라고 한다)을 법무부에 송부하였다.

그 후 법무부에서는 2014. 9.에 '알기 쉬운 민법 개정위원회'를 구성하여 개정안을 마련하도록 하였고, 거기에서 마련한 민법개정안(아래에서는 이를 '2015년 법무부안'이라고 한다)은 입법예고도 되고 국회에도

---

73) 이지원, 앞의 발표문, 233면.
74) 이지원, 앞의 발표문, 233면.
75) 이지원, 앞의 발표문, 233면.

제출되었으나 19대 국회 임기 만료로 폐기되었다.

2015년 법무부안이 폐기되자 법무부에서는 2017. 1.에 다시 '알기 쉬운 민법 T/F'를 구성하여 활동하도록 했고, 그 T/F에서 2018년 법무부안이 마련되어 지난 2. 28.에 입법예고를 한 것이다.

아래에서 이들 알기 쉬운 민법개정안, 즉 2009년 법무부안, 2013년 법제처 정비안, 2015년 법무부안, 2018년 법무부안에 대하여 좀 더 자세한 경과를 설명하기로 한다.

(2) 2009년 법무부안

위에서 언급한 바와 같이, 법무부는 민법을 알기 쉽게 개정하는 일은 법무부에서 추진하기로 법제처와 합의한 데 따라 2006. 12. 실무전담팀을 구성하여 활동을 개시하였다. 그리고 2007년에는 연구용역을 발주하여 결과보고서를 받았으며,[76] 2008. 2.부터는 선행연구와 그 연구용역안을 토대로 정비기준안 및 정비기준 일람표를 만들었다. 또한 2008. 6. 13. 민법 재산편에 관하여 1차 작업을 완료한 상태에서 한국민사법학회 2008년 하계 학술대회에 참석하여 그때까지의 경과와 향후계획을 발표하였다.

그 후 법무부에서는 내부적으로 준비를 하여 2008. 7. 14. 그 산하에 '알기 쉬운 민법 만들기 특별분과위원회'를 구성하였다.[77] 이 위원회는 구성된 당일인 2008. 7. 14.에 제1차 회의를 시작한 뒤 2009. 1. 22.에 마지막 회의인 제14차 회의를 할 때까지 매월 두 차례 정도씩 회의를 해왔다. 그 위원회에서는 법무부에서 준비한 개정안(정비기준안)과

---

76) 그 연구용역의 책임자는 박동진(당시 연세대학교 법과대학 교수)이었다.

77) 이 위원회는 박재윤(법무법인 바른 고문변호사, 전 대법관. 직책은 당시 기준임. 이하 같음)을 위원장으로 하고, 위원으로 이상태(건국대 교수)·양창수(서울대 교수)·송덕수(이화여대 교수)·신성호(중앙일보 수석 논설위원)·신상환(법제처 행정법제국 법제심의관)·조현일(서울 동부지법 부장판사)·김문오(국립국어원 학예연구관)·이건태(법무부 법무심의관) 등 8인이 있었으며, 옵서버로 박동진(연세대 교수)·연광석(국회 법제사법위원회 서기관)이 참여하였다. 이들 중 위원 양창수는 그 후 대법관후보로 제청되어 아마도 제3차 회의에서부터 참석하지 않았던 것으로 기억되고, 위원 신상환은 법제처의 다른 인사로 교체되었다.

그에 대한 각 위원들이 의견을 회의자료로 하여 각 조문별로 심의를 하였다. 그 결과로 만들어진 것이 2009년 법무부안인 것은 앞에서 설명한 바 그대로이다. 2009년 법무부안은 선행연구나 법무부 정비기준안(회의자료)과 다른 내용을 다수 포함하고 있다. 그리고 그 중 상당수는 2018년 법무부안에까지도 유지되어 있다. 그런가 하면 2009년 법무부안은 민법 부칙들에 대해서도 알기 쉽게 고쳐두었다.[78]

2009년 법무부안은 2009. 7. 23.에 친권제도 개정안(세칭 '최진실법'이라고 불림)과 함께 입법예고되었다(법무부공고 제2009-117호).[79] 친권제도 관련 민법 개정안은 그 당시에 비등한 여론에 따라 마련된 것인바, 법무부는 2009. 2. 12.에 그 개정안만을 입법예고 했었는데(법무부공고 제2009-14호), 그 뒤에 알기 쉬운 민법 개정안과 함께 입법예고를 다시 한 것이다.[80] 그 후 법무부는 법제처·국회와 협의를 하여 친권제도 개정안과 알기 쉬운 민법 개정안을 분리하여 처리하기로 한 것으로 알고 있다. 그리고 법무부 내부에서는 당시 민법 재산편 전반에 관하여 개정안을 마련하기 위해 법무부에 민법개정위원회가 구성되어 활동을 하고 있는 터라, 알기 쉬운 민법 개정은 민법의 내용개정이 끝난 뒤에 하는 것이 바람직하다는 쪽으로 의견이 모아졌다. 그래서 2009년 법무부안은 법제처에 제출되지 않고 법무부에 보관된 채로 남아 있게 되었

78) 저자는 이 위원회에 참여하여 매우 열심히 활동을 하였다. 우선 저자를 위원으로 추천한 이의 바람을 저버리지 않고서 개정안이 현행 민법의 의미를 변경하는지에 대하여 세심하게 검토하였다. 그리고 앞으로 20년~30년 후를 생각하고 그때의 국민을 위하여 민법을 알기 쉽게 고치는 데 적극적으로 나섰다. 저자는 이 위원회의 위원으로 활동하면서 여러 차례에 걸쳐 민법전을 한자리에서 처음부터 끝까지 읽기도 하였다. 그리하여 전체적으로 체제와 표현을 통일하고 균형을 유지하게도 하였다. 사실 저자가 민법 전공자로서 오랫동안 연구를 했지만 민법 전체를 한자리에서 읽기는 그때가 처음이었다. 저자는 2013년 법제처의 자문위원회에 참석할 때도 민법전의 통독을 또 여러 차례 하게 되었는데, 그러한 경험은 그 후의 저자의 연구에도 긍정적인 여러 효과를 주고 있다.

79) 그때 입법예고된 개정안에는 민법 부칙들의 순화안도 포함되어 있었다.

80) 이 입법예고안의 내용에 관하여는 [법무부 홈페이지 '법령/자료'→'법령 정보'→'입법 예고' 사이트 http://www.moj.go.kr/HP/COM/bbs_04/BoardList.do?strOrgGbnCd=100000&strRtnURL=MOJ_40203000&strFilePath=moj/&strNbodCd=foru0002] 참조. (최종방문일 2018. 8. 27)

다.[81)82)]

(3) 2013년 법제처 정비안

법무부가 알기 쉬운 민법안의 입법을 보류하고 있던 2013년 무렵 법제처는 민법을 비롯한 기본법이 알기 쉽게 고쳐지지 않고 있는 상황을 타개하기 위해서 기본법들에 대한 정비안을 마련하여 법무부에 송부할 계획을 세우고 그것을 추진하였다. 이는 '알법 사업'을 확대한 것에 해당한다(제2장 1. (1) 3) 참조). 그리고 그 정비안 마련은 민법부터 시작하기로 하였다. 그리하여 2013. 6. 13. 법제처에 '민법 알기 쉽게 새로 쓰기 자문위원회'가 구성되었다.[83)] 이 자문위원회는 2013. 6. 13. 제1차 회의를 한 뒤 2013. 10. 25.에 마지막으로 제13차 회의를 할 때까지 한 달에 2회 또는 3회씩 밀도 있게 회의를 진행하였다.

이 자문위원회의 회의에서 가장 특별했던 것은 알기 쉬운 민법을 위해 미리 추출하거나 나중에 추가한 '주요 검토 필요사항'을 주로 법학 교수 위원들이 나누어 맡아서 보다 깊이 연구한 뒤 그 연구결과를 토대

---

81) 한편 내용개정을 위한 민법개정위원회는 2014년 초까지 활동을 계속하였고, 거기에서 마련한 개정안도 2018. 9. 27. 현재까지는 성년후견제 개정(2011. 3. 7), 보증채무·여행계약 규정 개정(2015. 2. 3)에 의하여 그 일부만이 민법에 반영되고 나머지는 개정안의 형태로 보관되어 있어서, 결국 방법상으로는 알기 쉬운 민법 개정을 뒤로 미룬 것이 결코 현명한 선택이 아니었음을 알 수 있다.

82) 참고로 말하면, 2009. 7. 23.에 알기 쉬운 민법안과 함께 입법예고 되었던 친권제도 개정안은 2010. 2. 10.에 국회에 제출되었고(의안번호: 7590), 그 후 국회의 의결을 거쳐 현재 시행되고 있다.

83) '민법 알기 쉽게 새로 쓰기 자문위원회'는 위원장을 포함하여 법학 교수 7인, 국어 교수 3인, 변호사 2인, 법제처와 관계기관 소속 4인 등 16인의 위원으로 구성되었다. 위원장은 송덕수(이화여대 교수. 직책은 구성 당시의 것임. 이하 같음)이었고, 교수인 위원은 김재형(서울대 교수), 박동진(연세대 교수), 제철웅(한양대 교수), 김천수(성균관대 교수), 권재문(숙명여대 교수), 김성수(경찰대 교수)이었으며, 국어 교수인 위원은 홍사만(경북대 교수), 고석주(연세대 교수), 신선경(한국기술교육대 교수)이었고, 변호사인 위원은 강한승(김앤장 법률사무소), 최진녕(대한변호사협회 대변인)이었으며, 관계기관 소속인 위원은 이동근(서울서부지법 부장판사), 강현철(한국법제연구원 입법평가연구실장), 한영수(헌법재판소 파견)이었고, 법제처 소속인 위원은 김의성(법제처 법무부 담당 법제심의관)이었다.

로 집중적으로 검토했다는 점이다. 그러한 검토는 제6차 회의에까지 계속되었다.[84] 그리고 이 자문위원회에는 다양한 연령층의 법학 교수가 7명이나 되고, 법조인으로서 판사 1인과 변호사 2인, 법제전문가 3인, 그 외에 국어 학자가 3인이나 참여했을 뿐만 아니라, 이들을 포함한 위원들 모두가 토론을 활발하게 벌이기도 하여 매우 깊이 있고 충실한 정비안이 마련되었다고 생각된다. 또한 이 정비안은 내용면에서도 전례 없이 진보적인 것이라고 믿는다. 이 정비안에서는 법률용어라도 '참칭상속권자'나 '유류분'과 같이 어려운 용어는 과감하게 알기 쉬운 용어로 고쳐졌기 때문이다. 이와 같은 방법으로, 그리고 이러한 내용으로 만들어진 것이 2013년 법제처 정비안이다.[85]

2013년 법제처 정비안은 2013. 12.에 법무부로 보내졌다. 그리고 이 정비안은 2014. 9.부터 법무부에서 '알기 쉬운 민법 개정위원회'의 회의 자료를 만들고 그 위원회에서 의논하는 데 크게 영향을 준 것으로 생각된다.

(4) 2015년 법무부안

2013년 법제처 정비안이 법무부에 보내진 뒤 법무부에서는 －법무부로서는 2009년 법무부안에 이어 두 번째로－ 알기 쉬운 민법 개정 작업을 시작하였다. 법무부에서는 먼저 2013년 법제처 정비안을 자체적으로 검토하여 법무부 검토안을 마련하고,[86] 법무부 산하에 '알기 쉬운 민법 개정위원회'를 구성한 후, 그 위원회에 법무부 검토안과 2013년 법

84) 이 자문위원회의 검토 결과에 대하여는 법제처, 알기 쉽게 새로 쓴 「민법」 설명자료집, 2013(아래에서는 '법제처, 민법 설명자료집'이라고 인용한다) 참조.

85) 2013년 법제처 정비안의 자세한 내용에 관해서는 법제처, 알기 쉽게 새로 쓴 「민법」 설명자료집 [별책] 알기 쉽게 새로 쓴 「민법」 정비안, 2013(아래에서는 '법제처, 민법 설명자료집 별책'이라고 인용한다) 참조.

86) 이때 2009. 2.부터 활동을 시작한 법무부 민법개정위원회에서 발주한 용역보고서인 서민, '알기 쉬운 민법'을 위한 연구, 법무부 연구용역 과제 보고서, 2011; 서민, '알기 쉬운 민법'을 위한 연구(2) <가족법>, 법무부 연구용역 과제 보고서도 중요하게 참고되었을 것으로 생각된다. 이 연구보고서들은 2013년 법제처 정비안을 마련할 때에도 참고를 하였다.

제처 정비안을 검토하게 하였다.[87] '알기 쉬운 민법 개정위원회'[88]는 2014. 9.부터 2015. 6.에 이르기까지 총 31회의 회의를 개최하여 민법 개정안을 마련하고, 그 안에 대하여 민법 전반의 체계 완결성과 통일성을 검토한 뒤, 국립국어원의 감수를 받아 최종 개정안을 확정했다고 한다.[89] 그것이 2015년 법무부안이다.

법무부는 2015년 법무부안을 2015. 8. 26.에 입법예고하였고(법무부공고 제2015-228호), 2015. 9. 14. 공청회를 열어 의견을 수렴하였다.[90] 그 후 2015년 법무부안은 절차를 거쳐 2015. 10. 8. 정부 제출 법률안으로 국회에 제출되었다.[91] 그 법률안은 2015. 10. 12. 국회 법제사법위원회에 회부되고, 법제사법위원회 전문위원의 검토보고서까지 제출되고, 2015. 12. 30. 법제사법위원회에 상정되었으며, 법제사법위원회에서 소위원회에 회부하였는데 소위원회에서 시간 부족으로 심의를 받지 못했고, 안타깝게도 제19대 임기 만료(2016년)로 자동 폐기되었다.[92]

(5) 2018년 법무부안

2015년 법무부안을 바탕으로 한 민법 개정안이 폐기된 후 법무부

87) 윤철홍, 2018년 공청회 자료집, 6면 · 7면(윤철홍); 윤철홍, 앞의 논문, 171면 · 172면.
88) 이 위원회는 위원장을 서민(충남대 명예교수)으로 하고, 법학 교수 위원으로 윤철홍(숭실대 교수) · 김제완(고려대 교수) · 현소혜(성균관대 교수), 법조인 위원으로 이주영(판사. 후에 인사이동으로 김윤정 판사로 교체됨) · 안태용(변호사), 관계기관 소속 위원으로 김종훈(법제처 서기관. 후에 인사이동으로 서홍석 사무관, 이상현 사무관으로 순차 변경됨), 법무부 소속 위원으로 이응철(법무부 법무심의관실 검사) 등 위원장을 포함하여 총 8인으로 구성되었다고 한다. 윤철홍, 앞의 논문, 172면 참조.
89) 윤철홍, 앞의 논문, 172면.
90) 2015년 법무부안의 내용에 관해서는 [법무부 홈페이지 '법령/자료'→'법령 정보'→'입법 예고' 사이트 http://www.moj.go.kr/HP/COM/bbs_04/ShowData.do?strNbodCd=foru0002&strFilePath=moj/&strThmWrtNo=820&strThmAnsNo=A&strFilePath=moj/&strRtnURL=MOJ_40203000&strOrgGbnCd=100000] 참조. (최종방문일 2018. 9. 28)
91) 그 법률안의 자세한 내용에 관해서는 [http://likms.assembly.go.kr/bill/billDetail.do?billId=ARC_A1S5A1P0E0B8K1J7F2H6X0M8L9Y0V0] 참조. (최종방문일 2018. 9. 28)
92) 이 법률안의 심의 경과에 관해서는 [국회 홈페이지 '의안정보'→'의안정보시스템'→'의안검색' 사이트 http://likms.assembly.go.kr/bill/billDetail.do?billId=ARC_A1S5A1P0E0B8K1J7F2H6X0M8L9Y0V0] 참조. (최종방문일 2018. 9. 28)

는 2017년에 다시 알기 쉬운 민법 개정 작업을 시작하였다. 법무부에서는 '알기 쉬운 민법 개정 T/F'[93]를 구성하였고, 그 T/F는 2017. 1. 24.부터 2017. 12. 14.까지 총 20회의 회의를 개최하면서 개정 작업을 진행했는데, 그 방법은 주로 제19대 국회에 제출되었던 민법 개정안을 기준으로 하여 그 타당성을 검토하고, 수정이 필요한 부분에 대해서는 대안을 제시하는 방식으로 했다고 한다.[94] 그리고 그 결과로 알기 쉬운 민법 개정안이 완성되었는데, 그것이 바로 2018년 법무부안이다.

2018년 법무부안은 총칙편(법무부공고 제2018-38호), 물권편(법무부공고 제2018-39호), 채권편(법무부공고 제2018-40호), 친족편 · 상속편(법무부공고 제2018-41호)의 네 부분으로 나뉘어 2018. 2. 28.에 입법예고되었다.[95] 그리고 그 안에 대하여 2018. 6. 8.에 공청회도 가졌다.[96] 2015년 법무부안에 대하여 2015년에 공청회를 가졌었는데, 내용도 거의 비슷한 '알기 쉬운 민법 개정안'에 대하여 두 차례나 공청회를 갖게

---

93) 이 T/F는 위원장을 서민(충남대 명예교수. 직책은 구성 당시 기준임. 이하 같음)으로 하고, 법학교수 위원으로 윤철홍(숭실대 교수), 현소혜(성균관대 교수), 법조인 위원으로 정우석(서울중앙지법 부장판사. 후에 공현진 서울중앙지법 판사로 교체됨) · 인훈(서울중앙지검 검사) · 최재혁(김앤장 법률사무소 변호사), 관계기관 소속 위원으로 남영주(법제처 서기관. 후에 조영수 법제처 사무관으로 교체됨), 법무부 소속 위원으로 조민우(법무부 법무심의관실 검사) 등 위원장을 포함하여 8인으로 구성되었다고 한다. 2018년 공청회 자료집, 69면 주 1(현소혜) 참조.

94) 2018년 공청회 자료집, 69면(현소혜).

95) 입법예고된 2018년 법무부안의 자세한 내용에 관해서는 [법무부 홈페이지 '법령/자료'→'법령정보'→'입법 예고' 사이트 http://www.moj.go.kr/HP/COM/bbs_04/ShowData.do?strNbodCd=foru0002&strFilePath=moj/&strThmWrtNo=977&strThmAnsNo=A&strFilePath=moj/&strRtnURL=MOJ_40203000&strOrgGbnCd=100000(총칙편). http://www.moj.go.kr/HP/COM/bbs_04/ShowData.do?strNbodCd=foru0002&strFilePath=moj/&strThmWrtNo=978&strThmAnsNo=A&strFilePath=moj/&strRtnURL=MOJ_40203000&strOrgGbnCd=100000(물권편). http://www.moj.go.kr/HP/COM/bbs_04/ShowData.do?strNbodCd=foru0002&strFilePath=moj/&strThmWrtNo=979&strThmAnsNo=A&strFilePath=moj/&strRtnURL=MOJ_40203000&strOrgGbnCd=100000(채권편). http://www.moj.go.kr/HP/COM/bbs_04/ShowData.do?strNbodCd=foru0002&strFilePath=moj/&strThmWrtNo=980&strThmAnsNo=A&strFilePath=moj/&strRtnURL=MOJ_40203000&strOrgGbnCd=100000 (친족편 · 상속편)] 참조. (최종방문일 2018. 9. 28)

96) 공청회의 자료에 대하여는 법무부, 「알기 쉬운 민법」 개정을 위한 민법 개정 공청회 자료집, 2018(2018년 공청회 자료집) 참조.

된 이례적인 일이 생긴 것이다. 그리고 2009년 법무부안까지 헤아리면 세 번이나 입법예고를 한 것이 된다. 국민들이나 관계 전문가들의 의견을 충분히 수렴하려는 법무부의 의지가 드러난다고 할 것이다. 2018년 법무부안은 입법예고기간이 만료되었고, 2018. 10. 현재 일부는 법제처의 심사가 완료되었고 일부는 심사를 받고 있다.

제3장 공통적인 특징(중요 변동사항)

1. 서설

이제 2018년 법무부안을 중심으로 하여 민법전의 용어나 표현, 문장구조에서 특징적인 점을 개별적으로 상세하게 살펴보기로 한다. 그럼에 있어서는 특히 우리 민법에 대하여 이미 상당히 알고 있는 사람들에게 변화 여부 및 그 내용을 쉽게 파악할 수 있도록 현행 민법전과 비교해서 설명하기로 한다.

용어 · 표현 · 문장구조에서 특징적인 점은 크게 민법의 여러 조문에 공통적인 것과 개별 조문에 특이한 것으로 나눌 수 있다.[97] 그 중에 본장(제3장)에서는 전자에 대하여 기술하려고 하며, 후자에 대해서는 다음 장(제4장)에서 살펴볼 것이다.

여러 조문에 공통적인 특징은 법률용어, 법률용어는 아니지만 민법이나 그 밖의 법률에서 자주 사용되는 용어, 일반사회에서도 널리 사용되는 용어, 법률에서 많이 사용되는 서술어, 일반 사회에서도 사용되는 서술어, 국어 문법과 관련된 것 등 여러 가지가 있다. 그리고 이들 중에는 이미 법제처의 법령 정비기준[98]에 반영된 것도 있지만, 그렇지 않고

97) 경우에 따라서는 한 개의 조문에서만이 아니고 두 개 또는 그 이상의 조문에서 보이는 특징인데 후자로 분류될 수도 있다. 중요도 면에서 개별적으로 다루는 것이 적절한 경우 가운데 그런 경우가 있을 가능성이 크다. 그러고 보면 '공통적인 것'과 '개별조문에 특이한 것'은 객관적이고 절대적인 분류가 아니고 어느 정도는 임의적인 것이라고 할 수 있다.

98) 법제처가 발간한 법령 정비기준은 2006. 12.에 '알기 쉬운 법령 만들기를 위한 정비기준'이라는

2018년 법무부안에 처음 출현한 것도 있다. 이 가운데 후자는 2018년 법무부안을 기초로 한 민법 개정안이 국회를 통과하게 되면 바로 정비기준에 반영되어 향후 법령 정비시에 새로운 기준으로 적용될 것이다.

2. '최고(催告)'의 변경

(1) 변경 내용

현행 민법전에서 '최고(催告)'라는 용어가 사용된 조문 수는 27개에 이른다.99)

제88조 제1항, 제89조, 제131조, 제174조, 제381조 제1항 · 제2항, 제384조 제2항, 제395조, 제437조, 제438조, 제455조, 제460조, 제521조, 제522조, 제540조, 제544조, 제545조, 제552조, 제564조 제2항, 제603조 제2항, 제1032조, 제1033조, 제1038조 제1항, 제1046조, 제1077조, 제1094조 제2항, 제1097조 제3항, 제1111조

가 그것이다. 이 중에 제437조, 제438조, 제952조, 제1032조, 제1033조, 제1046조에서는 '최고'가 본문에는 사용되지 않고 제목에만 사용되고 있다. 이와 같이 여러 조문에서 사용된 '최고'는 매우 어려운 용어라고 인정되어 2018년 법무부안에서 순화가 이루어졌다. 그런데 '최고'가 한 가지 용어로 자동적으로 변경되지 않고 다음과 같이 그것의 정확한 의

제목으로 처음 발행되었고(그 내용에 관해서는 [법제처 홈페이지 '법령 · 해석정보'→'알기 쉬운 법령만들기'→'정비기준 및 자료실' 사이트 http://www.moleg.go.kr/lawinfo/easylaw/data?pstSeq=44066&pageIndex=5] 참조. 최종방문일 2018. 9. 28), 2009. 1.에 '알기 쉬운 법령 정비기준'이라고 제목이 바뀌어 개정판으로 제2판이 발행되었으며, 2009. 12.에 제3판, 2011. 12.에 제4판, 2012. 12.에 제5판, 2014. 12.에 제6판, 2015. 12.에 제7판이 발행된 데 이어, 2017. 12.에 현재(2018. 8)의 것으로서 최신판인 제8판이 발행되어 이용되고 있다. 아래에서 법제처의 법령 정비기준 책자를 인용할 때에는 '법제처, 정비기준(제1판~제8판)'으로 인용하기로 한다.

99) 과거에는 제15조 제1항 · 제2항에서도 '최고'가 사용되었으나, 그 규정은 2011. 3. 7.에 개정되어 지금은 그 조문에서는 '최고'라는 용어가 사용되고 있지 않다.

미에 따라 다르게 고쳐졌고, 일부 조문의 경우에는 '최고'라는 용어의 사용이 유지되었다.

1) '최고'가 일정한 행위의 촉구·독촉 또는 재촉의 의미로 사용된 경우에는 '촉구'로 변경되었다. 구체적으로는 우선

제88조 제1항, 제89조, 제131조, 제381조 제1항·제2항, 제384조 제2항, 제455조, 제460조, 제540조, 제544조, 제545조, 제552조, 제564조 제2항, 제1077조, 제1094조 제2항, 제1097조 제3항, 제1111조 본문

에서 현행 민법전에서의 '최고'가 '촉구'로 변경되었다. 그리고 '최고'가 조문의 제목에서 '촉구'의 의미로 사용된 경우에 관하여 보면 제131조·제540조·제552조·제1077조의 제목에서 '최고권'이 '확답을 촉구할 권리'로 바뀌었다. 또한 제455조·제952조의 제목의 '최고'는 '확답 촉구'로 수정되었다. 나아가 제1032조·제1046조 제목의 '최고'는 그 본문의 의미를 살려 '신고 촉구'라고 하였고, 제1033조의 제목의 '최고기간'은 제1032조의 제목에서 '최고'를 '신고 촉구'로 수정한 것에 기초하여 그 의미를 살리고 정확하게 표현하기 위해 '신고 기간'이라고 변경하였다. 한편 제1038조 제1항에는 '최고'가 그 본문에 있으나, 거기의 '최고'는 제1032조를 인용한 것이어서 그것은 결국 제1032조 제목의 '최고'와 같은 것이라고 할 수 있으며, 그리하여 제1032조의 제목과 마찬가지로 '신고 촉구'라고 고쳤다. 아래에 '최고'를 '촉구'로 변경한 조문 가운데 하나인 제89조를 인용한다.

현행 민법전	2018년 법무부안
第89條(債權申告의催告) 淸算人	제89조(채권신고의 촉구) 청산인

은알고있는債權者에게對하여는各各그債權申告를催告하여야한다 알고있는債權者는淸算으로부터除外하지못한다	은 알고 있는 채권자에게는 각각 채권신고를 촉구해야 한다. 알고 있는 채권자는 청산에서 제외하면 안 된다.

'최고'를 '촉구'로 변경한 것은 이미 현행법에서도 행해진 바 있다. 즉 2011. 3. 7.에 민법이 개정될 때 제15조의 제목 중 '최고권'이 '확답을 촉구할 권리'로, 동조 제1항·제2항에서 '최고'가 '촉구'로 수정되었다. 2018년 법무부안은 이 개정의 연장선에 있는 것이다. 참고로 하기 위하여 '최고'를 이미 '촉구'로 개정한 현행 민법전의 제15조 제1항을 아래에 인용한다.

현행 민법전	2018년 법무부안
제15조(제한능력자의 상대방의 확답을 촉구할 권리) ① 제한능력자의 상대방은 제한능력자가 능력자가 된 후에 그에게 1개월 이상의 기간을 정하여 그 취소할 수 있는 행위를 추인할 것인지 여부의 확답을 촉구할 수 있다. 능력자로 된 사람이 그 기간 내에 확답을 발송하지 아니하면 그 행위를 추인한 것으로 본다.	제15조(제한능력자의 상대방이 확답을 촉구할 권리) ① 제한능력자의 상대방은 제한능력자가 행위능력자로 된 후에 그에게 1개월 이상의 기간을 정하여 취소할 수 있는 행위를 추인(追認)할 것인지에 대한 확답을 촉구할 수 있다. 행위능력자로 된 사람이 그 기간 내에 확답을 발송하지 않으면 그 행위를 추인한 것으로 본다.

2) '최고'가 '이행청구'의 의미로 사용된 경우에는 '이행청구'로 변경되었다. 제174조·제395조·제437조·제438조·제603조 제2항이 그

에 해당한다. 이들 중 제437조와 제438조에서는 '최고'가 제목에서만 사용되었다. 아래에 '최고'를 '이행청구'로 수정한 조문 중 제174조를 인용한다.

현행 민법전	2018년 법무부안
第174條(催告와時效中斷) 催告는6月內에裁判上의請求, 破産節次參加, 和解를爲한召喚, 任意出席, 押留또는假押留, 假處分을하지아니하면時效中斷의效力이없다	제174조(이행청구와 소멸시효 중단) 이행청구는 6개월 내에 재판상의 청구, 파산절차 참가, 화해를 위한 소환, 임의출석, 압류, 가압류 또는 가처분을 하지 않으면 소멸시효를 중단시키는 효력이 없다.

3) '공시최고'의 경우에는 '최고'를 수정하지 않고 그대로 두었다. 제521조 · 제522조에서 그렇다. '최고'를 그대로 둔 조문 중 제521조를 아래에 인용한다.

현행 민법전	2018년 법무부안
第521條(公示催告節次에依한證書의失效) 滅失한證書나所持人의占有를離脫한證書는公示催告의節次에依하여無效로할수있다	제521조(공시최고절차에 의한 증서의 실효) 멸실된 증서나 소지인의 점유를 이탈한 증서는 공시최고절차에 의하여 무효로 할 수 있다.

(2) 변경의 이유 내지 근거

'최고(催告)'는 일반 사회에서는 사용하지 않는 매우 어려운 한자어일 뿐더러[100] 그것과 음이 같으면서 완전히 일상적인 용어인 '최고(最

100) 동지 2018년 공청회 자료집, 80면(현소혜).

高)'가 있어서 그대로 두는 것이 부적절하다.[101] 그리고 그 용어는 한자에 익숙하지 않은 사람이나 장래의 세대는 그 용어를 한글로 써 놓을 경우 그 의미를 파악하지 못할 것이며, 설사 한자를 병기해 둔다고 해도 한자를 알지 못하는 한 의미가 없다.[102] 법조 출입기자들이 '최고'를 고치지 않으면 민법전이 알기 쉽게 고쳐진 것이 아니라고 했다는 것은 앞에서 적은 바와 같다.[103] 더욱이 민법전에서 사용된 '최고'는 모두 한 가지 뜻을 가지고 있는 것이 아니고 조문에 따라 의미가 다르기 때문에도 정확한 의미에 맞추어 고칠 필요가 있었다.

저자가 조사한 바에 따르면,[104] 민법전상의 '최고'는 조문에 따라 세 가지 의미로 사용되었는데, 그 하나는 일정한 행위의 촉구·독촉 또는 재촉의 의미였고, 두 번째는 이행청구의 의미였으며, 마지막 하나는 '공시최고절차'에서 '최고'가 사용된 것이었다. 2018년 법무부안은 그 가운데 촉구를 의미한 경우에는 '최고'를 '촉구'로 변경하였고, 이행청구를 의미한 경우에는 '이행청구'라고 하였으며, '공시최고절차'의 경우에는 '최고'를 그대로 두었다.

참고로 독일민법에 대하여 설명하기로 한다. 독일민법은 '최고'에 해당하는 용어로 Aufforderung(동사일 경우 aufforderen)과 Mahnung을 사용하고 있는데, 이 중 Mahnung은 동법 제284조(2002년 개정 후에는 제286조로 됨)·제1160조에만 사용되고 있으며, 동법 제108조·제177조 제2항·제264조 제2항 등 다른 규정에서는 모두 Aufforderung(동사일

101) 민법은 제357조에서 근저당에 관하여 채권의 '최고액(最高額)'이라는 용어도 쓰고 있다.

102) 법제처, 민법 설명자료집, 14면(송덕수).

103) 앞의 제2장 1. (3) 참조.

104) 그에 관한 자세한 사항은 법제처, 민법 설명자료집, 11면 이하(송덕수) 참조. 그 내용은 이미 2009년 법무부안을 심의할 때에 회의 자료로 제출하였으며, 특별분과위원회 제9차 회의(2008. 11. 19)에서 그것을 기초로 논의한 결과 '최고'를 경우에 따라 '촉구', '이행청구' 등으로 변경하기로 하였고, 그 영향으로 2011. 3. 7.에 제15조가 개정되었다. 그리고 2013년 법제처 정비안도 위의 자료를 바탕으로 논의하여 2018년 법무부안과 유사하게 결정되었다. 다만, 2013년 법제처 정비안은 제395조·제603조 제2항의 '최고'를 '촉구'라고 하고, 제1111조의 '최고'는 '이행청구'라고 했는데, 2018년 법무부안은 전자는 '이행청구'로, 후자는 '촉구'로 바꾸었다.

경우 auffordern)을 사용하고 있다.[105] 그리고 문헌에서는 Mahnung에 대하여 그것은 "이제 즉시 급부하라는 채권자의 채무자에 대한 촉구(Aufforderung)"라고 설명하며,[106] Aufforderung은 그 용어 그대로 설명할 뿐 그것은 Mahnung이라고 하지는 않는다.[107][108] 독일민법상의 Aufforderung(동사일 경우 auffordern)은 권유 · 요구 · 청구 · 요청 등의 의미이고, Mahnung도 비슷해 재촉 · 독촉 · 권고 등의 의미인데, 일본민법 제정시에 이들 두 용어를 모두 '최고'라고 번역하였다.[109] 그리고 독일민법에서 Aufforderung과 Mahnung이라고 규정된 부분은 우리 민법에서도 모두 최고라고 하였다.[110]

2009년 법무부안을 심의할 때 '일정한 행위를 촉구 · 독촉 또는 재촉하는 의미'일 경우에 '최고'를 어떻게 수정하는 것이 바람직할지에 관하여 깊이 있게 논의하였다. 그 결과 가장 이해하기 쉽기는 '재촉'인데 그것은 지나치게 일상용어 같은 느낌이 들어 제외되었고, 그 외에 의미가 쉽게 와 닿는 것은 '독촉'인데 그것은 민사소송법상의 간이소송절차인 '독촉절차'와의 혼동을 우려하여 제외되었다.[111] 그리하여 남은 것이 '촉구'였는데, 사실 '촉구'는 우리와 '최고'에 해당하는 독일어의 Aufforderung과 문자적으로 가장 근접한 의미를 가지고 있기도 하여 채택되었다. 왜냐하면 Aufforderung은 의미상 '독촉'과 '청구'를 합한 것인 '촉구(促求)'와 가장 가까운 의미를 가지고 있기 때문이다.

---

105) 법제처, 민법 설명자료집, 13면(송덕수).

106) 가령 Fikentscher, Schuldrecht, 8. Aufl., 1992, Rn. 460; Fikentscher/Heinemann, Schuldrecht, 10. Aufl., 2006, Rn. 465.

107) Brox, Allgemeiner Teil des BGB, 15. Aufl., 1991, Rn. 246.

108) 이 내용은 법제처, 민법 설명자료집, 13면 · 14면(송덕수)에서도 소개되어 있다.

109) 법제처, 민법 설명자료집, 14면(송덕수).

110) 우리 민법과 독일민법의 차이에 관하여 법제처, 민법 설명자료집, 14면(송덕수)도 참조.

111) 2018년 법무부안의 심의시에는 '독촉'보다는 '촉구'가 어감이 부드럽다고 평가했다고 한다. 2018년 공청회 자료집, 18면(윤철홍).

(3) 다른 의견 및 사견

견해[112]에 따라서는 '최고'에 대하여 표준국어대사전에도 등재되어 있는데 굳이 수정을 해야 하는지, 촉구와 이행청구로 표현을 달리하는 기준이 무엇인지 의문을 제기하기도 한다. 그러나 '최고'가 표준국어대사전에 등재되어 있는 것은 민법전에 워낙 많이 규정되어 있는 여파일 것이고, '최고'가 일반 국민에게 매우 어려운 한자어임은 2016년에 알기 쉬운 민법 개정안이 국회 임기 만료로 자동 폐기된 후 방송뉴스(KBS · MBC)가 그 소식을 전하면서 개정안에서 쉽게 고쳐진 용어의 대표적인 예로 '최고'를 들고 있음[113]을 보아도 능히 알 수 있다. 그리고 현행 민법전상의 '최고'는 그 의미를 깊이 생각해 보면 그것이 '촉구'의 의미인지 '이행청구'의 의미인지 구별할 수가 있으므로 그 기준이 불명확하지도 않다.

'최고'와 관련하여 2018년 법무부안에 추가로 주문하고 싶은 것이 있다. 이 안은 '공시최고절차'라는 용어는 그대로 두고 있다(제521조 · 제522조). 공시최고절차가 다른 법령에도 규정되어 있고 확립된 제도이기는 하나, 이번 기회에 '최고'라는 어려운 용어는 완전히 없애기 위하여 그 용어도 고쳤으면 한다.[114] 그 방안으로는 2013년 법제처 정비안에서 한 것처럼 '공시최고절차'를 '신고촉구공시절차'로 바꾸었으면 한다.

3. '상당(相當)한'의 변경

(1) 변경 내용

현행 민법전에는 '상당한'이라는 용어가 매우 많은 조문에서 사용되었다. 그런데 그 용어가 모든 조문에서 동일한 의미로 사용되지는 않았다. 2018년 법무부안은 각 조문에서 사용된 '상당한'의 의미가 무엇인

112) 2018 민법개정안 의견서, 52면(지원림).
113) 법제처, 알법 백서, 299면－301면 참조.
114) 2018 민법개정안 의견서, 16면(송덕수).

가에 따라 '상당한'을 각기 다르게 고쳤으며, 일부 조문에서는 그 용어를 그대로 유지하였다.

'상당한'(또는 '상당하지')이 일반 사회에서 사용하지 않는 '적당한', '적절한' 또는 '알맞은'의 의미로 사용된 경우에는 '적절한'으로 수정하였다.

> 제26조 제1항·제2항, 제131조, 제203조 제3항, 제226조 제2항, 제283조 제2항, 제285조 제2항, 제286조('상당하지'), 제288조, 제310조 제2항, 제312조의 2('상당하지'), 제325조 제2항, 제327조, 제362조, 제381조 제1항·제2항, 제384조 제2항, 제395조, 제432조, 제455조 제1항, 제522조, 제529조, 제540조, 제544조, 제552조 제1항, 제564조 제2항, 제588조, 제594조 제2항, 제603조 제2항, 제626조 제2항, 제628조('상당하지'), 제639조 제1항, 제662조 제1항, 제667조 제1항, 제674조의 6 제2항, 제688조 제2항, 제729조 제1항, 제751조 제2항, 제756조 제1항, 제759조 제1항, 제955조, 제1077조 제1항, 제1094조 제2항, 제1097조 제3항, 제1111조

에서 그리하였다. '상당한'을 '적절한'으로 수정한 조문들 중 하나인 제26조 제1항을 아래에 인용한다.

현행 민법전	2018년 법무부안
第26條(管理人의擔保提供, 報酬) ①法院은그選任한財産管理人으로하여금財産의管理및返還에關하여相當한擔保를提供하게할 수 있다	제26조(재산관리인의 담보 제공 및 보수) ① 법원은 법원이 선임한 재산관리인으로 하여금 부재자 재산의 관리 및 반환에 관하여 적절한 담보를 제공하게 할 수 있다.

다음에 '상당한'이 '일정한 액수나 수치 따위에 알맞은'이라는 의미로 사용된 경우에는 '~에 해당하는'이라고 고쳤다. 제1014조, 제1084조 제1항에서 그렇게 하였다. '상당한'을 '~에 해당하는'이라고 수정한 조문 중 제1014조를 인용한다.

현행 민법전	2018년 법무부안
第1014條(分割後의被認知者等의請求權) 相續開始後의認知또는裁判의確定에依하여共同相續人이된者가相續財産의分割을請求할境遇에다른共同相續人이이미分割其他處分을한때에는그相續分에相當한價額의支給을請求할權利가있다	제1014조(분할 후에 인지된 사람 등의 청구권) 상속 개시 후에 인지나 재판의 확정에 의하여 공동상속인이 된 사람이 상속재산 분할을 청구하는 경우에 다른 공동상속인이 이미 분할이나 그 밖의 처분을 한 때에는 그의 상속분에 해당하는 가액의 지급을 청구할 권리가 있다.

그런가 하면 '상당한'이 일반 사회에서 보통 사용되는 '어지간히 많은' 또는 '적지 않은'의 의미로 사용된 경우에는 수정을 하지 않고 그대로 두었다. 제947조의 2 제4항, 제1008조의 2 제1항에서 그리하였다. 그리고 제674조의 7 제1항에서는 '적절한' 또는 '~에 해당하는'이라고 바꿀 경우에 내용 변경의 소지가 있다는 이유로 '상당한'을 유지했다고 한다.[115] '상당한'을 그대로 유지한 조문 중 제1008조의 2 제1항을 인용한다.

현행 민법전	2018년 법무부안
第1008條의2(寄與分) ①共同相續人중에 상당한 기간 동거·	제1008조의2[기여분(寄與分)] ① 공동상속인 중에 상당한 기

115) 2018년 공청회 자료집, 16면(윤철홍).

간호 그 밖의 방법으로 피상속인을 특별히 부양하거나 피상속인의 재산의 유지 또는 증가에 특별히 기여한 자가 있을 때에는 相續開始 당시의 被相續人의 財産價額에서 共同相續人의 協議로 정한 그 者의 寄與分을 控除한 것을 相續財産으로 보고 第1009條 및 第1010條에 의하여 算定한 相續分에 寄與分을 加算한 額으로써 그 者의 相續分으로 한다.	간 동안 동거, 간호, 그 밖의 방법으로 피상속인을 특별히 부양하거나 피상속인 재산의 유지 또는 증가에 특별히 기여한 사람이 있는 경우에는 상속 개시 당시의 피상속인의 재산가액에서 공동상속인이 협의하여 정한 그 사람의 기여분을 뺀 것을 상속재산으로 보고 제1009조와 제1010조에 따라 산정한 상속분에 기여분을 더한 금액을 그 사람의 상속분으로 한다.

(2) 변경의 이유 내지 근거

'상당한'이란 말은 일반 사회에서는 '어지간히 많은' 또는 '적지 않은'이라는 의미로 널리 사용되고, 간혹 '일정한 액수나 수치 따위에 알맞은'이라는 의미로도 사용되고 있다. 현행 민법전에는 '상당한'이라는 용어가 이 두 가지 의미로 사용된 경우들이 있다. 그런데 사회에서는 전혀 사용되지 않는 의미, 즉 '적당한', '적절한' 또는 '알맞은'의 의미로 사용된 경우가 의외로 대단히 많다. 이는 독일민법에서 'angemessen'이라고 한 것을 일본인들이 '상당한'이라고 번역한 데서 비롯된 것으로 보인다.[116] 그런데 'angemessen'의 사전적 의미는 '알맞은' 또는 '적당한'이며, 사전에 '상당한'은 기재되어 있지도 않다.[117][118] '상당한'의 의미가

116) 법제처, 민법 설명자료집, 9면 · 10면(송덕수).

117) 법제처, 민법 설명자료집, 10면(송덕수).

118) 국어 학자의 설명에 따르면, 일본어의 '상당한'과 우리말의 '상당한'은 의미상 차이가 있으며,

조문에 따라 다르고, 그 중에는 일반 사회에서는 전혀 사용하지 않는 뜻도 있으며, 따라서 '상당한'이라는 용어는 특히 일반 국민들에게는 의미 파악이 어렵게 된다. 그리고 민법전이 위와 같이 되어 있어서 법률가들이 '상당한'을 '적당한'이라는 의미로 자주 사용하고 있는데, 국민들은 그러한 모습을 보면 법률가들을 매우 권위주의적으로 느끼게 될 것이다. 여기서 사회에서 사용하지 않는 경우에는 '상당한'을 의미에 맞게 바꾸어 주어야 하며, 사회에서 사용하는 경우에도 고치는 것이 더 바람직할 때에는 그에 맞게 고쳐 주어야 한다.

2018년 법무부안은 이러한 취지에서 '상당한'을 각 조문의 의미에 맞게 수정하였고, 일부 조문의 경우에는 그대로 유지하였다. 구체적으로 '상당한'이 －사회에서와 달리－ '적당한', '적절한' 또는 '알맞은'의 의미일 경우에는 '적절한'으로 수정하고('상당하지'의 경우에는 '적절하지'로 수정함), '일정한 액수나 수치 따위에 알맞은'의 의미일 경우에는 '~에 해당하는'이라고 고쳤다. 그에 비하여 '상당한'이 사회에서 널리 쓰이는 '어지간히 많은' 또는 '적지 않은'의 의미일 경우에는 그대로 유지하였다. 그 외에 수정할 경우에 의미 손상의 우려가 있다는 이유로 '상당한'이 유지된 경우도 있다(제674조의 7 제1항).

위와 같은 논의는 2009년 법무부안을 심의한 특별분과위원회에서 이루어졌고, 거기에서 '상당한'이 '적절한', '적당한' 또는 '알맞은'의 의미일 경우에는 '상당한'을 '적당한'이나 '적절한'으로 수정하기로 결정하였으며(2008. 8. 5. 제3차 회의 결정사항의 하나였음), 최종적으로는 '적당한'으로 고치기로 하였다. 그 후 2013년 법제처 정비안을 심의한 자문위원회에서는 더욱 자세히 검토하였고,[119] 그 결과는 2018년 법무부안과 거의 같다. 즉 2009년 법무부안이 '적당한'이라고 한 곳은 '적절한'으로 고

따라서 일본법상의 '상당한'을 우리 민법전에 그대로 둔 것은 번역상 부적절한 어휘를 선택한 것이라고 한다. 김문오/홍사만, 쉽게 고쳐 쓴 우리 민법, 국립국어원, 2003(아래에서는 '김문오/홍사만, 우리 민법'이라고 인용한다), 354면 참조.

119) 그 회의의 자료에 관해서는 법제처, 민법 설명자료집, 8면 이하(송덕수) 참조.

쳤고,[120] '일정한 액수나 수치 따위에 알맞은'이라는 의미인 경우에는 '~에 해당하는'으로 수정하였으며, '어지간히 많은'이라는 의미인 경우에는 '상당한'을 그대로 두었다. 다만, '상당한'이 내용 변경을 우려하여 유지된 제674조의 7 제1항은 2013년 법제처 정비안이 만들어진 뒤인 2015. 2. 3.에 새로 신설된 것이어서 당시에는 논의대상이 아니었다.

(3) 다른 의견 및 사견

일부 견해는 "어차피 불확정 개념으로 '상당'도 일상에서 널리 쓰이는데 굳이 바꾸어야 하는지 의문일 뿐만 아니라 '적절'의 포섭범위가 더 좁다는 점에서" 개정에 반대한다.[121][122] 그러나 '상당한'은 사회에서 '적절한'이라는 의미로는 사용되지 않는다. 국어사전을 참조해 보아도 마찬가지이다. 그리고 개정을 하지 않을 경우에 일반 국민들은 민법전상의 '상당한'의 의미를 파악하는 경우에 혼란에 빠져 어려워할 가능성이 크다. 또한 '상당한'이 '적절한'의 의미이어서 그렇게 바꾸는 경우에 과연 내용상 차이가 있는지 의문이며, 설사 미세한 변화가 있다고 하더라도 20년~30년 후의 일반 국민을 위하여 고쳐주는 것이 바람직하다.[123] '상당한'을 현행대로 두고 일반 국민에게 항상 올바르게 파악하도록 하는 것은 가혹한 일이기 때문이다. 그에 비하여 법률가는 용어가 변경될 경우 새로운 용어에 쉽게 적응할 수 있다.

'상당한'과 관련하여 추가로 고려했으면 하는 사항이 있다. 2018년 법무부안은 제674조의 7 제1항에서 '상당한'을 내용변경을 우려하여 그대로 두었다. 그런데 거기의 '상당한'도 법과 관련해서만(가령 상당인과관계) 사용될 뿐 사회에서는 사용되지 않는 의미의 것이다. 따라서 동조의

---

120) 저자는 2009년 법무부안 심의시에도 '적절한'을 더 선호하였으나, 회의에서 '적당한'으로 결정되었다.

121) 2018 민법개정안 의견서, 60면(지원림). 그리고 2018 민법개정안 의견서, 29면(이준형)은 '상당한'보다 '적절한'이 명확한 표현인지 의문이라고 한다.

122) 그에 관한 반론으로 2018년 공청회 자료집, 16면 · 17면(윤철홍)도 참조.

123) 저자의 심경 변화에 관한 앞의 제2장 1. (3)도 참조.

'상당한'도 수정을 하는 것이 좋다. 그것을 남겨 두게 되면 '상당한'에 대한 개정의 의미가 크게 줄어든다. 사견으로는 거기의 '상당한'도 '적절한'으로 바꾸어 주어도 무방하다고 생각된다.

4. '목적(물)'의 변경

(1) 변경 내용

현행 민법전에는 '목적'이라는 용어가 매우 많이 사용되었다. 그리고 그 용어는 총칙편부터 상속편에 이르기까지 민법전의 모든 부분에서 보인다. 그런데 민법전에서 사용된 '목적'은 항상 동일한 한 가지 의미를 가지는 것이 아니고, 경우에 따라 각기 다른 의미를 가지고 있다. 또한 그 중에 어떤 경우에는 '목적'이 일반 사회에서와는 전혀 다른 의미로 사용되기도 한다. 그리하여 2018년 법무부안에서는 현행 민법전상의 '목적'을 각각의 경우에 그 의미를 파악하여 적절하게 수정하였다.

1) 먼저 '목적'이 ―일반 사회에서 사용하는 바와 같이― '실현하려고 하는 일이나 나아가는 방향'을 의미할 때에는 2018년 법무부안에서도 그대로 유지되었다.

총칙편의 제32조, 제34조, 제35조 제2항, 제38조, 제39조 제1항, 제40조 제1호, 제45조 제2항, 제46조, 제49조 제2항, 제70조 제2항, 제71조, 제77조 제1항, 제80조 제2항, 제81조, 물권편의 제280조 제1항 제1호 · 제2호 · 제3호, 제281조 제2항, 제291조, 제304조, 제314조 제2항, 제345조 단서, 채권편의 제526조, 제535조 제1항, 제545조, 제575조 제1항, 제619조 제1항, 제622조 제1항, 제625조, 제627조 제2항, 제641조, 제643조, 제644조 제1항, 제668조, 친족편의 제947조의 2 제2항, 제950조 제1항 제4호가 그에 해당한다. '목적'이 사회에서와 같은 의미로 사용되어 그대로 유지된 조문들 중 제32조를 아래에 인용한다.

현행 민법전	2018년 법무부안
第32條(非營利法人의設立과許可) 學術, 宗敎, 慈善, 技藝, 社交其他營利아닌事業을目的으로하는社團또는財團은主務官廳의許可를얻어이를法人으로할수있다	제32조(비영리법인의 설립과 허가) 학술, 종교, 자선, 기예(技藝), 사교(社交), 그 밖의 비영리사업을 목적으로 하는 사단(社團) 또는 재단(財團)은 주무관청의 허가를 받아 법인이 될 수 있다.

2) '목적'이 '대상'이나 '객체'의 의미로 사용된 경우에는 '대상'이라고 수정하였다. 그러한 경우는 물권편과 채권편에 많으나, 친족편·상속편에도 있다. '목적'이 '대상'을 의미하지만 자연스럽게 풀어쓴 경우도 있다. '목적'을 '대상'으로 수정한 조문을 구체적으로 열거하면,

> 물권편의 제191조 제1항·제2항, 제260조 제1항, 제288조, 제289조의 2 제1항·제2항, 제292조 제1항·제2항, 제303조 제2항, 제305조 제2항, 제331조, 제345조 본문, 제347조, 제348조, 제349조 제1항, 제350조, 제351조, 제352조, 제353조 제1항, 제365조, 제371조 제1항·제2항, 채권편의 제399조, 제406조 제1항, 제507조, 제559조, 제568조 제1항, 제569조, 제571조 제1항, 제572조 제1항, 제575조 제1항·제2항, 제576조 제1항, 제577조, 제605조, 제642조, 제645조, 제666조, 제733조, 친족편의 제839조의 3 제1항, 상속편의 제1082조 제1항, 제1084조 제2항, 제1085조, 제1087조 제1항, 제1088조 제1항·제2항, 제1090조, 제1101조

가 그에 해당한다. 한편 몇 개의 조문에서는 '목적'(또는 '목적물')이 '대상'(또는 '대상물')의 의미이기는 하지만 보다 쉽게 하기 위하여 풀어썼다. 제705조에서는 '금전을 출자의 목적으로 한'을 '금전을 출자하기로 한'으로, 제1083조에서는 '그 권리를 목적으로 한 것으로 본다'를 '그 권리를 유증한 것으로 본다'로, 제1084조 제1항에서는 '채권을 유증의 목적으로 한'을 '채권을 유증한'으로, 제1084조 제2항에서는 '그 금액을 유증의 목적으로 한 것으로 본다'를 '그 금액을 유증한 것으로 본다'로, 제1087조 제1항에서는 '그 목적물이'를 −실질적인 의미에 맞추어− '그 권리가'로 수정하였다. '목적'을 '대상'으로 수정한 조문 중 제191조 제2항을 아래에 인용한다.

현행 민법전	2018년 법무부안
第191條(混同으로因한物權의消滅) ②前項의規定은所有權以外의物權과그를目的으로하는다른權利가同一한사람에게歸屬한境遇에準用한다.	제191조[혼동(混同)으로 인한 물권의 소멸] ② 소유권 외의 물권과 그 물권을 대상으로 하는 다른 권리가 동일한 자에게 귀속된 경우에는 제1항을 준용한다.

'목적'이나 '목적물'이 '대상물'의 의미를 가지고 있는 경우에는 그것들을 '대상물'로 고쳤다. 그러한 규정은 채권편에 많으나, 상속편에도 있다. 그 중에 '목적'을 '대상물'로 고친 조문은 채권편의 제375조 제1항·제2항이고, '목적물'을 '대상물'로 고친 조문은

> 물권편의 제353조 제2항·제4항, 채권편의 제403조, 제487조, 제490조, 제522조, 제553조, 제574조, 제575조 제1항, 제580조 제1항, 제581조 제1항, 제586조, 제587조, 제588조, 제590조 제1항·

제3항, 제592조, 제594조 제2항, 제595조, 제599조, 제600조, 제601조, 제602조 제1항, 제605조, 제609조, 제610조 제1항, 제613조 제2항, 제617조, 제618조, 제665조, 제667조 제1항, 제668조, 제669조, 제670조 제1항·제2항, 제671조 제1항·제2항, 제747조 제1항·제2항, 상속편의 제1079조, 제1080조, 제1081조, 제1082조 제1항·제2항, 제1083조, 제1110조

이다. 참고로 말하면, 몇 개 조문에서는 동일한 조문에서 '목적'을 '대상'으로, '목적물'을 '대상물'로 각각 수정하였으며, 제57조 제1항, 제605조, 제1082조 제1항이 그에 해당한다. 아래에 '목적물'을 '대상물'로 고친 조문 중 하나인 제487조를 인용한다.

현행 민법전	2018년 법무부안
第487條(辨濟供託의要件, 效果) 債權者가辨濟를받지아니하거나받을수없는때에는辨濟者는債權者를爲하여辨濟의目的物을供託하여그債務를免할수있다 辨濟者가過失없이債權者를알수없는境遇에도같다	제487조(변제공탁의 요건과 효과) 채권자가 변제를 받지 않거나 받을 수 없는 경우에는 변제자는 채권자를 위하여 변제의 대상물을 공탁함으로써 채무를 면할 수 있다. 변제자가 과실(過失) 없이 채권자를 알 수 없는 경우에도 같다.

물권편과 채권편의 일부 조문에서는 권리의 '목적물'을 권리와 결합하여 표현하기도 하였다. 구체적으로 보면, 물권편의 전세권에 관한 제306조에서는 '그 목적물'을 '전세권의 대상인 부동산(이하 '전세물'이라 한다)'이라고 하였다.[124] 그리고 제308조, 제309조, 제310조 제1항, 제311조 제1항, 제314조 제1항, 제315조, 제318조에서는 '전세권의 목적

124) 이 중 괄호는 약칭을 쓴 것이며, 그에 대하여는 뒤에 따로 설명한다.

물'을 '전세물'이라고 하고, 제312조의 2에서는 '목적부동산'을 '전세물'이라고 하고, 제316조 제1항과 제317조에서는 '그 목적물'을 '전세물'이라고 하였다. 그리고 질권에 관한 제330조에서는 '목적물'을 '질권의 대상인 동산(이하 '질물'이라 한다)'이라고 하고, 제331조 제목에서는 '질권의 목적물'을 '동산질권의 대상'이라고 하였다. 또한 채권편 중 임대차에 관한 제623조는 '목적물'을 '임대물'이라고 고쳤다. 아래에 권리의 '목적물'을 권리와 결합하여 표현한 조문들 중 제306조를 인용한다.

현행 민법전	2018년 법무부안
第306條(傳貰權의讓渡, 賃貸等) 傳貰權者는傳貰權을他人에게讓渡또는擔保로提供할수있고그存續期間內에서그目的物을他人에게轉傳貰또는賃貸할수있다 그러나設定行爲로이를禁止한때에는그러하지아니하다	제306조[전세권 양도와 전전세(轉傳貰) 등] 전세권자는 전세권을 타인에게 양도하거나 담보로 제공할 수 있고, 전세권 존속기간 내에서 전세권의 대상인 부동산(이하 "전세물"이라 한다)을 타인에게 전전세하거나 임대할 수 있다. 다만, 설정행위로 이를 금지한 경우에는 그렇지 않다.

3) 채권편에서 '채권의 목적'이 채무자의 행위, 즉 '급부'의 의미가 있는 경우에는 '목적'을 '내용'으로 바꾸었다. 그리고 '목적'이 '내용'을 뜻하지만 쉽게 풀어쓴 조문도 있다. 그 중에 '목적'을 '내용'으로 바꾼 조문은

채권편의 제373조, 제374조, 제376조, 제377조 제1항·제2항, 제380조, 제385조 제1항, 제389조 제2항·제3항, 제409조, 제430조,

제462조, 제476조 제1항, 제492조 제1항

이다. 그리고 친족편의 제920조 단서도 그에 해당한다. 한편 '목적'이 '내용'의 의미인데 풀어쓴 조문으로는 채권편의 제561조가 있는데, 거기서는 '급여를 목적으로 한'을 '급여를 하기로 한'으로 수정하였다. 아래에 '목적'을 '내용'으로 고친 조문들 중 하나인 제373조를 인용한다.

현행 민법전	2018년 법무부안
第373條(債權의目的) 金錢으로 價額을算定할수없는것이라도 債權의目的으로할수있다	제373조(채권의 내용) 금전으로 가액을 산정할 수 없는 것이라도 채권의 내용으로 할 수 있다.

(2) 변경의 이유 내지 근거

현행 민법전에서 자주 사용된 '목적'이라는 용어는 조문에 따라 의미가 다르며, 더욱이 그 중 대다수가 실제 사회에서 쓰이지 않는 '대상'의 의미로 사용되었다. 이렇게 '목적'이 여러 가지 의미로 사용될 뿐만 아니라 대다수가 법률전문가만 아는 의미로 사용되고 있어서, 사회에서 쓰이지 않는 의미로 사용된 '목적'은 적절하게 고쳐 줄 필요가 있다. 여기에 관해서는 2013년 법제처 정비안을 마련한 자문위원회에서 오랜 시간에 걸쳐 심도 있게 논의하였고,[125] 그 결과가 2018년 법무부안에도 이어졌다. 2013년 법제처 정비안 마련시의 논의를 참고하여 변경이유를 설명한다.

우선 민법전상의 '목적'이 실제 사회에서 쓰이는 의미인 '실현하려고 하는 일이나 나아가는 방향'에 부합하는 경우에는, '목적'이라는 용어

125) '민법 알기 쉽게 새로 쓰기 자문위원회'의 제5차 회의(2013. 7. 31)와 제9차 회의(2013. 9. 13)에서 집중적으로 논의를 하였고, 그 후 개별 조문별 심의에서 다시 따로따로 적절한지에 관하여 검토하였다. 집중 논의에 관한 자료에 대해서는 법제처, 민법 설명자료집, 47면 이하(김재형) 참조.

를 그대로 두기로 하였다.

다음에 '목적'이 '대상'이나 '객체'를 뜻하는 경우에는, 일반 국민은 그 의미를 알기가 어려우므로 '목적'을 다른 용어로 고치기로 하였다. 그러한 경우는 물권편과 채권편에 특히 많았다. 그리고 변경할 용어 후보로는 '대상'과 '객체'가 검토되었고, 저자를 포함한 일부 위원은 '객체'가 보다 정확하다고 하였으나, 무엇보다도 비법학자가 보기에 '목적'보다는 '대상'이 쉽고 '객체'는 '목적'보다도 어렵다고 하고, 또한 '대상'이라고 하자는 의견이 다수이어서 결국 '대상'으로 결정되었다.

채권편 제1절의 제목과 개별 조문에서 여러 번 사용된 '채권의 목적'은 단순히 '대상'이라고 고치는 것이 적당하지 않아 자문위원회에서 별도로 논의하였는데,126) 거기에서는 우선 물권편에서의 '목적'과 채권편에서의 '목적'을 구분하여 정비할 필요가 있다는 데 의견이 일치하였다. 그리고 채권편에서의 목적에 관하여 ⅰ) 현행대로 '목적'을 유지하는 방안, ⅱ) 채권의 '내용'으로 바꾸는 방안, ⅲ) 물권편에서와 동일하게 '대상'으로 바꾸는 방안, ⅳ) '이행행위(채무자의 행위)'로 바꾸는 방안 등이 제시되어 각 방안이 검토되었으며, 결론적으로는 채권편에서는 '채권의 목적'이 '급부'의 의미가 있는 경우에는 '내용'으로 바꾸고, 예외적으로 '목적물'의 의미가 있는 경우에는 '대상(대상물)'으로 바꾸며, 위 두 가지에 해당하지 않는 그 밖의 경우에는 조문의 구체적 내용에 맞게 풀어쓰기로 하였다.127)

민법전에서 '목적물'이라고 표현된 것은 그 대부분이 '대상물'의 의미이어서 '대상물'로 고쳤다. 한편 전세권과 질권에서의 '목적물'에 대하여 2013년 법제처 정비안에서는 약칭을 쓰지 않기로 하여 '○○권의 대상물'이라고 하였는데, 2018년 법무부안은 '전세권의 대상인 부동산', '질권의 대상인 동산'이라고 한 뒤, 각각 바로 뒤에 괄호를 두어 '전세

126) 자문위원회의 제9차 회의(2013. 9. 13)에서 논의한 것이다.

127) 법제처, 민법 설명자료집 별책, 77면·78면·141면–143면 참조. 저자는 본문의 ⅳ)안이 가장 바람직하다는 의견이었는데, 그 안은 다수의 지지를 받지 못했다.

물', '질물'이라고 약칭하고, 그 약칭을 사용하였다. 한편 2018년 법무부안은 일부 조문에서 '목적'이 '대상'이나 '내용'을 의미하는 경우에 '대상'이나 '내용'이라고 고치지 않고 내용에 맞게 풀어쓰기도 하였는데, 이는 이해를 쉽게 하기 위한 것이다.

(3) 다른 의견 및 사견

일부 견해[128]는 '채권의 목적'을 '채권의 내용'으로 고친 것에 대하여 비판적이다. 그런데 그렇게 고친 경우의 '채권의 목적'이 채무자의 행위 즉 급부에 해당함은 분명하며, 그것은 채권의 내용이라고 표현해도 무방하다고 생각한다. 그리고 일반 국민은 결코 '채권의 목적'의 뜻을 정확하게는 물론이고 '채무자의 행위'와 유사하게조차도 이해하지 못한다.[129] 그러므로 일반 국민을 생각한다면 '채권의 목적'도 마땅히 고쳐주어야 한다.[130] 한편 어떤 견해는 '대상' 대신 '객체'라는 표현을 고려하자고 하는데, 앞에서 언급한 바와 같이, 일반인은 '객체'를 '대상'보다 더 어려워해서 '객체'로 수정하지 않았다.

2018년 법무부안에서 수정했어야 하는데 누락된 것이 있다.[131] 제118조 제2호에는 '대리의 목적인 물건이나 권리'라는 표현이 있는데, 거기의 '목적'은 '대상'의 의미이어서 '대상'으로 고쳐야 한다. 그리고 제505조에는 '경개의 당사자는 구채무의 담보를 그 목적의 한도에서'라는 표현이 있는데, '그 목적의 한도에서'를 '그 채무의 한도에서'로 수정해야 한다. 여기서의 '목적'은 정비기준에 따라 '내용'으로 바꾸면 맞겠으나, '그 내용의 한도'라고 하면 그 의미가 모호해질 우려가 있어서 그 의미를 분명히 해 주기 위해서 '그 채무의 한도'로 수정하는 것이 바람직하다.[132] 이 두 규정, 즉 제118조 제2호와 제505조에서 '목적'을 고치지

128) 2018 민법개정안 의견서, 5면·6면(김상중), 53면(지원림), 178면(이진기), 182면(윤태영).
129) 실제로 2013년 법제처 자문위원회의 위원 중에 비법률가가 그러했음을 보았다.
130) 이들 반대 의견에 대한 반론으로 2018년 공청회 자료집, 15면·16면(윤철홍)도 참조.
131) 여기에 관해서는 저자가 2018 민법개정안 의견서에 미처 기재하지 못했다.
132) 2013년 법제처 정비안이 그렇게 하였으며, 그 정비안의 태도가 적절하다. 법제처, 민법 설명자

않으면 '목적'에 관한 수정이 불완전하게 된다.

5. '불능(不能)'의 변경

(1) 변경 내용

현행 민법전에는 '불능'이라는 표현이 −단독으로 또는 복합어의 형태로− 7개의 조문에서 사용되고 있다. 2018년 법무부안은 그 '불능'을 다음과 같이 수정하였다.

'불능'을 명사로 압축하여 표현할 필요가 있는 경우에는 '불능'을 '불가능'으로 고쳤다. 제77조 제1항, 제385조 제1항, 제535조 제1항 · 제2항, 제538조, 제604조에서 그리하였다. 아래에 '불능'을 '불가능'으로 고친 조문 중 하나인 제385조 제1항을 인용한다.

현행 민법전	2018년 법무부안
第385條(不能으로因한選擇債權의特定) ①債權의目的으로選擇할數個의行爲中에처음부터不能한것이나또는後에履行不能하게된것이있으면債權의目的은殘存한것에存在한다	제385조(불가능으로 인한 선택채권의 특정) ① 채권의 내용으로 선택할 수 있는 여러 개의 행위 중에 처음부터 불가능한 것이나 나중에 이행이 불가능하게 된 것이 있으면 나머지 행위가 채권의 내용이 된다.

그리고 '이행불능하게 된'처럼 '불능'이 서술어로 사용된 경우에는 '이행이 불가능하게 된'처럼 풀어써 주었다.[133] 제385조 제1항 · 제2항에

료집 별책, 186면 참조.

133) 2018년 공청회 자료집, 11면(윤철홍)은 '이행불능하게 된'을 '이행할 수 없게 된'이라고 풀어썼다고 하는데, 2018년 법무부안은 '이행이 불가능하게 된'이라고 되어 있다. 참고로 말하면, 2013년 법제처 정비안은 '이행할 수 없게 된'이라고 되어 있었다.

서 그와 같이 했고, 제747조에서는 그와 비슷하게 '원물반환 불능한 경우'를 '원물 반환이 불가능한 경우'라고 하였다. 이렇게 수정한 조문의 전체적인 모습에 관하여는 바로 위에서 직접 인용한 제385조 제1항을 참조하라.

그런데 제546조의 제목에서는 '이행불능'이라는 표현을 유지하였다. 즉 제546조의 제목을 현행 민법전과 동일하게 '이행불능과 해제'라고 그대로 둔 것이다. 그에 관하여 공청회 자료집에서는 "채무불이행의 한 유형으로서 이행불능을 표현할 때에는 그대로 존치하였다"고 설명한다.[134] 아래에 '이행불능'을 유지한 제546조를 인용한다.

현행 민법전	2018년 법무부안
第546條(履行不能과解除) 債務者의責任있는事由로履行이不能하게된때에는債權者는契約을解除할수있다	제546조(이행불능과 해제) 채무자에게 책임이 있는 사유로 이행이 불가능하게 된 경우에는 채권자는 계약을 해제할 수 있다.

(2) 변경의 이유 내지 근거

2013년 법제처 정비안을 심의할 때 '불능'도 집중 검토대상의 하나였다.[135] 그 논의에서는 '불능'이라는 용어가 다소 부정적인 어감을 가지고 있고, 민법전에서 어색하게 사용되고 있는 경우가 많아, 일상적인 용어인 '불가능'으로 고치기로 하였다. 그리고 국어 학자는, 특히 '불능'은 명사이고 '하다'가 붙더라도 형용사로 되지 않으며, 따라서 '불능한'은 불구적인 표현으로서 고쳐주어야 한다고 지적하였다.[136] 그리하여

134) 2018년 공청회 자료집, 11면 주 20(윤철홍).

135) 그때의 검토자료에 관해서는 법제처, 민법 설명자료집, 68면(권재문) 참조.

136) 저자가 은사이신 곽윤직 선생님으로부터 들은 바에 따르면, 일본어에는 '불능'이라는 용어가 있으나, 우리나라에는 법률에서 사용된 '불능'이라는 용어가 없다고 한다. 그리하여 그 분도 나중

2013년 법제처 정비안은 명사로 압축하여 표현할 필요가 있는 경우에는 '불능'을 '불가능'으로 고치고, '불능'이 서술어로 사용된 경우에는 '이행할 수 없게 된'처럼 풀어썼다. 그리고 채무불이행의 유형인 '이행불능'도 고쳐주기로 하였다. '불능'과 '불가능'을 모두 사용하면 오해가 생길 우려도 있기 때문이다.[137)]

2018년 법무부안은 '불능'에 관하여 2013년 법제처 정비안의 연장선에 있다. 다만, '이행불능하게 된'을 '이행이 불가능하게 된'이라고 풀어써서 조금은 경화되었고, 또 채무불이행의 유형으로서의 '이행불능'이라는 용어는 그대로 남겨둔 점이 다르다.

(3) 사견

사견으로는 채무불이행의 유형으로서의 '이행불능'도 '이행불가능'으로 고치는 것이 바람직할뿐더러 올바른 일이기도 하다. 따라서 제546조의 제목 중 '이행불능'도 '이행불가능'으로 고쳐야 한다. 법제처 자문위원회에서도 지적된 것처럼 '불가능'과 '불능'을 함께 사용하면 후에 오해의 소지가 있고, '이행불능'이라는 용어는 일본인의 번역어인데 우리말로서는 '이행불가능'에 해당하기 때문이다.[138)]

6. '차임'의 변경

(1) 변경 내용

2018년 법무부안은 현행 민법전상의 '차임'을 '임차료'로 수정하였

에 나온 교과서에서는 '불능'을 '불가능'으로 고쳐서 쓰셨다. 곽윤직, 민법총칙, 신정수정판, 1998, 294면; 곽윤직, 채권총론, 신정수정판, 1999, 104면 참조.

137) 법제처, 민법 설명자료집, 68면(권재문).

138) 곽윤직, 앞의 채권총론, 104면에는 채무불이행의 유형으로서는 '이행불능'이라는 용어를 그대로 쓰고 있는데, 그것은 그 용어가 현재까지는 민법전상의 용어이기 때문이었다. 그러므로 민법을 개정할 때에는 그러한 점은 당연히 고려할 필요가 없다. 오히려 새로운 입법으로 법학자나 법률가를 올바른 방향으로 선도해 나가야 한다.

다. 第618조, 第627조, 第628조, 第630조, 第633조, 第640조, 第641조에서 그리하였으며, 第649조에서는 '차임채권'을 '임차료채권'으로 고쳤다. 이들 규정 중 第618조와 第649조를 아래에 인용한다.

현행 민법전	2018년 법무부안
第618條(賃貸借의意義) 賃貸借는當事者一方이相對方에게目的物을使用, 收益하게할것을約定하고相對方이이에對하여借賃을支給할것을約定함으로써그效力이생긴다	제618조(임대차의 의의) 임대차는 당사자 한쪽이 상대방에게 대상물을 사용·수익하게 하기로 약정하고, 상대방이 그에 대하여 임차료를 지급하기로 약정함으로써 효력이 생긴다.
第649條(賃借地上의建物에對한法定抵當權) 土地賃貸人이辨濟期를經過한最後2年의借賃債權에依하여그地上에있는賃借人所有의建物을押留한때에는抵當權과同一한效力이있다	제649조(임차토지 위의 건물에 대한 법정저당권) 토지 임대인이 변제기가 지난 최후 2년의 임차료채권에 의하여 임차토지 위에 있는 임차인 소유의 건물을 압류한 경우에는 저당권과 동일한 효력이 있다.

(2) 변경의 이유 내지 근거

2018년 법무부안은 '차임'을 '임차료'로 수정한 이유로 "어려운 한자를 알기 쉽게 정비"한 점만 들고 있을 뿐 자세한 설명은 없다.[139]

'차임'에 대하여 2013년 법제처 자문위원회에서는 집중적으로 검토하였다.[140] 그때의 논의에 따르면, '차임'이 일반 국민의 입장에서 어렵게 느껴지는 용어임을 고려하여 일상생활에서 많이 사용되는 용어로 순

139) 2018년 법무부안 第618조의 '개정이유' 참조.

140) 그때의 검토자료에 관하여는 법제처, 민법 설명자료집, 68면·69면(권재문) 참조.

화할 필요가 있으며, '차임'이 이미 여러 법령에서 '임차료'라고 고쳐지고 있음을 감안하여 '임차료'로 바꾸기로 하였다.[141] 다른 한편으로 정비기준을 정할 때 '차임'이 임차인의 시각에 따른 것이어서 '임대료' 대신 '임차료'라고 한 것으로 생각된다는 의견, 법상 가능하면 임차인을 보호해 주는 것이 바람직하므로 '임차료'라고 하는 것이 낫다는 의견도 주장되었다.

7. '심판'의 변경

(1) 변경 내용

현행 민법전에는 '심판'이라는 용어가 많이 사용되고 있는데, 2018년 법무부안은 '심판'을 모두 '재판'으로 수정하였다.

제9조 제1항·제2항, 제11조, 제12조 제1항, 제14조, 제14조의 2 제1항·제3항, 제14조의 3 제1항·제2항, 제690조, 제804조 제2호, 제819조, 제836조의 2 제4항, 제848조 제2항, 제871조 제2항, 제893조, 제929조, 제959조의 2, 제959조의 4 제1항, 제959조의 11 제1항, 제959조의 20 제1항·제2항

에서 그렇다. 이들 중 제9조 제1항을 아래에 인용한다.

현행 민법전	2018년 법무부안
제9조(성년후견개시의 심판) ① 가정법원은 질병, 장애, 노령, 그 밖의 사유로 인한 정신적 제약으로 사무를 처리할 능력	제9조(성년후견 개시의 재판) ① 가정법원은 질병, 장애, 노령, 그 밖의 사유로 인한 정신적 제약으로 사무를 처리할 능력

141) 법제처, 민법 설명자료집, 68면(권재문).

이 지속적으로 결여된 사람에 대하여 본인, 배우자, 4촌 이내의 친족, 미성년후견인, 미성년후견감독인, 한정후견인, 한정후견감독인, 특정후견인, 특정후견감독인, 검사 또는 지방자치단체의 장의 청구에 의하여 성년후견개시의 심판을 한다.	이 지속적으로 결여된 사람에 대하여 본인, 배우자, 4촌 이내의 친족, 미성년후견인, 미성년후견감독인, 한정후견인, 한정후견감독인, 특정후견인, 특정후견감독인, 검사 또는 지방자치단체의 장의 청구에 의하여 성년후견 개시의 재판을 한다.

그리고 제978조의 '법원의 판결'도 '법원의 재판'으로 고쳤다.

(2) 변경의 이유 내지 근거

'심판'을 '재판'으로 고친 이유는 ① '심판'이라고 규정한 근거가 되어 왔던 구 가사심판법(1990. 12. 31. 폐지되기 전의 것)이 28년 전에 이미 폐지되었다는 점, ② 재판의 방식은 가사소송법에서 정할 것이라는 점, ③ 현재 국회에 제출되어 있는 가사소송법 개정안에서 '심판'이라는 용어를 모두 '결정'으로 수정했다는 점 등에 있다.[142)]

이 문제는 2013년 법제처 정비안 논의시에도 집중적으로 검토되었는데,[143)] 거기에서 '심판'을 '재판'이라고 수정하기로 하였고, 그러한 태도가 2018년 법무부안에서도 그대로 이어지고 있다. 그 당시 법제처 자문위원회에서는, '심판'은 법관뿐만 아니라 민간전문가도 참여하는 참심적 재판을 의미하는 것으로 보이는데, 가사소송법상의 소송사건과 비송사건의 경우에는 법관만이 재판에 관여할 수 있도록 되어 있으며 '심판'에 대해서도 결정에 관한 규정을 준용하고 있다는 점도 고려되었다.[144)]

그리고 제978조에서 '법원의 판결'을 '법원의 재판'으로 수정한 이

142) 2018년 공청회 자료집, 96면(현소혜).

143) 그 검토 자료에 관하여는 법제처, 민법 설명자료집, 70면(권재문) 참조.

144) 법제처, 민법 설명자료집, 70면(권재문) 참조.

유는 현행 가사소송법상 부양에 관한 사건이 가사비송사건으로 분류되어 있는 점 때문이라고 한다.145)

한편 정부의 가사소송법 개정안(의안번호: 2012268)이 2018. 3. 2.에 국회에 제출되어 2018. 3. 5. 법제사법위원회에 회부되어 있는데, 그 법률 개정안은 그 법상의 '심판'을 모두 '결정'이라고 고치고 있으며, 부칙 제5항에서는 민법전상의 '심판'을 모두 '결정'으로 변경하도록 규정하고 있다.146)

(3) 사견

현재 국회에 계류 중인 가사소송법 개정안을 고려하여 민법전상의 '심판'을 '결정'으로 수정하는 견해도 생각할 수 있다. 그러나 '결정'이라는 재판의 방식도 후에 가사소송법 개정으로 바꿀 수 있을 텐데, 그럴 때마다 민법을 개정하는 것은 바람직하지 않다. 그런 점에서 볼 때 '결정'이나 다른 재판 방식도 포괄할 수 있는 '재판'이라는 용어로 수정하는 것이 적절하다고 생각한다.

8. '자(者)'의 변경

(1) 변경 내용

현행 민법전에는 '자(者)'가 단일어로 또는 접미사로 사용된 경우가 무척 많다. 그 중에는 '미성년자'·'제3자'·'부재자'·'대표자'·'채권자'·'소유자'처럼 '자(者)'가 다른 말에 접미사로 붙어 사용된 경우가 훨씬 더 많으나, '~하는 자'라고 하여 '자'가 명사처럼 단일어로 사용된 경우도 적지 않다. 그리고 이 두 경우들은 모두 거기의 '자'가 살아 있는 사람만을 의미하는 때도 있고, 사람뿐만 아니라 법인을 포함하는 때도 있다.

145) 2018년 공청회 자료집, 96면(현소혜).

146) 그 개정안의 내용에 관해서는 [국회 홈페이지 '의안정보'→'의안정보시스템'→'의안검색' 사이트 http://likms.assembly.go.kr/bill/BillSearchResult.do] 참조. (최종방문일 2018. 9. 28)

2018년 법무부안은 현행 민법전상의 '자(者)'를 한 가지로 동일하게 바꾸지 않았고, 경우를 나누어 다르게 변경하였다.

1) 우선 '자'가 접미사로 사용된 경우에는, '자'가 사람만을 의미하는지 사람 외에 법인도 포함하는지를 묻지 않고, 언제나 고치지 않고 그대로 유지하였다. 가령 제5조의 '미성년자'에서 '자'는 사람만을 의미하고, 제88조 제1항의 '채권자'에서 '자'는 사람뿐만 아니라 법인도 포함하는데, 두 규정 모두에서 각각 그대로 '미성년자', '채권자'라고 하였다. 다만, 극히 드물게 어떤 조문에서는 '자'가 접미사로 쓰인 경우를 풀어서 설명하기도 하였다. 가령 2018년 법무부안은 제235조·제239조에서 현행 민법전의 '상린자'를 '서로 이웃하는 자들'로, 제515조에서는 '전자(前者)'를 '종전의 소지인'으로 수정하였다. 아래에 특수한 경우인 제239조와 제515조를 인용한다.

현행 민법전	2018년 법무부안
第239條(境界標等의共有推定) 境界에設置된境界標, 담, 溝渠等은相隣者의共有로推定한다 그러나境界標, 담, 溝渠等이相隣者一方의單獨費用으로設置되었거나담이建物의一部인境遇에는그러하지아니하다	제239조(경계표 등의 공유 추정) 경계에 설치된 경계표, 담, 도랑 등은 서로 이웃하는 자들의 공유로 추정한다. 다만, 경계표, 담, 도랑 등이 서로 이웃하는 자들 중 어느 한쪽만의 비용으로 설치되었거나 담이 건물의 일부인 경우에는 그렇지 않다.
第515條(移轉背書와人的抗辯) 指示債權의債務者는所持人의前者에對한人的關係의抗辯으	제515조[이전배서(移轉背書)와 인적 항변] 지시채권의 채무자는 그가 종전의 소지인에 대

로所持人에게對抗하지못한다 그러나所持人이그債務者를害함을알고指示債權을取得한때에는그러하지아니하다	하여 가지고 있는 인적 관계의 항변으로써 소지인에게 대항할 수 없다. 다만, 소지인이 그 채무자의 이익을 해침을 알고 지시채권을 취득한 경우에는 그렇지 않다.

2) '자'가 단독어로 사용되면서 살아 있는 사람만을 가리키는 경우에는 '자'를 '사람'으로 고쳤다. 다만, 어떤 조문에서는 문장을 다르게 바꾸면서 '자'에 해당하는 말을 두지 않기도 하였다(현행 제20조. 2018년 법무부안 제19조 제2항).

'자'를 '사람'으로 변경한 조문은

> 제22조 제1항, 제27조 제2항, 제28조, 제754조, 제777조, 제779조 제1항, 제800조, 제809조 제2항 · 제3항, 제810조, 제836조의 2 제1항, 제838조, 제847조 제2항, 제852조, 제865조 제1항, 제975조, 제976조, 제977조, 제978조, 제1001조, 제1003조 제2항, 제1004조, 제1008조, 제1008조의 2 제1항, 제1008조의 3, 제1010조 제1항 · 제2항, 제1011조 제1항, 제1014조, 제1018조, 제1044조 제1항, 제1057조의 2 제1항, 제1061조

이다. 한편 '자'가 사람만을 가리키는데 '자'를 '당사자'로 바꾸거나(제839조의 2 제1항) '증인'으로 바꾼 조문(제1070조 제1항)도 있다.

아래에 '자'를 '사람'이라고 변경한 원칙적인 경우의 예(제22조 제1항)와, 특수한 경우로 '자'에 해당하는 말을 두지 않은 조문(제19조 제2항), '자'를 '당사자'나 '증인'으로 변경한 조문(제839조의 2 제1항, 제1070조 제1항)을 차례로 인용한다.

현행 민법전	2018년 법무부안
第22條(不在者의財産의管理) ① 從來의住所나居所를떠난者가財産管理人을定하지아니한때에는法院은利害關係人이나檢事의請求에依하여財産管理에關하여必要한處分을命하여야한다 本人의不在中財産管理人의權限이消滅한때에도같다	제22조(부재자 재산의 관리) ① 종래의 주소나 거소를 떠난 사람이 재산관리인을 정하지 않은 경우에는 법원은 이해관계인이나 검사의 청구에 의하여 재산 관리에 필요한 처분을 명해야 한다. 본인의 부재중에 재산관리인의 권한이 소멸된 경우에도 같다.
第20條(居所) 國內에住所없는者에對하여는國內에있는居所를住所로본다	제19조[거소(居所)] ② 국내에 주소가 없으면 국내에 있는 거소를 주소로 본다.
第839條의2(財産分割請求權) ①協議上 離婚한 者의 一方은 다른 一方에 대하여 財産分割을 請求할 수 있다.	제839조의2(재산분할청구권) ① 협의이혼을 한 당사자 중 한쪽은 다른 한쪽에게 재산분할을 청구할 수 있다.
第1070條(口授證書에依한遺言) ①口授證書에依한遺言은疾病其他急迫한事由로因하여前4條의方式에依할수없는境遇에遺言者가2人以上의證人의參與로그1人에게遺言의趣旨를口授하고그口授를받은者가이를筆記朗讀하여遺言者의證人	제1070조(구수증서로 하는 유언) ① 구수증서로 하는 유언은 질병이나 그 밖의 급박한 사유로 제1066조부터 제1069조까지에 규정된 방식으로 유언을 할 수 없는 경우에 유언자가 두 사람 이상의 증인이 참여한 가운데 그 중 한 사람

이그正確함을承認한後各自署名또는記名捺印하여야한다	에게 유언의 내용을 말하고, 그것을 들은 증인이 이를 필기하고 낭독하여 유언자의 증인이 그 정확함을 승인한 후 각자 서명하거나 기명날인해야 한다.

3) '자'가 단독어로 쓰이면서 사람뿐만 아니라 법인도 포함하는 의미로 사용된 경우에는 '자'를 그대로 두었다. 다만, 일부 조문에서는 '자'가 법인을 포함하는 개념인데도 다르게 수정하기도 하였다. 가령 제135조 제1항,[147] 제755조 제1항,[148] 제959조의 14 제1항[149]에서는 '다른 자'를 '타인'이라고 고쳤고, 제760조 제2항에서는 '어느 자의'를 '누구의'라고 고쳤다.

'자'를 그대로 둔 조문으로는,

제29조 제2항, 제80조, 제83조, 제125조, 제130조, 제131조, 제134조, 제135조 제1항 · 제2항, 제136조, 제140조, 제143조, 제163조 제3호, 제176조, 제192조 제1항, 제194조, 제213조, 제214조, 제227조 제2항, 제231조 제1항, 제237조 제1항, 제242조 제2항, 제245조 제1항 · 제2항, 제246조 제1항, 제249조, 제252조 제1항, 제261조, 제289조의 2 제2항, 제320조 제1항, 제371조 제2항, 제406조 제1항, 제427조 제1항, 제431조 제1항, 제441조 제1항, 제442조 제1항, 제444조 제1항 · 제2항, 제446조 제1항, 제447조, 제471

147) 이 규정에서는 그 외에 '자'를 그대로 두기도 하였다.

148) 이 규정에는 그 외에 '자'를 그대로 두기도 하였다.

149) 제959조의 14 제1항의 '다른 자'(2018년 법무부안의 '타인')는 임의후견인이 될 상대방인데 그 상대방은 자연인 외에 법인이어도 상관없다. 송덕수, 친족상속법, 제4판, 2018, [197]; 김주수/김상용, 친족상속법, 제13판, 2016, 553면 참조.

조, 제472조, 제474조, 제476조 제2항, 제480조 제1항, 제481조, 제482조 제1항·제2항 제4호 제5호, 제485조, 제535조 제1항, 제588조, 제619조, 제634조, 제675조, 제676조 제1항, 제678조 제1항·제2항·제3항, 제679조 제2항·제3항, 제695조, 제713조, 제721조, 제734조 제1항, 제741조, 제744조, 제745조 제1항, 제750조, 제751조 제1항, 제752조, 제755조 제1항·제2항, 제756 제1항·제2항, 제758조 제3항, 제759조 제2항, 제761조 제1항, 제764조, 제937조 본문 및 제3호, 제959조의 15 제2항, 제959조의 17 제1항, 제1032조 제1항, 제1034조 제2항, 제1036조, 제1038조 제1항·제2항, 제1039조, 제1045조 제1항, 제1046조 제1항, 제1051조 제1항·제2항, 제1052조 제1항, 제1054조, 제1056조 제1항, 제1059조, 제1074조 제1항, 제1078조, 제1088조 제1항, 제1091조 제1항, 제1094조 제2항, 제1098조, 제1111조 제1항, 제1115조 제2항[150]

이 있다.

아래에 '자'를 그대로 둔 원칙적인 조문의 예로 제80조 제1항과, 특수한 경우 중 '다른 자'를 '타인'으로 고친 제135조 제1항, '어느 자의'를 '누구의'로 고친 제760조 제2항을 인용한다.

현행 민법전	2018년 법무부안
第80條(殘餘財産의歸屬) ①解散한法人의財産은定款으로指定한者에게歸屬한다	제80조(남은 재산의 귀속) ① 해산한 법인의 재산은 정관에서 지정한 자에게 귀속된다.
제135조(상대방에 대한 무권대리	제135조(상대방에 대한 무권대리

150) 이 규정에서는 그 외에 '각자(各者)'를 그대로 유지하였다.

인의 책임) ① 다른 자의 대리인으로서 계약을 맺은 자가 그 대리권을 증명하지 못하고 또 본인의 추인을 받지 못한 경우에는 그는 상대방의 선택에 따라 계약을 이행할 책임 또는 손해를 배상할 책임이 있다.	인의 책임) ① 타인의 대리인으로서 계약을 맺은 자가 자신의 대리권을 증명하지 못하고 본인의 추인도 받지 못한 경우에는 상대방의 선택에 따라 계약을 이행하거나 손해를 배상할 책임이 있다.
第760條(共同不法行爲者의責任) ②共同아닌數人의行爲中어느者의行爲가그損害를加한것인지를알수없는때에도前項과같다.	제760조(공동불법행위자의 책임) ② 공동의 행위가 아닌 여럿의 행위 중에서 누구의 행위가 손해를 입힌 것인지 알 수 없는 경우에도 제1항과 같다.

(2) 변경의 이유 내지 근거

현행 민법전은 과거 일제 강점기에 우리나라에 의용되었던 일본민법을 바탕으로 하여 제정되었기 때문에 거기에는 일본어나 일본식 표현이 많이 남아 있다. 그리하여 법제처에서는 '알법 사업'을 시작할 때부터 일본어나 일본식 표현을 순화해 왔다. 특히 한자처럼 보이지만 순수한 일본어에 해당하는 경우에 더욱 그랬다.[151]

우리나라에서는 한자를 그 음(音)으로만 읽고 또 그렇게만 사용하고 있는데, 일본에는 단어에 따라 한자를 우리나라처럼 음으로 읽는 음독(音讀)과 한자의 음으로가 아니고 그 뜻에 해당하는 일본어로 읽는 훈독(訓讀)이 있다고 한다.[152] 이 둘 중 음독하는 것은 한자를 이용하는 것이어서 우리나라에서 사용해도 되나, 훈독하는 것은 겉모습만 한자일

151) 법제처, 알법 백서, 22면·59면 이하; 법제처, 정비기준(제1판), 17면 이하 참조..

152) 곽윤직, 앞의 민법총칙, 50면.

뿐 순수한 일본어를 단지 한자로 표기한 것에 지나지 않아서 우리가 그대로 써서는 안 된다.153) 법령에서 일본어를 순화하는 것은 주로 이와 같이 훈독하는 것에 관해서이다.

일본어에서 '者'는 훈독되는 고유어로, 한자로 표기되었을 뿐 한자어가 아니라고 한다.154) 그리고 우리말에서 '자(者)'는 자립적인 명사의 구실을 하지 못하는 의존 명사로 쓰이거나, 때로는 과학자 · 여행자처럼 접미사로 쓰이므로, 일본어의 경우와는 다른 어휘적 성격을 지닌다고 한다.155) 이러한 점에서 '자'는 적절하게 수정될 필요가 있다. 그런가 하면 '자'는 비하적인 느낌을 준다. 그 글자가 '놈 자'이어서 더욱 그렇다. 또한 '자'라는 말을 쓰게 되면 말하는 사람을 무척 권위주의적으로 느끼게 되기도 한다.156) 이와 같은 점 때문에도 '자'를 수정해야 한다.

그런데 '자'가 가리키는 내용이 항상 같은 것이 아니어서 수정에 주의가 필요하다. 현행 민법상 권리의 주체로 될 수 있는 것에는 살아 있는 사람 외에 법에 따라 권리능력이 인정된 법인이 있다.157) 그리고 이 둘, 즉 사람(자연인)과 법인을 포괄하는 용어로 '인(人)'이라는 표현을 쓰는 때가 많다. 본인 · 타인 · 매도인이 그 예이다. 또한 자연인과 법인을 합하여 '자(者)'라고 표현하는 때도 있다.158) 한편 '사람'이라는 용어는 민법전에서나 강학상으로나 살아 있는 유기체인 사람 즉 자연인의 의미로만 사용되며, 법인은 그 개념에 포함되지 않는다.159) 그 때문에 2018년 법무부안은 '자'에 대한 수정원칙을 다음과 같이 정했다. 먼저 '자'가

153) 곽윤직, 앞의 민법총칙, 50면.

154) 김문오/홍사만, 우리 민법, 232면.

155) 김문오/홍사만, 우리 민법, 232면.

156) 동지 김문오/홍사만, 우리 민법, 232면.

157) 송덕수, 앞의 민법총칙, [292] 참조.

158) 송덕수, 앞의 민법총칙, [292]; 곽윤직, 앞의 민법총칙, 110면; 김상용, 민법총칙, 2009, 131면 · 132면. 그리고 김증한/김학동, 민법총칙, 제10판, 2013, 105면; 이영준, 민법총칙, 개정증보판, 2007, 841면; 이은영, 민법총칙, 제5판, 2009, 125면은 '자'에 관하여는 설명이 없고, '인'에 관하여 이 책 본문과 같이 설명한다.

159) 그런데 법조인을 포함한 법률전문가는 물론이고 민법 교수들 중에도 여기에 관하여 알지 못하고 있는 사람이 무척 많다. 어쩌면 알고 있는 사람이 극소수인지도 모르겠다.

접미사로 사용된 경우는 그대로 두기로 하였다. 그러한 용법은 과거부터 우리나라에서도 사용되었을 뿐만 아니라, 그러한 경우에 '~자'라는 용어를 풀어쓰는 것이 어렵기도 하고 또 너무 길어지기 때문에도 그랬을 것이다. 그리고 '자'가 '사람'이라는 의미로 사용된 경우에는 '사람'이라고 수정하기로 하였다. 그에 비하여 '자'가 사람 외에 법인도 포함하는 경우에는, '사람'으로 수정하는 것이 바람직하지 않아서 '자'를 그대로 두기로 하였다.[160]

(3) 다른 의견 및 사견

'자'의 수정과 관련하여 '자'라는 낮춤말을 유지할 것인지에 관해서 면밀히 검토했어야 한다는 의견[161]이 있다. 그런데 위에서 본 바와 같이, '자'의 의미가 같지 않은 경우를 고려할 때 2018년 법무부안이 수긍이 간다. 만약 '자'를 모두 '사람'으로 바꾸는 경우에는 법률전문가들의 언어 관행을 바꾸거나 법률에 그와 관련한 규정을 추가로 두어야 혼란을 막을 수 있을 것이다.

160) '알법 사업' 초기에는 '자(者)'에 대하여 명시적인 정비기준을 두지 않았고[법제처, 정비기준(제1판), 171면에는 '자'에 관한 정비어가 아예 두어져 있지 않았다], 그러면서 여러 법령상의 '자'는 기계적으로 모두 '사람'으로 순화하였다. 그리고 2009년 법무부안을 논의할 때 기초자료였던 2008년 법무부 정비기준안도 '자'를 모두 '사람'으로 바꾸도록 했다. 그런데 그것을 가지고 심의한 특별분과위원회에서 저자가 전술한 점을 지적하였고, 그 뒤부터 법제처의 정비기준이 현재의 것과 같이 변경(신설)되어, '자'는 사람으로 바꾸되 '자'가 사람 외에 단체·법인 등도 가리킬 때는 '자'로 두기로 하였다[법제처, 정비기준(제2판), 321면 참조]. 한편 2009년 법무부안에서는 '자'가 '사람'만을 가리키는지를 일일이 조사하는 것이 쉽지 않아서 모든 '자'를 '사람'으로 둔 채로 마무리하였다. 그런데 2013년 법제처 정비안에서는 －법제처에서 준비한 법제처 정비초안에서부터－ '자'의 의미를 분석하여 경우에 따라서 '사람'으로 고치거나 그대로 두었다. '자'의 수정에 관한 2018년 법무부안은 이러한 2013년 법제처 정비안의 태도를 이어받은 것이다.

161) 2018 민법개정안 의견서, 61면(지원림).

9. '기타(其他)'의 변경

(1) 변경 내용

현행 민법전에는 '기타(其他)'가 매우 많이 사용되었다. 그러한 '기타'를 2018년 법무부안은 모두 다른 표현으로 수정하였다. 그런데 그 수정은 −독특한 경우를 제외하고는− 일정한 원칙에 기초하여 이루어졌다. 2018년 법무부안은 '기타'를 문장의 모습에 따라 '그 밖의', '그 밖에' 또는 '~ 등'으로 고쳤다. 아래에서 어떤 경우에 어떻게 고쳤는지, 또 그 경우 내에서 다시 세분되는지와, 그 외의 특수한 경우들에 대하여 설명하기로 한다.

1) 현행 민법전에서 '기타'는 그 앞에 일정한 사항을 열거하고 그 뒤에는 앞에서 열거한 것을 포함하는 포괄적인 술어를 두면서 앞의 것과 뒤의 것을 병렬적으로 연결하는 용도로 가장 많이 사용되었다. 그러한 경우 가운데서는 '기타'의 뒤에 오는 술어가 하나의 명사(또는 형용사+명사)이어서 간단한 때가 있는가 하면, '기타' 뒤의 술어가 그것을 꾸미는 말까지 합하여 세 마디 이상으로 긴 때도 있다. 그 중에 앞의 것인 때 즉 '기타' 뒤에 단일 명사(또는 형용사+명사)가 올 때에는, 2018년 법무부안은 '기타'를 '그 밖의'로 수정하였다. 그런데 법무부안을 유심히 살펴보면, '기타'가 동일하게 '그 밖의'로 수정된 경우인데 '그 밖의'의 앞모습이 두 가지로 구별된다. 즉 어떤 경우는 '~(이)나 그 밖의' 또는 '~와(과) 그 밖의'라고 되어 있고, 다른 경우는 열거된 술어들 다음에 쉼표가 있고 그 뒤에 '그 밖의'라고 되어 있는 것이다. 이들 중 전자는 '기타' 앞에 열거된 명사(또는 형용사+명사)가 하나만 있는 경우이고, 후자는 '기타' 앞에 열거된 명사(또는 형용사+명사)가 둘 이상 있는 경우이다.

(가) '기타' 뒤에 명사(또는 형용사+명사)가 있으면서 '기타' 앞에 명사(또는 형용사+명사)가 하나밖에 없어서 '기타'가 '~(이)나 그 밖의'로 수정된 조문은,

> 제35조 제1항·제2항, 제46조 본문, 제68조, 제101조 제2항, 제103조, 제105조, 제106조, 제151조 제1항, 제182조, 제215조 제2항, 제229조 제1항, 제233조, 제236조 제1항·제2항, 제238조, 제254조, 제255조 제2항, 제275조 제2항, 제276조 제2항, 제279조, 제283조, 제285조 제1항, 제286조, 제289조의 2 제1항, 제303조 제1항, 제310조 제1항, 제342조, 제349조 제1항, 제369조, 제425조 제1항, 제426조 제1항·제2항, 제441조 제1항, 제444조 제1항·제2항, 제445조 제1항·제2항, 제446조, 제450조 제1항, 제473조, 제486조, 제565조 제1항, 제598조, 제605조, 제606조, 제608조, 제619조 제3호, 제620조, 제627조 제1항, 제640조, 제641조, 제642조, 제643조, 제644조 제1항, 제646조 제1항, 제647조 제1항, 제650조, 제668조, 제684조 제1항, 제703조 제2항, 제725조 제1항, 제727조 제1항, 제816조 제2호, 제862조, 제1014조, 제1040조 제1항, 제1070조 제1항, 제1094조 제2항, 제1097조 제3항, 제1106조

이다.

이들 조문에서는 '기타' 앞에 규정된 것과 '기타' 뒤에 규정된 것 중 어느 하나만 갖추어지면 충분하여 '~(이)나'라고 한 것이다. 그런데 '기타'가 사용된 조문 중에는 −드물지만− '기타'의 앞과 뒤에 있는 것 모두를 갖추어야 하는 경우도 있다. 그러한 경우에는 '~(이)나 그 밖의'라고 하지 않고 '~와(과) 그 밖의'라고 수정하게 된다. 제266조 제1항, 제704조, 제813조, 제839조의 2 제2항, 제955조, 제1104조 제1항이 그에 해당한다.

그런가 하면 '기타'의 앞에 아무 것도 없어서 '기타'가 그대로 '그 밖의'로 수정된 경우도 있다. 제575조 제1항, 제633조, 제842조 제목, 제974조 제3호에서 그렇다.

그리고 이들과 같이 '기타' 앞에 아무런 문구도 없지만 조문의 의미를 알기 쉽게 하기 위해서 '그 밖의'라고 하지 않고 '제1항 외의'(제611조 제2항)나 '제1호 외의'(제619조 제2호)라고 한 조문도 있다.

한편 어떤 조문에서는 '기타' 앞의 서술 부분이 한 가지만 있는데도 그것이 길어서인지 '~(이)나'라고 하지 않고 '그 밖의' 앞에 쉼표를 찍은 것도 있다. 제203조 제1항 · 제2항, 제429조 제2항, 제1053조에서 그렇다.

그 외에 '기타' 앞에 명사(가령 A)가 하나 있고 '기타' 뒤에 명사(가령 B)가 하나 있지만 '~이나'라고 하고 다른 명사(가령 C)가 있는 경우, 즉 'A 기타 B나 C'라고 한 경우에는, 'A나 그 밖의 B 또는 C'라고 수정하였다. 제279조, 제283조, 제285조 제1항에서 그렇다.

그리고 제302조에서는 '방목 기타의 수익을 하는 권리'를 '방목하거나 그 밖의 방법으로 수익할 권리'라고 풀어썼다. 또한 제628조에서는 '기타'를 전술한 원칙에 따라 고치지 않고 오히려 제312조의 2와 동일한 모습으로 수정하였다.[162]

아래에 '기타'가 '~(이)나 그 밖의'로 수정된 전형적인 조문의 예로 제103조를, 특수한 경우로서 '~와(과) 그 밖의'로 수정된 조문 중 제266조 제1항, '기타'의 앞에 아무 것도 없는 조문 중 제842조(제목), '그 밖의' 앞에 서술 부분이 하나밖에 없는데 '그 밖의' 앞에 쉼표를 한 조문 중 제429조 제2항, 'A 기타 B나 C'라는 표현을 수정한 조문 중 제279조, 풀어쓴 조문인 제302조, 일반적인 원칙과 다르게 다른 유사한 규정과 동일한 모습으로 수정한 제628조를 인용한다.

162) 주택임대차보호법 제7조도 이와 같은 모습으로 규정하고 있다.

현행 민법전	2018년 법무부안
第103條(反社會秩序의法律行爲) 善良한風俗其他社會秩序에違反한事項을內容으로하는法律行爲는無效로한다	제103조(사회질서를 위반한 법률행위) 선량한 풍속이나 그 밖의 사회질서를 위반한 사항을 내용으로 하는 법률행위는 무효이다.
第266條(共有物의負擔) ①共有者는그持分의比率로共有物의管理費用其他義務를負擔한다	제266조(공유자의 의무) ① 공유자는 지분의 비율에 따라 공유물의 관리비용과 그 밖의 의무를 부담한다.
第842條(其他原因으로因한離婚請求權의消滅) 第840條第6號의事由는다른一方이이를안날로부터6月, 그事由있은날로부터2年을經過하면離婚을請求하지못한다	제842조(그 밖의 사유로 인한 이혼청구권의 소멸) 부부 중 한쪽에 제840조제6호의 사유가 있는 경우에 다른 한쪽이 그 사유를 안 날부터 6개월이 지나거나 그 사유가 있었던 날부터 2년이 지나면 이혼을 청구할 수 없다.
第429條(保證債務의範圍) ②保證人은그保證債務에關한違約金其他損害賠償額을豫定할 수 있다	제429조(보증채무의 범위) ② 보증인은 보증채무에 관한 위약금, 그 밖의 손해배상액을 미리 정할 수 있다.
第279條(地上權의內容) 地上權者는他人의土地에建物其他工作物이나樹木을所有하기爲하여그土地를使用하는權利가	제279조(지상권의 내용) 지상권자는 타인의 토지에서 건물이나 그 밖의 공작물 또는 수목(樹木)을 소유하기 위하여 그

있다	토지를 사용할 권리가 있다.
第302條(特殊地役權) 어느地域의住民이集合體의關係로各自가他人의土地에서草木, 野生物및土砂의採取, 放牧其他의收益을하는權利가있는境遇에는慣習에依하는外에本章의規定을準用한다	제302조(특수지역권) 어느 지역의 주민이 집합체를 이루어 각자가 타인의 토지에서 초목, 야생물(野生物) 및 토사를 채취하거나 방목하거나 그 밖의 방법으로 수익할 권리가 있는 경우에는 특별한 관습이 없으면 이 장의 규정을 준용한다.
第628條(借賃增減請求權) 賃貸物에對한公課負擔의增減其他經濟事情의變動으로因하여約定한借賃이相當하지아니하게된때에는當事者는將來에對한借賃의增減을請求할수있다	제628조(임차료 증감 청구권) 임차물에 관한 조세, 공과금, 그 밖의 부담의 증가나 감소 또는 경제사정의 변동으로 약정한 임차료가 적절하지 않게 된 경우에는 당사자는 장래에 대하여 임차료의 증액이나 감액을 청구할 수 있다.

(나) '기타' 뒤에 명사(또는 형용사+명사)가 있으면서 '기타' 앞에 명사(또는 형용사+명사)가 여럿 있어서 열거된 것들 다음에 ―그리하여 '그 밖의' 앞에― 쉼표를 하고 이어서 '그 밖의'라고 수정한 조문은,

> 제27조 제2항, 제32조, 제163조 제1호·제3호, 제164조 제2호, 제165조 제2항, 제194조, 제236조 제1항, 제312조의 2, 제425조 제2항, 제635조 제2항 제1호, 제643조, 제644조 제1항, 제671조 제1항 본문, 제693조, 제977조, 제1092조, 제1096조 제1항, 제1008조의 2 제2항

이다. 아래에 이들 중 하나인 제27조 제2항을 인용한다.

현행 민법전	2018년 법무부안
第27條(失踪의宣告) ② 戰地에 臨한 者, 沈沒한 船舶중에 있던 者, 墜落한 航空機중에 있던 者 기타 死亡의 原因이 될 危難을 당한 者의 生死가 戰爭終止후 또는 船舶의 沈沒, 航空機의 墜落 기타 危難이 終了한 후 1年間 分明하지 아니한 때에도 第1項과 같다.	제27조[실종선고(失踪宣告)] ② 전쟁터에 나간 사람, 침몰한 선박이나 추락한 항공기 안에 있던 사람, 그 밖에 사망의 원인이 될 위난(危難)을 당한 사람의 생사가 전쟁이 끝난 후, 선박이 침몰한 후, 항공기가 추락한 후, 그 밖의 위난이 끝난 후 1년간 분명하지 않은 경우에도 제1항과 같다.

2) 2018년 법무부안은 '기타' 뒤에 오는 술어가 세 마디 이상으로 긴 경우에는, '기타'를 '그 밖에'로 수정하였다. 그런데 이 경우도, '기타'를 '그 밖의'로 수정한 경우와 마찬가지로, '기타' 앞에 명사(또는 형용사+명사)가 하나 있는가 아니면 둘 이상 있는가에 따라 앞의 경우에는 '~와(과) 그 밖에'163)로, 뒤의 경우에는 쉼표를 한 다음에 '그 밖에'로 고쳤다. 그리고 '그 밖에'로 수정한 경우 중에는 특수한 경우로 '기타' 앞에 동사구나 여러 절이 있는 때와 '기타' 앞에 아무 것도 없는 때도 있다. 이들 여러 경우를 구체적으로 살펴본다.

(가) '기타' 뒤에 세 마디 이상의 긴 서술 부분이 있고 '기타' 앞에 명사(두 마디)가 한 개 있는 조문으로는 제1101조가 있다. 2018년 법무부안은 이 조문에서는 '기타'를 의미에 따라 '~와 그 밖에'로 고쳤다.

그리고 '기타' 앞에 아무 술어도 없는 경우에는 '기타'를 '그 밖에'로

---

163) 이 경우에는 '~(이)나 그 밖에'로 수정하는 것이 원칙일 것이나 실제 조문에서 '~(이)나 그 밖에'로 수정된 예는 없다.

고쳤다. 제840조 제6호가 그에 해당한다.

그런가 하면 '기타' 앞에 한 가지 내용만 있지만 그것이 긴 절(節)로 되어 있어서 '그 밖에' 앞에 쉼표를 한 조문이 있다. 제71조에서 그렇다.

'기타' 앞에 긴 절이 있지만 원문을 살려 '~나 그 밖에'라고 수정한 조문도 있다. 제751조 제1항이 그렇다.

아래에 이 네 조문을 인용한다.

현행 민법전	2018년 법무부안
第1101條(遺言執行者의權利義務) 遺言執行者는遺贈의目的인財産의管理其他遺言의執行에必要한行爲를할權利義務가있다	제1101조(유언집행자의 권리·의무) 유언집행자는 유증의 대상인 재산의 관리와 그 밖에 유언의 집행에 필요한 행위를 할 권리와 의무가 있다.
第840條(裁判上離婚原因) 夫婦의一方은다음各號의事由가있는境遇에는 家庭法院에離婚을請求할수있다. 6. 其他婚姻을繼續하기어려운重大한事由가있을때	제840조(재판상 이혼의 사유) 부부 중 한쪽은 다음 각 호의 어느 하나에 해당하는 경우에는 가정법원에 이혼을 청구할 수 있다. 6. 그 밖에 혼인을 계속하기 어려운 중대한 사유가 있는 경우
第71條(總會의召集) 總會의召集은1週間前에그會議의目的事項을記載한通知를發하고其他定款에定한方法에依하여야한다	제71조(총회의 소집) 총회를 소집하려면 1주일 전에 회의의 목적사항을 기재한 통지를 발송해야 하며, 그 밖에 정관에서 정한 방법에 따라야 한다.

第751條(財産以外의損害의賠償) ①他人의身體, 自由또는名譽를害하거나其他精神上苦痛을加한者는財産以外의損害에對하여도賠償할責任이있다	제751조(재산 외의 손해에 대한 배상) ① 타인의 신체, 자유 또는 명예를 해치거나 그 밖에 정신적 고통을 준 자는 재산 외의 손해도 배상할 책임이 있다.

(나) '기타 뒤에' 세 마디 이상의 긴 서술 부분이 있고 '기타' 앞에 명사(또는 형용사+명사)가 여럿 있는 경우에는, 앞의 술어들 다음에 쉼표를 찍고 그 뒤에 '그 밖에'라고 하였다. 제91조 제2항 제3호, 제98조, 제187조, 제195조,164) 제217조 제1항, 제429조 제1항, 제671조 제1항 단서가 그에 해당한다.

그리고 '기타' 앞에 여러 내용의 긴 서술 부분이 있는 경우에 그 서술 부분들 다음에 쉼표를 하고 이어서 '그 밖에'라고 수정한 조문도 하나 있는데, 제1057조의 2 제1항이 그것이다.

그런가 하면 '기타'가 포함되어 있는 조문을 호로 나누어 수정한 조문들도 있다. 제38조에서는 '기타' 앞에 두 가지 내용의 긴 서술 부분이 있고 '기타' 뒤에 세 마디 이상의 긴 서술 부분이 있는데 그것을 호로 바꾸어 수정하면서 내용에 비추어 '그 밖에'를 아예 삭제했고, 제77조 제1항에서는 '기타' 앞에 세 가지 내용의 긴 서술 부분이 있고 '기타' 뒤에 세 마디 이상의 긴 서술 부분뿐만 아니라 그 외에도 두 가지 사유가 더 있는데 역시 호로 수정하면서 '그 밖에'를 삭제했으며,165) 제91조 제2항에서는 '기타' 앞에 두 가지 내용의 서술 부분이 있고 '기타' 뒤에 세

164) 제195조는 현행 민법전에서는 '기타' 다음에 '유사한 관계'가 있어서 그대로 수정해도 '그 밖의 유사한 관계'라고 했을 텐데, 좀 더 자연스럽게 만들기 위해 '유사한 관계'를 '이와 유사한 관계'라고 하였고, 그러면서 '기타'를 '그 밖에'로 수정하였다.

165) 법제처의 정비기준에 따르면, '기타' 뒤에 명사들이 복수로 나오는 경우에는 '기타'를 '그 밖에'로 고치도록 하고 있다. 만약 '그 밖의'라고 하면 명사 중 하나만 수식하는 것으로 오해할 가능성이 있기 때문이다. 법제처, 정비기준(제8판), 34면 참조.

마디 이상의 긴 서술 부분이 있는 경우를 호로 수정하면서 '기타'를 '그 밖에'로 고쳤다.

위에서 설명한 조문들 중 제187조, 제1057조의 2 제1항, 제91조 제2항을 인용한다.

현행 민법전	2018년 법무부안
第187條(登記를要하지아니하는不動產物權取得) 相續, 公用徵收, 判決, 競賣其他法律의規定에依한不動產에關한物權의取得은登記를要하지아니한다 그러나登記를하지아니하면이를處分하지못한다	제187조(등기가 필요하지 않은 부동산물권 취득) 상속, 공용징수, 판결, 경매, 그 밖에 법률의 규정에 따른 부동산에 관한 물권의 취득은 등기가 필요하지 않다. 다만, 등기를 하지 않으면 그 물권을 처분할 수 없다.
第1057條의2(特別緣故者에 대한 分與) ①제1057조의 期間 내에 相續權을 主張하는 者가 없는 때에는 家庭法院은 被相續人과 生計를 같이 하고 있던 者, 被相續人의 療養看護를 한 者 기타 被相續人과 특별한 緣故가 있던 者의 請求에 의하여 相續財產의 전부 또는 일부를 分與할 수 있다.	제1057조의2[특별연고자(特別緣故者)에 대한 상속재산의 분여(分與)] ① 제1057조의 기간 내에 상속권을 주장하는 사람이 없는 경우에는 가정법원은 피상속인과 생계를 같이하고 있던 사람, 피상속인의 요양을 돕거나 피상속인을 간호한 자, 그 밖에 피상속인과 특별한 연고가 있던 자의 청구에 의하여 상속재산의 전부 또는 일부를 나누어 줄 수 있다.
第91條(債權辨濟의特例) ②前	제91조(채무변제의 특례) ② 제

項의境遇에는條件있는 債權, 存續期間의不確定한債權其他價額의不確定한債權에關하여는法院이選任한鑑定人의評價에依하여辨濟하여야한다	1항의 경우 다음 각 호의 채무는 법원이 선임한 감정인의 평가에 따라 변제해야 한다. 1. 조건이 붙어 있는 채무 2. 존속기간이 확정되지 않은 채무 3. 그 밖에 가액(價額)이 확정되지 않은 채무

3) 현행 민법전에서 드물게 '기타' 다음에 명사가 나오지 않고 '기타' 자체를 명사로 사용한 경우가 있다. 제46조 및 제184조의 제목에서 그리하였다. 그 경우에는 '기타'를 '등'으로 수정하였다. 자세하게 소개하면, 제46조에서는 '목적 기타의 변경'을 '목적 등의 변경'으로, 제184조에서는 '포기 기타'를 '포기 등'으로 고쳤다.

(2) 변경의 이유 내지 근거

'기타'는 일본어에서 훈독하고 있는 일본 고유어라고 한다.[166] 이러한 '기타'는 쉬운 우리말로 고쳐주어야 한다. 그때에는 '그 밖의'나 '그 밖에'로 순화하여야 한다. 그런데 어떤 경우에 '그 밖의'로 순화하고 어떤 경우에 '그 밖에'로 순화할지가 문제이다.

이 문제를 판단할 때에는 특히 두 가지를 고려해야 한다. 하나는 '기타'가 무엇을 수식하는가이고, 다른 하나는 어떻게 고쳤을 때 자연스러운가이다. 먼저 수식관계의 관점에서 보면 '기타' 다음에 한 단어의 명사가 나올 경우 '기타'는 당연히 그 단어를 수식하게 될 것이다. 따라서 그 경우에는 '기타'를 '그 밖의'로 고치면 된다. 하나의 단어가 아니라

166) 김문오/홍사만, 우리 민법, 234면. 그런데 이 책 234면 주 17에서는 '기타'가 우리나라의 한자어일 가능성이 높다고 주장하는 문헌도 소개하고 있다.

도 형용사+명사처럼 간단한 술어가 나올 때에는 뒤의 명사를 수식하게 되므로 그 경우에도 역시 '그 밖의'로 고치면 된다. 그에 비하여 '기타' 뒤에 세 마디 이상의 긴 서술 부분이 따라오는 경우에는 '기타'는 그것 전체를 수식하게 된다. 그리하여 그 경우에 '기타'를 '그 밖의'로 고치면 '기타'가 그 뒤의 서술 부분 중 일부만을 수식하는 것처럼 오해하게 할 가능성이 있다. 따라서 그런 오해를 하지 않게 하려면 그러한 경우에는 '기타'를 '그 밖에'로 고쳐서 그 뒤 서술 부분의 전체를 수식하게 만들어야 한다. 그리고 이러한 수정 방법은 자연스러운지의 면에서도 적절하다. 그러고 보면 2018년 법무부안은 −특별한 경우를 제외하고는− 위와 같은 사고 위에서 '기타'를 수정한 것으로 생각된다. 그리고 그 결과도 바람직하다.

다음에 '그 밖의' 또는 '그 밖에' 앞에 '~(이)나' 또는 쉼표 중 어느 것을 둘 것인지에 대하여 본다. '기타' 앞에 간단한 하나의 명사만 있는 경우든 여러 명사나 서술 부분이 있는 경우든 모두 '그 밖의' 또는 '그 밖에' 앞에 쉼표를 사용할 수도 있다. 그리고 그렇게 하면 표현방식을 통일할 수 있는 장점이 있다. 그런데 만약 '기타' 앞과 뒤의 것이 선택적일 경우라면 '그 밖의' 또는 '그 밖에' 앞에 '~(이)나'를 쓰고, 병합적인 것이라면 '~와(과)'를 쓴다면, 법률규정의 의미가 훨씬 쉽고 정확하게 전달된다. 그런 점에서 2018년 법무부안은 '그 밖의' 또는 '그 밖에' 앞에 언제나 쉼표를 찍은 경우보다 더 나아졌다고 할 수 있다.[167] 그에 비하여 '기타' 앞에 여러 가지가 열거된 경우는 '~(이)나' 또는 '~와(과)'를 쓰게 되면 선택인지 병합인지 알기 쉬운 장점은 있으나 규정으로서의 모습은 선명하지 못하게 된다. 그런 점에서 법무부안이 '기타' 앞에 여러 가지가 열거된 경우에 '~(이)나' 또는 '~와(과)' 대신에 쉼표를 찍게 한 것도 바람직하다고 하겠다.

---

167) 2009년 법무부안에서는 '기타' 앞에 간단한 명사가 하나만 있을 때에도 '그 밖의' 또는 '그 밖에' 앞에 쉼표를 찍었다.

10. '일방(一方)', '쌍방(雙方)'의 변경

(1) 변경 내용

현행 민법전에서는 당사자나 부부의 한 쪽을 '일방', 그 양쪽을 '쌍방'이라고 표현하였다. 그리고 그 용어의 사용 횟수는 대단히 많다. 2018년 법무부안은 현행 민법전의 '일방', '쌍방'을 모두 수정하였다. 수정 내용은 다음과 같다.

1) '일방'은 거의 대부분의 조문에서 '한쪽'이라고 고쳤다. 그런데 두 조문, 즉 제847조 제1항에서는 '일방'이라는 용어를 사용하지 않고 내용을 풀어썼다. '일방'을 '한쪽'이라고 고친 조문은

> 제239조, 제536조 제1항 · 제2항, 제537조, 제538조 제1항, 제539조 제1항, 제543조 제1항, 제544조, 제545조, 제547조 제1항, 제548조 제1항, 제550조, 제554조, 제563조, 제565조 제1항, 제585조, 제597조, 제598조, 제599조, 제609조, 제618조, 제636조, 제655조, 제657조 제3항, 제659조 제1항, 제661조, 제664조, 제680조, 제689조 제2항, 제693조, 제725조, 제732조, 제775조 제2항, 제806조 제1항, 제816조 제2호, 제829조 제3항, 제830조 제1항, 제832조, 제836조의 2 제3항, 제837조의 2 제1항 · 제2항, 제839조의 2 제1항, 제839조의 3 제1항, 제840조 본문 및 제2호, 제841조, 제842조, 제846조, 제865조 제2항, 제908조의 3 제2항 · 제6항, 제909조 제3항, 제909조의 2 제1항 · 제2항 · 제3항 · 제4항 · 제6항, 제920조의 2, 제921조 제2항, 제927조의 2 제2항

이다.

이 중에 제239조에서는 '상린자 일방'을 '서로 이웃하는 자들 중 어

느 한쪽'이라고 쉽게 고쳤다. 그리고 제564조에서는 제목인 '일방예약'을 그대로 두었다. 한편 제180조 제2항은 2011. 3. 7.에 개정되면서 이미 '일방'을 '한쪽'으로 수정하였다.168)

아래에 '일방'을 '한쪽'으로 수정한 조문들 중 제536조 제1항과 '일방'이라는 용어를 쓰지 않고 수정한 조문인 제847조 제1항을 인용한다.

현행 민법전	2018년 법무부안
第536條(同時履行의抗辯權) ① 雙務契約의當事者一方은相對方이그債務履行을提供할때까지自己의債務履行을拒絶할수있다 그러나相對方의債務가辨濟期에있지아니하는때에는그러하지아니하다	제536조(동시이행의 항변권) ① 쌍무계약(雙務契約)의 당사자 한쪽은 상대방이 채무이행을 제공할 때까지 자기의 채무이행을 거절할 수 있다. 다만, 상대방의 채무가 변제기에 이르지 않은 경우에는 그렇지 않다.
제847조(친생부인의 소) ① 친생부인(親生否認)의 소(訴)는 부(夫) 또는 처(妻)가 다른 일방 또는 자(子)를 상대로 하여 그 사유가 있음을 안 날부터 2년내에 이를 제기하여야 한다.	제847조(친생부인의 소) ① 친생부인의 소는 남편이나 아내가 배우자나 자녀를 상대로 그 사유가 있음을 안 날부터 2년 내에 제기해야 한다.

2) 2018년 법무부안은 '쌍방'은 '양쪽'으로 고쳤다. 다만, 제124조의 제목에서 '쌍방대리'는 그대로 두었다.

'쌍방'을 '양쪽'으로 고친 조문은

168) 그 규정에서는 '타방(他方)'이 '다른 쪽'으로 수정되기도 하였다.

제124조 본문, 제237조 제2항, 제492조 제1항, 제537조, 제538조 제1항, 제543조 제1항, 제547조 제1항, 제566조, 제568조 제2항, 제596조, 제605조, 제636조, 제812조 제2항, 제836조 제2항, 제839조의 2 제2항, 제909조의 2 제2항 · 제3항 · 제4항 · 제6항, 제927조의 2 제1항 · 제2항, 제1114조

이다.

아래에, 제목에서는 '쌍방대리'를 그대로 두고 본문에서는 '쌍방'을 '양쪽'으로 고친 제124조를 인용한다.

현행 민법전	2018년 법무부안
第124條(自己契約, 雙方代理) 代理人은本人의許諾이없으면本人을爲하여自己와法律行爲를하거나同一한法律行爲에關하여當事者雙方을代理하지못한다 그러나債務의履行은할수있다	제124조(자기계약과 쌍방대리) 대리인은 본인의 허락이 없으면 본인을 위하여 대리인 자신과 법률행위를 하거나 동일한 법률행위에 관하여 당사자 양쪽을 대리할 수 없다. 다만, 채무의 이행은 할 수 있다.

(2) 변경의 이유 내지 근거

현행 민법전에 여러 번 사용된 '일방', '쌍방'은 일본어에서 나온 말이라고 한다.[169] 그리고 그 말은 우리 사회에서는 사용하지도 않는다. 그리하여 2018년 법무부안은 '일방', '쌍방'을 우리의 고유어인 '한쪽', '양쪽'으로 수정하였다. 이와 같은 수정은 법제처에 의해서 이전부터 행해지고 있으며,[170] 그 결과로 현행 민법전 제180조 제2항에서 '일방'은

169) 김문오/홍사만, 우리 민법, 253면.

170) 법제처, 정비기준(제8판), 224면(일방) · 215면(쌍방).

2011년 개정시에 이미 '한쪽'으로 수정되었다.[171]

(3) 사견

2018년 법무부안은 조문들의 제목에서 '일방예약'(제564조)과 '쌍방대리'(제124조)라는 용어를 그대로 두었다. 그리하여 '일방', '쌍방'의 수정이 불완전한 상태를 보이고 있다. 사견으로는 그것들도 모두 바꾸어 주는 것이 바람직하다고 생각한다. 그 용어를 각각 '한쪽예약', '양쪽대리'라고 해서 안 될 이유는 없기 때문이다. 용어를 그렇게 바꿀 경우에 의미가 변할 까닭도 없고, 또 처음에는 조금 어색하겠지만 시간이 지나면 곧 익숙해질 것이다.

11. '자(子)'의 변경

(1) 변경 내용

현행 민법전에는 '자(子)'가 독립한 용어로서 사용되기도 하였고, 또 '출생자(出生子)', '친생자(親生子)', '양자(養子)', '친양자(親養子)'와 같이 다른 단어와 합해져서 하나의 용어로서 사용되기도 하였다. 2018년 법무부안은 '자(子)'가 독립하여 사용된 경우와 합성어로 사용된 경우 모두 '자(子)'를 '자녀'로 변경하였다. 그런데 이전에 민법이 개정될 때 이미 '자'가 '자녀'로 수정된 조문들도 있다. 아래에서 세부적으로 살펴본다.

1) 현행 민법전에서 '자(子)'가 독립어로 사용된 예는 대단히 많다. 2018년 법무부안은 그러한 경우의 '자'를 전부 '자녀'로 고쳤다. 구체적으로 살펴보면,

171) 개정 전에 그 규정에서 사용된 '타방(他方)'도 일본어에서 나온 말로서 수정되어야 하는 것이었고, 2011년 개정시에 '타방'도 '다른 쪽'으로 수정되었다. 현행 민법전에 현재 '타방'이라는 용어가 남아 있지는 않다.

> 민법전 제4편(친족) 제2장의 제목, 제781조 제1항부터 제6항까지, 제824조의 2, 제836조의 2 제2항 제1호 제2호·제4항, 제837조의 제목과 제1항·제3항·제5항, 제837조의 2 제1항부터 제3항까지, 제843조, 제4장의 제목, 제845조, 제846조, 제847조 제1항, 제849조, 제851조, 제852조, 제857조의 제목 및 본문,[172] 제858조, 제860조, 제862조, 제863조, 제864조의 2, 제909조 제1항·제4항[173]·제6항, 제910조, 제911조, 제912조 제1항·제2항, 제913조, 제914조, 제915조, 제916조, 제918조 제1항·제2항, 제920조, 제920조의 2, 제921조 제1항·제2항, 제922조, 제923조 제1항·제2항

에서 그리하였다.

그런데 일부 조문에서는 과거 민법이 개정될 때 이미 '자'가 '자녀'라고 수정되었으며, 구체적으로는

> 제844조 제1항부터 제3항까지, 제854조의 2 제1항, 제855조의 2 제1항, 제870조 제2항 제1호·제2호, 제908조의 2 제2항 제2호·제3호, 제922조의 2, 제924조 제1항부터 제3항까지, 제924조의 2, 제925조, 제925조의 2 제1항·제2항, 제925조의 3, 제926조, 제948조 제1항

이 그에 해당한다.

아래에 '자'를 '자녀'라고 수정한 조문들 중 제837조 제1항을 인용한다.

---

172) 제857조의 제목에서는 '사망자(死亡子)'는 '사망한 자녀'라고 고쳤고, 그 본문에서는 '자'를 '자녀'라고 고쳤다.

173) 제909조 제4항에서는 '혼인 외의 자'를 '혼인 외의 출생자녀'라고 수정하기도 하고, '자'를 '자녀'라고 수정하기도 하였다.

현행 민법전	2018년 법무부안
第837條(離婚과子의養育責任) ①當事者는 그 子의 養育에 관한 사항을 協議에 의하여 정한다.	제837조(이혼과 자녀의 양육책임) ① 당사자는 자녀 양육에 관한 사항을 협의하여 정한다.

2) 2018년 법무부안은 '출생자(出生子)'를 모두 '출생자녀'로 수정하였다. 제781조 제5항, 제855조 제1항 · 제2항, 제908조의 3 제1항 · 제2항이 그에 해당한다.

그리고 제772조 제1항에서는 '혼인 중의 출생자'라고 축약된 표현을 알기 쉽게 하기 위하여 '혼인 중에 출생한 자녀'라고 풀어서 고쳤고, 제909조 제4항에서는 '혼인 외의 자'라고 되어 있는 것을 '혼인 중의 자'와 균형을 맞추고 그 의미를 충실하게 하기 위하여 '혼인 외의 출생자녀'라고 하였다.

아래에 '출생자'를 '출생자녀'로 수정한 조문들 중 제855조 제1항을 인용한다.

현행 민법전	2018년 법무부안
第855條(認知) ①婚姻外의出生子는그生父나生母가이를認知할수있다 父母의婚姻이無效인때에는出生子는婚姻外의出生子로본다	제855조(인지) ① 혼인 외의 출생자녀는 그의 생부(生父)나 생모(生母)가 인지할 수 있다. 부모의 혼인이 무효인 경우에는 출생자녀는 혼인 외의 출생자녀로 본다.

3) 2018년 법무부안은 '친생자(親生子)'는 모두 '친생자녀'라고 수정하였다. 민법전 제4편 제4장 제1절의 제목, 제844조의 제목, 제846조,

제852조, 제865조, 제882조의 2 제1항에서 그리하였다.

아래에 이들 조문 중 제846조를 인용한다.

현행 민법전	2018년 법무부안
第846條(子의 親生否認) 부부의 일방은 第844條의 境遇에 그 子가 親生子임을 否認하는 訴를 提起할 수 있다.	제846조[자녀에 대한 친생부인(親生否認)] 제844조의 경우에 부부 중 한쪽은 그 자녀가 친생자녀임을 부인하는 소를 제기할 수 있다.

4) 2018년 법무부안은 '양자(養子)'는 모두 '양자녀'로 수정하였다.

제772조 제1항 · 제2항, 제4편 제4장 제2절의 제목, 제867조 제2항, 제869조 제1항 · 제2항, 제870조 제1항, 제871조 제1항 · 제2항, 제873조 제1항 · 제2항, 제874조 제2항, 제882조의 2 제1항 · 제2항, 제884조 제1항 제2호, 제885조, 제886조, 제891조 제1항 · 제2항, 제896조, 제898조, 제905조 본문 및 제1호부터 제4호까지,[174] 제906조 제1항부터 제4항까지, 제908조의 8, 제909조 제1항

에서 그리하였다.

아래에 이들 조문 중 제869조 제1항을 인용한다.

현행 민법안	2018년 법무부안
제869조(입양의 의사표시) ① 양자가 될 사람이 13세 이상의 미성년자인 경우에는 법정대리	제869조(입양의 의사표시) ① 양자녀가 될 사람이 13세 이상의 미성년자인 경우에는 그가 법

174) 제905조 제4호에서는 '양친자'를 '양친자녀'로 수정하기도 하였다.

인의 동의를 받아 입양을 승낙한다.	정대리인의 동의를 받아 입양을 승낙한다.

5) 2018년 법무부안은 '친양자(親養子)'는 모두 '친양자녀'로 수정하였다.

> 제809조 제1항, 제4편 제4장 제2절 제4관의 제목, 제908조의 2 제1항 본문 및 제1호부터 제5호까지 · 제3항, 제908조의 3 제1항 · 제2항, 제908조의 4 제1항 · 제2항, 제908조의 5 제1항 본문 및 제1호 제2호 · 제2항, 제908조의 6, 제908조의 7 제1항 · 제2항, 제908조의 8, 제909조의 2 제2항, 제927조의 2 제1항

에서 그리하였다.

아래에 이들 조문 중 제908조의 3 제1항을 인용한다.

현행 민법안	2018년 법무부안
제908조의3(친양자 입양의 효력) ①친양자는 부부의 혼인중 출생자로 본다.	제908조의3(친양자녀 입양의 효력) ① 친양자녀는 부부의 혼인 중 출생자녀로 본다.

(2) 변경의 이유 내지 근거

우리말에서 '자(子)'는 단음절 한자가 하나의 독립된 단어를 구성하지 못하는데, 일본어에서는 '자(子)'가 고유어로 훈독되는 단어라고 한다.[175] 그러고 보면 현행 민법전에서 '자'가 독립한 단어로 사용된 것은 일본어에서 비롯된 것이라고 할 수 있다. 그리고 민법전의 '자'는 아들

175) 김문오/홍사만, 우리 민법, 241면.

만을 가리키는 것이 아니고, 딸도 포함하는 개념이어서 '子'자를 쓰는 것은 적절하지 않다. 일부 시각에서는 양성평등의 관점에서 볼 때도 적절하지 않다고 한다. 또한 '자(子)'는 '자(者)'와 구별하기 위하여 항상 한자를 병기해야 하는 문제도 있다. '알기 쉬운 민법 개정 T/F'도 이와 같은 고려에서 '자'를 '자녀'로 수정한 것으로 보인다.[176] 그리고 현행 민법전의 여러 조문에서 이미 '자'라고 하지 않고 '자녀'라고 표현하고 있는 점도 고려되었을 것이다.

'자'를 '자녀'로 수정할 경우에는 '자(子)'가 접미사로 붙은 합성어에서도 마찬가지로 '자'를 '자녀'로 고치는 것이 바람직하다. 그리하여 2018년 법무부안은 '출생자'는 '출생자녀'로, '친생자'는 '친생자녀'로, '양자'는 '양자녀'로, '친양자'는 '친양자녀'로 수정하였다.

12. '부(夫)', '처(妻)'의 변경

(1) 변경 내용

우리 민법전은 제정 당시부터 남편을 '부(夫)'로, 아내를 '처(妻)'로 표현해왔다. 2018년 법무부안은 이와 같은 현행 민법전상의 '부(夫)'를 '남편'으로, '처(妻)'를 '아내'로 각각 수정하였다. 제847조 제1항, 제850조, 제851조에서 그리하였다. 다만, 현행 민법전에는 최근에 민법이 개정되면서 '부(夫)'와 '처(妻)' 대신 '남편'과 '아내'라고 표현된 조문들도 있다. 제844조 제목 및 제1항, 제848조 제1항, 제854조의 2 제1항[177]이 그에 해당한다.

'부(夫)'를 '남편'으로, '처(妻)'를 '아내'로 수정한 조문 중 제850조를 아래에 인용한다.

---

176) 2018년 공청회 자료집, 95면(현소혜) 참조. 그런데 2015년 법무부안을 심의한 '알기 쉬운 민법 개정위원회'에서는 '자'를 '자녀'로 수정하는 데 반대하는 견해도 있었다고 한다. 2018년 공청회 자료집, 94면(현소혜) 참조.

177) 제854조의 2 제1항에는 '남편'이라는 표현만 나온다.

현행 민법전	2018년 법무부안
第850條(遺言에 依한 親生否認) 부(夫) 또는 처(妻)가 遺言으로 否認의 意思를 表示한 때에는 遺言執行者는 친생부인의 소를 提起하여야 한다.	제850조(유언에 의한 친생부인) 남편이나 아내가 유언으로 친생부인의 의사를 표시한 경우에는 유언집행자는 친생부인의 소를 제기해야 한다.

(2) **변경의 이유 내지 근거**

일본어 '夫'와 '妻'는 훈독하는 일본의 고유어이고 한자어가 아니라고 한다.[178] 이 가운데 우리 사회에서 '처(妻)'는 어느 정도 자립성을 가지고 단어로서 구실을 하고 있으나, 그것도 지칭어(가령 '제 처')로서 기능을 가지고 있을 뿐 공식적인 낱말로 쓰기는 부적절하다.[179] 그리고 '부(夫)'는 '부(父)'와 음이 같아서 그것들을 한글로 써놓으면 그 뜻을 파악하기가 어렵게 된다. 그리하여 한자를 병기해야 하는 문제가 생긴다. 그런데 한자 병기라는 것도 한자를 알아야 의미가 있는데, 한글세대 특히 요즈음 자라나는 세대는 한자를 전혀 공부하지 않기 때문에 한자 병기가 효과를 발휘하지도 못한다. 이러한 점을 고려하여 2018년 법무부안은 모든 조문에서 '부(夫)'는 '남편'으로, '처(妻)'는 '아내'로 고쳤다.

13. '수취(收取)하다'의 변경

(1) **변경 내용**

현행 민법전은 과실(果實)을 거두어들이는 것을 '수취(收取)'라고 하면서 여러 조문에서 '수취할', '수취하여'와 같이 '수취하다'가 변화된 표현을 사용하고 있다. 2018년 법무부안은 '수취'가 제목에서 압축된 의

178) 김문오/홍사만, 우리 민법, 242면.
179) 김문오/홍사만, 우리 민법, 242면.

미로 명사로서 사용된 경우에는 그대로 두고, '수취하다'가 변형된 표현은 모두 '거두어들이다'의 해당 표현으로 수정하였다. 구체적으로는

> 제101조 제1항('수취하는'→'거두어들이는'), 제102조 제1항 · 제2항('수취할'→'거두어들일'), 제201조 제2항('수취한'→'거두어들인', '수취하지'→'거두어들이지'), 제323조 제1항('수취하여'→'거두어들여'), 제359조('수취한 과실 또는 수취할 수 있는 과실'→'거두어들였거나 거두어들일 수 있는 과실'), 제684조 제1항('수취한'→'거두어들인'), 제923조 제2항('수취한'→'거두어들인'), 제1080조('수취하기'→'거두어들이기')

에서 그리하였다. 그에 비하여 제323조의 제목 '과실수취권'과 제1080조의 제목에서 '과실수취비용'은 고치지 않고 그대로 유지하였다.

'수취'에 관하여 수정한 조문들 중 제102조 제1항을 아래에 인용한다.

현행 민법전	2018년 법무부안
第102條(果實의取得) ①天然果實은<u>그元物로부터分離하는</u>때에이를<u>收取할權利者</u>에게屬한다	제102조(과실의 취득) ① 천연과실은 <u>원물(元物)에서 분리될</u> 때에 이를 <u>거두어들일 권리를 가진 자</u>에게 속한다.

(2) 변경의 이유 내지 근거

'수취(收取)'라는 한자어는 일반 사회에서 많이 사용되지 않고 또 쉽지 않은 용어이다. 그리고 그것과 음이 같으면서 한자가 다른 '수취(受取)'라는 단어도 있다. 이 '수취(受取)'는 '받아서 가짐'이라는 의미이다. 이러한 상황에서 2018년 법무부안은 '수취(收取)하다'라는 한자어를

자연스럽고 일상적인 표현으로 변경하게 되었다.

(3) 사견

2018년 법무부안은 '수취(收取)'가 제목에서 명사로 사용된 경우에는 고치지 않고 그대로 두었는데, 그것은 일종의 표현상의 경제의 관점에서 이해할 수도 있다. 그리고 '수취'가 아주 어려운 용어는 아닐뿐더러 그 의미는 해당 조문의 본문을 보면 파악할 수 있다는 점에서도 받아들일 수 있다.

14. '표의자(表意者)'의 변경

(1) 변경 내용

현행 민법전은 '의사표시를 한(또는 하는) 자'를 '표의자(表意者)'라고 표현하고 있다. 제107조 제1항, 제109조 제1항, 제113조에서 그렇다. 2018년 법무부안은 현행 민법전상의 '표의자'를 모두 '의사표시자'로 수정하였다.

이들 조문 중 제107조 제1항을 아래에 인용한다.

현행 민법전	2018년 법무부안
第107條(眞意아닌意思表示) ① 意思表示는表意者가眞意아님을알고한것이라도그效力이있다 그러나相對方이表意者의眞意아님을알았거나이를알수있었을境遇에는無效로한다	제107조[진의(眞意) 아닌 의사표시] ① 의사표시는 의사표시자가 진의 아님을 알고 했더라도 효력이 있다. 다만, 상대방이 의사표시자의 진의가 아님을 알았거나 알 수 있었을 경우에는 무효이다.

(2) 변경의 이유 내지 근거

현행 민법전의 '표의자'는 일본에서 그들의 민법(동법 제93조 등)을 제정할 때 독일민법 제116조 등에 사용된 'Erklärnde'를 번역한 것으로 보인다.[180] 독일 민법전의 'Erklärnde'는 직역하면 '표시를 하는 자' 또는 '표시자'이다. 그런데 거기의 표시가 의사의 표시의 뜻이어서 '의사표시를 하는 자'를 축약하여 '표의자'라고 번역한 듯하다. 그런데 이는 지나치게 축약된 것이어서 바람직하지 않다. 특히 법률전문가가 아닌 일반 국민은 '표의자'의 뜻을 제대로 파악하기 어려울 것이다. 그리하여 2018년 법무부안은 모든 조문에서 '표의자'를 축약을 하지 않고 또 그 의미를 살려 '의사표시자'라고 수정하였다.

15. '도래(到來)하다'의 변경

(1) 변경 내용

현행 민법전은 기한 · 변제기 · 이행기와 관련하여 그것들이 닥쳐오는 것을 '도래(到來)'라고 하고, 그것의 동사형인 '도래하다'의 변형(활용어)을 여러 조문에서 사용하고 있다. 2018년 법무부안은 이들 표현 중 '도래'가 제목에서 명사로 사용된 경우에는 그 용어를 그대로 두었으나, '도래하다'가 변형된 표현들은 '되다'라는 우리말의 활용어로 모두 수정하였다. 구체적으로 보면,

> 제152조의 제목 '기한 도래'는 그대로 유지하였으나, 제152조 제1항 · 제2항('기한이 도래한 때'→'기한이 된 때'), 제165조 제3항('변제기가 도래하지 아니한'→'변제기가 되지 않은'), 제353조 제3항('전항의 채권의 변제기가 질권자의 채권의 변제기보다 먼저 도래한 때'→'제2

---

180) 동지 임중호, "한국에서의 외국법의 계수와 법률용어의 형성과정", 법학논문집(중앙대학교 법학연구원, 2002), 제26집 제2호, 41면. 이 논문은 '표의자'로 번역한 것은 부적절하다고 한다.

항의 채권이 질권자의 채권보다 먼저 변제기가 된 때'), 제382조 제2항('채권의 기한이 도래한 후'→'채권의 기한이 된 후'), 제387조 제1항('기한이 도래한 때부터'→'기한이 된 때부터', '기한이 도래함을 안 때로부터'→'기한이 되었음을 안 때부터'), 제404조 제2항('기한이 도래하기 전에는'→'기한이 되기 전에는'), 제442조 제1항 제4호('이행기가 도래한 때'→'이행기가 된 경우'), 제447조 제1호('이행기가 도래한 것과 도래하지 아니한 것'→'이행기가 된 것과 되지 않은 것')·제2호('이행기가 도래하였거나 도래하지 아니한 때'→'이행기가 되었거나 되지 않은 경우')·제3호('이행기가 먼저 도래한 채무나 먼저 도래할 채무'→'이행기가 먼저 된 채무나 먼저 될 채무'), 492조 제1항('그 쌍방의 채무의 이행기가 도래한 때'→'양쪽의 채무가 이행기가 된 때'), 제517조('그 기한이 도래한 후에'→'그 기한이 된 후에')

에서는 수정하였다.

이들 조문 중 제목에서는 '도래'를 그대로 두고 본문에서는 '도래한'을 '된'으로 고친 제152조 제1항을 아래에 인용한다.

현행 민법전	2018년 법무부안
第152條(期限到來의效果) ①始期있는法律行爲는期限이到來한때로부터그效力이생긴다	제152조(기한 도래의 효과) ① 시기(始期)가 붙어 있는 법률행위는 기한이 된 때부터 효력이 생긴다.

(2) 변경의 이유 내지 근거

'도래'나 '도래하다'는 순수한 일본어는 아니고 한자어이나, 우리나라의 일반 사회에서 특히 구어체로서는 거의 사용하지 않는 단어이다. 그리고 그 단어도 쉬운 말은 아니다. 그리하여 2018년 법무부안은 '도래한', '도래하지'와 같은 '도래하다'의 활용어는 모두 '된', '되지'와 같은 '되다'의 활용어로 수정하였다. 그러나 '도래'가 제목에서 명사로 사용된 경우에는 그대로 두었다. 그것은 명사 '도래'를 우리말로 추상화하기가 어려운 데 기인한 것으로 생각된다.

'도래하다'의 활용어를 '되다'의 활용어로 수정한 것은 2009년 법무부안에서 이미 시작되었다.[181] 그리고 2013년 법제처 정비안도 마찬가지였다. 이 두 안의 태도가 2018년 법무부안에 그대로 승계된 것이다. 한편 2009년 법무부안과 2013년 법제처 정비안은 모두 제152조의 제목을 '도래'라는 용어를 빼고 '기한의 효과'라고 하였다. 거기에 굳이 '도래'가 있을 필요는 없기 때문이다. 그리하여 '도래'라는 어려운 한자어를 민법전에서 완전히 사라지게 하였다. 그런데 2018년 법무부안은 다소 소극적인 태도를 취하여 제152조의 제목은 '도래'가 포함된 채 현행 민법전대로 두었다.

(3) 사견

'도래'라는 한자어가 어려운 말이기는 하지만 일반인이 이해하기 아주 어려운 것은 아니고, 또 명사로서의 '도래'를 우리말로 바꾸기가 쉽지 않아서인지, 2018년 법무부안은 '도래'가 조문의 제목에서 명사로 쓰인 경우에는 고치지 않고 그대로 두었다. 그러나 위에서 언급한 바와 같이, 제152조의 제목에 '도래'가 반드시 있어야 하는 것이 아니고, 또 이왕 쉬운 말로 바꾸는 만큼 제목에서도 그 단어가 남아있지 않는 것이 바람직하다. 따라서 사견으로는 제152조의 제목을 －2009년 법무부안 및 2013년 법제처 정비안에서처럼－ '기한의 효과'라고 수정하여, 제목에서도 '도래'가 남아 있지 않고 민법전에서 사라졌으면 한다.

181) 2009년 법무부안을 심의한 특별분과위원회는 제6차 회의(2008. 9. 23)에서 '기한이 도래한'을 '기한이 된'으로 수정하기로 결정하였다.

16. '균분(均分)'의 변경

(1) 변경 내용

현행 민법전은 몇 조문에서 '균분(均分)'이 들어간 표현을 사용하였다. 어떤 조문(제1009조 제1항)에서는 '균분으로 한다.'라고 하여 '균분'을 명사로 사용하였고, 다른 조문들에서는 '균분하여'라고 하는 '균분하다'의 활용어를 사용하였다. 2018년 법무부안은 이들 표현을 모두 수정하였다. 제566조와 제713조에서는 '균분하여'를 '똑같이 나누어'라고 하였고, 제712조에서는 '균분하여'를 그 조문의 의미를 반영하여 '똑같은 비율로'라고 하였다. 그리고 제1009조 제1항에서는 '그 상속분은 균분으로 한다'를 '그들의 상속분은 똑같은 비율로 한다'고 고쳤다.

이들 조문 중 제566조를 아래에 인용한다.

현행 민법전	2018년 법무부안
第566條(賣買契約의費用의負擔) 賣買契約에關한費用은當事者雙方이均分하여負擔한다	제566조(매매계약 비용의 부담) 매매계약에 관한 비용은 당사자 양쪽이 똑같이 나누어 부담한다.

(2) 변경의 이유 내지 근거

'균분'이라는 단어는 어려운 한자어에 해당한다. 그리고 일반 사회에서 거의 사용되지도 않는다. 그리하여 2018년 법무부안은 '균분'이 들어간 표현을 모두 쉬운 말로 수정하였다. 그러면서 제712조와 제1009조 제1항에서는 해당 조문의 의미를 보다 잘 나타내주기 위하여 '비율'이라는 말을 넣어서 고치기도 하였다.

17. '생존(生存)한' 또는 '생존하는'의 변경

(1) 변경 내용

현행 민법전에서는 '생존(生存)'이 들어간 표현으로 '생존한'과 '생존하는'이 사용되었는가 하면, '생존'이 다른 용어와 결합된 합성어가 사용되기도 하였다. 제3조, 제909조의 2 제1항 · 제3항 · 제4항 · 제6항, 제931조 제2항에서는 '생존하는'이라고 하였고, 제29조 제1항에서는 '생존한'이라고 하였으며, 제775조 제2항에서는 '생존배우자'라고 하였다.

2018년 법무부안은 '생존'이 들어있는 표현을 모두 수정하였다. 이들 중 '생존하는'과 '생존한'은 '살아 있는'으로, 제775조 제2항의 '생존배우자'는 '살아 있는 배우자'라고 고쳤다.

'생존하는'을 '살아 있는'으로 수정한 조문들 중 제3조를 아래에 인용한다.

현행 민법전	2018년 법무부안
第3條(權利能力의存續期間) 사람은生存한동안權利와義務의主體가된다	제3조(권리능력의 존속기간) 사람은 살아 있는 동안 권리와 의무의 주체가 된다.

'생존'과 관련되는 용어로 '생사(生死)'가 있다. 현행 민법전은

제23조, 제24조 제3항, 제25조, 제26조 제3항, 제27조 제1항 · 제2항, 제804조 제6호, 제840조 제5호, 제905조 제3호

에서 '생사'라는 용어를 사용하였다. 이 '생사'에 대하여 2015년 법무부안은 그 표현이 일반 국민에게 생소하다는 이유로 '생존 여부'로 수정하

였으나, 2018년 법무부안은 오히려 '생존'이라는 용어를 사용하지 않기로 했을 뿐만 아니라 '생사'라는 표현은 일상생활에서도 많이 사용되고 있다는 이유로 '생존 여부' 부분을 모두 다시 '생사'로 되돌리기로 했다고 한다.182) 참고로 말하면, 2009년 법무부안과 2013년 법제처 정비안도 2018년 법무부안처럼 '생사'를 그대로 두고 있었다.

(2) 변경의 이유 내지 근거

'생존하는'이나 '생존한'이라는 표현은 아주 어렵지는 않으나 실제 사회에서 거의 사용되지 않는 말이다. 그리고 그 표현은 구어체가 아닌 문어체이고, 그것을 사용하게 되면 권위주의적으로 보인다. 이러한 이유로 2018년 법무부안은 '생존하는'을 알기 쉽고 일상적인 표현인 '살아 있는'으로 수정하였고, '생존배우자'도 '살아 있는 배우자'라고 고쳤다. '생존한'은 그 표현만으로 보면 '살아 있던'이라고 해야 할 수도 있는데, 제29조 제1항에서 '생존한 사실'은 '살아 있는 사실'의 의미이어서 거기에서는 '생존한'을 '살아 있는'으로 수정하였다.

'생존'이 들어간 표현을 이와 같이 수정한 것은 2009년 법무부안, 2013년 법제처 정비안에서도 동일하였다.

18. '참작(參酌)하다'의 변경

(1) 변경 내용

현행 민법전에서는 '참작하다'가 변형된 표현인 '참작하여'와 '참작하여야 한다'가 여러 차례 사용되었다. '참작하여'가 사용된 조문은

제46조, 제765조 제2항, 제837조 제3항, 제839조의 2 제2항, 제955조, 제977조, 제1008조의 2 제2항, 제1104조 제1항

182) 2018년 공청회 자료집, 79면(현소혜).

이고, '참작하여야 한다'가 사용된 조문은 제396조, 제837조 제4항, 제837조의 2 제2항이다. 2018년 법무부안은 이들 조문의 '참작하여'는 모두 '고려하여'로 수정하고, '참작하여야 한다'는 '고려해야 한다'로 수정하였다.

이들 조문 중 '참작하여'를 '고려하여'로 수정한 제46조와 '참작하여야 한다'를 '고려해야 한다'로 수정한 제396조를 인용한다.

현행 민법안	2018년 법무부안
第46條(財團法人의目的其他의變更) 財團法人의目的을達成할수없는때에는設立者나理事는主務官廳의許可를얻어設立의趣旨를參酌하여그目的其他定款의規定을變更할 수 있다	제46조(재단법인의 목적 등의 변경) 재단법인의 목적을 달성할 수 없는 경우에는 설립자나 이사는 주무관청의 허가를 받아 설립의 취지를 고려하여 법인의 목적이나 그 밖의 정관규정을 변경할 수 있다.
第396條(過失相計) 債務不履行에關하여債權者에게過失이있는때에는法院은損害賠償의責任및그金額을定함에이를參酌하여야한다	제396조[과실상계(過失相計)] 채무불이행에 관하여 채권자에게 과실이 있는 경우에는 법원은 손해배상 책임의 유무와 그 금액을 정할 때 이를 고려해야 한다.

(2) 변경의 이유 내지 근거

'참작'은 어려운 한자어에 해당한다. 그리고 그 단어는 일반 사회에서 일상적으로 사용되는 것도 아니다. 그리하여 2018년 법무부안은 '참작'이라는 어려운 한자어를 일상적으로 자주 사용하는 쉬운 단어인 '고려'로 수정하였다. 구체적으로 '참작하여'와 같은 '참작하다'의 활용어를 '고려하여'와 같은 '고려하다'의 해당 활용어로 수정하였다.

19. '수인(數人)'의 변경

(1) 변경 내용

현행 민법전에는 여러 사람이라는 뜻의 '수인(數人)'이라는 단어가 여러 조문에서 사용되었다. 2018년 법무부안은 현행 민법전상의 '수인'을 모두 수정하였다. 그런데 '수인'의 수정 모습은 동일하지 않으며, 그것의 의미에 따라 기본적으로 두 가지로 나뉘어 있다.

1) 먼저 '수인'이 사람뿐만 아니고 법인도 포함하는 의미인 경우에는 '수인'을 '여럿'으로 고쳤다.

> 제58조 제2항, 제119조, 제215조 제1항, 제262조 제1항,[183] 제271조 제1항, 제408조, 제409조, 제411조, 제482조 제2항 제4호 · 제5호, 제547조 제1항, 제616조, 제676조 제1항 · 제2항, 제678조 제1항 · 제5항, 제706조 제2항, 제722조, 제760조 제1항 · 제2항, 제1102조, 제1115조 제2항

에서 그리하였다.

'수인'이 사람 외에 법인까지 포함하는 경우인데, '수인의' 다음에 '채무자', '보증인', '자(子)'가 따라오는 때에는 '수인의'를 '여러'로 고쳤다. 구체적으로 설명하면, 제413조에서는 '수인의 채무자'를 '여러 채무자'로, 제439조와 제448조 제1항에서는 '수인의 보증인'을 '여러 보증인'

183) 제262조 제1항에서는 '물건이 지분에 의하여 수인의 소유로 된 때'를 '여럿이 물건을 지분으로 소유하는 경우'라고 수정하였다.

으로, 제921조 제목에서는 '수인의 자 간'을 '여러 자녀 간'으로, 제921조 제2항에서는 '수인의 자 사이'를 '여러 자녀 간'으로 수정하였다.

'수인'이 역시 법인까지 포함하는 경우인데 일부 조문에서는 조금 다르게 수정하기도 하였다. 제296조에서는 '수인의 소유인 경우'를 '공유인 경우'라고만 하고 '수인의'를 뺐다. 그리고 민법전 제3편 제1장 제3절의 제목인 '수인의 채권자 및 채무자'를 '다수의 채권자와 채무자'로 수정하였다.

아래에 '수인'을 '여럿'으로 수정한 조문들 중 제58조 제2항, '수인의'를 '여러'로 수정한 조문들 중 제413조, '수인의'를 삭제한 조문인 제296조를 인용한다.

현행 민법전	2018년 법무부안
第58條(理事의事務執行) ②理事가數人인境遇에는定款에다른規定이없으면法人의事務執行은理事의過半數로써決定한다	제58조(이사의 사무집행) ② 이사가 여럿인 경우에는 정관에 다른 규정이 없으면 법인의 사무집행은 이사의 과반수로 결정한다.
第413條(連帶債務의內容) 數人의債務者가債務全部를各自履行할義務가있고債務者1人의履行으로다른債務者도그義務를免하게되는때에는그債務는連帶債務로한다	제413조(연대채무) 여러 채무자가 채무 전부를 각자 이행할 의무가 있고 채무자 1인의 이행으로 다른 채무자도 의무를 면하게 되는 경우에는 그 채무는 연대채무이다.
第296條(消滅時效의中斷, 停止와不可分性) 要役地가數人의共有인境遇에그1인에依한地	제296조(소멸시효의 중단·정지와 불가분성) 요역지가 공유인 경우에 공유자 1인에 의한 지

役權消滅時效의中斷또는停止는다른共有者를爲하여效力이 있다	역권 소멸시효의 중단이나 정지는 다른 공유자를 위하여 효력이 있다.

2) '수인'이 사람만을 의미하는 경우에는 '수인'을 '여러 명'으로 수정하였다.

제976조 제1항 · 제2항, 제1000조 제2항, 제1006조, 제1009조 제1항, 제1010조 제2항, 제1029조, 제1040조 제1항, 제1043조

에서 그리하였다. 이들 중 제976조 제1항 · 제2항은 부양의무자와 부양권리자에 관한 규정이어서 거기의 '수인'은 사람만을 가리키고, 제1000조 제2항, 제1006조, 제1009조 제1항, 제1029조, 제1040조 제1항, 제1043조는 '상속인이 수인인 경우'에 관한 규정이므로 역시 거기의 '수인'은 사람만을 의미한다.[184] 그리고 제1010조 제2항은 상속과 관련하여 '직계비속이 수인인 때'라고 규정하고 있으며, 거기의 '수인'도 사람만을 가리킨다.

(2) 변경의 이유 내지 근거

현행 민법전에서는 '인(人)'이 일반적으로 사람(자연인)뿐만 아니고 법인도 포함하는 의미로 사용된다.[185] 본인 · 타인 · 매도인 · 매수인이 그 예이다.[186] 민법전상의 '수인'도 원칙적으로 '법인'까지 포함하는 개념이라고 할 것이다. 그런데 부양의무자 · 부양권리자 · 상속인 · 직계비속 등

184) 우리 민법상 자연인만이 상속인이 될 수 있고, 법인은 상속인이 되지 못한다. 다만, 법인은 포괄적 유증을 받음으로써 실질적으로 상속을 받은 것과 같이 될 수는 있다(제1078조 참조). 송덕수, 앞의 친족상속법, [229] 참조.

185) 송덕수, 앞의 민법총칙, [292]; 곽윤직, 앞의 민법총칙, 110면 등 참조.

186) 다만, 민법전 제1편 제2장의 제목 '인(人)'은 자연인만을 가리킨다.

은 모두 사람만을 의미하는 것이어서 그것들에 대하여 '수인'이라고 표현하면 그것은 사람들 여러 명을 뜻하게 된다.

이와 같은 점을 고려하여 2018년 법무부안은 현행 민법전에서 똑같이 '수인'이라고 규정한 것들이라도 그것이 법인을 포함하지 않고 사람만을 가리키는지 아니면 법인도 포함하는지에 따라 다르게 수정하려고 하였고, 구체적으로 사람만을 가리킬 때는 '수인'을 '여러 명'으로, 법인까지 포함하는 개념일 때에는 '여럿'으로 수정하게 되었다. 이는 '자(者)'를 그것이 사람만을 가리키는지 법인을 포함하는지에 따라 전자의 경우에는 '사람'이라고 하고, 후자의 경우에는 '자'를 그대로 둔 것과 같은 맥락에 있다. 이와 같은 태도는 2013년 법제처 정비안에서부터 시작되었다.

특수한 경우로 제296조에서 '수인의 공유인 경우'를 '공유인 경우'라고 수정한 것은, 공유는 언제나 여럿이 하는 것이기 때문에 굳이 '수인의'를 넣은 필요가 없다는 생각에서 그리하였다. 그리고 민법전 제3편 제1장 제3절의 제목 '수인의 채권자 및 채무자'를 '다수의 채권자와 채무자'로 수정했는데, 그것은 강학상 '다수 당사자의 채권관계'라는 용어가 널리 사용됨을 고려하여 거기의 '수인'을 '여러' 대신 '다수'로 수정한 것이다.[187]

20. '해태(懈怠)', '해태(懈怠)하다'의 변경

(1) 변경 내용

현행 민법전에서는 '해태(懈怠)'와 '해태하지' 등 '해태하다'의 활용어가 여러 차례 사용되었다. 2018년 법무부안은 이러한 '해태'와 '해태하다'의 활용어를 모두 수정하였다. '해태'가 조문의 제목에서 명사로 사용된 경우도 같았다. '해태'가 제목에서 명사로 사용된 경우는 조문에

187) 2018년 법무부안 제3편 제1장 제3절 제목의 '개정이유' 참조.

따라 '해태'를 '태만'이나 '게을리한 경우'로 바꾸었고, '해태하다'의 활용어 중 '해태한'은 '게을리한'으로, '해태하거나'는 '게을리하거나'로, '해태로 인하여'는 '게을리하여'로, '해태하지'는 '게을리하지'로 바꾸었다.

'해태'와 관련하여 수정된 조문으로는,

> 제65조(제목의 '해태'→'태만', 본문의 '해태한 때'→'게을리한 경우'), 제97조 제1호 · 제6호 · 제7호('해태하거나'→'게을리하거나'), 제438조(제목 '최고, 검색의 해태의 효과'→'이행청구 · 집행을 게을리한 경우의 효과', 본문에서 '해태로 인하여'→'게을리하여', '해태하지'→'게을리하지'), 제727조 제1항('해태로 인하여'→'게을리하여', '해태하지'→'게을리하지'), 제759조 제1항('해태하지'→'게을리하지'), 제1038조 제1항('해태하거나'→'게을리하거나'), 제1106조('해태하거나'→'게을리하거나')

가 있다.

이들 조문 중 제438조를 아래에 인용한다.

현행 민법전	2018년 법무부안
第438條(催告, 檢索의懈怠의效果) 前條의規定에依한保證人의抗辯에不拘하고債權者의懈怠로因하여債務者로부터全部나一部의辨濟를받지못한境遇에는債權者가懈怠하지아니하였으면辨濟받았을限度에서保證人은그義務를免한다	제438조(이행청구 · 집행을 게을리한 경우의 효과) 제437조에 따른 보증인의 항변에도 불구하고 채권자가 이행청구나 집행을 게을리하여 채무자로부터 채무의 전부나 일부를 변제받지 못한 경우에는 채권자가 게을리하지 않았으면 변제받았을 한도에서 보증인은 의무를 면한다.

(2) 변경의 이유 내지 근거

'해태(懈怠)'는 대단히 어려운 한자어이다. 그래서 법제처에서는 '알법 사업'의 초기부터 '해태하다'를 '게을리하다' 또는 '제때 하지 않다'로 순화해왔고,[188] 현재도 마찬가지이다.[189] 2018년 법무부안은 법제처의 정비기준에 맞추어 '해태'라는 말을 쉽고 일상적인 말로 수정한 것이다.

21. '복임권(復任權)'의 변경

(1) 변경 내용

현행 민법전은 세 조문의 제목에서 '복임권(復任權)'이라는 용어를 사용하였다. 2018년 법무부안은 이 '복임권'을 모두 변경하였다. 그런데 변경 내용은 둘로 나뉜다. 제120조와 제122조의 제목에 있는 '복임권'은 '복대리인 선임권'으로 수정하였고, 제682조에서는 '복임권의 제한'을 '복위임(復委任)의 제한'으로 수정하였다.

(2) 변경의 이유 내지 근거

현행 민법전에서 세 번 사용된 '복임권'은 모두 동일한 것이 아니다. 제120조·제122조에서 '복임권'은 '복대리임을 선임할 수 있는 권리(또는 권한)'를 의미하고, 제682조에서는 '수임인이 다시 위임을 하는 권리(또는 권한)'를 의미하여, 두 가지는 서로 다르다. 2018년 법무부안은 우선 '복임권'이 지나치게 축약된 한자어이어서 알기 쉽게 풀어써야 한다고 여겼다. 그리고 각 조문에서 사용한 '복임권'의 의미가 한 가지가 아니어서 그 조문의 의미에 맞게 풀어쓰게 되었다.

---

188) 법제처, 정비기준(제1판), 14면 참조.
189) 법제처, 정비기준(제8판), 243면 참조.

22. '해(害)하다'의 변경

(1) 변경 내용

현행 민법전은 여러 조문에서 '해(害)하는', '해(害)함'과 같은 '해(害)하다'의 활용어를 사용하였다. 2018년 법무부안은 이들을 '해치다'의 활용어로 변경하였다. 다만, 일부 조문에서는 '~하지 못한다'의 수정과 결합되어 있어서 조금 다르게 변경되었다.

각 조문에서 변경된 내용을 구체적으로 살펴보면, 제38조, 제352조, 제908조의 5 제1항에서는 '해하는'이 '해치는'으로, 제751조 제1항에서는 '해하거나'가 '해치거나'로, 제406조 제1항, 제515조, 제839조의 3 제1항에서는 '해함을'이 '해침을'로, 제133조, 제148조, 제153조 제2항, 제386조, 제548조 제1항, 제860조, 제1015조, 제1034조 제1항, 제1051조 제2항, 제1111조에서는 '해하지 못한다'가 '해칠 수 없다'로 수정되었다. 이 중에 맨 뒤의 것은 '~하지 못한다'의 수정과 결합된 것이며, 그에 관하여는 다음에 자세히 설명한다.[190]

아래에, '해하는'이 '해치는'으로 수정된 조문들 중 제352조, '해함을'이 '해침을'로 수정된 조문들 중 제406조 제1항, '해하지 못한다'가 '해칠 수 없다'로 수정된 조문들 중 제133조를 인용한다.

현행 민법전	2018년 법무부안
第352條(質權設定者의權利處分制限) 質權設定者는質權者의同意없이質權의目的된權利를消滅하게하거나質權者의利益을害하는變更을할 수 없다	제352조(질권설정자의 권리처분 제한) 질권설정자는 질권자의 동의 없이 질권의 대상이 된 권리를 소멸시키거나 질권자의 이익을 해치는 변경을 할 수 없다.

190) 아래 제3장 25. 참조.

第406條(債權者取消權) ①債務者가債權者를害함을알고財産權을目的으로한法律行爲를한때에는債權者는그取消및原狀回復을法院에請求할수있다 그러나그行爲로因하여利益을받은者나轉得한者가그行爲또는轉得當時에債權者를害함을알지못한境遇에는그러하지아니하다	제406조(채권자취소권) ① 채무자가 채권자를 해침을 알면서 재산권을 대상으로 하는 법률행위를 한 경우에는 채권자는 그 행위의 취소와 원상회복을 법원에 청구할 수 있다. 다만, 그 행위로 이익을 얻은 자나 전득(轉得)한 자가 그 행위 또는 전득 당시에 채권자를 해침을 알지 못한 경우에는 그렇지 않다.
第133條(追認의效力) 追認은다른意思表示가없는때에는契約時에遡及하여그效力이생긴다 그러나第三者의權利를害하지못한다	제133조(추인의 효력) 추인은 다른 의사표시가 없는 경우에는 계약을 맺은 때로 소급(遡及)하여 효력이 생긴다. 다만, 이로써 제3자의 권리를 해칠 수 없다.

(2) 변경의 이유 내지 근거

'해하다'는 어려운 낱말은 아니나, 사회에서 일상적으로 널리 쓰이지는 않는다. 그래서 법제처에서는 '알법 사업'의 초기부터 '해하다'를 순화대상으로 삼고 '해롭게 하다', '해치다' 또는 '침해하다'로 고치도록 했고,[191] 현재는 '해치다', '침해하다' 또는 '해를 끼치다'로 고치도록 하고 있다.[192] 2018년 법무부안은 현재의 정비어 중 '해치다'가 가장 적절하다

191) 법제처, 정비기준(제1판), 190면 참조.
192) 법제처, 정비기준(제8판), 243면 참조.

고 보고 '해하다'의 활용어를 '해치다'의 활용어를 이용하여 수정하였다.

23. '그러나'의 변경

(1) 변경 내용

현행 민법전은 대단히 많은 조문에서 '그러나'라는 용어를 사용하였다. 그리고 그 경우에는 －몇 가지 특별한 때가 있기는 하지만 그때를 포함하여－ 모두 '그러나' 앞에 있는 본문에 대해 예외적인 내용을 규정하고 있다. 2018년 법무부안은 현행 민법전상의 '그러나'를 하나의 예외도 없이 '다만,'으로 수정하였다. 한편 현행 민법전에도 이전의 개정 시에 '다만,'이 들어간 조문들이 많이 있다.

2018년 법무부안이 새로 '그러나'를 '다만'으로 수정한 조문들은 다음과 같다.

[총칙편]
제5조 제1항, 제8조 제2항, 제29조 제1항, 제42조 제1항, 제59조 제1항, 제72조, 제78조, 제80조 제2항, 제82조, 제90조, 제107조 제1항, 제109조 제1항, 제115조, 제119조, 제121조 제2항, 제122조, 제124조, 제125조, 제129조, 제132조, 제133조, 제134조, 제137조, 제139조, 제145조, 제153조 제2항, 제157조.
[물권편]
제187조, 제191조 제1항, 제192조 제2항, 제203조 제1항, 제204조 제2항, 제213조, 제216조 제1항, 제218조 제1항, 제219조 제1항, 제229조 제2항, 제230조 제1항 · 제2항, 제237조 제2항, 제239조, 제241조, 제242조 제2항, 제250조, 제254조, 제256조, 제259조 제1항, 제265조, 제268조 제1항, 제272조, 제278조, 제284조, 제292조 제1항, 제293조 제2항, 제297조 제2항, 제305조 제1항, 제306

조, 제312조의 2, 제316조 제1항, 제323조 제1항, 제324조 제2항, 제334조, 제335조, 제340조 제2항, 제345조, 제358조, 제359조, 제360조, 제365조, 제366조.

[채권편]

제386조, 제389조 제1항, 제390조, 제392조, 제397조 제1항, 제404조 제1항·제2항, 제406조 제1항, 제427조, 제437조, 제449조 제1항·제2항, 제451조 제1항, 제453조 제1항, 제457조, 제459조, 제460조, 제467조 제2항, 제468조, 제469조 제1항, 제471조, 제473조, 제476조 제2항, 제482조 제2항 제5호, 제492조 제1항·제2항, 제494조, 제501조, 제505조, 제506조, 제507조, 제514조, 제515조, 제518조, 제528조 제2항, 제535조 제1항, 제536조 제1항, 제544조, 제548조 제1항, 제559조 제1항, 제567조, 제570조, 제580조 제1항, 제587조 제2항, 제588조, 제594조 제2항, 제595조, 제601조, 제602조 제2항, 제603조 제2항, 제604조, 제613조 제2항, 제620조, 제633조, 제634조, 제639조 제1항, 제661조, 제662조 제1항, 제665조 제1항, 제667조 제1항, 제668조, 제669조, 제671조 제1항, 제676조 제2항, 제678조 제3항, 제686조 제2항, 제697조, 제698조, 제700조, 제702조, 제706조 제3항, 제716조, 제727조 제1항, 제733조, 제734조 제3항, 제736조, 제737조, 제743조, 제746조, 제754조, 제756조 제1항, 제757조, 제758조 제1항, 제759조 제1항, 제761조 제1항.

[친족편]

제805조, 제806조 제3항, 제826조 제1항·제2항, 제829조 제2항, 제832조, 제860조, 제909조 제2항, 제920조, 제902조의 2, 제923조 제2항, 제943조.

[상속편]

제1005조, 제1015조, 제1018조, 제1019조 제1항, 제1022조, 제

1024조 제2항, 제1034조 제1항, 제1039조, 제1040조 제3항, 제1051조 제2항, 제1076조, 제1079조, 제1087조 제1항, 제1090조, 제1102조, 제1111조.

아래에 이들 조문 중 하나인 제5조 제1항을 인용한다.

현행 민법전	2018년 법무부안
第5條(未成年者의能力) ①未成年者가法律行爲를함에는法定代理人의同意를얻어야한다 그러나權利만을얻거나義務만을免하는行爲는그러하지아니하다	제5조(미성년자의 행위능력) ① 미성년자가 법률행위를 할 경우에는 법정대리인의 동의를 받아야 한다. 다만, 권리만을 얻거나 의무만을 면하는 행위는 그렇지 않다.

현행 민법전에 이미 '다만,'이라고 규정된 조문으로는,

제13조 제4항, 제16조 제1항, 제60조의 2 제1항, 제112조, 제141조, 제428조의 2 제1항, 제674조의 3, 제674조의 4 제1항, 제674조의 6 제1항·제2항, 제674조의 7 제2항, 제755조 제1항, 제781조 제1항·제4항·제5항·제6항, 제854조의 2 제1항, 제855조의 2 제1항, 제869조 제3항 제1호, 제870조 제1항, 제871조, 제878조, 제906조 제1항·제2항, 제908조의 2 제1항 제1호 제3호·제2항 제1호, 제908조의 3 제2항, 제909조 제4항, 제909조의 2 제2항, 제927조의 2 제1항, 제931조 제1항, 제937조 제9호, 제941조 제1항, 제945조, 제947조의 2 제4항, 제949조의 3, 제957조 제1항, 제959조의 15 제2항, 제959조의 20 제2항, 제1034조 제2항

이 있다.

(2) 변경의 이유 내지 근거

1) 우리 민법전은 제정 당시 일본 민법전상의 '但(단)'을 모두 '그러나'라고 규정하였다. 그런데 일본 민법전상 '但' 뒤에 오는 내용은 −조금 특수한 경우가 있기는 하지만− 본문이 정하고 있는 원칙적인 내용의 예외에 해당한다. 그렇게 보면 일본 민법전상의 '但'은 우리말로 바꾸면 '다만'이 된다. 그럼에도 불구하고 민법전에서는 '다만'이라고 하지 않고 '그러나'라고 한 것이다. 우리 민법전의 기초자가 어떤 이유로 '다만' 대신에 '그러나'를 사용했는지는 알 수 없다.

2) 우리 민법전이 '다만'이라고 하지 않고 '그러나'라고 한 것이 적절한가? '그러나'는 앞의 내용과 뒤의 내용이 상반될 때 쓰는 접속부사이다(표준국어대사전). '그러나'가 사용된 전형적인 예를 든다면, "철수는 갔다. 그러나 영수는 가지 않았다"를 들 수 있다. 그리고 '그러나'는 역접(逆接)이기 때문에 전체에 대한 예외를 표현할 때도 사용할 수 있다. "모두가 갔다. 그러나 철수는 가지 않았다"에서 그렇다. 민법전의 '그러나'는 이 후자에 해당한다. 그런데 '그러나'의 용법 중 후자는 전형적인 것이 아니고 지엽적인 것에 해당한다. 그리고 그 경우에는 '그러나' 다음에 나오는 내용이 원칙에 대한 예외라는 점이 뚜렷이 드러나지 않는다. 그러한 경우에 예외를 확실하게 보여주는 표현은 '다만'이다. 2018년 법무부안은 현행 민법전에서 '그러나' 뒤에 나오는 내용이 본문이 정하는 원칙에 대하여 예외를 규정하고 있는 것이어서, '그러나'를 모두 '다만'으로 수정하였다.

3) 현행 민법전상 '그러나' 다음에 규정된 내용이 예외에 해당하는지가 한눈에 명확하게 파악되지 않은 조문들이 있다. 그러한 조문들에서는 '그러나'를 '다만'으로 바꾸는 데 주저할 수 있다. 그러나 그러한 조

문들의 경우에도 자세히, 그리고 실질적으로 살펴보면 '그러나' 다음의 내용이 예외라고 판단되어서 2018년 법무부안은 그 경우에도 '그러나'를 '다만'으로 고쳤다.

예를 들어본다. 제29조 제1항 본문에서는 실종선고 취소의 요건과 절차, 그리하여 실종선고 취소제도 자체를 규정하고 있다. 그러나 거기에 실종선고 취소의 효과가 규정되어 있지는 않다. 그런데 동항 단서는 "그러나 실종선고 후 취소 전에 선의로 한 행위의 효력에 영향을 미치지 아니한다"고 하여 실종선고 취소의 효과에 대한 예외를 규정하고 있다. 그 때문에 제29조 제1항 단서의 '그러나'를 '다만'으로 수정하는 것이 적절한지 논란이 생길 수 있다.[193] 생각건대 제29조 제1항에서는 —의미를 따져 보자면— 거기의 본문 내용 다음에 "실종선고가 취소되면 행위가 전부 무효가 된다"라는 내용이 있어야 되고, 그러면 동항 단서는 자연스러운 단서가 될 것이다. 그런데 그 내용이 생략된 것이다. 그리고 그 내용이 생략되었더라도 생략된 내용은 실종선고 취소제도를 규정한 제29조 제1항 본문에 포함된 것으로 이해할 수 있다. 그렇게 보면 제29조 제1항 단서의 '그러나'는 '다만'으로 수정해도 문제될 것이 없다.[194]

다른 예를 본다. 제340조 제2항에 '그러나'가 있는데, 그 쓰임새가 조금 특수하다. 우선 제340조 제2항의 의미를 살펴보자. 제340조 제1항에서는 질권자는 질물에 의하여 변제받지 못한 부분의 채권에 한하여 채무자의 다른 재산으로부터 변제를 받을 수 있다고 규정한다. 그리고 제340조 제2항 본문은 질물보다 먼저 다른 재산에 관한 배당을 실시하는 경우에는 동조 제1항이 적용되지 않는다고 하여, 질물에 앞서 다른 재산에 대하여 배당을 실시하는 경우에는 질권자도 배당에 참가할 수

193) 실제로 2013년 법제처 정비안을 심의할 때, 법제처 자문위원회 제7차 회의(2013. 8. 28)에서 '그러나'에 대한 심도 있는 논의가 있었고, 본문에서와 같은 문제 제기가 있었다.

194) 참고로 말하면, 우리 민법 제29조 제1항에 해당하는 의용민법(일본민법) 제32조 제1항 단서도 '但'이라고 규정하고 있다.

있다는 결과로 된다. 그런데 동조 제2항 단서에서 그 경우에 다른 채권자가 질권자에게 배당액의 공탁을 청구할 수 있다고 규정한다. 따라서 그 경우에 질권자는 배당에 참가할 수는 있되, 다른 채권자가 공탁을 청구하여 바로 배당금을 취득하지는 못하게 될 수 있다. 그렇게 본다면, 제340조 제2항의 '그러나'도 실질적으로 본문에 대한 예외로 볼 수 있고, 거기의 '그러나'를 '다만'으로 수정해도 크게 탓할 것은 아니게 된다.[195] 제340조 제2항 단서의 '그러나'를 '다만'으로 바꾸지 않고 그대로 둔다고 하여 '그러나'의 의미가 더 정확하거나 두드러지지도 않는다.

4) 법령에서 원칙과 예외를 규정할 때, 원칙을 각 조문의 본문에 규정한 뒤 예외는 '다만' 다음에 두는 것이 적절하고 바람직하다. 그리하여 법제처에서는 모든 법령을 제정하거나 개정할 때 이와 같은 방법에 따르도록 하고 있다. 그 결과 현행 민법전에도 이미 상당수의 조문에서 '다만'이라는 표현이 사용되었다. 그리고 예외를 표현하면서 '그러나'를 사용하는 일은 없다. 그러고 보면 2018년 법무부안이 '그러나'를 '다만'으로 수정한 것은 기존의 정비원칙을 그대로 적용한 결과라고 할 수도 있다.

(3) 사견

현행 민법전상의 '그러나'는 '다만'으로 수정하지 않아도 문법적으로 틀리지는 않는다. 그러나 민법전상의 '그러나'가 예외를 규정하고 있는데, 그 자리에 역접 모두에 사용하는 '그러나'가 있어서 예외라는 것을 분명히 보여주지 못한다. 그러한 점은 예외인지가 명백하지 않은 경우에도 마찬가지이다. 그러한 경우에도 깊이 검토해보면 실질적으로 예외에 해당하고, 따라서 그때에도 '다만'으로 수정하는 것이 바람직하다. 그런가 하면

195) 참고로 말하면, 우리 민법 제340조는 의용민법을 그대로 따른 것이 아니고 만주민법 제332조를 모범으로 한 것이고, 만주민법 제332조는 의용민법 제394조와 유사한 내용의 것이다(민의원, 법제사법위원회 민법안심의소위원회, 민법안심의록(상), 1957, 204면 참조). 그리고 의용민법 제394조 제2항에서는 우리 민법상 '그러나'에 해당하는 것으로 '但'을 사용하였다.

일반인들은 예외적인 상황을 '그러나'로 연결하는 것은 이해하지 못하며, 당연히 '다만'으로 연결해야 된다고 생각한다. 또한 '그러나'라는 표현은 구어체에서는 별로 사용하지 않는 점에서도 피하는 것이 좋다. 결국 2018년 법무부안이 '그러나'를 모두 '다만'으로 수정한 것은 적절하다.

24. '직권으로'와 '일정한 청구권자의 청구에 의하여'의 순서 변경

(1) 변경 내용

현행 민법전에는 어떤 사항의 결정을 위한 절차가 법원의 직권에 의하여 개시될 수도 있고 일정한 청구권자의 청구에 의하여 개시될 수도 있도록 정해진 경우들이 적지 않다. 그러한 경우에 '법원의 직권'과 '청구권자의 청구' 사이에 우열관계가 없다면, 그리하여 둘을 '또는'으로 연결한다면, 어느 것이 앞에 오든 상관이 없다. 그리고 현행 민법전에는 '직권'을 앞에 규정한 조문들도 있고 '청구권자의 청구'를 앞에 규정한 조문들도 있어서 통일되어 있지 않다.[196] 그런데 2018년 법무부안은 '청구권자의 청구'를 앞에 두고 '직권'을 뒤에 규정하였다. 즉 '직권으로 또는 …의 청구에 의하여'라는 구문을 '…의 청구에 의하여 또는 직권으로'라고 변경하였다. 그러한 조문들로는

> 第837조 제4항, 제909조 제4항, 제909조의 2 제3항·제5항, 제932조 제1항, 제936조 제2항·제3항, 제940조, 제940조의 3 제1항·제2항, 제940조의 4 제1항·제2항, 제954조, 제959조의 5 제1항, 제959조의 10 제1항, 제959조의 15 제3항·제4항

이 있다. 그리고 제837조 제5항과 제837조의 2 제3항에서는 '일정한 자

196) 그렇지만 친족편에는 '직권'을 앞에 규정한 조문들이 압도적으로 많다.

의 청구'를 '직권' 앞에 규정하여 그 둘의 순서를 바꿀 필요는 없었고 문구만 '…의 청구에 의하여 또는 직권으로'에 맞추어 수정하였다. 한편 제83조와 제84조에서는 '직권 또는 이해관계인이나 검사의 청구에 의하여'라고만 수정하고 순서는 그대로 두었다.

아래에 '…의 청구에 의하여 또는 직권으로'라고 수정한 조문들 중 제837조 제4항, 이전부터 위와 같은 순서로 되어 있어서 표현만 조금 수정한 조문들 중 제837조 제5항, '직권'을 앞에 둔 채로 문구만 조금 바꾼 제83조를 인용한다.

현행 민법전	2018년 법무부안
第837條(離婚과子의養育責任) ④ 양육에 관한 사항의 협의가 이루어지지 아니하거나 협의할 수 없는 때에는 가정법원은 직권으로 또는 당사자의 청구에 따라 이에 관하여 결정한다. 이 경우 가정법원은 제3항의 사정을 참작하여야 한다.	제837조(이혼과 자녀의 양육책임) ④ 양육에 관한 사항에 대하여 협의가 이루어지지 않거나 협의할 수 없는 경우에는 가정법원은 당사자의 청구에 의하여 또는 직권으로 양육에 관한 사항을 정한다. 이 경우 가정법원은 제3항의 사정을 고려해야 한다.
第837條(離婚과子의養育責任) ⑤ 가정법원은 자(子)의 복리를 위하여 필요하다고 인정하는 경우에는 부·모·자(子) 및 검사의 청구 또는 직권으로 자(子)의 양육에 관한 사항을 변경하거나 다른 적당한 처분을 할 수 있다.	제837조(이혼과 자녀의 양육책임) ⑤ 가정법원은 자녀의 복리를 위하여 필요하다고 인정하는 경우에는 부, 모, 자녀, 검사의 청구에 의하여 또는 직권으로 자녀의 양육에 관한 사항을 변경하거나 그 밖의 적당한 처분을 할 수 있다.

第83條(法院에依한清算人의選任) 前條의規定에依하여清算人이될者가없거나清算人의缺員으로因하여損害가생길念慮가있는때에는法院은職權또는利害關係人이나檢事의請求에依하여清算人을選任할수있다	제83조(법원의 청산인 선임) 제82조에 따른 청산인이 될 자가 없거나 청산인의 결원으로 손해가 생길 우려가 있는 경우에는 법원은 직권으로 또는 이해관계인이나 검사의 청구에 의하여 청산인을 선임할 수 있다.

(2) **변경의 이유 내지 근거**

2018년 법무부안이 일정한 절차를 개시하게 하는 두 가지 중 '…의 청구에 의하여'를 앞에 두고 '직권으로'는 나중에 두도록 한 것은, 공청회 자료집에 따르면, "'직권으로'가 먼저 나온 다음 청구권자의 긴 목록이 이어지면 문장의 가독성이 현저히 떨어지므로, 간명한 이해를 돕기 위해"서라고 한다.[197] 그리고 입법예고된 2018년 법무부안의 제837조 제4항에 관한 정비이유를 보면, "'당사자의 청구'보다 '직권'이 먼저 규정된 현행 조문에 의하면 법원이 직권으로 판단하지 않는 경우에 비로소 당사자가 청구할 수 있는 것으로 오해될 여지가 있"다는 점을 이유로 들고 있다. 그런가 하면 2013년 법제처 정비안은 제837조 제4항의 정비이유로 "청구권자의 청구와 직권이 병존할 경우에 청구가 우선하지 않으면 청구의 의미가 줄어드는 문제가 있으므로, 청구가 직권의 앞에 규정되도록 순서를 조정함"이라고 적고 있다.

(3) **사견**

위 (2)에서 기술한 변경 이유는 모두 적절한 것들이다. 그런데 그 중 가장 큰 의미가 있는 것은 2013년 법제처 정비안이 들고 있는 것이

197) 2018년 공청회 자료집, 90면·91면(현소혜).

라고 할 수 있다. 어떤 절차 개시가 일정한 자의 청구에 의해서도 할 수 있고 권한 있는 기관의 직권에 의해서도 할 수 있다면, 마땅히 청구를 앞에 두어야 한다. 그때는 청구권자의 청구에 의한 경우가 의미가 더 클 것이기 때문이다. 만약 직권을 행사하는 기관이 절차 개시의 필요성을 쉽게 알 수 있고 또 필요성을 알 경우 항상 절차 개시를 하게 한다면 청구권자의 청구는 가치가 크지 않을 것이다. 그러나 실제로는 그렇지 않으며, 대부분의 경우에는 절차 개시를 원하는 청구권자의 청구에 의하여 절차가 개시될 것이다. 그러한 점에서 보면 청구권자의 청구가 직권에 비하여 더 의미가 크다. 그리고 직권에 의한 개시는 청구권자의 청구가 없는 경우에 보충적으로 행해지는 때가 많을 것이다. 이러한 의미를 살리려면 '청구권자의 청구'를 '직권' 앞에 규정해야 한다. 다만, 총칙 조문 제83조와 제84조에서는 청산법인의 경우에 청산인의 선임과 해임에 관하여 '직권'을 앞에 두고 '청구권자의 청구'를 뒤에 규정하고 있는데, 그 조문들에서는 청산법인의 특수성을 고려하여 그대로 둔 것으로 생각된다. 청산법인은 법인이 감독을 하도록 하고 있어서(제95조 참조), 청산인의 선임·해임에 법원의 직권을 청구권자의 청구권의 앞에 두어도 괜찮은 것으로 보이기 때문이다.[198]

25. '못한다'의 변경

(1) 변경 내용

현행 민법전은 수많은 조문에서 금지 또는 불허용의 표현으로 '못한다'라는 용어를 사용하고 있다. '대항하지 못한다', '청구하지 못한다'가 그 예이다. 2018년 법무부안은 현행 민법전상의 '못한다'라는 용어를 모두 수정하였다. 그런데 수정 내용은 한 가지가 아니며, 어떤 경우에는

198) 그러나 이 두 조문에서도 '청구권자의 청구'를 앞에 두고 '직권'을 뒤에 규정해도 안 될 것은 없다.

'~할 수 없다'라고 하고 다른 경우에는 '~해서는 안 된다'(또는 '~하면 안 된다')라고 하였다.

이 두 경우가 어떻게 구별되는가? 2018년 공청회 자료집에 따르면, "문맥에 따라 금지의 의미로 쓰인 경우에는 '~해서는 안 된다.'로, 불능의 의미로 쓰인 경우에는 '~할 수 없다.'로 이를 수정하는 것을 원칙으로 하였다."고 한다.[199] 그러나 사견은 이와 다르게 이해한다. '~해서는 안 된다'나 '~할 수 없다'는 모두 금지 또는 불허용의 의미를 표현한 것으로서, 그 둘 중에 어느 것으로 변경할 것인가는 문맥에 따라 결정된 것으로 생각된다. 그런데 대부분의 경우에는 '~할 수 없다'가 적절하여 그렇게 바뀌었고, 일부의 경우에는 '~할 수 없다'가 부적당하거나 '~해서는 안 된다'가 더 어울려서 그렇게 바뀐 것이 아닌가 한다.[200] '~해서는 안 된다'는 '~할 수 없다'보다 금지나 불허용의 의미가 더 강하게 드러나는 표현이다. 그렇지만 '~해서는 안 된다'는 사용할 수 없는 경우가 많다. 가령 '제3자에게 대항하지 못한다' 또는 '청구하지 못한다'는 '~해서는 안 된다'로 변경할 경우 대단히 어색하다. 그에 비하여 '~할 수 없다'로 변경하는 것은 거의 언제나 무난하다. 그리하여 아마도 '못한다'가 있는 구문을 원칙적으로 '~할 수 없다'라고 수정하고, 예외적으로 '~해서는 안 된다'라고도 수정할 수 있는 경우에는 그 의미를 따져서 '~해서는 안 된다'로 고치는 것이 더 적당할 경우에는 그 문구를 사용하여 수정했다고 생각된다. 그러고 보면 2018년 법무부안이 두 가지 경우를 어떤 원칙에 의하여 구별했다고 보기보다는, 문맥에 따라 각각의 경우에 두 가지 문구 중 어느 하나를 선택하여 사용한 결과가 있을 뿐이라 함이 옳을 것이다.

아래에서 변경된 조문과 내용을 구체적으로 살펴본다.

---

199) 2018년 공청회 자료집, 89면(현소혜).

200) 가령 살인 행위를 금지하는 경우에 현행 민법전상의 표현으로는 '살인하지 못한다'라고 할 수 있는데, 그것을 '살인할 수 없다'로 변경하는 것은 부적당하며, 그때는 '살인해서는 안 된다'가 적절하다.

1) 대부분의 조문에서는 '못한다'는 구문을 '~할 수 없다'라고 수정하였다. '못한다'의 바로 앞에는 어미가 '지'로 끝나는 단어가 있게 된다. 그리고 현행 민법전에서는 '지'로 끝나는 단어 중에 '~하지'가 압도적으로 많다. '선임하지 못한다', '취소하지 못한다'가 그 예이다. 그러나 '되지'(제937조), '넘지'(제1008조의 2 제3항)와 같이 '~하지'가 아닌 단어가 오는 경우도 있다.

'~하지 못한다'를 '~할 수 없다'로 수정하는 경우에는 '하지' 앞에 있는 어간을 '할 수 없다' 앞에 그대로 붙였다. 가령 '대항하지 못한다'를 '대항할 수 없다'로, '취소하지 못한다'를 '취소할 수 없다'로 수정한 것이 그 예이다. 그래서 아래에서는 '~할 수 있다'로 수정한 조문을 열거하면서 괄호 안에 '하지'가 붙어 있는 현행 민법전상의 단어만 표시해 두기로 한다.[201]

'~하지(또는 되지, 넘지) 못한다'를 '~할 수 없다'라고 수정한 조문은 다음과 같다.

[총칙편]

제2조 제2항('남용하지'), 제8조 제2항('대항하지'), 제31조('성립하지'), 제35조 제1항('면하지'), 제54조 제1항('대항하지'), 제60조('대항하지'), 제60조의 2 제1항('행위를 하지'), 제78조('결의하지'), 제79조('완제하지 못하게 한 때'→'완전히 변제할 수 없게 된 경우'), 제90조('면하지'), 제107조 제2항('대항하지'), 제108조 제2항('대항하지'), 제109조 제1항('취소하지')·제2항('대항하지'), 제110조 제3항('대항하지'), 제116조 제2항('주장하지'), 제120조('선임하지'), 제124조('대리하지'), 제129조('대항하지'), 제132조('대항하지'), 제133조('해하지 못한다'→'해칠 수 없다'),[202] 제143조 제1항('취소하지'), 제148

201) 다만, 특별한 경우에는 좀 더 길게 인용한다.

202) 2018년 법무부안은 현행 민법전상의 '해하지 못한다'를 모두 '해칠 수 없다'고 수정하였다. 그러한 조문으로는 제133조 외에 제148조, 제153조 제2항, 제386조, 제548조 제1항, 제860조, 제

조('해하지'), 제153조 제2항('해하지'), 제184조 제1항('포기하지').

[물권편]

제185조('창설하지'), 제187조('처분하지'), 제203조 제1항('청구하지'), 제204조 제2항('행사하지'), 제205조 제3항('청구하지'), 제208조 제2항('재판하지'), 제264조('변경하지'), 제273조 제1항('처분하지')·제2항('청구하지'), 제280조 제1항('단축하지'), 제284조('단축하지'), 제285조 제2항('거절하지'), 제292조 제2항('목적으로 하지 못한다'→'대상으로 할 수 없다'), 제293조('소멸하게 하지 못한다'→'소멸시킬 수 없다'), 제303조 제2항('목적으로 하지 못한다'→'대상으로 할 수 없다'), 제304조 제2항('행위를 하지'), 제305조 제2항('설정하지'), 제312조('초과하지'), 제316조 제1항('거절하지'), 제324조 제2항('제공을 하지 못한다'→'제공할 수 없다'), 제331조('목적으로 하지 못한다'→'대상으로 할 수 없다'), 제332조('점유를 하게 하지 못한다'→'점유하게 할 수 없다'), 제335조('대항하지'), 제337조 제1항('대항하지')·제2항('대항하지'), 제339조('약정하지 못한다'→'약정을 할 수 없다'), 제349조 제1항('대항하지'), 제359조('대항하지'), 제361조('담보로 하지 못한다'→'담보로 할 수 없다'), 제371조 제2항('행위를 하지').

[채권편]

제382조 제2항('철회하지'), 제383조 제2항('철회하지'), 제386조('해하지'), 제388조('주장하지'), 제389조 제1항('강제이행을 하지 못할 것'→'강제이행을 할 수 없는 것'), 제397조 제2항('항변하지'), 제404조 제2항('행사하지'), 제405조 제2항('대항하지'), 제427조 제1항('청구하지'), 제442조 제2항('대항하지'), 제449조 제2항('양도하지', '대항하지'), 제450조 제1항('대항하지')·제2항('대항하지'), 제451조 제1항('대항하지'), 제452조 제2항('철회하지'), 제453조 제2항('인수

1015조, 제1034조 제1항, 제1051조 제2항, 제1111조가 있다. 제148조부터는 괄호 안에 '해하지'만 인용하기로 한다.

하지'), 제457조('침해하지'), 제463조('청구하지'), 제464조('청구하지'), 제469조 제2항('변제하지'), 제482조 제2항 제1호('대위하지')· 제2호('대위하지'), 제491조('수령하지 못한다'→'받을 수 없다'), 제492조 제2항('대항하지'), 제496조('대항하지'), 제497조('압류하지 못할 것'→'압류할 수 없는 채권', '대항하지'), 제498조('대항하지'), 제501조('하지'), 제502조('대항하지'), 제506조('대항하지'), 제514조('청구하지'), 제515조('대항하지'), 제527조('철회하지'), 제537조('청구하지'), 제543조 제2항('철회하지'), 제548조 제1항('해하지'), 제570조('청구하지'), 제584조('면하지'), 제591조('연장하지'), 제595조('대항하지'), 제610조 제2항('수익하게 하지'), 제624조('거절하지'), 제629조 제1항('전대하지'), 제630조 제1항('대항하지'), 제637조 제2항('청구하지'), 제638조 제1항('대항하지'), 제657조 제1항('양도하지')·제2항('제공하게 하지'), 제663조 제2항('청구하지'), 제672조('면하지'), 제674조 제2항('청구하지'), 제678조 제4항('이의를 하지 못한다'→'이의를 제기할 수 없다'), 제679조 제1항('철회하지'), 제682조 제1항('처리하게 하지'), 제686조 제1항('청구하지')·제2항('청구하지'), 제692조('대항하지'), 제694조('사용하지'), 제698조('해지하지'), 제708조('사임하지 못하며'→'사임할 수 없으며', '해임하지'), 제715조('상계하지'), 제716조('탈퇴하지'), 제718조 제2항('대항하지'), 제733조('취소하지'), 제742조('청구하지'), 제743조('청구하지'), 제744조('청구하지'), 제745조 제1항('청구하지'), 제746조('청구하지').

[친족편]

제803조('청구하지'), 제806조 제3항('승계하지'), 제809조 제1항('혼인하지')·제2항('혼인하지')·제3항('혼인하지'), 제810조('혼인하지'), 제819조('청구하지'), 제820조('청구하지'), 제822조('청구하지'), 제823조('청구하지'), 제827조 제2항('대항하지'), 제829조 제2항('변경하지')·제4항('대항하지')·제5항('대항하지'), 제841조('청구하지'), 제

842조('청구하지'), 제852조('제기하지'), 제860조('해하지'), 제889조('청구하지'), 제891조 제1항('청구하지')·제2항('청구하지'), 제893조('청구하지'), 제894조('청구하지'), 제896조('청구하지'), 제918조 제1항('관리하지'), 제937조 본문('되지 못한다'→'될 수 없다'), 제943조('행사하지', '대항하지'), 제979조('처분하지').

[상속편]

제1004조 본문('되지 못한다'→'될 수 없다'), 제1008조의 2 제3항('얻지 못한다'→'얻을 수 없다'), 제1015조('해하지'), 제1018조('청구하지'), 제1024조 제1항('취소하지'), 제1034조 제1항('해하지'), 제1036조('변제하지'), 제1049조('대항하지'), 제1051조 제2항('해하지'), 제1059조('청구하지'), 제1061조('하지'), 제1072조 제1항('되지')·제2항('되지'), 제1075조 제1항('취소하지'), 제1085조('청구하지'), 제1098조('되지'), 제1108조 제2항('포기하지'), 제1111조('해하지').

이들 조문 중 제2조 제2항과 제8조 제2항을 아래에 인용한다.

현행 민법전	2018년 법무부안
第2條(信義誠實) ②權利는濫用하지못한다	제2조(신의와 성실) ② 권리는 남용할 수 없다.
第8條(營業의許諾) ②法定代理人은前項의許諾을取消또는制限할수있다 그러나善意의第三者에게對抗하지못한다	제8조(영업의 허락) ② 법정대리인은 제1항의 허락을 철회하거나 제한할 수 있다. 다만, 그 철회나 제한으로써 선의의 제3자에게 대항할 수 없다.

2) 2018년 법무부안이 '~하지 못한다'는 구문을 '~해서는 안 된다'로 수정한 조문들의 수는 많지 않다. 그러한 조문들(괄호 안은 수정 내용

임)을 들면, 제90조('변제하지 못한다'→'변제해서는 안 된다'), 제229조 제1항('변경하지 못한다'→'변경해서는 안 된다'), 제241조('심굴하지 못한다'→'깊이 파서는 안 된다'), 제297조 제2항('방해하지 못한다'→'방해해서는 안 된다')이 있다. 한편 제89조에서는 '~해서는 안 된다'와 유사하게 '~하면 안 된다'라고 수정하였다. 구체적으로는 '제외하지 못한다'를 '제외하면 안 된다'로 수정하였다.

이들 조문 중 제90조와 제89조를 아래에 인용한다.

현행 민법전	2018년 법무부안
第90條(債權申告期間內의辨濟禁止) 清算人은第88條第1項의債權申告期間內에는債權者에對하여辨濟하지못한다 그러나法人은債權者에對한遲延損害賠償의義務를免하지못한다	제90조(채권신고 기간 내의 변제 금지) 청산인은 제88조제1항의 채권신고 기간 내에는 채권자에게 변제해서는 안 된다. 다만, 법인은 채권자에 대한 지연손해배상의 의무를 면할 수 없다.
第89條(債權申告의催告) 清算人은알고있는債權者에게對하여는各各그債權申告를催告하여야한다 알고있는債權者는清算으로부터除外하지못한다	제89조(채권신고의 촉구) 청산인은 알고 있는 채권자에게는 각각 채권신고를 촉구해야 한다. 알고 있는 채권자는 청산에서 제외하면 안 된다.

(2) 변경의 이유 내지 근거

'못한다'라는 표현은 현행 민법전에서는 금지 또는 불허용의 의미로 사용되고 있지만, 실제 사회에서 일반인들은 '못한다'라는 표현에서 결코 금지·불허용의 뜻을 느끼지 못한다. 왜냐하면 '못한다(원형: 못하다)'는 동사 뒤에서 '~지 못하다'의 구성으로 쓰이는 경우에는 보조동사로서 "앞말이 뜻하는 행동에 대하여 그것이 이루어지지 않거나 그것을 이룰 능력이 없음을 나타내는 말"이고, 형용사 뒤에서 '~지 못하다'의 구성으로 쓰이는 경우에는 보조형용사로서 "앞말이 뜻하는 상태에 미치지 아니함을 나타내는 말"이기 때문이다.[203] 이와 같이 현행 민법전에서 사용된 '못한다'가 실제 사회에서 사용되는 의미와 달라서 2018년 법무부안은 '못한다'를 실제 사용되는 일상적인 표현으로 수정하였다.[204]

'~지 못한다'의 수정은 2013년 법제처 정비안에서 이미 이루어졌다. 2013년 법제처 정비안을 심의한 법제처 자문위원회는 '~하지 못한다'라는 불분명한 표현을 구체화하고 명확히 하기 위해 '~하지 못한다'를 '~해서는 안 된다' 또는 '~할 수 없다' 가운데 하나로 순화할 것인지에 대하여 집중적으로 검토하였다.[205] 그리고 그 결론으로 일반적으로 금지되는 경우에는 '~하지 못한다'를 '~해서는 안 된다'로 고치고, 자격이 없는 등으로 허용되지 않는 경우에는 '~할 수 없다'로 고치기로 하되, 개별 조문에 대하여 따로따로 검토를 하기로 하였다. 그런데 지금 다시 생각해보면, 법제처 자문위원회의 위와 같은 결론, 특히 '~해서는 안 된다'와 '~할 수 없다'의 구별 기준은 하나의 기준이 될 수 있겠지만 많은 예외가 인정될 여지가 있는 것이라고 하겠다. 그리고 '~해서는 안 된다'와 '~할 수 없다'는 모두 금지 또는 불허용의 의미를 가지고 있어서 실제의 민법 조문에서는 동일한 경우에 이 둘을 모두 사용할 수 있는 경우도 많다. 그러므로 '~하지 못한다'를 '~해서는 안 된다'와 '~할 수 없다' 가운데 어느 것으로 수정할 것인지는 개별적인 조문별로 문맥과 뉘앙스에 따라 면밀하게 검토하여 결정해야 한다. 2018년 법무부안은 그렇게 하여 최종안을 확정한 것이라고 생각된다.

---

203) 국립국어원 표준국어대사전. [국립국어원 홈페이지 표준국어대사전 사이트 http://stdweb2.korean.go.kr/main.jsp] 참조. (최종방문일 2018. 9. 29)

204) 2018년 공청회 자료집, 89면(현소혜)은 '~하지 못한다'는 표현이 지나치게 강압적인 어감을 가지고 있어서 수정하였다고 하나, 그것은 오히려 부수적인 이유라고 하겠다.

205) 법제처 자문위원회 회의자료에 관해서는 법제처, 민법 설명자료집, 116면 이하(박동진) 참조.

(3) 사견

2018년 법무부안이 현행 민법전 상의 '~지 못한다'를 수정한 내용은 대체로 무난하다. 다만, 현행 민법전에서 "권리는 남용하지 못한다"라고 규정하고 있는 제2조 제2항을 2018년 법무부안이 "권리는 남용할 수 없다"라고 수정한 것은 적절하지 않다. 이 경우에는 '남용하지 못한다'를 '남용해서는 안 된다'와 '남용할 수 없다'의 두 가지 모두로 수정할 수 있다. 그렇지만 여기서의 '남용하지 못한다'는 일반적인 금지의 의미가 보다 강하고, 따라서 어떤 이유 때문에 제한하여야 하는 경우가 아니다. 따라서 제2조 제2항은 "권리는 남용해서는 안 된다"라고 수정하는 것이 바람직하다. 2013년 법제처 정비안은 적절하게도 그렇게 수정했었다.[206)]

26. 준말의 사용

(1) 변경 내용의 요점

현행 민법전은 '그러하지 아니하다', '하여야 한다', '하였을'과 같이 본말을 사용하고, '그렇지 않다', '해야 한다', '했을'과 같은 준말은 사용하지 않는다.[207)] 그런데 2018년 법무부안은 준말 사용을 원칙으로 하였다. 2018년 법무부안에서 준말로 수정된 단어는 '그러하지', '아니하다' 및 그것의 활용어, '하여야', '하였을' 등이다.

206) 법제처 자문위원회에서는 그 문제에 관하여 자료를 준비한 위원은 물론이고 모든 위원이 그와 같은 의견이었다.

207) 다만, 현행 민법전에서도 －제정 당시부터－ 한 군데에는 준말이 사용되었다. 제1039조 제목에서 그렇다. 제1039조 제목은 '신고하지 않은 채권자 등'이어서 거기에는 '않은'이라는 준말이 들어 있다. 민법전 제정 당시에도 혹시 조문의 제목에서만은 짧게 하기 위하여 준말을 사용했던 것인가? 그러나 제529조의 제목('승낙기간을 정하지 아니한 계약의 청약')과 제555조의 제목('서면에 의하지 아니한 증여와 해제')에서는 준말을 사용하지 않은 점에 비추어 볼 때, 제1039조의 제목을 줄이기 위한 것은 아니었던 것으로 보이고 제1039조에서는 오히려 실수로 준말이 들어간 것으로 생각된다.

구체적인 수정 내용을 현행 민법전과 2018년 법무부안을 대비하여 설명하면, '그러하지 아니하다'가 '그렇지 않다'로, '아니한'이 '않은'으로, '아니하는'이 '않는'으로, '아니하면'이 '않으면'으로, '아니하였으면'이 '않았으면'으로, '아니하였을'이 '않았을'로, '아니하고'가 '않고'로, '아니하고는'이 '않고는'으로, '아니한다'가 '않는다'로, '아니하거나'가 '않거나'로, '아니하였거나'가 '않았거나'로, '아니할'이 '않을'로, '아니함을'이 '않음을'로, '아니하게'가 '않게'로, '아니하도록'이 '않도록'으로, '아니 된다'가 '안 된다'로, '아니하다고'가 '않다고'로 변경되었고, '하여야'가 '해야'로, '하였을'이 '했을'로, '하였거나'가 '했거나'로 변경되었다. 그런데 경우에 따라서는 현행 민법전의 표현이 시제나 그 밖의 이유로 부적당하여 위의 원칙과 다르게 수정되기도 하였다. 그리고 현행 민법전에 본말이 사용된 것은 아닌데 필요하여 준말이 추가된 경우들도 있다. 또한 본말과 결합된 다른 표현을 함께 고치느라고 위의 원칙에 따르지 않고 새롭게 표현한 곳도 있다.

아래에서 변경된 조문들과 수정 내용을 상세히 살펴보기로 한다.

(2) 변경된 조문들

이제 2018년 법무부안의 어떤 조문에서 어떻게 표현이 변경되었는지를 개별적인 준말별로 구체적으로 설명하기로 한다. 그럼에 있어서는 원칙에 따라 수정된 조문 외에, 원칙과 다르게 수정된 조문, 현행 민법전의 수정이 아니고 필요하여 같은 표현의 준말이 추가된 조문도 모두 적을 것이다.

1) '그러하지 아니하다'의 변경

현행 민법전에는 '그러하지 아니하다'라는 표현이 무척 많이 사용되었다. 2018년 법무부안에는 현행 민법전상의 '그러하지 아니하다'를 모두 '그렇지 않다'로 수정하였으며, 거기에는 예외가 전혀 없다. 그러한

조문으로는

> 제5조 제1항, 제13조 제4항, 제16조 제1항, 제60조의 2 제1항, 제112조, 제119조, 제125조, 제129조, 제132조, 제134조, 제145조, 제157조, 제192조 제2항, 제204조 제2항, 제239조, 제241조, 제250조, 제256조, 제293조 제2항, 제306조, 제324조 제2항, 제345조, 제358조, 제389조 제1항, 제390조, 제392조, 제404조 제1항·제2항, 제406조 제1항, 제437조, 제449조 제1항, 제453조 제1항, 제459조, 제469조 제1항, 제471조, 제476조 제1항, 제492조, 제507조, 제514조, 제515조, 제528조 제2항, 제536조 제1항, 제559조 제1항, 제567조, 제580조 제1항, 제587조 제2항, 제588조, 제604조, 제634조, 제667조 제1항, 제668조, 제669조, 제674조의 6 제2항, 제678조 제3항, 제697조, 제733조, 제736조, 제737조, 제746조, 제754조, 제755조 제1항, 제756조 제1항, 제757조, 제759조 제1항, 제806조 제3항, 제832조, 제854조의 2 제1항, 제855조의 2 제1항, 제870조 제1항, 제871조 제1항, 제898조, 제908조의 2 제1항 제1호·제3호, 제908조의 3 제2항, 제909조의 2 제2항, 제920조의 2, 제923조 제2항, 제931조 제1항, 제949조의 3, 제959조의 15 제2항, 제1005조, 제1022조, 제1039조

가 있다.

이들 조문 중 제5조 제1항을 아래에 인용한다.

현행 민법전	2018년 법무부안
第5條(未成年者의能力) ①未成年者가法律行爲를함에는法定代理人의同意를얻어야한다	제5조(미성년자의 행위능력) ① 미성년자가 법률행위를 할 경우에는 법정대리인의 동의를

그러나權利만을얻거나義務만을免하는行爲는그러하지아니하다	받아야 한다. 다만, 권리만을 얻거나 의무만을 면하는 행위는 그렇지 않다.

2) '아니한'의 변경

현행 민법전에서는 '아니한'이라는 표현이 매우 많이 사용되었다. 2018년 법무부안은 현행 민법전상의 '아니한'을 원칙적으로 '않은'으로 수정하였다. 그런데 일부 조문에서는 시제상의 부적절함 등을 이유로 '않는' 등으로 수정하였다. 그리고 어떤 조문에서는 현행 민법전에서 '아니한'이 사용되지 않았는데 필요하여 준말인 '않은'을 새로 추가하였다.

'아니한'을 원칙에 따라 '않은'으로 수정한 조문으로는,

제10조 제4항, 제13조 제4항, 제15조 제2항, 제22조 제1항, 제23조, 제24조 제3항, 제25조, 제26조 제3항, 제27조 제1항·제2항, 제62조, 제70조 제3항, 제80조 제2항, 제91조 제1항, 제92조, 제106조, 제115조 제목, 제118조, 제131조, 제136조, 제150조 제2항, 제165조 제3항, 제173조, 제176조, 제240조 제2항, 제269조 제1항, 제281조 제목·제1항·제2항, 제311조 제1항, 제312조 제4항, 제313조, 제388조 제2호, 제389조 제1항·제2항, 제390조, 제397조, 제400조, 제426조 제2항, 제428조의 3 제2항, 제442조 제1항 제2호, 제445조 제2항, 제446조, 제455조 제2항, 제467조 제1항, 제477조 본문·제1호·제2호, 제489조 제1항, 제516조, 제528조 제3항, 제529조 제목·본문, 제532조, 제544조, 제545조, 제552조 제1항, 제555조 제목·본문, 제559조 제1항, 제564조 제2항, 제579조 제2항, 제584조, 제587조 제1항, 제591조 제3항, 제595조, 제602조 제2항, 제622조 제1항, 제639조 제1항, 제658조 제1항, 제662조 제1항, 제669조, 제672조, 제674조 제1항, 제678조 제2항, 제679조

제2항, 제688조 제2항, 제706조 제1항, 제711조 제1항, 제719조 제3항, 제727조 제1항, 제743조, 제755조 제1항, 제758조 제1항, 제759조 제1항, 제781조 제5항, 제829조 제1항, 제830조 제2항, 제840조 제5호, 제870조 제2항 제1호, 제881조, 제903조, 제905조 제3호, 제908조의 2 제2항 제2호, 제918조 제2항·제3항, 제959조의 17 제1항·제2항, 제1017조 제2항, 제1026조 제2호·제3호, 제1035조 제1항, 제1039조 본문,[208] 제1053조 제1항, 제1058조 제1항, 제1077조 제2항, 제1087조 제목·제1항, 제1104조 제1항, 제1106조, 제1111조

가 있다.

이들 조문 중 제10조 제4항을 아래에 인용한다.

현행 민법전	2018년 법무부안
제10조(피성년후견인의 행위와 취소) ④ 제1항에도 불구하고 일용품의 구입 등 일상생활에 필요하고 그 대가가 과도하지 아니한 법률행위는 성년후견인이 취소할 수 없다.	제10조(피성년후견인의 행위와 취소) ④ 제1항에도 불구하고 일용품의 구입 등 일상생활에 필요하고 그 대가가 과도하지 않은 법률행위는 취소할 수 없다.

시제상의 부적당 또는 그 밖의 사유로 '아니할'을 원칙과 다르게 예외적으로 '않은'으로 수정한 조문들이 있다. 제60조의 2 제1항, 제287조, 제418조 제2항, 제1045조 제2항, 제1088조 제1항이 그에 해당한다. 그리고 제115조 본문에서는 '대리인이 본인을 위한 것임을 표시하지 아니한 때'를 '대리인이 본인을 위한 것임을 밝히지 않고 의사표시를 한

208) 제1039조 제목에는 민법전 제정 당시부터 '않은'이 사용되었으며, 그에 관하여는 앞에서 설명하였다. 앞의 주 207 참조.

경우'로 수정하였고,[209] 제667조 제1항에서는 '아니한 경우에'를 '않고'로 수정하였다.

한편 2018년 법무부안에서는 현행 민법전에 '아니한'이 없음에도 불구하고 의미상 필요하여 준말의 형태인 '않은'을 추가한 조문들도 있는데, 그러한 조문으로는

> 제91조 제2항 제2호·제3호, 제148조, 제149조, 제312조 제4항,[210] 제387조 제1항, 제504조 제목, 제603조 제2항, 제613조 제2항, 제635조 제목·제1항, 제656조 제1항, 제660조 제목·제1항, 제699조 제목·제1항, 제702조, 제804조 제6호, 제813조, 제888조 제목, 제1035조 제2항, 제1061조, 제1113조 제2항

이 있다.

3) '아니하는'의 변경

현행 민법전은 여러 조문에서 '아니하는'이라는 표현을 사용하였다. 2018년 법무부안은 현행 민법전상의 '아니하는'을 모두 준말을 이용하여 수정하였다. 우선 '아니하는'은 원칙적으로 '않는'으로 고쳤다. 그런데 일부 조문에서는 시제상의 부적절 등을 이유로, 나아가 수정이 필요한 다른 표현과 결합하여 '않은'이라고 고치기도 하였다.

2018년 법무부안에서 '아니하는'을 원칙에 따라 '않는'이라고 수정한 조문으로는,

> 제13조 제3항, 제118조 제2호, 제160조 제2항, 제207조 제2항, 제231조 제1항, 제235조, 제283조 제2항, 제300조 제1항, 제384조

209) 여기의 밑줄은 저자가 그은 것이다.

210) 제312조 제4항에서는 '아니한'이 '않은'으로 수정된 것도 있으며, 그 외에 '않은'이 새로 추가되어 있기도 하다.

> 제2항, 제428조 제1항, 제436조의 2 제2항 제1호, 제449조 제1항, 제453조 제1항, 제469조 제1항, 제544조, 제567조, 제664조 제2항, 제674조의 4 제3항, 제826조 제1항·제2항, 제837조의 2 제1항·제2항, 제848조 제2항, 제908조의 8, 제909조 제2항·제4항, 제909조의 2 제3항, 제950조 제2항

이 있다.

다음에 현행 민법전상의 '아니하는'이 부적당하다고 여겨 '아니하는'을 '않는'이 아니고 '않은'으로 수정한 조문으로는 제381조 제1항, 제556조 제1항 제2호가 있다.

그리고 '아니하는'이 다른 표현과 결합되어 있는 경우에 '아니하는'을 '않은'으로 수정한 조문들이 있다. 제187조와 제536조 제1항이 그에 해당한다. 제187조 제목에서는 현행 민법전상의 '요하지 아니하는'을 '필요하지 않은'으로, 제536조 제1항에서는 '변제기에 있지 아니하는 때'를 '변제기에 이르지 않은 경우'로 수정하였다.[211)]

4) '아니하면'의 변경

현행 민법전은 여러 조문에서 '아니하면'이라는 표현을 사용하였다. 2018년 법무부안은 현행 민법전상의 '아니하면'을 모두 '않으면'으로 수정하였다. 그리고 거기에는 예외가 없다. 그리고 2018년 법무부안에는 현행 민법전에 '아니하면'이 사용되지 않았음에도 필요하여 준말인 '않으면'을 추가한 조문들도 있다.

2018년 법무부안에서 '아니하면'이 '않으면'으로 수정된 조문은,

> 제15조 제1항·제3항, 제41조, 제60조, 제88조 제2항, 제130조, 제132조, 제162조 제1항·제2항, 제163조, 제164조, 제173조, 제174

211) 이들 조문들에서 밑줄은 저자가 그은 것이다.

조, 제187조, 제218조 제1항, 제219조 제1항, 제253조, 제254조, 제257조, 제312조 제4항 제4호, 제381조 제1항, 제384조 제2항, 제450조 제1항·제2항, 제463조, 제464조, 제482조 제2항 제1호, 제491조, 제502조, 제545조, 제594조 제1항, 제638조 제1항, 제718조 제2항, 제766조 제1항, 제829조 제4항·제5항, 제947조, 제957조 제2항, 제959조의 19, 제1024조 제2항, 제1049조, 제1060조, 제1117조

이다.

다음에 현행 민법전상 '아니하면'이 있지는 않지만 2018년 법무부안이 필요하여 '않으면'을 새로 추가한 조문으로는 제54조 제1항, 제78조, 제176조, 제337조, 제349조 제1항, 제708조, 제941조 제2항이 있다.

한편 2018년 법무부안 제54조 제1항은 현행 민법전상의 '아니면'을 준말인 '않으면'으로 수정하였다.

5) '아니하였으면'의 변경

현행 민법전은 몇 개의 조문에서 '아니하였으면'이라는 표현을 사용하였다. 2018년 법무부안은 현행 민법전상의 '아니하였으면'을 모두 '않았으면'으로 수정하였으며, 거기에는 예외가 없다. 그런가 하면 현행 민법전에 '아니하였으면'이 없음에도 필요하여 준말인 '않았으면'을 새로 추가한 조문도 있다. 2018년 법무부안 제155조가 그렇다.

2018년 법무부안에서 '아니하였으면'을 '않았으면'으로 수정한 조문은 제308조, 제336조, 제410조 제2항, 제438조이다.

6) '아니하였을'의 변경

현행 민법전은 하나의 조문에서 '아니하였을'이라는 표현을 사용하였다. 제57조 제2항에서 그렇다. 2018년 법무부안은 동조에서 '아니하

였을'을 '않았을'이라고 수정하였다.

7) '아니하고'의 변경

현행 민법전은 여러 조문에서 '아니하고'라는 표현을 사용하였다. 2018년 법무부안은 이러한 현행 민법전상의 '아니하고'를 모두 '않고'로 수정하였으며, 여기에는 예외가 없다.

2018년 법무부안에서 '아니하고'가 '않고'로 수정된 조문은

> 제44조, 제178조 제1항, 제255조 제1항, 제339조, 제356조, 제426조 제1항, 제442조 제1항 제3호, 제445조 제1항, 제451조 제1항, 제510조 제2항, 제511조 제3호, 제545조, 제581조 제2항, 제605조, 제908조의 2 제2항 제2호, 제1021조, 제1076조

이다.

8) '아니하고는'의 변경

현행 민법전은 제228조에서 '아니하고는'이라는 표현을 사용하였다. 2018년 법무부안은 같은 조문에서 '아니하고는'을 '않고는'으로 수정하였다. 그리고 2018년 법무부안에서 현행 민법전상 '아니하고는'이 사용되지 않았는데도 필요하여 준말인 '않고는'을 추가한 조문이 있다. 제185조가 그렇다.

9) '아니한다'의 변경

현행 민법전에서는 '아니한다'라는 표현이 무척 많이 사용되었다. 2018년 법무부안은 현행 민법전상의 '아니한다'를 원칙적으로 '않는다'라고 수정하였다. 다만, 일부 조문에서는 '아니한다'가 다른 표현과 결합되어 있어서 조금 다르게 수정되기도 하였다.

'아니한다'가 '않는다'라고 수정된 조문은,

제29조 제1항, 제73조 제3항, 제111조 제2항, 제135조 제2항, 제139조, 제144조 제2항, 제157조, 제165조 제3항, 제179조, 제180조 제1항·제2항, 제181조, 제182조, 제191조 제1항·제3항, 제208조 제1항, 제268조 제3항, 제312조 제4항 제2호, 제320조 제2항, 제326조, 제340조 제2항, 제357조 제1항, 제385조 제2항, 제389조 제4항, 제398조 제3항, 제415조, 제431조 제3항, 제489조 제2항, 제492조 제2항, 제504조, 제535조 제2항, 제551조, 제558조, 제559조 제1항, 제565조 제2항, 제580조 제2항, 제630조 제2항, 제631조, 제632조, 제653조, 제669조, 제727조 제2항, 제824조, 제837조 제6항, 제854조의 2 제3항, 제855조의 2 제3항, 제908조의 4 제2항, 제908조의 5 제2항, 제908조의 7 제2항, 제925조의 3, 제959조의 17 제1항, 제959조의 20 제2항, 제1024조 제2항, 제1027조, 제1031조, 제1050조, 제1060조, 제1062조, 제1070조 제3항, 제1089조 제1항, 제1091조 제2항

이다.

한편 '아니한다'가 다른 표현과 결합되어 있는 경우에 '않는다'라고 수정되지 않은 조문으로는 제117조, 제177조, 제187조가 있다. 제117조에서는 '요하지 아니한다'가 '필요가 없다'로 수정되었고, 제177조와 제187조 본문에서는 '요하지 아니한다'가 '필요하지 않다'로 수정되었다.

10) '아니하거나'의 변경

현행 민법전은 많은 조문에서 '아니하거나'라는 표현을 사용하였다. 2018년 법무부안은 그러한 현행 민법전상의 '아니하거나'를 모두 수정

하였다. 2018년 법무부안에서는 '아니하거나'를 원칙적으로 '않거나'로 수정하였다. 그런데 일부 조문에서는 시제상의 부정확 등의 이유로 '않았거나' 또는 '않은'으로 수정하기도 하였다.

현행 민법전상의 '아니하거나'를 원칙에 따라 '않거나'로 수정한 조문은

제173조, 제395조, 제487조, 제504조, 제578조 제3항, 제674조의 7 제1항, 제837조 제4항, 제839조의 2 제2항, 제1008조의 2 제2항, 제1090조

이다.

다음에 2018년 법무부안이 '아니하거나'를 원칙과 다르게 '않거나'로 수정하지 않은 조문을 살펴본다. 2018년 법무부안 제80조 제2항과 제716조 제1항에서는 '아니하거나'를 '않았거나'로 수정하였다. 그 경우는 원래 현행 민법전에서 과거형인 '아니하였거나'로 표현했어야 하는데 '아니하거나'로 표현한 것을 2018년 법무부안이 시제에 맞게 바로잡은 것이다. 그리고 제490조에서는 긴 문장을 3개의 호로 나누면서 '아니하거나'를 '않은'으로 바꾸었다(동조 제1호).

11) '아니하였거나'의 변경

2018년 법무부안은 제452조 제1항에서 현행 민법전이 '아니하였거나'라고 했던 표현을 '않았거나'로 수정하였다. 그리고 제656조 제2항에서는 현행 민법전이 '아니하였거나'를 사용하지 않았지만 필요하여 준말인 '않았거나'를 추가하였다.

12) '아니할'의 변경

현행 민법전은 여러 조문에서 '아니할'이라는 표현을 사용하였다.

2018년 법무부안은 그러한 현행 민법전상의 '아니할'을 원칙적으로 '않을'로 수정하였다. 그런데 일부 조문에서는 시제상의 부정확이나 다른 이유로 '않은' 또는 '않는'으로 수정하거나 '않기로'라고 아예 표현을 바꾸기도 하였다. 그리고 하나의 조문에서는 현행 민법전에 '아니할'이 없음에도 필요하여 준말인 '않을'을 추가하였다.

2018년 법무부안에서 '아니할'을 원칙에 따라 '않을'로 수정한 조문은 제381조 제2항, 제544조, 제867조 제2항이다.

다음에 '아니할'을 원칙과 다르게 '않을'로 수정하지 않은 조문들을 본다. 2018년 법무부안 제476조 제2항에서는 현행 민법전상의 '아니할'을 '않은'으로 수정하였다. 그 이유는 거기에는 과거형 '아니한'이 필요한데 현행 민법전이 '아니할'이라고 규정한 것을 바로잡은 것이다. 그리고 제492조 제1항과 제949조의 2 제3항에서는 잘못이 있지는 않고 보다 적절한 표현으로 바꾸기 위하여 '아니할'을 '않는'이라고 고쳤다. 그런가 하면 제268조 제1항에서는 '분할하지 아니할 것을'을 '분할하지 않기로'라고 수정하였다.[212] 이는 전체적으로 문장을 자연스럽게 고친 것이다. 한편 제395조에서는 현행 민법전에 '아니할'이 없는데도 필요하여 준말인 '않을'을 추가하였다.

13) '아니함'의 변경

2018년 법무부안은 제451조 제1항에서 현행 민법전이 '아니함을'이라고 표현한 것을 '않음을'로 수정하였다.

14) '아니하게'의 변경

현행 민법전은 몇 조문에서 '아니하게'라는 표현을 사용하였다. 2018년 법무부안은 그러한 현행 민법전상의 '아니하게'를 모두 '않게'라고 수정하였으며, 거기에는 예외가 없다.

212) 여기의 밑줄은 저자가 그은 것이다.

2018년 법무부안에서 '아니하게'를 '않게'로 수정한 조문은 제286조, 제312조의 2, 제628조, 제938조 제4항이다.

15) '아니하도록'의 변경

2018년 법무부안은 제217조, 제225조, 제244조 제2항에서 현행 민법전이 '아니하도록'이라고 표현한 것을 '않도록'이라고 수정하였다.

16) '아니 된다'의 변경

2018년 법무부안은 제289조의 2 제2항에서 현행 민법전이 '아니 된다'라고 표현한 것을 '안 된다'라고 수정하였다.

17) '아니하다고'의 변경

2018년 법무부안은 제908조의 2 제3항과 제909조의 2 제4항에서 현행 민법전이 '아니하다고'라고 표현한 것을 '않다고'라고 수정하였다.

18) '아니함으로 인하여'의 변경

현행 민법전은 제172조와 제175조의 두 조문에서 '아니함으로 인하여'라는 표현을 사용하였다. 2018년 법무부안은 현행 민법전상의 그 표현을 모두 수정하였다. 수정 내용을 구체적으로 보면, 제172조에서는 '아니함으로 인하여'를 '않아'로, 제175조에서는 '않아서'라고 하였다.

19) '아니'와 관련된 표현 중 변경이 누락된 조문('아니함으로써')

2018년 법무부안에서는 현행 민법전이 준말이 아닌 본말을 사용하고 있음에도 불구하고 수정하지 않은 조문이 하나 있다. 제922조의 2가 그렇다. 현행 민법전은 그 조문에서 '아니함으로써'라고 표현하고 있다. 그 표현은 2018년 법무부안의 준말 사용의 원칙에 따르면 '않음으로써'라고 수정했어야 한다. 그런데 2018년 법무부안은 수정을 하지 않았다.

아마도 실수로 누락한 것으로 보인다. 원칙을 관철하기 위하여 반드시 바로잡아야 할 것이다.

20) '하여야'의 변경

(가) 현행 민법전에는 '하여'가 들어간 표현이 대단히 많이 사용되었다. 그것은 민법이 권리·의무를 규율하는 실체법이어서 당사자 중 어떤 자에게 의무가 있음을 '하여야 한다'고 표현하기 때문이다. 2018년 법무부안은 이와 같이 현행 민법전에서 '하여'가 들어간 표현을 모두 준말인 '해'로 수정하였다. 그리고 이러한 '하여'의 수정은 의무를 규정한 경우에 한정되지 않으며, '대하여서만', '관하여서만'과 같은 용어에서도 이루어졌다. 한편 상당수의 조문에서는 현행 민법전상 '하여'가 포함된 말이 없는데도 '하여'가 포함된 말을 추가하면서 '하여'를 준말인 '해'로 바꾸어 추가하기도 하였다. 그런 조문 중에는 '~지 못한다'를 수정하면서 준말을 이용하여 '~해서는 안 된다'라고 한 것들도 있다.

(나) 먼저 '하여야' 자체 또는 '하여야'가 포함된 표현에서 '하여야'를 '해야'라고 한 조문을 살펴본다. 아래에 그러한 조문들을 열거하면서 괄호 안에 2018년 법무부안에서 수정된 표현을 기재하기로 한다.[213] 그러한 조문으로는 다음의 것들이 있다.

[총칙편]

제2조 제1항('해야'), 제9조 제2항('고려해야'), 제14조의 2 제3항('정해야'), 제15조 제2항('정해진')·제3항('정해진'), 제22조 제1항('명해야')·제2항('취소해야'), 제24조 제1항('작성해야'), 제27조 제1항('해야'), 제29조 제1항('취소해야')·제2항('배상해야'), 제35조 제2항('배상해야'), 제40조('해야'), 제43조('기명날인해야'), 제49조 제1

213) 그럼에 있어서 '고려하여야'가 '고려해야'로 수정된 것처럼 '하여'가 단순히 '해'로 변경된 경우에는 변경된 후의 표현만 쓰고, '행하여야'가 '수행해야'로 수정된 것처럼 '하여' 외에 어간의 변경도 있는 경우에는 변경 전후의 표현을 병기하기로 한다.

항('해야'), 제50조 제1항('등기해야'), 제51조 제1항('등기해야'), 제52조('해야'), 제52조의 2('등기해야'), 제54조 제2항('공고해야'), 제55조 제1항('비치해야', '작성해야')·제2항('기재해야'), 제61조('행하여야'→'수행해야'), 제63조('선임해야'), 제64조('선임해야'), 제69조('소집해야'), 제70조 제2항('소집해야'), 제76조 제1항('작성해야')·제2항('날인해야')·제3항('비치해야'), 제79조('해야'), 제85조 제1항('등기해야'), 제86조 제1항('신고해야'), 제88조 제1항('최고하여야'→'촉구해야')·제2항('표시해야')·제3항('해야'), 제89조('최고하여야'→'촉구해야'), 제91조 제2항('변제해야'), 제93조 제1항('공고해야'), 제94조('신고해야'), 제139조('추인하여도'→'추인해도'), 제143조('해야'), 제144조 제1항('하여야만'→'해야'), 제146조('행사해야').

[물권편]

제186조('등기해야'), 제188조 제1항('인도해야'), 제196조 제1항('인도해야'), 제201조 제2항('반환해야', '보상해야'), 제202조('배상해야'. 3회 출현), 제203조 제3항('정해'), 제204조 제3항('행사해야'), 제205조 제2항('행사해야'), 제218조 제1항('설치해야', '보상해야'), 제219조 제1항('선택해야')·제2항('보상해야'), 제225조('설치해야'), 제226조 제2항('선택해야', '보상해야'), 제229조 제2항('해야'), 제230조 제1항('보상해야')·제2항('분담해야'), 제243조('설치해야'), 제244조 제2항('해야'), 제289조의 2 제2항('방해해서는'), 제297조 제1항('공급해야'), 제300조 제2항('분담해야'), 제309조('해야'), 제311조 제1항('정해진'), 제315조 제2항('반환해야'), 제317조('반환해야'), 제322조 제2항('통지해야'), 제323조 제1항('경매해야'), 제324조 제1항('점유해야'), 제337조 제2항('변제해도'), 제338조 제2항('통지해야'), 제342조('압류해야'), 제347조('교부해야'), 제348조('해야'), 제350조('교부해야'), 제351조('교부해야').

[채권편]

제374조('보존해야'), 제375조 제1항('이행해야'), 제376조('지급해야', '변제해야'), 제377조 제1항('지급해야')·제2항('지급해야', '변제해야'), 제381조 제2항('최고하여도'→'촉구해도'), 제392조('이행해도'), 제395조('이행을 최고하여도'→'이행을 촉구해도'), 제396조('참작하여야'→'고려해야'), 제405조 제1항('통지해야')·제2항('처분해도'), 제406조 제2항('제기해야'), 제410조 제2항('상환해야'), 제428조의 3 제1항('특정해야'), 제444조 제1항('배상해야')·제2항('배상해야'), 제460조('해야'), 제462조('인도해야'), 제467조 제1항('해야')·제2항('해야'. 2회 출현), 제468조('배상해야'), 제479조 제1항('지급해야', '충당해야'), 제483조 제2항('상환해야'), 제484조 제1항('교부해야'), 제488조 제1항('해야')·제2항('선임해야')·제3항('해야'), 제494조('배상해야'), 제519조('교환해서만'), 제520조 제2항('기재해야'), 제528조 제2항('통지를 하여야'→'통지해야'), 제535조 제1항('배상해야')·제2항('이행해야'), 제538조 제2항('상환해야'), 제547조 제1항('해야'), 제568조 제1항('이전해야', '지급해야')·제2항('이행해야'), 제569조('이전해야'), 제573조('행사해야'), 제575조 제3항('행사해야'), 제582조('행사해야'), 제586조('지급해야'), 제587조 제2항('지급해야'), 제594조 제2항('상환해야'), 제600조('계산해야'. 2회 출현), 제601조('배상해야'), 제603조 제1항('반환해야')·제2항('청구해야'), 제604조('상환해야'), 제610조 제1항('정해진', '수익해야'), 제613조 제1항('반환해야')·제2항('반환해야'), 제617조('해야'), 제620조('갱신해야'), 제626조 제2항('상환해야'), 제633조('지급해야'. 2회 출현), 제634조('통지해야'), 제656조 제1항('지급해야')·제2항('지급해야'. 2회 출현), 제661조('배상해야'), 제665조 제1항('지급해야'. 2회 출현), 제670조 제1항('해야'), 제671조 제2항('행사해야'), 제674조의 3('배상해야'), 제674조의 4 제1항('배상해야'), 제674조의 5('지급해야'. 2회 출현),

제674조의 6 제2항('해야'), 제674조의 7 제2항('상환해야')·제3항('귀환운송해야'), 제674조의 8('행사해야'), 제678조 제3항('정해져'), 제681조('처리해야'), 제683조('보고해야'), 제684조 제1항('인도해야')·제2항('이전해야'), 제685조('지급해야', '배상해야'), 제687조('지급해야'), 제689조 제2항('배상해야'), 제691조('처리를 계속하여야'→'사무를 계속 처리해야'), 제695조('보관해야'), 제696조('통지해야'), 제697조('배상해야'), 제700조('반환해야'), 제705조('배상해야'), 제706조 제3항('중지해야'), 제727조 제1항('반환해야'), 제734조 제1항('관리해야')·제2항('관리해야'), 제736조('통지해야', '계속해야'), 제741조('반환해야'), 제743조('반환해야'), 제747조 제1항('반환해야'), 제748조 제2항('배상해야'), 제756조 제1항('주의를 하여도'→'주의를 해도').

[친족편]

제812조 제1항('신고해야')·제2항('해야'), 제813조('수리해야'), 제814조 제2항('송부해야'), 제826조 제1항('협조해야'), 제836조 제1항('신고해야')·제2항('해야'), 제836조의 2 제2항 제1호('양육해야') 제2호('양육해야')·제3항('해야')·제4항('양육해야', '제출해야')·제5항('작성해야'), 제837조 제4항('고려해야'), 제837조의 2('고려해야'), 제839조의 3 제2항('제기해야'), 제847조 제1항('제기해야'), 제850조('제기해야'), 제859조 제1항('신고해야')·제2항('신고해야'), 제869조 제4항('심문해야'), 제870조 제2항('심문해야'), 제871조 제2항('심문해야'), 제873조 제3항('심문해야'), 제874조 제1항('해야'), 제878조('신고해야'), 제881조('수리해야'), 제903조('수리해야'), 제908조의 2 제1항('청구해야')·제2항('심문해야'), 제909조 제4항('정해야', '지정해야')·제6항('정해진'), 제909조의 2 제1항('정해진')·제4항('지정해야'), 제912조 제1항('고려해야')·제2항('고려해야'), 제914조('거주해야'), 제921조 제1항('청구해야'), 제922조('해야'), 제923

조 제1항(‘해야’), 제924조 제2항(‘정해야’), 제927조의 2 제1항(‘정해진’), 제932조 제3항(‘청구해야’), 제936조 제4항(‘존중해야’, ‘고려해야’), 제939조(‘청구해야’), 제940조의 6 제1항(‘청구해야’), 제941조 제1항(‘작성해야’), 제942조 제1항(‘제시해야’), 제947조(‘처리해야’, ‘존중해야’), 제949조의 2 제3항(‘행사해야’), 제957조 제1항(‘해야’), 제958조 제2항(‘배상해야’), 제959조의 14 제2항(‘체결해야’)·제4항(‘존중해야’), 제959조의 16 제1항(‘보고해야’), 제959조의 20 제2항(‘해야’).

[상속편]

제1011조 제2항(‘행사해야’), 제1022조(‘관리해야’), 제1030조 제1항(‘해야’)·제2항(‘제출해야’), 제1032조 제1항(‘공고해야’), 제1034조 제1항(‘변제해야’)·제2항(‘해야’), 제1035조 제1항(‘변제해야’)·제2항(‘변제해야’), 제1037조(‘경매해야’), 제1038조 제1항(‘배상해야’), 제1041조(‘해야’), 제1044조 제1항(‘계속해야’), 제1046조 제1항(‘공고해야’), 제1048조 제1항(‘관리해야’), 제1051조 제2항(‘변제해야’), 제1053조 제1항(‘공고해야’), 제1054조(‘보고해야’), 제1055조 제목(‘분명해진’)·제2항(‘해야’), 제1056조 제1항(‘공고해야’), 제1057조(‘공고해야’), 제1057조의 2 제2항(‘해야’), 제1063조 제2항(‘서명날인해야’), 제1066조 제1항(‘날인해야’)·제2항(‘날인해야’), 제1067조(‘구술하여야’→‘말해야’), 제1068조(‘기명날인해야’), 제1069조 제1항(‘기명날인해야’), 제1070조 제1항(‘기명날인해야’)·제2항(‘신청해야’), 제1082조 제2항(‘인도해야’), 제1091조 제1항(‘청구해야’), 제1092조(‘참여해야’), 제1094조 제1항(‘통지해야’. 2회 출현), 제1096조 제1항(‘선임해야’), 제1097조 제1항(‘통지해야’)·제2항(‘통지해야’), 제1099조(‘이행해야’), 제1100조 제1항(‘교부해야’)·제2항(‘해야’), 제1115조 제2항(‘반환해야’).

이들 조문 중 제24조 제1항을 아래에 인용한다.

현행 민법전	2018년 법무부안
第24條(管理人의職務) ①法院이選任한財産管理人은管理할財産目錄을作成하여야한다	제24조(재산관리인의 직무) ① 법원이 선임한 재산관리인은 관리할 재산의 목록을 작성해야 한다.

(다) 현행 민법전에 '하여'가 포함된 단어가 없는데도 2018년 법무부안이 필요하여 '하여'가 포함된 단어를 추가하면서 '하여' 대신 준말 '해'를 사용한 조문들에 대하여 본다. 그러한 경우 중에는 '~지 못한다'를 수정하면서 '~해서는 안 된다'라고 한 경우도 있고, '한하여', '대하여는', '대하여도' 등을 수정하면서 '하여' 대신 '해'를 사용한 경우도 있으며, 그 밖의 경우도 있다. 이들을 차례로 살펴보기로 한다.

① '~지 못한다'를 '~해서는 안 된다'라고 수정한 조문은 제90조('방해해서는 안 된다'), 제229조 제1항('변경해서는 안 된다'), 제297조 제2항('방해해서는 안 된다')이다.

② 2018년 법무부안은 '대하여는'은 '대해서는'으로, '대하여도'는 '대해서도'로, '대하여서만'은 '대해서만'으로, '한하여'는 '대해서만'으로, '관하여서만'은 '관해서만'으로 수정하였으며, 그 각 경우에 대해서는 예외가 없다.

이들 가운데 '대하여는'을 '대해서는'으로 수정한 조문은

제293조 제2항, 제360조, 제588조, 제584조, 제594조 제2항, 제668조, 제672조, 제771조(2회 출현), 제1017조 제2항

이다.

그리고 '대하여도'를 '대해서도'로 수정한 조문은 제428조 제2항, 제547조 제2항이다.[214]

또 '대하여서만'을 '대해서만'으로 수정한 조문은 제92조이고, '한하여'를 '대해서만'으로 수정한 조문은 제63조, 제294조, 제418조 제2항, 제419조, 제420조, 제426조 제1항, 제447조이다.

나아가 '관하여서만'을 '관해서만'으로 수정한 조문은 제72조이다.

③ 그 밖에 '해'가 포함된 단어를 추가한 조문(괄호 속은 '해'가 포함된 단어 또는 어구임)은,

> 제29조 제2항('반환해야'), 제71조('발송해야'), 제93조 제1항('분명해진'), 제118조('정해지지'), 제228조('공급해 줄 것'), 제283조 제2항('매수해 줄 것'), 제310조 제2항('정해 줄 수'), 제325조 제2항('정해 줄 수'), 제330조('인도해야'), 제381조 제1항('정해져')·제2항('정해져'), 제454조 제2항('해야'), 제467조 제1항('정해지지'), 제491조('변제해야 할'), 제510조 제1항('기명날인해야'), 제548조 제1항('원상회복을 해줄'), 제594조 제2항('정해 줄 수'), 제623조('유지해 줄 의무'), 제626조 제2항('정해 줄 수'), 제685조('인도해야 할', '사용해야 할'), 제909조의 2 제1항('지정해 줄 것')·제2항('지정해 줄 것'), 제921조 제1항('선임해 줄 것을')·제2항('선임해 줄 것을')

이다.

(라) 한편 '해'가 들어간 단어가 이미 현행 민법전에서 사용된 경우도 있으며, 제428조의 3 제1항('대해서도')과 제925조의 2 제1항('의해서는')·제2항('의해서는')이 그에 해당한다.

---

214) 참고로 말하면, 현행 민법전은 제428조의 3 제1항에서 이미 준말의 형태인 '대해서도'를 사용하고 있다.

21) ‘하였을’의 변경

현행 민법전은 몇 개의 조문에서 ‘하였을’이라는 표현을 사용하였다. 2018년 법무부안은 이러한 현행 민법전상의 ‘하였을’을 ‘했을’로 수정하였다. 2018년 법무부안에서 ‘하였을’을 ‘했을’로 수정한 조문은 제13조 제4항, 제137조, 제950조 제3항이다.

22) ‘하였거나’의 변경

2018년 법무부안 제201조 제2항에서는 현행 민법전이 ‘소비하였거나’라고 표현한 것을 ‘소비했거나’로 수정하였다.

23) ‘했’을 포함한 단어의 추가

2018년 법무부안은 여러 조문에서 현행 민법전에서 ‘하였’이 포함된 단어가 사용되지 않았는데도 필요하여 ‘하였’을 줄인 ‘했’이 포함된 단어를 새로 추가하였다. 그러한 경우 가운데에는 ‘지정한 때’와 같은 현행 민법전상의 과거형을 ‘지정했을 때’로 수정한 경우도 있고, 그 밖의 경우도 있다.

‘했’을 포함한 단어를 추가한 경우 가운데, 과거형을 현행 민법전과 다르게 표현하면서 준말인 ‘했’을 포함시킨 조문으로는,

> 제107조 제1항(‘알고 한 것이라도’→‘알고 했더라도’), 제121조 제2항(‘태만한 때’→‘게을리했을 경우’), 제170조 제2항(‘가처분을 한 때’→‘가처분을 했을 때’), 제375조 제2항(‘지정한 때’→‘지정했을 때’), 제389조 제3항(‘위반한 때’→‘위반했을 때’), 제578조 제3항(‘청구한 때’→‘청구했을 때’), 제920조의 2(‘동의한 때’→‘동의했을 때’)

가 있다.

다음에 과거형을 수정한 것이 아니면서 ‘했’이 포함된 단어가 추가

된 조문(괄호 안은 추가된 단어 또는 구절임)으로는,

> 제60조의 2 제1항('정했거나'), 제82조('정했으면'), 제138조('다른 법률행위를 하는 것을 의욕하였으리라고 인정될 때'→'다른 법률행위를 했을 것이라고 인정되는 경우'), 제201조 제2항('훼손했거나'), 제410조 제2항('분급할 이익'→'분배했을 이익'), 제630조 제1항('지급했더라도'), 제633조 제1항('약정했더라도')

이 있다.

(3) 변경의 이유 내지 근거

현행 민법전은 '그러하지 아니하다', '아니 된다', '하여야 한다'와 같은 본말만 사용하고 있으며, 준말은 사용하지 않는다. 그런데 실제 사회에서 일반인들은 현행 민법전에서 사용하고 있는 본말은 전혀 사용하지 않고 있다. 이러한 상황에서 현행 민법전이 사용하고 있는 본말을 쓰면 국민들은 매우 권위주의적으로 느끼게 될 것이다. 뿐만 아니라 '그러하지 아니하다'와 같이 길게 표현하면 민법이 쓸데없이 어렵게 느껴지게 되기도 한다. 그렇지 않아도 법률규정이 법률용어 때문에 어려운 마당에 본말을 씀으로써 불필요하게 어려움을 가중시키는 것이다. 이러한 이유에서 2013년 법제처 자문위원회에서는 준말을 사용하는 문제에 대하여 심도 있게 검토하였고, 결론적으로 원칙적으로 준말을 사용하여 정비하기로 하였다.[215] 이와 같은 결정을 하는 데에는 우리나라의 표준어규정상 준말 사용이 원칙이라는 점도 크게 작용하였다. 표준어규정 제14항은 "준말이 널리 쓰이고 본말이 잘 쓰이지 않는 경우에는, 준말만을 표준어로 삼는다."라고 규정하고 있다.[216]

---

215) 이는 2013년 법제처 자문위원회 제7차 회의(2013. 8. 28)에서 결정하였다. 구체적으로는 가령 '그러하지 아니하다'를 '그렇지 않다'로 수정하기로 하였다.

216) 여기에 관해서는 [국립국어원 홈페이지. '사전·국어지식'→'표준어 규정'→'제1부'→'제2장'→

2013년 법제처 자문위원회에서 준말을 사용하기로 함으로써 2013년 법제처 정비안은 준말을 사용하여 만들어졌다. 그리고 2015년 법무부안과 2018년 법무부안도 2013년 법제처 정비안의 태도를 이어받았다.

2018년 법무부안이 원칙적으로 준말을 사용하게 됨으로써 민법전의 문체가 문어체에서 구어체로 바뀌는 데 크게 기여하였고, 아울러 민법전이 한결 쉬워지게 되었다.

(4) 다른 의견 및 사견

2018년 법무부안이 준말을 사용하는데 대하여 명시적으로 찬성하는 의견을 밝힌 학자도 있다.217) 그런가 하면 그에 대하여 비판적인 견해도 있다.218) 뒤의 견해는 그 이유로 문장이 너무 가벼워진다는 점 등을 든다.

생각건대 민법을 쉽게 만드는 일은 법률전문가가 아니고 오직 수범자인 국민만을 보고, 국민만을 위해서 해야 한다. 따라서 국민들이 쉽게 알 수 있도록 일상적인 표현으로 바꾸어주어야 하며, 거기에는 반드시 준말 사용도 포함되어야 한다. 따라서 2018년 법무부안의 준말 사용 태도는 반드시 관철되어야 한다.

준말 사용과 관련하여 2018년 법무부안의 하나의 규정에서 변경 누락이 있었고, 그 조문이 제922조의 2('아니함으로써'가 유지되고 있음)임은 앞에서 지적하였다.219)

'제3절 준말' 사이트 http://www.korean.go.kr/front/page/pageView.do?page_id=P000089&mn_id=94] 참조. (최종방문일 2018. 9. 29) 그리고 이는 법제처, 정비기준(제8판), 326면에도 소개되어 있다.

217) 2018 민법개정안 의견서, 9면(김성수).

218) 2018 민법개정안 의견서, 7면(김상중), 11면(백경일), 23면(양창수), 28면(이준형).

219) 앞의 제3장 26. (2) 19) 참조.

27. 가운뎃점의 적극적 사용

(1) 변경 내용의 요점

민법전은 제정 당시에는 구두점 사용에 매우 소극적이었다. 모든 문장에서 문장의 끝에 꼭 있어야 하는 마침표조차 없었고 쉼표도 간혹 보일 뿐이었다. 그러니 가운뎃점이 사용되었을 리 만무하다. 그러다가 1984. 4. 10. 민법이 개정될 때 제289조의 2 제2항에 처음으로 가운뎃점이 들어가게 되었다. 제289조의 2 제2항은 구분지상권에 관하여 규정하면서 '토지를 사용·수익할 권리'라는 표현을 사용하였다. 그리고 그 후 민법이 개정될 때 가운뎃점이 사용된 조문들이 더 늘어나기도 하여, 현재는 여러 조문에서 가운뎃점이 관찰된다.

2018년 법무부안은 가운뎃점을 적극적으로 사용하여 현행 민법전을 수정하였다. 2018년 법무부안이 가운뎃점을 사용하여 수정한 조문들은 크게 세 가지로 나눌 수 있다. 첫째로, 현행 민법전에 쉼표로 되어 있는 곳을 가운뎃점으로 수정한 것이 있다. 그러한 수정은 각 조문의 제목에서 많이 하였으나, 본문에서 그러한 경우도 적지 않다. 둘째로, 하나의 단어가 두 가지 이상의 뜻을 가지고 있는 경우에 그 단어를 가운뎃점을 사용하여 수정한 것이 있다. 어떤 조문에서는 쉼표와 한 단어를 가운뎃점을 사용하여 수정하기도 하였는데, 그러한 조문은 여기서는 편의상 이 둘째의 것으로 분류하기로 한다. 셋째로, 위 첫째와 둘째의 것이 아닌 제3의 것이 있다. 그 중에는 '및'이나 '또는'을 가운뎃점으로 수정한 것이 있다. 그런데 '또는'을 가운뎃점으로 수정한 조문에서는 쉼표가 있는 문장의 '또는'과 쉼표를 모두 가운뎃점으로 고쳤다. 그런가 하면 2018년 법무부안에서 필요하여 가운뎃점을 새로 추가한 경우도 있다.

한편 2018년 법무부안에서는 현행 민법전상 가운뎃점이 있는 표현을, 때로는 그대로 유지하고, 때로는 쉼표나 '와(과)'로 바꾸기도 하였다.

(2) 변경된 조문

여기서는 2018년 법무부안이 가운뎃점을 사용하여 현행 민법전상의 표현을 수정하거나 현행 민법전상의 가운뎃점을 다른 구두점이나 조사로 변경한 조문들을 구체적으로 살펴보기로 한다.

1) 현행 민법전상의 쉼표를 가운뎃점으로 수정한 조문

현행 민법전에서 쉼표로 되어있는 것을 가운뎃점으로 수정한 조문 중에는 조문의 제목을 수정한 것도 있고 본문을 수정한 것도 있다.[220)] 그 가운데 제목을 수정한 조문으로는,

> 제37조, 제47조, 제56조, 제95조, 제131조, 제143조, 제150조, 제162조, 제175조, 제176조, 제230조, 제237조, 제263조, 제264조, 제265조, 제272조, 제276조, 제296조, 제304조, 제309조, 제391조, 제412조, 제415조, 제430조, 제437조, 제438조, 제447조, 제451조, 제456조, 제459조, 제465조, 제479조. 제484조, 제485조, 제522조, 민법전 제3편 제2장 제1절 제3관의 제목, 제543조, 제547조, 제551조, 제576조, 제610조, 제614조, 제617조, 제619조, 제648조, 제671조, 제684조, 제708조, 제710조, 제723조, 제724조, 제758조, 제927조, 제977조, 제1019조, 제1021조, 제1024조, 제1074조, 제1075조, 제1076조, 제1090조, 제1091조, 제1097조

가 있다.

이들 조문 중 제37조를 아래에 인용한다.

---

220) 물론 제목과 본문 모두에서 쉼표를 가운뎃점으로 고친 것도 있다.

현행 민법전	2018년 법무부안
第37條(法人의事務의檢査, 監督) 法人의事務는主務官廳이檢査, 監督한다	제37조(법인 사무의 검사·감독) 법인의 사무는 주무관청이 검사하고 감독한다.

다음에 조문의 제목이 아니고 본문에서 쉼표를 가운뎃점으로 수정한 조문으로는,

제97조 제3호, 제149조, 제211조, 제218조 제1항, 제231조 제1항, 제233조, 제280조 제1항 제1호, 제311조 제1항, 제324조 제2항, 제345조, 제577조, 제609조, 제610조 제1항·제2항, 제613조 제2항, 제617조, 제618조, 제619조 제1호, 제622조, 제627조 제1항, 제639조 제1항, 제701조, 제918조 제4항, 제1032조 제2항, 제1046조 제2항, 제1048조 제2항, 제1056조 제2항

이 있다. 이들 조문 중 제211조를 인용한다.

현행 민법전	2018년 법무부안
第211條(所有權의內容) 所有者는法律의範圍內에서그所有物을使用, 收益, 處分할權利가있다	제211조(소유권의 내용) 소유자는 법률의 범위에서 소유물을 사용·수익·처분할 권리가 있다.

2) 하나의 단어를 가운뎃점을 사용하여 수정한 조문

2018년 법무부안에는 현행 민법전상 둘 이상의 뜻을 가진 단어들이 압축되어 하나로 되어 있거나 붙어 있는 것을 가운뎃점을 사용하여 수정한 조문들이 있다. 그러한 조문으로는

제44조('이사임면의 방법'→'이사의 임명·해임 방법'), 제121조 제1항('선임감독'→'선임·감독'), 제186조('득실변경'→'취득·상실·변경'), 제277조('득상'→'취득·상실'), 제657조 제목('권리의무'→'권리·의무'), 제950조 제1항 제4호('득실변경'→'취득·상실·변경'), 제1005조 제목('권리의무'→'권리·의무'), 제1007조 제목('권리의무'→'권리·의무'), 제1031조 제목('권리의무'→'권리·의무'), 제1101조 제목('권리의무'→'권리·의무')

이 있다. 그리고 제 913조 제목에서는 '보호, 교양'을 '보호·교육·양육'으로 수정하였다.

이들 조문 중 제186조와 제913조를 아래에 인용한다.

현행 민법전	2018년 법무부안
第186條(不動産物權變動의效力) 不動産에關한法律行爲로因한物權의得失變更은登記하여야그效力이생긴다	제186조(부동산물권 변동의 효력 발생) 법률행위로 인한 부동산에 관한 물권의 취득·상실·변경은 등기해야 효력이 생긴다.
第913條(保護, 敎養의權利義務) 親權者는子를保護하고敎養할權利義務가있다	제913조(보호·교육·양육할 권리와 의무) 친권자는 자녀를 보호하고 교육하며 양육할 권리와 의무가 있다.

3) '및'이나 '또는'을 가운뎃점으로 수정했거나 가운뎃점을 새로 추가한 조문

2018년 법무부안은 제164조 제4호에서 '및'을 가운뎃점으로 수정하였다. 그리고 제168조 제2호와 제950조 제1항 제6호는 쉼표와 '또는'

을 모두 가운뎃점으로 수정하였다. 그런가 하면 제825조 제목에서는 현행 민법전에 쉼표나 '및', '또는'이 없는데도 내용상 필요하여 가운뎃점을 새로 추가하였다('혼인취소'→'혼인의 무효·취소').

이들 조문 중 제164조 제4호와 제168조 제2호를 아래에 인용한다.

현행 민법전	2018년 법무부안
第164條(1年의短期消滅時效) 다음各號의債權은1年間行使하지아니하면消滅時效가完成한다 4. 學生및修業者의教育, 衣食및留宿에關한校主, 塾主, 教師의債權	제164조(1년의 단기소멸시효) 다음 각 호의 채권은 1년간 행사하지 않으면 소멸시효가 완성된다. 4. 학생·수강생(受講生)의 교육, 의식(衣食) 및 기숙(寄宿)에 관하여 학교나 그 밖의 교육시설의 경영자 및 교사가 갖는 채권
第168條(消滅時效의中斷事由) 消滅時效는다음各號의事由로因하여中斷된다 2. 押留또는假押留, 假處分	제168조(소멸시효의 중단 사유) 소멸시효는 다음 각 호의 어느 하나에 해당하는 사유가 있으면 중단된다. 2. 압류·가압류·가처분

4) 현행 민법전에서 가운뎃점이 사용된 조문들

전술한 바와 같이, 이전에 민법이 개정될 때 가운뎃점이 포함된 조문들이 적지 않게 민법전에 들어와 있다. 2018년 법무부안은 이들 조문 중 어떤 것은 그대로 유지하고, 어떤 것은 가운뎃점을 쉼표 또는 '와(과)'로 수정하거나 다른 이유로 가운뎃점을 삭제하였다.

현행 민법전상 가운뎃점이 포함되어 있는 조문들 중 2018년 법무

부안이 가운뎃점을 그대로 유지하고 있는 것으로는,

> 제52조의 2, 제289조의 2 제2항, 제303조 제1항, 제690조 제목, 제907조, 제908조의 2 제2항, 제940조의 7, 제942조 제목·제1항, 제945조 제목, 제959조의 3 제2항, 제959조의 5 제2항, 제959조의 9 제2항, 제959조의 10 제2항, 제959조의 14 제4항, 제959조의 16 제3항, 제959조의 20 제목, 제1004조 제5호, 제1008조의 2 제2항, 제1020조 제목

이 있다.

다음에 2018년 법무부안이 현행 민법전상의 가운뎃점을 쉼표로 수정한 조문으로는 제312조의 2, 제837조 제5항, 제1008조의 2 제1항이 있고, 가운뎃점을 '와(과)'로 수정한 조문으로는 제837조 제3항, 제908조의 7 제목, 제925조의 2 제1항·제2항이 있다. 그리고 제927조의 2 제1항에서는 호(號)의 조정으로 가운뎃점이 불필요하게 되어서 가운뎃점을 삭제하였다. 이들 조문 중 제312조의 2, 제837조 제5항을 아래에 인용한다.

현행 민법전	2018년 법무부안
第312條의2(傳貰金 增減請求權) 傳貰金이 目的 不動産에 관한 租税·公課金 기타 負擔의 增減이나 經濟事情의 變動으로 인하여 상당하지 아니하게 된 때에는 當事者는 將來에 대하여 그 增減을 請求할 수 있다 그러나 增額의 경	제312조의2(전세금 증감 청구권) 전세물에 관한 조세, 공과금, 그 밖의 부담의 증가나 감소 또는 경제사정의 변동으로 전세금이 적절하지 않게 된 경우에는 당사자는 장래에 대하여 전세금의 증액이나 감액을 청구할 수 있다. 다만, 증액하

우에는 大統領令이 정하는 基準에 따른 比率을 초과하지 못한다	는 경우에는 대통령령으로 정하는 기준에 따른 비율을 초과할 수 없다.
第837條(離婚과子의養育責任) ⑤ 가정법원은 자(子)의 복리를 위하여 필요하다고 인정하는 경우에는 부·모·자(子) 및 검사의 청구 또는 직권으로 자(子)의 양육에 관한 사항을 변경하거나 다른 적당한 처분을 할 수 있다.	제837조(이혼과 자녀의 양육책임) ⑤ 가정법원은 자녀의 복리를 위하여 필요하다고 인정하는 경우에는 부, 모, 자녀, 검사의 청구에 의하여 또는 직권으로 자녀의 양육에 관한 사항을 변경하거나 그 밖의 적당한 처분을 할 수 있다.

(3) 변경의 이유 내지 근거

과거에는 일반적으로 가운뎃점을 많이 사용하지 않았다. 보수적인 경향을 보이는 '법률'에서는 더 말할 나위도 없다. 그리하여 민법전에도 그것이 제정될 당시에는 가운뎃점이 전혀 없었다. 단어들이 병렬적으로 나열되어 가운뎃점이 사용될 수도 있는 곳에는 쉼표가 사용되었다. 그런데 근래에는 일반적인 문장뿐만 아니라 법률문장에서도 가운뎃점이 널리 사용되고 있다. 가운뎃점의 효용성이 크고, 특히 쉼표로 대신할 수 없는 경우도 있기 때문이다. 가령 "제903조 제2항·제3항, 제936조 제3항·제4항, 제937조…"와 같은 경우에 항들 사이의 가운뎃점은 쉼표로 바꿀 수 없으며, 가운뎃점을 쓰지 않으려면 그냥 띄어 두는 수밖에 없다. 그런가 하면 짧은 단어들이 나열된 경우에는, 쉼표로 바꾸어도 될 것이지만, 가운뎃점을 사용하는 것이 간결하고 눈에 쉽게 들어오게 된다.

이러한 점들을 고려하여 2009년 법무부안을 심의한 특별분과위원회는 가운뎃점을 적극적으로 활용하였다. 그러한 예는 무엇보다도 현행 민법전이 조문의 제목에서 쉼표를 사용한 경우에 많다. 그리고 그와 같은 가운뎃점 활용의 적극성은 2013년 법제처 정비안에서 더욱 강화되었다. 그리고 그 태도가 2015년 법무부안을 거쳐 2018년 법무부안에까지 이어졌다.

28. '~로(라) 한다'의 변경

(1) 변경 내용의 요점

현행 민법전에는 '~로(라) 한다'라는 표현이 여러 차례 사용되었다. 그 표현은, 국립국어원의 표준국어대사전에 따르면, "특정한 대상을 어떤 특성이나 자격을 가지는 것으로 만들거나 삼다"라는 의미를 가지고 있다.[221] 그리하여 현행 민법은 '~로(라) 한다'라는 표현을 이용하여 어떤 개념을 정의하거나 효과 등을 규정하였다.[222] 2018년 법무부안은 이러한 현행 민법전상의 '~로(라) 한다'라는 표현을 일부 조문에서는 그대로(또는 사실상 그대로) 유지하고, 일부 조문에서는 다른 말로 수정하였다.

2018년 법무부안이 '~로(라) 한다'를 수정하는 모습은 한 가지가 아니며, 조문에 따라 여러 가지로 나누어진다. 그 모습을 억지로 분류해 본다면 다음과 같이 세 그룹으로 나눌 수 있다. 첫째로, '~로(라) 한다'는 표현을 쓰는 대신 완전하게 법률개념의 정의규정으로 고친 경우가 있다. 가령 "~을 친족으로 한다"를 "'친족'이란 ~을 말한다"(제767조)라고 수정한 경우가 그에 해당한다. 둘째로, 완전한 정의규정은 아니지만 '~이다'라는 표현을 사용하여 사실상 법률개념의 의의를 규정하는 모습

221) [국립국어원 홈페이지 표준국어대사전 사이트 http://stdweb2.korean.go.kr/search/List_dic.jsp] 참조. (최종방문일 2018. 9. 29)

222) 다만, 제382조 제1항, 제383조 제1항, 제493조 제1항, 제543조 제1항, 제805조에서는 '의사표시로 한다'라고 규정하고 있는데, 이것은 본문과 같은 의미로가 아니고 '의사표시로써 한다'는 의미이다.

으로 수정한 경우가 있다. 가령 "~은 법정과실로 한다"를 "~은 법정과실이다"(제101조 제2항)라고 수정한 경우가 그에 해당한다. 셋째로, 법률효과 등을 정하면서 '~로 한다'를 적절하게 변경한 경우가 있다. 가령 "~하는 법률행위는 무효로 한다"를 "~하는 법률행위는 무효이다"(제103조)라고 고친 경우가 그에 해당한다. 그런가 하면, 전술한 바와 같이, 현행 민법전에서 사용한 '~로 한다'라는 표현을 그대로 유지한 경우도 있다.

(2) 변경되었거나 유지된 조문

이제 위에서 언급한 각 그룹별로 해당 조문들을 구체적으로 살펴보기로 한다.

1) 완전한 정의규정으로 변경한 조문

현행 민법전에서 '~로(라) 한다'라는 표현을 사용했던 것을 정의규정의 형태로 수정한 조문은 제767조, 제768조, 제769조이다. 현행 민법전에서는 이들 조문의 경우에는 '~는 친족으로 한다'라는 형태로 되어 있었다. 그런데 2018년 법무부안에서는 '친족' 등 정의해야 할 개념을 맨 앞으로 옮기고 끝에 '~로 한다' 대신에 '말한다'를 붙여서 완전한 정의규정을 만들었다. 이러한 방식으로 제767조에서는 '친족'을, 제768조에서는 '혈족'을, 제769조에는 '인척'을 정의하고 있다. 참고로 말하면, 현행 민법전에는 완전한 정의규정으로 제98조가 있는데, 2018년 법무부안은 그 조문도 조금 수정하여 여기의 정의규정과 동일한 형식으로 만들었다.

이들 조문 중 제767조를 아래에 인용한다.

현행 민법전	2018년 법무부안
第767條(親族의定義) 配偶者,	제767조(친족의 정의) "친족"이

血族및姻戚을親族으로한다	란 배우자, 혈족(血族) 및 인척(姻戚)을 말한다.

2) 사실상 의의규정으로 변경한 조문

'~로(라) 한다'라는 표현을 고친 조문들 중에는 위 1)에서와 같은 완전한 정의규정은 아니지만 실질적으로 법률개념의 의의를 규정하는 모습으로 수정된 경우가 있다. 이 경우에는 정의를 하는 법률개념이 맨 앞으로 가지 않고 현행 민법전에서처럼 뒤에 남겨져 있다. 그러면서 그 법률개념 다음에 '~로 한다' 대신에 '~이다'를 붙이고 있다. 이러한 형태의 규정은 현행 민법전에도 많이 있으며(제99조 제1항·제2항, 제100조 제1항, 제101조 제1항 참조), 수정 조문은 이들 현행 규정에 맞춘 것이라고 할 수 있다.

그에 해당하는 조문으로는

> 제101조 제2항('법정과실로 한다'→'법정과실이다'), 제262조 제1항('공유로 한다'→'그 소유는 공유이다'), 제271조 제1항('합유로 한다'→'그 소유는 합유이다'), 제275조 제1항('총유로 한다'→'그 소유는 총유이다'), 제413조('연대채무로 한다'→'연대채무이다'), 제830조 제1항('특유재산으로 한다'→'특유재산이다')

이 있다.

이들 조문 중 제101조 제2항과 제262조 제1항을 아래에 인용한다.

현행 민법전	2018년 법무부안
第101條(天然果實, 法定果實) ②物件의使用對價로받는金錢其他의物件은法定果實로한다	제101조[천연과실(天然果實)과 법정과실(法定果實)] ② 물건의 사용대가로 받는 금전이나

	그 밖의 물건은 법정과실이다.
第262條(物件의共有) ①物件이 持分에依하여數人의所有로된 때에는共有로한다	제262조(물건의 공유) ① 여럿이 물건을 지분으로 소유하는 경우에는 그 소유는 공유이다.

3) 법률효과 등을 정하면서 '~로 한다'를 적절하게 변경한 조문

현행 민법전에서는 법률효과나 일정한 내용을 정해주면서 그 표현으로 '~로 한다'를 사용한 경우가 많이 있다. 2018년 법무부안은 그러한 경우 중에 상당수의 조문에서 '~로 한다'를 내용상 적절한 다른 표현으로 수정하였다. 수정된 조문 중에는 '무효로 한다'를 '무효이다'로 고친 것이 많으나 다른 것들도 적지 않다.

그러한 조문(괄호 안은 수정 전후의 표현임)으로는,

제73조 제1항('결의권은 평등으로 한다'→'평등하게 결의권을 갖는다'), 제75조 제2항('출석한 것으로 한다'→'출석한 것으로 본다'), 제103조('무효로 한다'→'무효이다'), 제104조('무효로 한다'→'무효이다'), 제107조 제1항('무효로 한다'→'무효이다'), 제108조 제1항('무효로 한다'→'무효이다'), 제137조('무효로 한다'→'무효이다'), 제151조 제1항('무효로 한다'→'무효이다')·제2항('무효로 한다'→'무효이다'), 제165조 제1항('10년으로 한다'→'10년이다'), 제195조('타인만을 점유자로 한다'→'타인만 점유권이 있다'), 제375조 제2항('목적물로 한다'→'대상물이 된다'), 제403조('부담으로 한다'→'그 증가액을 부담한다'), 제427조 제2항('부담으로 한다'→'채권자가 부담한다'), 제473조('부담으로 한다'→'부담한다'. 2회 출현), 제518조('무효로 한다'→'무효이다'), 제591조 제3항('3년으로 한다'→'3년이다'), 제671조('10년으로 한다'→'10년간 담보책임이 있다'), 제704조('합유로 한다'→'합유한다'), 제815조('무효로 한다'→'무효이다'), 제1006조('공유로 한다'→'공유한다')

가 있다.

이들 조문 중 제137조, 제165조 제1항, 제704조를 아래에 인용한다.

현행 민법전	2018년 법무부안
第137條(法律行爲의一部無效) 法律行爲의一部分이無效인때에는그全部를無效로한다 그러나그無效部分이없더라도法律行爲를하였을것이라고認定될때에는나머지部分은無效가되지아니한다	제137조(법률행위의 일부무효) 법률행위의 일부분이 무효인 경우에는 그 전부가 무효이다. 다만, 그 무효 부분이 없더라도 법률행위를 했을 것이라고 인정되는 경우에는 나머지 부분은 무효가 아니다.
第165條(判決等에依하여確定된債權의消滅時效) ①判決에依하여確定된債權은短期의消滅時效에該當한것이라도그消滅時效는10年으로한다	제165조(판결 등에 의하여 확정된 채권의 소멸시효) ① 판결에 의하여 확정된 채권은 단기의 소멸시효에 해당하는 것이라도 그 소멸시효기간은 10년이다.
第704條(組合財産의合有) 組合員의出資其他組合財産은組合員의合有로한다	제704조(조합재산의 합유) 조합원은 출자와 그 밖의 조합재산을 합유한다.

4) '~로 한다'를 유지한 조문

2018년 법무부안에서 현행 민법전상의 '~로 한다'를 그대로 또는 다른 부분에서 표현은 바꾸었지만 '~로 한다'는 바꾸지 않고 유지한 조문들이 있다. 그러한 조문으로는

제18조 제1항, 제36조,[223] 제252조 제2항·제3항,[224] 제255조 제1항, 제259조, 제281조 제1항, 제379조, 제393조 제1항, 제516조('~로 한다'가 2회 출현), 제606조, 제1065조

가 있다.

(3) 변경의 이유 내지 근거

현행 민법전이 '~로 한다'라는 표현을 사용한 경우는 우리말 '하다'의 활용에 해당하는 것으로 사회에서도 그 용법이 쓰일 수 있으나 실제로는 거의 사용되지 않는다. 그리고 그 표현은 대단히 거슬리는 것으로서 되도록 사용하지 않는 것이 좋다. 그리하여 2009년 법무부안을 심의한 특별분과위원회에서는 '~로 한다'는 표현을 거의 완전히 없애는 정도로 적극적이었다. 그리고 2013년 법제처 자문위원회에서는 '~로 한다'가 일본식 표현으로서 어색하고 자연스럽지 못하다는 이유로 2009년 법무부안에서와 마찬가지로 그 표현을 수정하였다. 그리고 이 자문위원회에서는 거기에서 더 나아가 '~로 한다'라고 표현된 일부 규정이 정의규정이어서 전체적으로 정의규정에 대하여 깊이 검토되었으며,[225] 그 결과 2013년 법제처 정비안 제767조부터 제769조까지의 정의규정이 만들어졌고, 제98조의 정의규정도 같은 형식으로 다듬어졌다. 한편 이와 같은 2013년 법제처 정비안의 태도는 2015년 법무부안과 2018년 법무부안에도 크게 영향을 미쳤다. 그런데 이 두 법무부안에서는 '~로 한다'의 수정을 소극적으로 하였으며, 그리하여 상당수의 조문에서 다시 현행 민법전의 모습으로 되돌아갔다. 그렇지만 제767조부터 제769조까지의 정의규정, 그 외의 사실상의 의의규정, 법률효과 등에 관한 여러 규정들은 2013년 법제처 정비안과 같은 모습으로 되어 있기는 하다.

---

223) 이 조문에서는 표현형식을 2018년 법무부안 제18조 제1항에 맞추었다.

224) 제252조 제3항에서는 '무주물'을 '소유자 없는 물건'으로 수정하였다.

225) 그 회의자료에 관하여는 법제처, 설명자료집, 92면 이하(김천수) 참조.

(4) 사견

저자의 생각으로는 '~로 한다'를 현행 민법전에서처럼 유지해도 무방한 조문은 제393조 제1항 정도이다. 그리고 나머지는 '~로 한다'는 표현이 남아 있을 이유가 없으며, 그것이 있음으로써 매우 어색하고 불편하다. 그러므로 제393조 제1항을 제외한 나머지 조문에서는 '~로 한다'라는 표현을 모두 적절하게 다른 말로 고쳐주어야 한다.

29. 일부 생소한 법률용어에 대한 약칭 사용

(1) 변경 내용

현행 민법전은 일반적인 단어나 법률용어를 막론하고 약칭을 전혀 사용하지 않았다. 그런데 2018년 법무부안은 생소한 법률용어 중 일부에 대하여 약칭을 사용하고 있다. 그 구체적인 방법은 다음과 같다. 우선 약칭을 사용해야 할 필요가 있는 법률용어가 있으면 그 용어가 맨 처음 나올 때 그 의미를 이해하기 쉽게 비교적 길게 풀어서 적고, 그 용어 바로 뒤에 괄호를 두어 "(이하 'ㅇㅇ'라 한다)"라고 하고, 그 후에는 'ㅇㅇ'라는 약칭을 써서 표현한다. '지료'를 '토지 사용의 대가(이하 "지료"라 한다)'라고 한 것(제286조)이 그 예이다. 이와 같은 약칭을 사용한 조문은 물권편에 집중되어 있다. 다만, 하나의 조문(제482조 제2항 제1호)에서는 용어를 알기 쉽게 설명해주기보다 그 다음 호(號)에 나오는 용어를 분명히 하기 위해 약칭을 사용하였다.

2018년 법무부안에서 약칭을 사용한 조문과 수정내용을 살펴본다. 제286조에서는 '지료가'를 '토지사용의 대가(이하 "지료"라 한다)가'로, 제292조 제1항에서는 '요역지 소유권'을 '편익을 받는 토지[이하 "요역지"(要役地)라 한다]의 소유권'으로, 제293조 제2항에서는 '승역지'를 '편익을 제공하는 토지[이하 "승역지"(承役地)라 한다]'로, 전세권에 관한 제

306조에서는 '그 목적물'을 '전세권의 대상인 부동산(이하 "전세물"이라 한다)'으로, 제321조에서는 '유치물'을 '유치권의 대상물(이하 "유치물"이라 한다)'로, 질권에 관한 제330조에서는 '목적물'을 '질권의 대상인 동산(이하 "질물"이라 한다)'으로, 제362조에서는 '저당물'을 '저당권의 대상물(이하 "저당물"이라 한다)'로, 제482조 제2항 제1호에서는 '전세물이나 저당물에 권리를 취득한 제3자'를 '전세물이나 저당물에 대한 권리를 취득한 제3자(이하 이 항에서 "제3취득자"라 한다)'로 각각 수정하였다.

수정된 이들 조문 중 제292조 제1항, 제306조, 제482조 제2항 제1호를 아래에 인용한다.

현행 민법전	2018년 법무부안
第292條(附從性) ①地役權은要役地所有權에附從하여移轉하며또는要役地에對한所有權以外의權利의目的이된다 그러나다른約定이있는때에는그約定에依한다	제292조[지역권의 부종성(附從性)] ① 지역권은 편익을 받는 토지[이하 "요역지"(要役地)라 한다]의 소유권이 이전되면 그에 따라 이전되며, 요역지에 대한 소유권 외의 권리의 대상이 된다. 다만, 다른 약정이 있는 경우에는 그 약정에 따른다.
第306條(傳貰權의讓渡, 賃貸等) 傳貰權者는傳貰權을他人에게讓渡또는擔保로提供할수있고그存續期間內에서그目的物을他人에게轉傳貰또는賃貸할수있다 그러나設定行爲로이를禁止한때에는그러하지아니하다	제306조[전세권 양도와 전전세(轉傳貰) 등] 전세권자는 전세권을 타인에게 양도하거나 담보로 제공할 수 있고, 전세권 존속기간 내에서 전세권의 대상인 부동산(이하 "전세물"이라 한다)을 타인에게 전전세하

	거나 임대할 수 있다. 다만, 설정행위로 이를 금지한 경우에는 그렇지 않다.
第482條(辨濟者代位의效果, 代位者間의關係) ②前項의權利行使는다음各號의規定에依하여야한다 1. 保證人은미리傳貰權이나抵當權의登記에그代位를附記하지아니하면傳貰物이나抵當物에權利를取得한第三者에對하여債權者를代位하지못한다	제482조(변제자대위의 효과 및 대위자 간의 관계) ② 제1항의 권리행사는 다음 각 호에 따라야 한다. 1. 보증인은 미리 전세권이나 저당권의 등기에 그 대위를 부기(附記)하지 않으면 전세물이나 저당물에 대한 권리를 취득한 제3자(이하 이 항에서 "제3취득자"라 한다)에 대하여 채권자를 대위할 수 없다.

(2) 변경의 이유 내지 근거

요즘 법령을 제정하거나 개정할 때 약칭을 사용하는 일이 자주 있다. 그런데 약칭을 사용하는 보통의 경우는 알기 쉽게 풀어서 설명해주기 위한 것이 아니고, 맨 앞에서 자세하고 정확하게 기재한 뒤에 그것이 너무 길기 때문에 간략하게 줄여 쓰기 위한 것이다. 그 예를 들면 다음과 같다. 주택임대차보호법 제3조의 6 제1항은 "제3조의 2 제2항의 확정일자는 주택소재지의 읍·면 사무소, 동 주민센터 또는 시(특별시·광역시·특별자치시는 제외하고, 특별자치도는 포함한다)·군·구(자치구를 말한다)의 출장소, 지방법원 및 그 지원과 등기소 또는 「공증인법」에 따른 공증인(이하 이 조에서 "확정일자 부여기관"이라 한다)이 부여한다"고 규정하고 있으며, 이 조문에서는 '주택소재지의'부터 '공증인'까지를 '확정일

자부여기관'이라고 간단하게 줄여서 쓰고 있다. 그에 비하여 2018년 법무부안은 위와 달리 우선 개념의 이해가 쉽지 않은 경우에 그 개념을 알기 쉽게 표현해주고 그것의 길이를 줄이기 위하여 약칭을 쓰는 것이다. 그러고 보면 2018년 법무부안이 약칭을 사용하게 된 근본적인 이유는 일부 법률용어가 설명을 해주어야 할 정도로 이해하기 어렵다는 데 있다.

민법전에 약칭을 사용하는 문제에 대해서는 2013년 법제처 자문위원회에서 이미 검토되었다.226) 그리고 2013년 법제처 정비안은 제286조('지료'), 제292조 제1항('편익수혜지'), 제293조 제2항('편익제공지'), 제297조 제1항('용수지역권'), 제482조 제2항 제1호('제3취득자')에서 약칭을 사용하였다. 2018년 법무부안은 2013년 법제처 정비안의 태도를 받아들이면서 약칭을 사용한 조문들을 다소 조정하였다.

(3) 사견

어렵고 생소한 개념이 있을 경우에는 가능하다면 알기 쉬운 새로운 용어로 바꿔주는 것이 가장 바람직하다. 그런데 용어 변경이 여의치 않다면, 2018년 법무부안처럼 일부 생소한 법률용어에 대해서 맨 앞에서 알기 쉽게 풀어써 주고 그 뒤에는 약칭으로 기재하는 것도 최선은 아니지만 선택할 수 있는 방법이라고 할 수 있다. 그러한 점에서 2018년 법무부안이 약칭을 사용한 것은 받아들일만하다. 다만, 법률용어 중 '요역지(要役地)', '승역지(承役地)'는 한자를 잘 아는 사람에게도 매우 어려운 말이므로 이번 기회에 다른 용어로 고쳤으면 하는 바람이다. 그렇게 하는 경우에는 2013년 법제처 정비안처럼 '요역지'는 '편익수혜지'로, '승역지'는 '편익제공지'로 수정할 수 있을 것이다.

226) 그 자문위원회의 회의 자료에 대해서는 법제처, 민법 설명자료집, 102면 이하(제철웅) 참조.

30. 구체적인 조문 인용시 '~의 규정'의 변경

(1) 변경 내용

현행 민법전은 준용하거나 적용하기(또는 적용하지 않기) 위하여 또는 그 밖의 목적으로 민법전상의 구체적인 조문을 인용할 때 조문 뒤에 '~의 규정'을 붙이고 있다. 인용되는 조문은 '제52조의 규정'처럼 '조'일 수도 있고(제85조 제2항 참조), '제42조 제2항의 규정'처럼 '항'일 수도 있으며(제45조 제3항 참조), '제816조 제2호의 규정'처럼 '호'일 수도 있다(제822조 참조). 그리고 '제2항 후단의 규정'(제722조 참조)이나 '제920조 단서의 규정'(제949조 제2항 참조)과 같이 인용될 수도 있다. 그런가 하면 '조'나 '항'을 숫자로 적지 않고 '전조의 규정'(제29조 제1항 참조), '전항의 규정'(제45조 제1항 참조), '전호의 규정'(제482조 제2항 제4호 참조), '각호의 규정'(제482조 제2항 본문 참조)처럼 적을 수도 있다. 또한 여러 '조'나 '항'을 인용하면서 구체적인 숫자를 기재할 수도 있고, '전6조의 규정'(제136조 참조), '전4항'(제389조 제5항 참조)처럼 기재할 수도 있다. 그리고 하나의 조문에 개별 조문들과 '제59조 내지 제62조'와 같은 묶음이 함께 인용되는 경우도 있다(제96조 참조).

현행 민법전은 위와 같이 조문을 인용하는 여러 가지 경우에 항상 맨 뒤의 조문에는 '의 규정'을 덧붙였다. '제65조 및 제70조의 규정'(제96조 참조)이 그 예이다. 여기에는 예외가 없다.[227]

2018년 법무부안은 구체적인 조문을 인용할 때 붙여진 '~의 규정'을 원칙적으로 삭제하였다. 그리고 '전조', '전항' 등은 모두 구체적인 '조'나 '항'으로 고쳤다. '~의 규정'을 삭제하지 않은 예외는 '조'나 '항'이 3개 이상 연속되고 그 연속된 조문이 인용된 것들 중 맨 뒤에 나오는

227) 그러나 조문을 인용하는 것이라도 '제○조의 경우에'라고 하는 경우는 구체적인 조문 내용이 문제되지 않는 것이어서 그런지 '~의 규정'을 붙이지 않았다. 예를 들면 "전3항의 경우에 그 비용은 부재자의 재산으로써 지급한다"라고 규정하였다(제24조 제4항 참조).

경우만이다. 그때에는 가령 현행 민법전상의 '전6조의 규정'을 '제130조부터 제135조까지의 규정'이라고 하였다(제136조 참조). 그런데 이와 같이 연속된 여러 조문이 인용되더라도 그 묶음이 맨 뒤가 아니고 인용되는 조문들 중간이나 앞에 있으면 거기에는 '~의 규정'을 붙이지 않았다. 그런데 2018년 법무부안에서 '~의 규정'이 삭제된 것은 구체적인 조문들을 인용하는 경우만이며, '법률의 규정',[228] '본장의 규정',[229] '본절의 규정',[230] '정관의 규정',[231] '총칙편의 규정'[232] 등에서 '~의 규정'은 삭제되지 않고 유지되었다.

(2) '~의 규정'이 삭제되거나 남아 있는 조문들

2018년 법무부안에서는 '~의 규정'이 삭제된 조문도 많으나, 예외에 해당하여 '~의 규정'이 삭제되지 않은 조문도 있으며, 현행 민법전상 이미 2018년 법무부안의 원칙에 따라 규정된 조문들도 있다. 아래에서 각각의 경우에 해당하는 조문들을 살펴보기로 한다.

1) '~의 규정'이 삭제된 조문

2018년 법무부안에서는 현행 민법전상의 '~의 규정'을 원칙적으로 삭제하였다. 예를 들면 '제52조의 규정'을 '제52조'로(제85조 제2항 참조), '전항의 규정'을 '제1항'으로(제45조 제1항 참조) 수정하였다. 그리고 여러 조문들이 인용될 때에는 조문의 내용에 따라 맨 뒤의 조문 앞에 '및'이나 '또는'을 두었다(제319조 참조). 그런 점은 인용되는 조문들이 앞·뒤 모두 '~까지의 규정'으로 묶음으로 되어 있는 경우에도 마찬가지이다

228) '법률의 규정'은 그대로 유지되었는데, 그러한 조문으로는 제31조, 제34조, 제175조, 제187조, 제253조, 제254조, 제271조 제1항, 제379조, 제380조, 제543조 제1항이 있다.

229) '본장의 규정'은 '이 장의 규정'으로 되었는데, 구체적으로는 제155조, 제210조, 제302조, 제371조 제1항, 제372조, 제765조 제1항에서 그리하였다.

230) '본절의 규정'은 '이 절의 규정'으로 되었는데, 그러한 조문으로는 제278조, 제344조, 제355조, 제561조, 제567조, 제730조가 있다.

231) '정관의 규정'은 그대로 유지되었으며, 제46조에서 그리하였다.

232) 2018년 법무부안 제1024조 제2항에서는 '총칙편의 규정'이 그대로 유지되었다.

(제343조 참조). 그런데 '조'가 두 개만 인용되는 경우에는 두 조문이 '와'로 연결되었고(제824조의 2, 제908조의 5 제2항, 제1044조, 제1064조 참조), '항'이 두 개만 인용되는 경우에는 두 항이 '및'으로 연결되었다(제854조의 2 제3항, 제1104조 제2항 참조). 다만, 제26조 제3항에서는 두 항이 인용되었는데 '와'로 연결되어 있다.

2018년 법무부안에서 '~의 규정'이 삭제된 조문[233]에는 다음의 것들이 있다.

[총칙편]
제5조 제2항, 제26조 제3항, 제29조 제1항, 제45조 제1항 · 제3항, 제60조 제2항, 제72조, 제73조 제3항, 제83조, 제85조 제2항, 제93조 제3항, 제96조, 제114조 제2항, 제121조 제1항, 제143조 제2항, 제145조, 제154조, 제165조 제3항, 제178조 제2항.

[물권편]
제191조 제2항 · 제3항, 제192조 제2항, 제196조 제2항, 제201조 제3항, 제206조 제2항, 제220조 제2항, 제229조 제3항, 제237조 제3항, 제242조 제2항, 제247조 제1항, 제255조 제1항, 제258조, 제268조 제3항, 제271조 제2항, 제275조 제2항, 제290조 제1항, 제294조, 제301조, 제320조 제2항, 제324조 제3항, 제340조 제2항, 제349조 제1항 · 제2항, 제354조, 제367조, 제368조 제2항.

[채권편]
제385조 제2항, 제405조 제1항, 제407조, 제410조 제1항, 제411조, 제438조, 제439조, 제441조 제2항, 제443조, 제448조 제1항, 제447조 본문, 제478조 제1항 · 제2항, 제482조 제1항 · 제2항 본문 제4호 제5호, 제485조, 제489조 제2항, 제492조 제2항, 제503조, 제526조, 제535조 제1항, 제541조, 제549조, 제565조 제2항, 제574

---

233) 제64조에서는 '전조의 규정'이 내용설명으로 대체되었다.

조, 제575조 제2항, 제577조, 제580조 제1항·제2항, 제581조 제1항, 제583조, 제594조 제2항, 제608조, 제610조 제3항, 제611조 제2항, 제612조, 제629조 제2항, 제630조 제2항, 제636조, 제637조 제1항, 제638조 제2항, 제639조 제1항, 제641조, 제642조, 제643조, 제644조 제2항, 제653조, 제657조 제3항, 제662조 제1항, 제665조 제2항, 제667조 제3항, 제669조, 제677조, 제678조 제5항, 제682조 제2항, 제701조, 제706조 제3항, 제722조, 제723조, 제724조 제1항, 제727조 제2항, 제728조, 제734조 제3항, 제739조 제2항·제3항, 제747조 제2항, 제758조 제2항, 제761조 제2항.

[친족편]

제781조 제6항, 제813조, 제815조 제2호, 제816조 제1호, 제817조, 제820조, 제822조, 제824조의 2, 제825조, 제829조 제5항, 제839조, 제845조, 제864조의 2, 제865조 제1항, 제908조의 5 제2항, 제918조 제2항·제4항, 제919조, 제949조 제2항, 제956조, 제959조.

[상속편]

제1003조 제1항·제2항, 제1010조 제1항·제2항, 제1013조 제2항, 제1019조 제3항, 제1024조 제2항, 제1030조 제2항, 제1032조 제2항, 제1034조 제2항, 제1036조, 제1038조 제1항·제2항·제3항, 제1040조 제3항, 제1044조 제2항, 제1046조 제2항, 제1048조 제2항, 제1053조 제1항, 제1058조 제1항·제2항, 제1064조, 제1070조 제3항, 제1075조 제2항, 제1081조, 제1091조 제2항, 제1095조, 제1103조 제2항, 제1104조 제2항, 제1114조, 제1118조.

이들 조문 중 제5조 제2항과 제96조를 아래에 인용한다.

현행 민법전	2018년 법무부안
第5條(未成年者의<u>能力</u>) ②<u>前項</u>	제5조(미성년자의 <u>행위능력</u>) ②

의規定에違反한行爲는取消할 수있다	제1항을 위반한 행위는 취소할 수 있다.
第96條(準用規定) 第58條第2項, 第59條乃至第62條, 第64條, 第65條및第70條의規定은淸算人에이를準用한다	제96조(준용규정) 청산인에게는 제58조제2항, 제59조부터 제62조까지, 제64조, 제65조 및 제70조를 준용한다.

2) '~의 규정'이 남아 있는 조문

전술한 바와 같이, 2018년 법무부안은 예외적으로 둘 이상의 조문들이 묶음으로 인용되고 그 인용규정이 맨 뒤에 올 때에는 '~의 규정'을 삭제하지 않았다. 그리하여 '전3조의 규정'을 '제50조부터 제52조까지의 규정'으로(제53조 참조), '제216조 내지 제244조의 규정'을 '제216조부터 제244조까지의 규정'이라고 하였다(제290조 제1항 참조). 그런데 이와 같은 여러 조문들의 묶음이 맨 뒤에 오지 않을 때에는 현행 민법전에서도 '~의 규정'이 붙어 있지 않았고, 그 점은 2018년 법무부안에서도 같다.

인용된 묶음 규정이 맨 뒤에 있어서 '~까지의 규정'이라고 수정된 조문으로는,

제53조, 제136조, 제207조 제1항, 제234조, 제248조, 제260조 제1항, 제271조 제2항, 제289조, 제290조 제1항, 제319조, 제343조, 제389조 제4항, 제398조 제5항, 제431조 제3항, 제448조 제2항, 제480조 제2항, 제486조, 제499조, 제524조, 제558조, 제578조 제1항, 제602조 제1항, 제632조, 제652조, 제654조, 제670조 제1항, 제707조, 제738조, 제829조 제1항, 제837조 제6항, 제944조, 제1023조 제2항, 제1037조, 제1038조 제1항, 제1040조 제3항, 제1047조 제2항, 제1051조 제3항, 제1053조 제2항, 제1053조의 2,

제1056조 제2항

이 있다. 이들 조문 중 제652조를 아래에 인용한다.

현행 민법전	2018년 법무부안
第652條(强行規定) 第627條, 第628條, 第631條, 第635條, 第638條, 第640條, 第641條, 第643條乃至第647條의規定에違反하는約定으로賃借人이나轉借人에게不利한것은그效力이없다	제652조(강행규정) 제627조, 제628조, 제631조, 제635조, 제638조, 제640조, 제641조 및 제643조부터 제647조까지의 규정을 위반하는 약정으로서 임차인이나 전차인에게 불리한 것은 효력이 없다.

연속되는 3개 이상의 조문이 묶음으로 인용되었지만 그 조문들이 맨 뒤에 있지 않아서 현행 민법전에서부터 '~의 규정'이 붙어 있지 않았고 2018년 법무부안에서도 마찬가지인 조문으로는 제96조, 제411조, 제653조, 제701조, 제813조가 있다. 이들 조문 중 제653조를 아래에 인용한다.

현행 민법전	2018년 법무부안
第653條(一時使用을爲한賃貸借의 特例) 第628條, 第638條, 第640條, 第646條乃至第648條, 第650條및前條의規定은一時使用하기爲한賃貸借또는轉貸借인것이明白한境遇에는適用하지아니한다	제653조(일시사용을 위한 임대차의 특례) 일시적으로 사용하기 위한 임대차나 전대차인 것이 명백한 경우에는 제628조, 제638조, 제640조, 제646조부터 제648조까지, 제650조 및 제652조를 적용하지 않는다.

3) 현행 민법전상 2018년 법무부안과 같이 규정된 조문

최근에 민법전이 개정될 때 구체적인 조문들의 인용표시를 2018년 법무부안처럼 한 조문들이 다수 존재한다. 그러한 조문들을 살펴보기로 한다.

현행 민법전의 조문 중 구체적인 조문 뒤에 '~의 규정'을 붙이지 않은 것으로는,

> 제10조 제4항, 제12조 제2항, 제13조 제2항, 제135조 제2항, 제144조 제2항, 제674조의 8, 제801조, 제802조, 제839조의 3 제1항, 제843조, 제854조의 2 제3항, 제855조의 2 제3항, 제867조 제2항, 제869조 제3항 본문 제1호·제4항·제5항, 제870조 제1항 제1호·제2항·제3항, 제873조 제2항, 제881조, 제882조, 제883조 제2호, 제884조 제1항 제1호, 제886조, 제888조, 제889조, 제891조 제1항·제2항, 제894조, 제896조, 제897조, 제903조, 제904조, 제905조 본문, 제906조 제1항·제2항, 제907조, 제908조, 제908조의 2 제1항 본문·제2항 본문 제1호·제3항, 제908조의 3 제2항, 제908조의 4 제1항·제2항, 제908조의 6, 제908조의 7 제2항, 제909조의 2 제3항·제4항·제5항·제6항, 제925조의 2 제1항·제2항, 제925조의 3, 제926조,[234] 제927조의 2 제1항 제1호 제1호의 2 제1호의 3 제3호·제2항 제1호 제2호, 제928조,[235] 제931조 제2항, 제932조 제1항·제2항, 제936조 제1항, 제938조 제4항, 제940조의 3 제1항, 제940조의 5, 제940조의 7, 제942조 제2항, 제946조,[236] 제949조의 3, 제954조, 제959조의 3 제1항·제2항, 제959조의 4 제2항, 제959조의 5 제2항, 제959조의 6, 제959조의 7, 제959조의 9 제1항·제2항, 제959조의 10 제2항, 제959조의 12, 제959조의 13, 제959조의

234) 이 조문에서는 의미상 마지막 조문 앞에 '및'이 아니고 '또는'이 두어졌다.
235) 이 조문에서도 마지막 조문 앞에 '또는'이 두어져 있다.
236) 이 조문에서도 마지막 조문 앞에 '또는'이 있다.

15 제5항, 제959조의 16 제3항

이 있다.

다음에 현행 민법전상 '~까지의 규정'의 형태로 '규정'이 붙어있는 조문으로는, 제436조의 2, 제674조의 9, 제909조의 2 제1항·제5항, 제927조의 2 제1항 본문이 있다.

끝으로 현행 민법전상 3개 이상의 조문이 묶음으로 인용되었지만 인용된 조문들의 끝에 있지 않아서 '~의 규정'이 붙지 않고 '~까지'라고만 되어 있는 조문으로는,

제881조, 제940조의 7, 제959조의 3 제2항, 제959조의 5 제2항, 제959조의 6, 제959조의 9 제2항, 제959조의 10 제2항, 제959조의 12

가 있다.

(3) 변경의 이유 내지 근거

현행 민법전은 구체적인 조문을 인용할 때 조문의 숫자 뒤에 '~의 규정'을 덧붙이고 있다. 그런데 '~의 규정'을 덧붙이는 것은 조문의 내용을 문제삼을 때에 한정하는 것으로 보이며, '제○조의 경우'라고 할 때에는 '~의 규정'을 붙이지 않는다. 현행 민법전의 그러한 태도는 적절한 것으로 생각되지 않는다. '제○조'라고 하여 '~의 규정'이 덧붙여지지 않아도 그것은 당연히 그 조문의 내용을 가리키는 것이어서 '~의 규정'은 사족이라고 할 수 있다. 그리고 현행 민법전상 '~의 규정'을 붙이는 경우와 그러지 않는 경우가 명확하게 구분되는 것도 아니다. 따라서 구체적인 조문을 인용할 때는 굳이 조문의 숫자 뒤에 '~의 규정'을 덧붙일 필요가 없다. 2018년 법무부안은 이러한 취지에서 조문 뒤에 덧붙

인 '의 규정'을 원칙적으로 삭제하였다.[237] 다만, '전6조의 규정'(제136조 참조) 또는 '제643조 내지 제647조의 규정'(제652조 참조)은 일단 각각 '제130조부터 제135조까지' 또는 '제643조부터 제647조까지'로 고쳐지는데, 이것들이 맨 뒤에 올 경우에는 '~까지'를 '~한다'고 하는 것이 부적절하여 그 경우에만 '~까지' 다음에 '~의 규정'을 붙이고 있다. 그에 비하여 이들 조문이 맨 뒤에 오는 것이 아니어서 바로 동사가 오지 않는 경우에는 원칙에 따라 '~까지'로 그대로 두고 있다.[238]

구체적인 조문을 인용할 경우에 '~의 규정'을 삭제해야 한다는 논의는 2009년 법무부안을 심의한 특별분과위원회에서 처음 이루어졌다. 그리고 그 위원회의 제2차 회의(2008. 7. 24)에서 '~의 규정'을 삭제하기로 결정하였다. 그 후 법제처에서 그러한 내용으로 정비기준을 수정한 것으로 생각되며, 그리하여 민법전의 경우에도 2009. 5. 8. 개정시부터는 2018년 법무부안과 같은 방식으로 민법 규정이 만들어졌다.[239] 현행 민법전에 이미 2018년 법무부안에서와 같은 형태의 조문이 많이 있는 이유가 거기에 있다.

(4) 사견

2018년 법무부안에서 구체적인 조문 인용과 관련하여 수정을 해야 하는데 누락된 곳이 하나 있다. 제884조 제1항 제1호가 그렇다. 그 호에서는 각 조문들이 쉼표로만 나뉘어 있다. 그런데 다른 조문들의 방식에 비추어 보면, 맨 뒤의 '제874조' 앞의 쉼표는 '및'으로 고쳐야 일관성이 있다. 수정이 필요하다고 하겠다.

237) 2018년 공청회 자료집, 91면(현소혜)은 '~조의 규정' 또는 '~항의 규정'이라는 표현이 불필요한 중복이어서 이를 삭제하고 '~조' 또는 '~항'으로 통일했다고 한다.

238) 2018년 공청회 자료집, 91면(현소혜)은 여러 개의 조문을 인용할 때에는 조사 호응을 위해 '~조(항)부터 ~조(항)까지의 규정'이라는 표현을 유지했다고 한다. 그런데 이 문헌은 2018년 법무부안이 '~까지'가 인용된 조문들의 끝에 있지 않을 때에는 '~의 규정'을 붙이지 않고 있음은 설명해주지 않고 있다.

239) 그에 비하여 2007. 12. 21.자 민법 개정의 경우에는 그 이전과 마찬가지로 '~의 규정'이라는 형태가 유지되었다.

그리고 제318조에서는 '민사집행법의 정한 바에 의하여'를 '「민사집행법」의 규정에 따라'라고 수정을 하였다. 그런데 가령 제812조 제1항에서는 '「가족관계의 등록 등에 관한 법률」에 정한 바에 의하여'를 '「가족관계의 등록 등에 관한 법률」에 따라'라고 수정하였다. 그리고 '법률'의 경우에는 '~의 규정'을 붙이지 않는 것이 2018년 법무부안의 원칙으로 보인다. 그렇다면 제318조에서도 '~의 규정'을 빼고 '「민사집행법」에 따라'라고 해야 마땅하다.

31. '경우'와 '때'의 용어 사용 정비

(1) 변경 내용의 요점

민법은 실체법이어서 권리·의무의 발생에 관하여 규율하고 있다. 그리고 그 규율 방식은 대체로 "~한 요건을 갖추면 ~한 효과가 생긴다"라는 형태로 되어 있다. 여기서 "~한 요건을 갖추면"이라는 조건절이 있게 되는데, 조건절을 표현하는 말로 '경우'와 '때'가 있다.[240] 현행 민법전은 이 둘을 모두 사용하고 있으나, '때'를 '경우'보다 훨씬 많이 사용하였다. 그 이유는 알 수 없으나, 한자어보다는 되도록 순수한 우리말을 사용하기 위한 것이 아니었는가 추측된다.

2018년 법무부안은 '경우'와 '때'의 사용에 관하여 원칙을 정하고 그 원칙에 따라 정비를 하였다. 우선 '경우'와 '때'는 모두 조건절의 표현으로 사용할 수 있으나, '때'는 '시점'의 의미로도 사용되므로 조건이나 가정의 표현으로는 원칙적으로 '경우'를 사용하기로 하였다.[241] 그런데 시점의 의미가 포함되어 있는 조건절은 '때'를 사용하였다. 그리고 시점의 의미가 없더라도 조건절이 중첩되는 때에는, 앞에서는 '경우'를 쓰고 뒤에서는 '때'를 써서 중첩되는 상황임을 분명하게 하였다. 이 점은 -약간의 예외가 있기는 하지만- 현행 민법전도 일반적으로 취하고 있는

240) 물론 '~면'을 쓰는 경우도 있으나, 여기서는 논외이다.
241) 2018년 공청회 자료집, 86면(현소혜) 참조.

태도였는데, 2018년 법무부안도 같은 태도를 취한 것이다.

2018년 법무부안이 '경우'나 '때'에 조사를 어떻게 붙였는지 본다. 2018년 법무부안은 조사로 '에는'을 붙이는 것을 원칙으로 하였다. '경우에는', '때에는'이 그것이다. 그리고 문맥상 필요에 따라 '에도'('경우에도'와 '때에도'), '에만'('경우에만'과 '때에만'), '라도'('경우라도'), '~를 제외하고는'('때를 제외하고는'), '~가 아니면'('경우가 아니면'과 '때가 아니면')을 붙였다. 그런가 하면 '경우에'를 사용한 예도 많은데, 그것은 특히 조건절이 중첩되는 경우(2중 조건절의 경우)에 앞부분에 사용하였으며,[242] 때로는 2중 조건절이 아니지만 '경우에만'보다 자연스러울 경우에 사용하기도 하였다. 제442조 제1항, 제443조, 제589조가 그 예이다. 한편 하나의 조문 중 앞의 항에서 나온 경우나 동일한 항에서 앞에 나온 경우를 가리킬 때에 '제1항의 경우', '이 경우'와 같이 '경우'에 조사를 붙이지 않은 경우가 많다. 그렇지만 그러한 때라도 '경우에는'이라고 표현한 때도 있다.

2018년 법무부안에서는 현행 민법전이 '경우'나 '때'를 사용하지 않고 있는데 '경우'나 '때'를 새로 추가한 경우도 많다. 그러한 경우 가운데에는 '~함에는', '~에 있어서는' 등을 '경우'나 '때'로 고친 경우가 많으나, '경우'나 '때'가 생략되어 있는 때에 이해를 쉽게 하기 위하여 '경우'나 '때'를 추가한 경우도 있다.

2018년 법무부안이 조건절의 표현과 관련하여 현행 민법전의 규정을 그대로 유지한 경우도 대단히 많다. 2018년 법무부안이 조건절의 표현에 대하여 세운 원칙과 일치하는 경우에 그렇다.

(2) 변경되거나 유지된 조문

이제 2018년 법무부안에서 현행 민법전상의 조건절의 표현이 변경

242) 그 경우에 뒤의 조건절은 '때에는'이라고 할 때가 압도적으로 많으나, '~하였으면', '~가 없으면'과 같이 '경우'나 '때'를 사용하지 않는 경우도 있다.

되거나 유지된 조문들을 변경되거나 유지된 내용에 따라 여러 그룹으로 나누어 구체적으로 살펴보기로 한다.

1) '때에는'을 '경우에는'으로 수정한 조문

2018년 법무부안에서 현행 민법전상의 '때에는'을 '경우에는'이라고 수정한 조문은 매우 많다. 그 수가 많은 이유는 현행 민법전은 -개정될 때 표현을 바꾼 것을 제외하고는- 조건절을 원칙적으로 '때에는'이라고 표현했는데, 2018년 법무부안은 '경우에는'을 원칙으로 정했기 때문이다. 여기에 해당하는 조문들은 다음과 같다.

[총칙편]
제13조 제2항, 제21조, 제22조 제1항·제2항, 제27조 제1항, 제35조 제2항, 제38조, 제40조 제7호, 제42조 제1항, 제44조, 제45조 제2항, 제46조, 제47조 제1항·제2항, 제48조 제1항·제2항, 제49조 제1항·제2항 제5호 제7호 제9호, 제50조 제1항·제2항, 제51조 제1항·제2항, 제52조, 제55조 제2항, 제65조, 제67조 제3호, 제70조 제1항·제2항·제3항, 제72조, 제73조 제3항, 제78조, 제79조, 제80조 제2항 본문, 제82조, 제83조, 제84조, 제85조 제3호, 제93조 제1항, 제94조, 제100조 제1항, 제105조, 제109조 제1항(2회 출현), 제115조(2회 출현), 제119조(2회 출현), 제121조 제1항, 제122조, 제125조, 제129조, 제132조, 제133조, 제134조, 제135조 제2항, 제137조(2회 출현), 제138조, 제139조, 제145조 단서, 제147조 제3항, 제150조 제1항·제2항, 제151조 제1항, 제156조, 제157조(2회 출현), 제159조, 제160조 제1항·제2항, 제161조, 제171조, 제172조, 제173조, 제175조, 제176조, 제178조 제1항, 제182조, 제183조.

[물권편]
제188조 제2항, 제191조 제1항(2회 출현), 제192조 제2항(2회 출

현), 제195조, 제197조 제2항, 제198조, 제202조, 제203조 제1항, 제204조 제1항·제2항, 제205조 제1항, 제206조 제1항, 제213조, 제215조 제1항, 제217조 제2항, 제218조 제2항, 제220조 제1항, 제222조, 제228조, 제229조 제1항·제2항, 제230조 제1항·제2항, 제232조, 제236조 제1항·제2항, 제240조 제1항·제2항·제3항, 제241조, 제244조 제1항, 제245조 제2항, 제249조, 제250조, 제251조, 제257조 제2항, 제259조 제1항(2회 출현)·제2항, 제260조 제1항·제2항(2회 출현), 제262조 제1항, 제266조 제2항, 제267조 본문, 제268조 제2항, 제269조 제1항·제2항, 제271조 제1항, 제275조 제1항, 제280조 제2항, 제281조 제1항·제2항, 제283조 제2항, 제285조 제1항, 제286조, 제287조, 제288조, 제292조 제1항, 제293조 제2항, 제295조 제1항, 제297조 제1항·제2항, 제298조, 제304조 제1항, 제306조, 제312조 제1항·제2항, 제312조의 2, 제313조, 제314조 제1항, 제315조 제1항, 제316조 제1항(2회 출현), 제317조, 제318조, 제322조 제2항, 제323조, 제324조 제3항, 제325조 제1항·제2항, 제333조, 제334조, 제337조 제2항, 제338조 제2항, 제341조, 제348조, 제353조 제2항·제3항·제4항, 제362조, 제365조, 제367조, 제369조.

[채권편]

제374조, 제378조, 제385조 제2항, 제389조 제1항(2회 출현)·제2항, 제390조(2회 출현), 제396조, 제399조, 제400조, 제403조, 제405조 제1항, 제406조 제1항, 제412조, 제413조, 제417조, 제418조 제2항, 제420조, 제421조, 제425조 제1항, 제427조 제1항(2회 출현), 제430조, 제431조 제2항, 제437조(2회 출현), 제441조 제1항, 제444조 제1항·제2항, 제449조 제1항, 제451조 제1항·제2항, 제453조 제1항, 제455조 제2항, 제462조, 제466조, 제467조 제1항, 제469조 제1항, 제473조, 제476조 제2항(2회 출현), 제477조 본문·

제2호·제4호, 제482조 제2항 제5호, 제483조 제1항, 제484조 제2항, 제487조, 제489조 제2항, 제492조 제1항, 제500조, 제504조 본문, 제506조, 제507조(2회 출현), 제511조 본문, 제513조 제1항, 제514조, 제515조, 제516조(2회 출현), 제518조, 제522조, 제528조 제1항·제2항·제3항, 제529조, 제534조, 제536조 제1항, 제537조, 제538조 제1항(2회 출현), 제539조 제1항, 제540조, 제543조 제1항, 제544조, 제546조, 제548조 제1항, 제550조, 제552조 제1항·제2항, 제553조, 제556조 제1항 본문·제2항, 제559조 제1항, 제564조 제2항·제3항, 제565조 제1항, 제567조, 제570조, 제572조 제1항, 제576조 제1항, 제579조 제1항·제2항, 제580조 제1항(2회 출현), 제585조, 제587조 제2항, 제588조 단서, 제590조 제1항, 제591조 제1항·제2항·제3항, 제593조, 제594조 제2항, 제595조, 제597조, 제599조, 제600조, 제601조, 제602조 제2항, 제603조 제2항, 제610조, 제613조 제2항, 제614조, 제615조, 제616조, 제622조 제2항, 제624조, 제626조 제1항, 제627조 제1항, 제628조, 제629조 제2항, 제630조 제1항, 제634조(2회 출현), 제635조 제1항, 제638조 제2항, 제646조 제1항, 제648조, 제649조, 제650조, 제656조 제1항, 제657조 제3항, 제658조 제1항, 제659조 제1항, 제660조 제1항·제3항, 제661조, 제667조 제1항, 제668조, 제669조 본문·단서, 제671조 제1항·제2항, 제674조 제1항, 제676조 제2항, 제678조 제3항·제5항, 제679조 제1항·제2항·제3항, 제683조, 제685조, 제686조 제2항·제3항, 제687조, 제688조 제1항·제2항·제3항, 제689조 제2항, 제696조, 제697조, 제698조, 제699조, 제700조, 제702조, 제705조, 제706조 제2항·제3항, 제711조 제1항·제2항, 제712조, 제713조, 제716조 제1항, 제720조, 제722조, 제729조 제1항, 제733조, 제734조 제2항·제3항, 제735조(2회 출현), 제737조, 제739조 제1항·제2항·제3항, 제740조, 제742조, 제743조(2회 출현), 제746조(2회 출현), 제747조 제1항, 제749조 제2항, 제754조, 제756조 제1항, 제757조, 제758조 제1항(2회 출현), 제759조 제1항, 제760조 제1항, 제765조 제2항.

[친족편]

제781조 제4항·제6항, 제805조, 제806조 제1항, 제813조, 제820조, 제822조, 제823조, 제826조의 2, 제829조 제2항(2회 출현)·제4항·제5항, 제832조(2회 출현), 제837조 제4항, 제837조의 2 제3항, 제839조의 2 제2항, 제839조의 3 제1항, 제848조 제1항, 제849조, 제850조, 제851조, 제854조, 제855조 제1항·제2항, 제857조, 제861조, 제908조의 7 제1항, 제909조 제2항·제3항, 제909조의 2 제3항, 제918조 제1항, 제920조의 2, 제923조 제1항·제2항, 제927조 제1항·제2항, 제950조 제1항 본문·제3항, 제958조 제2항, 제959조의 15 제1항·제2항, 제977조, 제978조.

[상속편]

제999조 제1항, 제1006조, 제1008조의 2 제1항·제2항, 제1009조 제1항·제2항(2회 출현), 제1011조 제1항, 제1018조(2회 출현), 제1021조, 제1022조, 제1025조, 제1027조, 제1029조, 제1031조, 제1037조, 제1038조 제1항, 제1039조, 제1041조, 제1046조 제1항, 제1047조 제1항, 제1048조 제1항, 제1050조, 제1053조 제1항, 제1054조, 제1056조 제1항, 제1057조, 제1057조의 2 제1항, 제1076조(2회 출현), 제1077조 제2항, 제1079조, 제1080조, 제1081조, 제1083조, 제1087조 제1항, 제1088조 제2항, 제1089조 제1항·제2항, 제1090조 본문(2회 출현), 제1094조 제1항·제2항, 제1095조 본문, 제1096조 제1항, 제1097조 제3항, 제1099조, 제1100조 제1항·제2항, 제1105조, 제1106조, 제1110조, 제1111조, 제1114조, 제1115조 제1항.

이들 조문 중 제47조 제1항을 아래에 인용한다.

현행 민법전	2018년 법무부안
第47條(贈與, 遺贈에關한規定의準用) ①生前處分으로財團法人을設立하는때에는贈與에關한規定을準用한다	제47조[증여 · 유증(遺贈)에 관한 규정의 준용] ① 생전처분(生前處分)으로 재단법인을 설립하는 경우에는 증여에 관한 규정을 준용한다.

2) '때에는'을 '경우에'로 수정한 조문

2018년 법무부안은 몇 개의 조문에서 현행 민법전상의 '때에는'을 '경우에'로 수정하였다. 제67조 제4호, 제829조 제1항이 그에 해당한다. 이들 조문에서는 '경우에는'이라고 하는 것보다는 '경우에'라고 하는 것이 더 적절하여 그렇게 한 것으로 보인다.

아래에 제67조 제4호를 인용한다.

현행 민법전	2018년 법무부안
第67條(監事의職務) 監事의職務는다음과같다 4. 前號의報告를하기爲하여必要있는때에는總會를召集하는일	제67조(감사의 직무) 감사의 직무는 다음 각 호와 같다. 4. 제3호의 보고를 위하여 필요한 경우에 총회를 소집하는 일

3) '때에도'를 '경우에도'로 수정한 조문

2018년 법무부안에서는 현행 민법전상의 '때에도'를 '경우에도'로 수정한 조문도 있다. 이는 조건절의 표현으로 '때'를 '경우'로 바꾼 원칙에 따른 것이며, 단지 문맥상 앞의 것과 동일한 경우임을 표현하기 위

하여 조사 '도'를 붙인 것이다. 그러한 조문으로는

제22조 제1항, 제27조 제2항, 제136조, 제289조의 2 제2항, 제475조, 제716조 제2항, 제760조 제2항, 제766조 제2항

이 있다.

이들 조문 중 제22조 제1항을 아래에 인용한다.

현행 민법전	2018년 법무부안
第22條(不在者의財産의管理) ①從來의住所나居所를떠난者가財産管理人을定하지아니한때에는法院은利害關係人이나檢事의請求에依하여財産管理에關하여必要한處分을命하여야한다 本人의不在中財産管理人의權限이消滅한때에도같다	제22조(부재자 재산의 관리) ① 종래의 주소나 거소를 떠난 사람이 재산관리인을 정하지 않은 경우에는 법원은 이해관계인이나 검사의 청구에 의하여 재산 관리에 필요한 처분을 명해야 한다. 본인의 부재 중에 재산관리인의 권한이 소멸된 경우에도 같다.

4) '때에만' 또는 '때에 한하여'를 '경우에만'으로 수정한 조문

2018년 법무부안에는 현행 민법전상의 '때에만' 또는 '때에 한하여'를 '경우에만'으로 수정한 조문도 있다. 이 경우도 2018년 법무부안이 조건절을 원칙적으로 '때' 대신 '경우'로 표현한데 따른 변경이다.

'때에만'을 '경우에만'으로 수정한 조문으로는 제959조의 18 제2항이 있고, '때에 한하여'를 '경우에만'으로 수정한 조문으로는 제45조 제1항, 제136조, 제470조, 제678조 제1항, 제718조 제1항이 있다.

아래에 '때에만'을 '경우에만'으로 수정한 제959조의 18 제2항과

'때에 한하여'를 '경우에만'으로 수정한 제470조를 인용한다.

현행 민법전	2018년 법무부안
제959조의18(후견계약의 종료) ② 임의후견감독인의 선임 이후에는 본인 또는 임의후견인은 정당한 사유가 있는 때에만 가정법원의 허가를 받아 후견계약을 종료할 수 있다.	제959조의18(후견계약의 종료) ② 임의후견감독인의 선임 후에는 본인이나 임의후견인은 정당한 사유가 있는 경우에만 가정법원의 허가를 받아 후견계약을 종료할 수 있다.
第470條(債權의準占有者에對한辨濟) 債權의準占有者에對한辨濟는辨濟者가善意이며過失없는때에限하여效力이있다	제470조(채권의 준점유자에 대한 변제) 채권의 준점유자에게 한 변제는 변제자가 선의이며 과실(過失)이 없는 경우에만 효력이 있다.

5) '때'를 '경우'나 '경우에는'으로 수정한 조문

2018년 법무부안에서는 현행 민법전에 '때'라고 표현된 것을 '경우'라고 고친 곳이 대단히 많다. 그러한 경우로는 조문의 제목이나 조문(또는 항) 내의 호에서 자주 발견된다. 이것도 근본적으로는 2018년 법무부안이 조건절의 표현을 '경우'로 바꾼 데에 기인한다. 그리고 때로는 '경우'가 아니고 '경우에'로 수정한 조문도 있다. 주의할 것은, 여기서 '경우'로 바꿨다고 함은 '이 경우', '제1항의 경우'와 같이 다른 말과 붙어서 숙어처럼 사용된 경우는 제외했다는 점이다.

'때'를 '경우'로 수정한 조문으로는,

제97조 제1호~제7호, 제135조 제2항,[243] 제288조, 제316조 제2항

243) 여기서는 '~하는 때 또는 ~하는 때에는'을 '~하는 경우 또는 ~하는 경우에는'으로 수정하였으며, 그 중 앞의 '때'에 관한 것이다.

제1호 · 제2호,[244] 제388조 제1호 · 제2호, 제442조 제1항 제1호~제4호,[245] 제553조,[246] 제556조 제1항 제1호 · 제2호, 제692조,[247] 제756조 제1항,[248] 제815조 제1호~제4호, 제816조 제1호 · 제3호, 제840조 제1호~제6호, 제908조의 5 제1항 제1호 · 제2호, 제1026조 제1호~제3호

가 있다.

그리고 '때'를 '경우에는'으로 수정한 조문으로는 제947조가 있다.[249]

아래에 '때'를 '경우'로 수정한 조문들 중 제97조 제1호와 '때'를 '경우에는'으로 수정한 제947조를 인용한다.

현행 민법전	2018년 법무부안
第97條(罰則) 法人의 理事, 監事또는清算人은다음各號의境遇에는 500만원 이하의過怠料에處한다 1. 本章에 規定한 登記를 懈怠한 때	제97조(벌칙) 법인의 이사, 감사 또는 청산인이 다음 각 호의 어느 하나에 해당하는 경우에는 500만원 이하의 과태료를 부과한다. 1. 이 장에 규정된 등기를 게을리한 경우
제947조(피성년후견인의 복리와 의사존중) 성년후견인은 피성	제947조(피성년후견인의 복리와 의사 존중) 성년후견인이 피성

244) 이 항은 두 개의 호를 추가하였다.

245) 이들 중 제2호와 제3호는 현행 민법전에서는 '~경우에 ~때'의 구문이었는데 2018년 법무부안에서는 문장을 수정하여 '경우'를 없애고 끝의 '때'만 '경우'로 수정하여 남겼다.

246) 이 조문에서는 '~때 또는 ~때에는'의 구문을 '~경우 또는 경우에는'으로 수정하였다.

247) 이 조문에서는 '때가'를 '경우가'로 수정하였다.

248) 이 조문에서는 '~때 또는 ~때에는'을 '~경우 또는 ~경우에는'으로 수정하였다.

249) 이 조문에서는 조건절이 중간에 끼어 있어서 '경우에는'보다 '경우에'가 더 자연스럽다.

년후견인의 재산관리와 신상보호를 할 때 여러 사정을 고려하여 그의 복리에 부합하는 방법으로 사무를 처리하여야 한다. 이 경우 성년후견인은 피성년후견인의 복리에 반하지 아니하면 피성년후견인의 의사를 존중하여야 한다.	년후견인의 재산관리와 신상보호를 할 경우에는 여러 사정을 고려하여 그의 복리에 부합하는 방법으로 사무를 처리해야 한다. 이 경우 성년후견인은 피성년후견인의 복리에 반하지 않으면 피성년후견인의 의사를 존중해야 한다.

6) '경우에 한하여'를 '경우에만'으로 수정한 조문

2018년 법무부안에서는 현행 민법전에서 '경우에 한하여'라고 표현한 것을 '경우에만'으로 수정하기도 하였다. 그러한 조문으로는 제110조 제2항, 제203조 제2항, 제310조 제1항, 제325조 제2항, 제975조, 제1039조, 제1052조 제1항이 있다. 이들 가운데 제975조를 아래에 인용한다.

현행 민법전	2018년 법무부안
第975條(扶養義務와生活能力) 扶養의義務는扶養을받을者가自己의資力또는勤勞에依하여生活을維持할수없는境遇에限하여이를履行할責任이있다	제975조(부양의무와 생활능력) 부양의무는 부양받을 사람이 자기의 자력(資力)이나 근로에 의하여 생활을 유지할 수 없는 경우에만 이행할 책임이 있다.

7) '경우', '경우에', '~에 있어서는', '~을 함에는' 또는 '경우에 관하여는'을 '경우에는'으로 수정한 조문

2018년 법무부안에서는 조문에 따라 '경우', '경우에', '~에 있어서는', '~을 함에는'이나 '경우에 관하여는'을 '경우에는'으로 수정하기도

하였다.

'경우'를 '경우에는'으로 수정한 조문으로는

제781조 제5항, 제836조의 2 제4항, 제837조의 2 제2항, 제909조의 2 제1항 · 제2항,[250] 제927조의 2 제1항, 제951조 제2항

이 있다.

이들 조문 중 제781조 제5항을 아래에 인용한다.

현행 민법전	2018년 법무부안
제781조(자의 성과 본) ⑤ 혼인 외의 출생자가 인지된 경우 자는 부모의 협의에 따라 종전의 성과 본을 계속 사용할 수 있다. 다만, 부모가 협의할 수 없거나 협의가 이루어지지 아니한 경우에는 자는 법원의 허가를 받아 종전의 성과 본을 계속 사용할 수 있다.	제781조(자녀의 성과 본) ⑤ 혼인 외의 출생자녀가 인지(認知)된 경우에는 그 자녀는 부모의 협의에 따라 종전의 성과 본을 계속 사용할 수 있다. 다만, 부모가 협의할 수 없거나 협의가 이루어지지 않은 경우에는 자녀는 법원의 허가를 받아 종전의 성과 본을 계속 사용할 수 있다.

'경우에'를 '경우에는'으로 수정한 조문으로는

제12조 제2항,[251] 제45조 제3항, 제143조 제2항, 제191조 제2항, 제210조, 제220조 제2항, 제258조, 제320조 제2항, 제349조, 제

250) 이 제2항에서는 '~경우 또는 ~경우'를 '경우 또는 ~경우에는'으로 수정하였다.
251) 2018년 법무부안은 '준용한다'는 내용의 조문을 수정하면서 '경우에'를 '경우에는'으로 고친 곳이 많으며, 제12조 제2항도 그 가운데 하나이다.

371조 제1항, 제441조 제2항, 제479조 제2항, 제480조 제2항, 제549조, 제565조 제2항, 제575조 제2항, 제577조, 제580조 제2항, 제583조, 제602조 제1항, 제632조 본문, 제645조, 제677조, 제728조, 제758조 제2항, 제761조 제2항, 제871조 제2항, 제873조 제3항, 제908조의 4 제1항, 제909조의 2 제5항, 제938조 제4항, 제940조의 6 제1항 · 제2항, 제941조 제2항, 제944조, 제1032조 제2항, 제1046조 제2항, 제1051조 제3항, 제1056조 제2항

이 있다. 이들 조문 중 제908조의 4 제1항을 아래에 인용한다.

현행 민법전	2018년 법무부안
제908조의4(친양자 입양의 취소 등) ① 친양자로 될 사람의 친생(親生)의 아버지 또는 어머니는 자신에게 책임이 없는 사유로 인하여 제908조의2제1항제3호 단서에 따른 동의를 할 수 없었던 경우에 친양자 입양의 사실을 안 날부터 6개월 안에 가정법원에 친양자 입양의 취소를 청구할 수 있다.	제908조의4(친양자녀 입양의 취소 등) ① 친양자녀로 입양될 사람의 친생의 부 또는 모는 자신에게 책임이 없는 사유로 제908조의2제1항제3호 단서에 따른 동의를 할 수 없었던 경우에는 친양자녀 입양의 사실을 안 날부터 6개월 내에 가정법원에 친양자녀 입양의 취소를 청구할 수 있다.

'~에 있어서는'을 '경우에는'으로 수정한 조문으로는 제80조 단서, 제912조 제1항 · 제2항이 있다. 아래에 제912조 제1항을 인용한다.

현행 민법전	2018년 법무부안
제912조(친권 행사와 친권자 지	제912조(친권 행사와 친권자 지

정의 기준) ① 친권을 행사함에 있어서는 자의 복리를 우선적으로 고려하여야 한다.	정의 기준) ① 친권을 행사하는 경우에는 자녀의 복리를 우선적으로 고려해야 한다.

'~을 함에는'을 '경우에는'으로 수정한 조문으로는 제921조 제1항·제2항, 제922조, 제1030조 제1항, 제1066조 제2항이 있다. 이들 조문 중 제922조를 아래에 인용한다.

현행 민법전	2018년 법무부안
第922條(親權者의注意義務) 親權者가그子에對한法律行爲의代理權또는財産管理權을行使함에는自己의財産에關한行爲와同一한注意를하여야한다	제922조(친권자의 주의의무) 친권자가 자녀에 대한 법률행위의 대리권이나 재산관리권을 행사하는 경우에는 자기의 재산에 관한 행위를 할 때와 동일한 주의를 해야 한다.

'경우에 관하여는'을 '경우에는'으로 수정한 조문으로는 제959조의 7, 제959조의 13이 있다. 이 가운데 제959조의 7을 아래에 인용한다.

현행 민법전	2018년 법무부안
제959조의7(한정후견인의 임무의 종료 등) 한정후견인의 임무가 종료한 경우에 관하여는 제691조, 제692조, 제957조 및 제958조를 준용한다.	제959조의7(한정후견인의 임무 종료 등) 한정후견인의 임무가 종료된 경우에는 제691조, 제692조, 제957조 및 제958조를 준용한다.

8) '경우에는'이나 '경우에 있어서의'가 '경우에'로 수정된 조문

2018년 법무부안에서는 현행 민법전상의 '경우에는'이나 '경우에 있어서의'가 '경우에'로 수정된 조문이 있다.

'경우에는'이 '경우에'로 수정된 조문으로는 제75조 제2항,[252] 제1047조 제2항이 있다. 그리고 '경우에 있어서의'가 '경우에'로 수정된 조문으로는 제908조의 3 제2항이 있다.

이들 조문 중 제75조 제2항과 제908조의 3 제2항을 아래에 인용한다.

현행 민법전	2018년 법무부안
第75條(總會의決議方法) ②第73條第2項의境遇에는當該社員은出席한것으로한다	제75조(총회의 결의방법) ② 사원이 제73조제2항에 따라 서면으로 또는 대리인을 통하여 결의권을 행사하는 경우에 그 사원은 출석한 것으로 본다.
제908조의3(친양자 입양의 효력) ②친양자의 입양 전의 친족관계는 제908조의2제1항의 청구에 의한 친양자 입양이 확정된 때에 종료한다. 다만, 부부의 일방이 그 배우자의 친생자를 단독으로 입양한 경우에 있어서의 배우자 및 그 친족과 친생자간의 친족관계는 그러하지 아니하다.	제908조의3(친양자녀 입양의 효력) ② 친양자녀의 입양 전 친족관계는 제908조의2제1항의 청구에 의한 친양자녀 입양이 확정된 때에 종료된다. 다만, 부부 중 한쪽이 배우자의 친생자녀를 단독으로 입양한 경우에 배우자 및 그의 친족과 친생자녀 간의 친족관계는 그렇지 않다.

252) 이 조문에서는 의미상 '경우에'가 더 낫다고 본 듯하다. 그러나 사견으로는 '경우에는'이 더 낫다고 생각한다.

9) '때에는', '경우에는'을 '경우:'로 수정한 조문

2018년 법무부안에는 현행 민법전상 '때에는'이나 '경우에는'이라고 되어있는 것을 '경우:'라고 수정한 조문도 있다. 이때 '경우:'는 조문 내의 호에서 내용 설명부분 앞에 있는 '경우에는'을 고친 것이다. 그러한 조문 중 '때에는'을 '경우:'로 수정한 것으로는 제280조 제1항 제1호~제3호가 있고, '경우에는'을 '경우:'로 수정한 것으로는 제635조 제2항 제1호 가목·나목, 제836조의 2 제2항 제1호·제2호가 있다.

이들 조문 중 제280조 제1항 제1호~제3호와 제635조 제2항 제1호 가목·나목을 아래에 인용한다.

현행 민법전	2018년 법무부안
第280條(存續期間을約定한地上權) ①契約으로地上權의存續期間을定하는境遇에는그期間은다음年限보다短縮하지못한다 1. 石造, 石灰造, 煉瓦造또는이와類似한堅固한建物이나樹木의所有를目的으로하는때에는30年 2. 前號以外의建物의所有를目的으로하는때에는15年 3. 建物以外의工作物의所有를目的으로하는때에는5年	제280조(존속기간을 약정한 지상권) ① 계약으로 지상권의 존속기간을 정하는 경우에는 그 기간은 다음 각 호의 구분에 따른 기간보다 단축할 수 없다. 1. 돌·석회·벽돌로 지은 건물 또는 이와 유사한 견고한 건물이나 수목의 소유를 목적으로 하는 경우: 30년 2. 제1호 외의 건물의 소유를 목적으로 하는 경우: 15년 3. 건물 외의 공작물의 소유를 목적으로 하는 경우: 5년
第635條(期間의約定없는賃貸借의解止通告) ②相對方이前項	제635조(기간을 약정하지 않은 임대차의 해지 통고) ② 상대

의通告를받은날로부터다음各號의期間이經過하면解止의效力이생긴다 1. 土地, 建物其他工作物에對하여는賃貸人이解止를通告한境遇에는6月, 賃借人이解止를通告한境遇에는1月	방이 제1항의 통고를 받은 날부터 다음 각 호의 구분에 따른 기간이 지나면 해지의 효력이 생긴다. 1. 토지, 건물, 그 밖의 공작물의 임대차 가. 임대인이 해지를 통고한 경우: 6개월 나. 임차인이 해지를 통고한 경우: 1개월

10) '이 경우에는'이나 '이 경우에'가 '이 경우'로, '전항(전조)의 경우에'나 '전항(전조)의 경우에는'이 '제1항(제○조 등)의 경우'로 수정된 조문

2018년 법무부안에는 현행 민법전상의 '이 경우에는'이나 '이 경우에'가 '이 경우'로, '전항(전조)의 경우에'나 '전항(전조)의 경우에는'이 '제1항(제539조)의 경우'로 수정된 조문이 있다. 그리고 수정된 부분인 '이 경우'나 '제1항의 경우' 바로 뒤에 조건절이 없는 단순한 문장도 많으나 '~때에는'과 같은 조건절이 오는 경우도 적지 않다. '~ 경우' 다음에 조건절이 오는 경우는 후에 다른 점의 검토가 필요하므로 그 조문들은 별개로 분류하기로 한다.

참고로 말하면, '~의 경우'라는 문구는 앞의 조문이나 항 또는 앞의 문장이 있을 때 다음 문장의 맨 처음에서 앞의 조·항·문장을 가리키는 말로 사용된다. 그런데 2018년 법무부안이 그러한 경우에 항상 '~의 경우'만을 사용한 것은 아니다. 때로는 '이 경우에는', '제1항의 경우에는'과 같은 표현을 사용하기도 하였음을 유의해야 한다. 제220조 제1

항, 제489조 제1항, 제691조 제1항, 제859조 제2항, 제1063조 제2항이 그에 해당한다.[253] 그리고 '전항의 경우에'가 항상 '제○항의 경우'로 수정된 것도 아니다. 2018년 법무부안에서도 현행 민법전에서처럼 '제○항의 경우에'라고 한 조문도 있다. 제24조 제4항, 제224조, 제250조가 그 예이다.

(가) 먼저 '이 경우에는'이 '이 경우'로 수정된 조문은 모두 뒤에 조건절이 오지 않으며, 구체적으로는 제64조, 제322조 제2항, 제336조, 제338조 제2항, 제342조, 제357조 제1항, 제674조 제1항이 그에 해당한다. 이들 조문 중 제64조를 아래에 인용한다.

현행 민법전	2018년 법무부안
第64條(特別代理人의選任) 法人과理事의利益이相反하는事項에關하여는理事는代表權이없다 이境遇에는前條의規定에依하여特別代理人을選任하여야한다	제64조(특별대리인의 선임) 법인과 이사의 이익이 상반하는 사항에 관하여는 이사는 대표권이 없다. 이 경우 법원은 이해관계인이나 검사의 청구에 의하여 특별대리인을 선임해야 한다.

다음에 '이 경우에'가 '이 경우'로 수정된 조문 중 뒤에 조건절이 오지 않는 것은, 제353조 제3항, 제368조 제2항, 제626조 제2항, 제630조 제1항이 있다. 그에 비하여 '이 경우에'가 '이 경우'로 수정된 조문 중 뒤에 조건절이 오는 것은 제482조 제2항 제5호가 있다. 이들 조문 중 제353조 제3항과 제482조 제2항 제5호를 인용한다.

253) 그런데 이들 조문은 현행 민법전에서도 동일한 태도를 취하고 있다.

현행 민법전	2018년 법무부안
第353條(質權의目的이된債權의實行方法) ③前項의債權의辨濟期가質權者의債權의辨濟期보다먼저到來한때에는質權者는第三債務者에對하여그辨濟金額의供託을請求할수있다 이境遇에質權은그供託金에存在한다	제353조(질권의 대상이 된 채권의 실행방법) ③ 제2항의 채권이 질권자의 채권보다 먼저 변제기가 된 경우에는 질권자는 제3채무자에게 변제금액의 공탁을 청구할 수 있다. 이 경우 질권은 그 공탁금에 존재한다.
第482條(辨濟者代位의效果, 代位者間의關係) ②前項의權利行使는다음各號의規定에依하여야한다 5. 自己의財產을他人의債務의擔保로提供한者와保證人間에는그人員數에比例하여債權者를代位한다 그러나自己의財產을他人의債務의擔保로提供한者가數人인때에는保證人의負擔部分을除外하고그殘額에對하여各財產의價額에比例하여代位한다 이境遇에그財產이不動產인때에는第1號의規定을準用한다	제482조(변제자대위의 효과 및 대위자 간의 관계) ② 제1항의 권리행사는 다음 각 호에 따라야 한다. 5. 자기의 재산을 타인의 채무의 담보로 제공한 자와 보증인 간에는 그 인원수에 비례하여 채권자를 대위한다. 다만, 자기의 재산을 타인의 채무의 담보로 제공한 자가 여럿인 경우에는 보증인의 부담부분을 제외하고 그 나머지에 대하여 각 재산의 가액에 비례하여 대위한다. 이 경우 그 재산이 부동산일 때에는 제1호를 준용한다.

(나) 2018년 법무부안에서 현행 민법전상의 '전항(전조)의 경우에

(는)'가 '제1항(제○조)의 경우'로 수정되고 그 뒤에 조건절이 따라오지 않는 조문으로는,

제91조 제2항,[254] 제203조 제3항, 제226조 제2항, 제255조 제2항, 제274조 제2항, 제300조 제2항, 제304조 제2항, 제305조 제2항, 제310조 제2항, 제311조 제2항, 제315조 제2항, 제467조 제1항, 제483조 제1항, 제539조 제2항, 제540조, 제581조 제2항, 제590조 제3항, 제637조 제2항, 제639조 제2항, 제659조 제2항, 제660조 제2항, 제662조 제2항, 제663조 제2항, 제674조 제2항, 제745조 제2항, 제756조 제3항, 제758조 제3항, 제806조 제2항,[255] 제854조의 2 제1항, 제855조의 2 제1항, 제908조의 7 제2항, 제923조 제2항, 제976조 제2항, 제1052조 제2항, 제1055조 제2항, 제1058조 제2항

이 있다.

다음에 '전항(전조)의 경우에'가 '제1항(제○조)의 경우'로 수정되고 그 뒤에 조건절이 따라오는 조문으로는,

제170조 제2항, 제216조 제2항, 제285조 제2항, 제316조 제2항, 제375조 제2항, 제427조 제2항, 제444조 제3항, 제538조 제2항, 제547조 제2항, 제548조 제2항, 제571조, 제572조 제2항, 제576조 제2항·제3항, 제578조 제2항·제3항, 제627조 제2항, 제644조 제2항, 제678조 제2항, 제847조 제2항, 제848조 제2항, 제865조 제2항, 제918조 제2항, 제1000조 제2항, 제1003조 제2항, 제1010조 제2항, 제1038조 제2항, 제1082조 제2항, 제1087조 제2항, 제1015

254) 이 조문에서는 '전항의 경우에는'이 '제1항의 경우'로 수정되었다. 아래의 다른 조문들은 모두 '전항(전조)의 경우에'가 '제1항(제○조)의 경우'로 수정된 것이다.

255) 여기의 '경우'는 '경우에는'이라고 함이 더 낫다.

조 제2항

이 있다.

이들 조문 중 앞의 것의 하나인 제203조 제3항과, 뒤의 것의 하나인 제170조 제2항을 아래에 인용한다.

현행 민법전	2018년 법무부안
第203條(占有者의償還請求權) ③前項의境遇에法院은回復者의請求에依하여相當한償還期間을許與할 수 있다	제203조(점유자의 비용상환청구권) ③ 제2항의 경우 법원은 점유를 회복하는 자의 청구에 의하여 적절한 상환 기간을 정해 줄 수 있다.
第170條(裁判上의請求와時效中斷) ②前項의境遇에6月內에裁判上의請求, 破産節次參加, 押留또는假押留, 假處分을한때에는時效는最初의裁判上請求로因하여中斷된것으로본다	제170조(재판상의 청구와 소멸시효 중단) ② 제1항의 경우 6개월 내에 다시 재판상의 청구를 하거나 파산절차 참가, 압류, 가압류 또는 가처분을 했을 때에는 최초의 재판상 청구에 의하여 소멸시효가 중단된 것으로 본다.

11) '이 경우', '경우', '경우에', '경우에는' 또는 '경우에도'가 새로 추가된 경우

2018년 법무부안에는 현행 민법전에 '이 경우'와 같은 문구가 없는데도 그러한 문구가 새로 추가된 조문이 있다. 아래에서는 그와 같이 '경우'와 관련된 문구가 추가된 조문을 살펴본다. 그때 '~을 함에는'이 '경우에는'으로 수정된 조문처럼 앞에서 소개된 것은 제외한다.

(가) 2018년 법무부안에 '이 경우'가 새로 추가된 조문이 있다. 그 중에는 그 뒤에 조건절이 따라오지 않는 것과 조건절이 따라오는 것이 있다. 전자에 해당하는 조문으로는

제35조 제1항, 제88조 제1항, 제218조 제2항, 제231조,256) 제271조 제1항, 제312조 제3항, 제325조 제2항, 제615조, 제679조 제3항, 제1032조 제1항, 제1046조 제1항, 제1056조 제1항, 제1057조

가 있다. 그리고 후자에 해당하는 조문으로는 제131조, 제808조 제1항, 제836조의 2 제1항, 제951조 제2항이 있다.

이들 조문 중 제312조 제3항과 제808조 제1항을 아래에 인용한다.

현행 민법전	2018년 법무부안
第312條(傳貰權의 存續期間) ③ 傳貰權의設定은이를更新할수있다 그期間은更新한날로부터 10年을넘지못한다	제312조(전세권의 존속기간) ③ 전세권 설정계약은 갱신할 수 있다. 이 경우 그 기간은 갱신한 날부터 10년을 넘을 수 없다.
제808조(동의가 필요한 혼인) ① 미성년자가 혼인을 하는 경우에는 부모의 동의를 받아야 하며, 부모 중 한쪽이 동의권을 행사할 수 없을 때에는 다른 한쪽의 동의를 받아야 하고, 부모가 모두 동의권을 행사할 수 없을 때에는 미성년	제808조(동의가 필요한 혼인) ① 미성년자가 혼인하는 경우에는 부모의 동의를 받아야 한다. 이 경우 부모 중 한쪽이 동의권을 행사할 수 없는 때에는 다른 한쪽의 동의를 받아야 하고, 부모가 모두 동의권을 행사할 수 없는 때에는

256) 이 조문에서는 '제1항의 경우'가 추가되었다.

후견인의 동의를 받아야 한다.	미성년후견인의 동의를 받아야 한다.

(나) 2018년 법무부안에는 현행 민법전에는 없는 '경우'를 새로 추가한 조문이 있다. 그러한 조문으로는 제438조 제목, 제478조 제목이 있다.

(다) 2018년 법무부안에는 '경우에'가 새로 추가된 조문이 있으며, 제535조 제1항, 제841조, 제842조, 제843조가 그에 해당한다.

(라) 2018년 법무부안에는 '경우에는'이 새로 추가된 조문이 있다. 그러한 조문으로는

제59조 제1항, 제221조 제2항, 제242조 제1항, 제244조 제1항·제2항, 제559조 제2항, 제772조 제2항, 제814조 제1항, 제874조 제1항·제2항, 제881조, 제883조 본문, 제903조

가 있다.

(마) 2018년 법무부안에서 '경우에도'가 새로 추가된 조문이 있다. 제77조, 제107조 제2항, 제108조 제2항, 제110조 제3항이 그에 해당한다.

12) 조건절이 중첩된 경우의 정비

2018년 법무부안은 조건절 안에서 다시 조건을 부가할 때에는 '~한 경우에 ~한 때에는'이라고 표현하고 있다. 그리고 그 점에서는 현행 민법전과 동일하다. 그 결과 조건절이 중첩된 경우(2중 조건절)에 대한 2018년 법무부안의 표현은 대부분 현행 민법전에서의 그것과 일치한다. 그러한 조문은 민법전의 5편 전부에 골고루 많이 존재한다. 제23조, 제24조 제3항이 그 예이다.

그런데 현행 민법전이 2중 조건절을 표현하면서 원칙을 따르지 않은 경우들이 있다. 2018년 법무부안은 그러한 경우들을 원칙에 맞게 바로잡았다. 특히 앞의 조건을 '경우'로 뒤의 조건을 '때'로 수정하였다. 그러한 조문으로는,

> 제29조 제2항('~때에 ~경우에는'→'~경우에 ~때에는'), 제452조 제1항('~때에는 ~경우에도'→'~경우에는 ~때에도'), 제544조('~때에는 ~때에는'→'~경우에 ~때에는'), 제575조 제1항('~경우에 ~경우에 한하여'→'~경우에 ~때에만'), 제674조의 7 제1항('~경우에 ~경우에는'→'~경우에 ~때에는'), 제775조 제2항('~경우 ~때에도'→'~경우에 ~때에도'), 제920조의 2('~경우 ~때에는'→'~경우에 ~때에는'), 제1030조 제2항('~경우 ~때에는'→'~경우에 ~때에는'), 제1038조 제1항('~경우 ~때에도'→'~경우에 ~때에도'), 제1038조 제2항('~경우 ~때에도'→'~경우에 ~때에도'), 제1111조('~때에는 ~때에는'→'~경우에는 ~때에는')

가 있다. 이들 조문 중 제29조 제2항을 아래에 인용한다.

현행 민법전	2018년 법무부안
第29條(失踪宣告의取消) ②失踪宣告의取消가있을때에失踪의宣告를直接原因으로하여財産을取得한者가善意인境遇에는그받은利益이現存하는限度에서返還할義務가있고惡意인境遇에는그받은利益에利子를붙여서返還하고損害가있으면이를賠償하여야한다	제29조(실종선고의 취소) ② 실종선고가 취소된 경우에 실종선고를 직접적인 원인으로 재산을 취득한 자가 선의인 때에는 그 얻은 이익이 현존하는 한도에서 반환해야 하며, 악의인 때에는 그 얻은 이익에 이자를 붙여서 반환하고 손해가 있으면 배상해야 한다.

앞에서 적은 바와 같이(제3장 31. (2) 10) 참조), 2018년 법무부안은 조나 항 또는 항 안의 문장의 맨 처음에 있는 '이 경우' 또는 '제1항(제○조)의 경우' 다음에 조건절이 뒤따라오는 조문에서도 '~경우 ~때에는'이라는 원칙을 견지하였다. 그리고 현행 민법전에는 없는 '이 경우' 등을 추가한 조문에서 뒤에 조건절이 오는 때에도 마찬가지이다(제3장 31. (2) 11) 참조). 그러한 조문들에 대해서는 앞에서 이미 설명했으므로 여기서는 따로 적지 않는다.

2018년 법무부안은 2중 조건절이 '~경우에 ~때에는'에 정확하게 부합하지 않고 조금 변형된 때, 가령 '~경우에는 ~때를 제외하고는'과 같은 때에도 앞에 '경우'를 두고 뒤에 '때'를 사용하는 원칙을 유지하였다. 그러한 조문으로는

> 제82조('~때에는 ~경우를 제하고는'→'~경우에는 ~때를 제외하고는'), 제110조 제2항('~경우에는 ~경우에 한하여'→'~경우에는 ~때에만'), 제626조 제2항('~경우에는 ~때에 한하여'→'~경우에는 ~때에만')

이 있다. 이들 조문 중 제82조를 아래에 인용한다.

현행 민법전	2018년 법무부안
第82條(淸算人) 法人이解散한때에는破産의境遇를除하고는理事가淸算人이된다 그러나定款또는總會의決議로달리定한바가있으면그에依한다	제82조(청산인) 법인이 해산한 경우에는 파산으로 해산한 때를 제외하고는 이사가 청산인이 된다. 다만, 정관이나 총회의 결의로 달리 정했으면 그에 따른다.

13) '경우'와 관련된 그 밖의 변경

2018년 법무부안에서 '경우'와 관련하여 의미 있게 변경된 그 밖의 조문들을 소개한다.

제85조와 제86조 제1항에서는 '경우를 제외하고는'이 '경우가 아니면'으로, 제779조 제2항에서는 '경우에 한한다'를 '사람으로 한정한다'로 수정하였다. 그리고 일부 조문에서는 '경우'와 관련된 단어가 삭제되기도 했는데, 제308조 제목에서 '경우'가, 제825조에서 '경우에'가 삭제된 것이 그 예이다.

14) '경우'와 관련된 용어가 유지된 조문

위에서 2018년 법무부안에서 '경우'와 관련하여 변경된 조문들을 살펴보았는데, 그것만 보고 현행 민법전상의 '경우'에 대한 표현 중 대다수가 변경된 것으로 오해해서는 안 된다. 2018년 법무부안에서 현행 민법전상의 '경우' 관련 표현이 그대로 유지된 조문도 대단히 많다. 즉 '경우에는', '경우에', '경우에도', '경우라도', '이 경우', '제1항의 경우',[257] '~경우에 ~때에는', '~경우 ~때에는', '~경우에는 ~때에도', '~경우에는 ~때가 아니면', '~경우가 아니면'과 '~경우 외에' 등이 현행 민법전상의 그것과 동일한 경우가 부지기수이다.

2018년 법무부안은 현행 민법전에서 '때에는'을 조건절 표현의 원칙으로 삼고 있었는데 그것을 '경우에는'이라고 바꾸었고, 2중 조건절의 표현이 원칙에서 벗어난 경우에 바로잡는 등의 정비를 한 점이 돋보인다.

15) '때'에 관한 정비

앞에서 몇 번 언급한 바와 같이, 2018년 법무부안은 조건절을 표현할 때는 원칙적으로 '경우에는'을 사용하였다. 그렇다고 하여 조건절의 표현으로 '때에는'을 완전히 배제한 것은 아니다. 2018년 법무부안은 조

---

257) 현행 민법전에서는 '전항의 경우'라고 하였다.

건절인데도 어떤 경우에는 '때에는'을 사용하였으며, 그것은 시점이 중요한 경우에 그랬다고 한다.[258] 그 결과 현행 민법전에 '때에는'으로 표현된 것이 2018년 법무부안에 그대로 유지된 조문들도 여럿 있다. 그러한 조문은 특별하기 때문에 모두 열거해 주는 것이 의미가 있을 것이다.

2018년 법무부안이 조건절인데도 현행 민법전에서와 동일하게 '때에는'을 변경하지 않고 그대로 든 조문으로는,[259]

> 제13조 제4항, 제14조의 3 제1항 · 제2항, 제205조 제3항, 제297조 제1항, 제604조, 제749조 제1항 · 제2항, 제936조 제4항(2회 출현), 제957조 제1항, 제1092조

가 있다. 그리고 제25조에서는 현행 민법전과 2018년 법무부안이 공통적으로 '때에도'라고 하였고, 제841조에서는 '때'라고 하였으며(2회 출현), 제1063조 제1항에서는 '때에만'이라고 하였다. 이들 조문 중 제749조 제1항을 아래에 인용한다.

현행 민법전	2018년 법무부안
第749條(受益者의惡意認定) ① 受益者가利益을받은後法律上原因없음을안때에는그때부터惡意의受益者로서利益返還의責任이있다	제749조(수익자의 악의 인정) ① 수익자가 이익을 얻은 후 법률상 원인이 없음을 알게 된 때에는 그때부터 악의의 수익자로서 이익을 반환할 책임이 있다.

258) 2018년 공청회 자료집, 87면(현소혜) 참조.

259) 여기의 조문은 모두 '때에는'이 조건절의 표현으로 사용된 것이며, 시점을 나타내는 말로 사용된 경우는 제외하였다.

2018년 법무부안에서 '때'와 관련된 표현을 수정한 조문이 있다. 제25조에서는 '함에는'을 '때에는'으로, 제42조 제1항에서는 '동의가 있는 때에 한하여'를 '동의가 있어야'로, 제393조 제2항에서는 '때에 한하여'를 '때에만'으로, 제839조의 2 제3항에서는 '경과한 때에는'을 '지나면'으로 수정하였다.

그리고 2018년 법무부안의 제2조 제1항과 제158조에서는 현행 민법전에는 없는데 '때에는'을 추가하였고, 제497조, 제817조와 제1058조 제1항에서는 문장을 수정하여 현행 민법전에 있던 '때에는'을 삭제하였고, 제249조에서는 '때에도'를 삭제하였다.

(3) 변경의 이유 내지 근거

현행 민법전은 조건절을 표현하는 단어인 '경우'와 '때'를 같이 사용하면서도 조건절이 하나인 경우에는 원칙적으로 '때'를 사용하였다. 그에 비하여 2018년 법무부안은 현행 민법전과 달리 '경우'를 원칙으로 삼았다. 그 이유는 '때'는 시점의 의미도 가지고 있어서 가정적인 의미를 부각시키는 것으로는 '경우'가 더 좋다고 본 데에 있다.[260] 다만, 2018년 법무부안이 조건절인데도 예외적으로 '때'를 사용한 경우가 있는데, 그것은 시점이 중요한 조건절을 표현해주기 위한 것이다.

조건절 뒤에 또 조건절이 오는 경우 즉 조건절이 중첩되는 경우에는, 앞의 조건절이 일단 크게 범위를 정하고, 뒤의 조건절이 앞의 조건절에 따른 범위 안에서 다시 범위를 한정하게 된다. 그와 같은 경우에 2018년 법무부안은 앞의 조건절은 '경우'로, 뒤의 조건절은 '때'로 표현하였다. 그 이유는 만약 동일하게 '경우'(또는 '때')로 표현하면 두 조건절이 병렬적인 관계에 있는 것으로 오인될 가능성이 있기 때문이다.[261] 그런데 2018년 법무부안의 이러한 태도는 현행 민법전을 그대로 이어받은 것이다. 현행 민법전도 그와 같은 방식으로 표현하고 있다. 다만,

260) 동지 2018년 공청회 자료집, 86면(현소혜).
261) 동지 2018년 공청회 자료집, 87면(현소혜).

현행 민법전에는 드물게 그 원칙에서 벗어난 모습을 보인 조문이 있는데, 2018년 법무부안은 그런 경우를 원칙에 맞추어 ―특히 앞에 '경우' 뒤에 '때'를 사용하여― 수정하였다.

조건절의 표현인 '경우'에 붙이는 조사는 조건절이 하나인 때에는 '에는'을 선택하여 '경우에는'이라고 하였다. 이는 화제화(話題化)를 분명히 하기 위한 것이다. 조건절을 단순히 '경우' 또는 '경우에'라고 하는 것은 화제화에 부적당하다. '경우'라고만 하면, 은연 중 여러 개의 '경우'가 열거되는 것을 생각하게 되어 의식이 분산되며 의미 파악에 집중하기가 어려워진다. 그리고 '경우에'라고 하는 때에는 화제화가 약한 정도에 머무르게 되어 역시 바람직하지 않다. 법제처에서는 2013년 자문위원회 논의 후부터는 확실하게 화제화를 하기 위하여 '경우에는'의 원칙을 세운 것으로 보인다.[262)]

2018년 법무부안은 조건절이 중첩되는 경우에 '경우'와 '때'에 붙이는 조사로는 '경우'에는 '에'를 붙이고 '때'에는 '에는'을 붙이는 것을 원칙으로 삼았으며, 이 또한 현행 민법전의 태도와 같다.

2018년 법무부안은 조, 항 또는 ―조나 항 안의― 문장의 첫부분에서 앞에 나온 경우를 가리키면서 '이 경우' 또는 '제1항(제○조)의 경우'라는 표현을 사용하고 있다. 공청회 자료집에 따르면, 그와 같이 "하나의 단어에 불과한 경우에는 조사를 생략하더라도 문법에 어긋나지 않고, 오히려 경제적이므로 조사를 생략한 것"이라고 한다.[263)]

2018년 법무부안은 조건절의 표현과 관련하여 그 밖에도 여러 수정을 하였는데, 그것들은 대체로 현행 민법전상의 조건절 표현을 법무부안에서 정한 원칙에 맞추어 바로잡은 것이라고 할 수 있다.

---

262) 법제처는 한동안 조건절을 '경우'라고만 표현한 적이 있었던 것으로 보인다(제836조의 2 제4항 등 참조). 그런데 이제는 그렇게 하지 않으며, 2018년 법무부안도 현행 민법전상 '경우'라고 되어 있던 것을 모두 '경우에는'이라고 수정하였다. 이 책 제3장 31. (2) 7)에 2018년 법무부안이 '경우'를 '경우에는'으로 수정한 조문들을 열거해 두었다.

263) 2018년 공청회 자료집, 87면(현소혜).

(4) 사견

2018년 법무부안이 하나의 조건절을 표현하는 용어로 '경우'를 원칙으로 정한 것은 바람직하다. 그리고 조건절이기는 하지만 시점의 의미가 중요한 경우에는 예외적으로 '때'를 사용한 것도 무난하다. 또한 하나의 조건절을 표현할 때 조사 '에는'을 붙여 '경우에는'이라고 한 것은 대단히 좋은 태도이다. 화제화를 명확히 하는 점에서 그렇다. 그런가 하면 조건절이 중첩되는 경우에 앞의 조건절은 '경우'로, 뒤의 조건절은 '때'로 표현하여 서로 구별해 주는 태도도 적절하다.

그런데 2018년 법무부안에 아쉬운 점이 있다. 2018년 법무부안에는 조, 항 또는 그 안의 문장 첫 부분에 '이 경우', '제1항(제○조)의 경우'라는 표현을 쓴 조문이 많이 있다. 2018년 법무부안이 그렇게 한 이유는 위에서 설명한 바 있는데,[264] 사견으로는 그렇게 고친 경우에는 장점보다는 단점이 더 많다고 생각한다. 우선 '이 경우', '제1항의 경우'라고 하는 것보다는 '이 경우에', '제1항의 경우에'라고 하는 때에 훨씬 쉽고 친근하게 느껴진다. 그리고 그 문구 다음에 조건절이 뒤따라오는 때에는 더욱 부적절하다. 그때에는 '이 경우' 등의 표현이 거북하게 느껴질 뿐만 아니라, 2중 조건절의 표현 원칙에도 어긋난다. 그러므로 적어도 후자와 같은 때만이라도 '이 경우에', '제1항의 경우에'라고 고치는 것이 필요하다.[265] 수정해야 할 조문은 앞에서(제3장 31. (2) 10) 참조) 적었으므로 여기서는 생략한다. 그런데 이와 같이 수정할 때에는 2018년 법무부안이 현행 민법전과 동일하여 거기에 소개되지 않았지만 똑같은 모습을 하고 있는 조문에서도 마찬가지로 수정해야 한다. 그러한 조문으로는 제947조의 2 제4항, 제951조 제2항, 제959조의 15 제2항이 있다.

---

264) 이는 2018년 법무부안만의 태도는 아니고 법제처가 정한 정비원칙에 해당한다.

265) 저자는 이러한 의견을 2018 민법개정안 의견서, 130면·131면(송덕수)에서 밝힌 바 있다.

32. '준용(準用)한다'는 문장의 정비

(1) 변경 내용의 요점

현행 민법전은 매우 많은 조문에서 어떤 사항에 다른 사항에 관한 구체적인 규정이나 민법전의 일정 부분(장이나 절 등)을 '준용한다'는 표현을 사용하고 있다. 그리고 그 모습은 원칙적으로 준용되는 조문을 맨 앞에 제시하고 그 조문을 '~한 경우에 준용한다'고 하고 있으나, 예외적으로는 준용되는 경우를 앞에 내세우고 그 다음에 준용되는 조문을 기재하는 형식을 취한 때도 있다. "전조의 규정은 전항의 경우에 준용한다"(현행 민법전 제143조 제2항)는 전자의 예이고, "공사로 인하여 점유의 방해를 받을 염려가 있는 경우에는 전조 제3항의 규정을 준용한다"(현행 민법전 제206조 제2항)는 후자의 예이다. 물론 이들과 다른 제3의 경우들도 있다.

2018년 법무부안은 '준용한다'는 규정은 준용되는 경우를 맨 앞에 두고 준용되는 조문을 그 뒤에 오도록 하는 것을 원칙으로 정하였으며, 그 원칙은 거의 그대로 관철되고 있다. 이는 현행 민법전에서는 오히려 예외에 해당한 것이다. 그리고 준용되는 경우의 표현으로는 기본적으로는 '~경우에는'이라고 하였으나, '~에는', '~에게는'이라고 한 때도 있고, '~경우에 ~때에는', '~경우에 ~에게는' 등으로 표현한 때도 있다.

(2) 변경되거나 유지된 조문

이제 2018년 법무부안에서 '준용한다'는 조문이 구체적으로 어떻게 규정되고 있는지를 살펴보기로 한다. 조문들을 '준용한다'는 규정의 모습에 따라 분류하여 소개한다.

1) '~경우에는 ~조(또는 절)를 준용한다'는 형식으로 수정된 조문

2018년 법무부안은 많은 조문에서 현행 민법전상의 '준용한다'는

규정을 '~경우에는 ~조(또는 절)를 준용한다'는 형식으로 수정하고 있다. 그러한 조문으로는

제12조 제2항, 제45조 제3항, 제47조 제1항·제2항, 제115조 단서, 제143조 제2항, 제191조 제2항, 제210조, 제220조 제2항, 제258조, 제349조 제2항, 제371조 제1항, 제441조 제2항, 제479조 제2항, 제480조 제2항, 제549조, 제575조 제2항, 제577조, 제580조 제1항, 제583조, 제638조 제2항, 제645조, 제677조, 제678조 제5항, 제722조, 제723조, 제728조, 제739조 제2항·제3항,[266] 제758조 제2항, 제761조 제2항, 제839조의 3 제1항,[267] 제944조, 제952조,[268] 제959조의 7, 제959조의 13, 제1032조 제2항, 제1046조 제2항, 제1051조 제3항, 제1056조 제2항, 제1081조

가 있다. 이들 조문 중 제47조 제1항과 제349조 제2항을 아래에 인용한다.

현행 민법전	2018년 법무부안
第47條(贈與, 遺贈에關한規定의準用) ①生前處分으로財團法人을設立하는때에는贈與에關한規定을準用한다	제47조[증여·유증(遺贈)에 관한 규정의 준용] ① 생전처분(生前處分)으로 재단법인을 설립하는 경우에는 증여에 관한 규정을 준용한다.
第349條(指名債權에對한質權의對抗要件) ②第451條의規定	제349조[지명채권(指名債權)에 대한 질권의 대항요건] ② 제

266) 이 항에는 '경우에는' 다음에 '본인의 이익이 현존하는 한도에서'가 삽입되어 있다.
267) 이 조문에서는 '준용'하라는 문구 뒤에 다른 내용을 덧붙이고 있다.
268) 이 조문에서는 형식은 동일하나 준용되는 경우의 표현이 수정되었다.

은前項의境遇에準用한다	1항의 경우에는 제451조를 준용한다.

그리고 이와 같은 형식을 현행 민법전도 취하고 있어서 2018년 법무부안에서도 그대로 유지된 조문으로는,

제206조 제2항, 제302조, 제398조 제5항,[269] 제411조, 제482조 제2항 제4호, 제486조, 제602조 제1항, 제641조,[270] 제667조 제3항, 제682조 제2항, 제702조, 제801조 제2문, 제802조 제2문, 제873조 제2항, 제882조, 제927조의 2 제1항, 제1023조 제2항, 제1104조 제2항

이 있다.

2) '~에는(에게는) ~조를 준용한다'는 형식으로 수정되거나 유지된 조문

2018년 법무부안에는 '준용한다'는 규정을 '~경우에는' 대신에 '~에는'(또는 '~에게는')으로 표현하여 수정 또는 유지된 조문들이 많이 있다.[271] 그러한 조문으로는

제39조 제2항, 제59조 제2항, 제85조 제2항, 제93조 제3항, 제96조, 제114조 제2항, 제136조,[272] 제154조, 제196조 제2항, 제201조 제3항, 제247조 제2항, 제248조 제2항, 제274조 제2항, 제278조,

269) 이 조문에서는 '경우에는'을 '경우에도'라고 하고 있다.
270) 이 조문에서는 '경우에도'라고 하고 있다.
271) 현행 민법전상 표현 형식이 2018년 법무부안과 동일한 조문(제196조 제2항·제355조가 그 예이다)도 있지만, 여기서는 그러한 조문을 따로 모아서 소개하지 않기로 한다. 그것이 큰 의미가 없고, 또 형식 외에 문구에서는 수정되기도 했기 때문이다.
272) 이 조문에는 '~에는' 다음에 '~경우에만'이라고 하는 긴 절이 삽입되어 있다.

제290조 제1항 · 제2항, 제294조,[273] 제301조, 제319조, 제343조, 제344조, 제355조, 제370조, 제372조, 제499조, 제503조, 제524조, 제526조, 제562조, 제567조, 제611조 제2항, 제612조, 제654조, 제665조 제2항, 제701조, 제707조, 제724조 제1항, 제730조, 제738조, 제763조, 제824조의 2, 제825조, 제835조, 제836조의 2 제5항, 제839조, 제884조 제2항, 제897조('준용'이 3회 출현), 제904조('준용'이 2회 출현), 제908조, 제908조의 6, 제909조의 2 제5항 본문, 제918조 제4항, 제919조, 제940조의 7, 제948조 제2항, 제949조 제2항, 제949조의 3, 제956조('준용'이 2회 출현), 제959조, 제959조의 3 제2항, 제959조의 4 제2항, 제959조의 5 제2항 본문, 제959조의 6 제1항, 제959조의 9 제2항, 제959조의 10 제2항, 제959조의 12, 제959조의 15 제5항, 제959조의 16 제3항, 제1013조 제2항, 제1038조 제3항, 제1040조 제3항, 제1044조 제2항, 제1048조 제2항, 제1053조 제2항, 제1058조 제2항, 제1064조, 제1075조 제2항, 제1103조 제2항, 제1118조

가 있다.

이들 조문 중 제59조 제2항과 제301조를 아래에 인용한다.

현행 민법전	2018년 법무부안
第59條(理事의代表權) ②法人의代表에關하여는代理에關한規定을準用한다	제59조(이사의 대표권) ② 법인의 대표에는 대리에 관한 규정을 준용한다.
第301條(準用規定) 第214條의規定은地役權에準用한다	제301조(준용규정) 지역권에는 제214조를 준용한다.

273) 이 조문은 "지역권은 계속되고 겉으로 드러난 것에 대해서만 제24조를 준용한다."고 하여 변경된 모습이다.

3) '~경우에 ~에는(에게는) ~조를 준용한다'는 형식으로 수정(또는 유지)된 조문

2018년 법무부안에서는 위 1)과 2)가 합해진 방식, 그리하여 '~경우에 ~에는(에게는) ~조를 준용한다'는 형식으로 수정(또는 유지)된 조문들이 있다. 그러한 조문으로는 제26조 제3항, 제597조,[274] 제836조의2 제5항,[275] 제1047조 제2항, 제1058조 제2항[276]이 있다. 그리고 제843조에서는 '~경우에 ~에는 ~조를, ~에는 ~조를, ~에는 ~조를, ~에는 ~조를 준용한다'고 표현하고 있으며, 제864조의 2도 유사한 방식('준용'이 2회 출현함)으로 되어 있다.

이들 조문 중 제597조와 제864조의2를 인용한다.

현행 민법전	2018년 법무부안
第597條(金錢의補充支給의境遇) 當事者一方이前條의財産權移轉과金錢의補充支給을約定한때에는그金錢에對하여는賣買代金에關한規定을準用한다	제597조(금전을 보충 지급하는 경우) 당사자 한쪽이 제596조의 재산권 이전과 금전의 보충 지급을 약정한 경우에는 그 금전에는 매매대금에 관한 규정을 준용한다.
제864조의2(인지와 자의 양육책임 등) 제837조 및 제837조의2의 규정은 자가 인지된 경우에 자의 양육책임과 면접교섭권에 관하여 이를 준용한다.	제864조의2(인지와 자녀 양육책임 등) 자녀가 인지된 경우에 자녀의 양육책임에는 제837조를, 면접교섭권에는 제837조의2를 준용한다.

274) 이 조문에서는 '경우에' 대신 '경우에는'을 사용하고 있다.
275) 이 조문은 한편으로는 위 2)의 방식이나 앞에 '이 경우'가 두어져 있다.
276) 이 조문도 위 제836조의 2 제5항과 같은 상태이다.

4) '~경우에 ~때에는 ~조를 준용한다'는 형식으로 수정(또는 유지)된 조문

2018년 법무부안에는 준용되는 경우를 2중 조건절의 형태로 '~경우에 ~때에는'이라고 표현하여 준용규정이 수정 또는 유지된 조문들이 있다. 그러한 조문으로는 제448조 제1항 · 제2항, 제478조, 제581조 제1항,[277] 제636조,[278] 제642조, 제643조가 있다. 그리고 제574조에서는 '~경우와 ~경우에 ~때에는'이라고 하고, 제482조 제2항 제5호에서는 '이 경우 ~때에는'이라고 하며, 제644조 제2항에서는 '제1항의 경우 ~ 때에는'이라고 한다.

이들 조문 중 제448조 제1항과 제644조 제2항을 아래에 인용한다.

현행 민법전	2018년 법무부안
第448條(共同保證人間의求償權) ①數人의保證人이있는境遇에어느保證人이自己의負擔部分을넘은辨濟를한때에는第444條의規定을準用한다	제448조(공동보증인 간의 구상권) ① 여러 보증인이 있는 경우에 어느 보증인이 자기의 부담부분을 넘어서 변제한 때에는 제444조를 준용한다.
第644條(轉借人의賃貸請求權, 買受請求權) ②前項의境遇에賃貸人이賃貸할것을願하지아니하는때에는第283條第2項의規定을準用한다	제644조(전차인의 임대청구권과 매수청구권) ② 제1항의 경우 임대인이 임대를 원하지 않는 때에는 제283조제2항을 준용한다.

5) 그 밖에 특수한 조문

2018년 법무부안은 제908조의 8에서는 현행 민법전에서와 동일하게 특별한 형식으로 준용을 규정하고 있다. 그 조문을 아래에 인용한다.

---

277) 이 조문에서는 '~경우에' 대신 '~경우에도'를 사용하고 있다.
278) 이 조문도 위 제581조 제1항과 같은 상태이다.

현행 민법전	2018년 법무부안
제908조의8(준용규정) 친양자에 관하여 이 관에 특별한 규정이 있는 경우를 제외하고는 그 성질에 반하지 아니하는 범위 안에서 양자에 관한 규정을 준용한다.	제908조의8(준용규정) 친양자녀에 관하여 이 관에 특별한 규정이 있는 경우를 제외하고는 그 성질에 반하지 않는 범위에서 양자녀에 관한 규정을 준용한다.

(3) 변경의 이유 내지 근거

'준용한다'는 규정은 크게 두 가지 모습으로 나눌 수 있다. 하나는 준용되는 사항을 앞에 두고 준용되는 조문을 뒤에 두는 방법이고, 다른 하나는 준용되는 조문을 앞에 두고 준용되는 사항을 뒤에 두는 방법이다. 이 두 방법은 모두 장단점이 있다. 전자는 준용될 상황을 바로 파악하게 되는 장점이 있으나 어떤 조문이 준용되는지는 나중에 알게 되는 단점이 있고, 후자는 먼저 준용되는 조문을 명확하게 알게 되는 장점이 있으나 정작 어디에 준용되는지는 나중에 알게 되는 단점이 있다. 그러한 상태에서 현행 민법전도 −법제처에서 준용규정 형식의 원칙이 현재와 같이 정해지기 전에는− 둘째 방법을 원칙으로 하여 규정하였다. 그렇지만 예외도 많이 있었다. 그에 비하여 2018년 법무부안은 첫째의 방법을 원칙으로 정하여 거의 그대로 실행하고 있다. 이는 준용될 사항을 먼저 알게 하는 것이 바람직하다는 사고에 기인한 것이며, 그러한 태도는 적절하다.

그리고 2018년 법무부안은 '−에 관하여는'과 같은 일본식 표현을 '~에는', '~에게(에게는)', 등으로 수정하여 규정하기도 한다. 물론 현행 민법전에서도 '~에는'으로 규정된 조문도 많이 있었다. 이들 중 법무부안이 수정한 경우는 일본식 표현을 바꾼 것으로서 바람직하다고 하겠다.

2018년 법무부안은 2중 조건절의 경우에는 조건절 표현의 원칙에 따라 '~경우에 ~때에는'이라고 수정하였다. 다만, 일부 조문에서 개별적으로 특별한 사정이 있는 때에는 조금 변형된 모습으로 규정되기도 하였다.

(4) 사견

준용규정에 대한 2018년 법무부안의 태도는 대체로 무난하다. 그런데 위 (3) 5)에서 설명한 제908조의 8은 수정이 필요하다. 그 조문에서는 준용되는 사항이 '관하여'라고 되어 있어서 화제화가 명확하게 되지 않고 어색하기도 하다. 또한 '관하여'라는 일본식 표현을 그대로 쓰고 있다. 사견으로는 그 조문에서 '친생자녀에 관하여'는 '친양자녀에는'이라고 고치는 것이 좋다. 그렇지 않더라도 '관하여'를 '관해서는'이라고 해야 한다.

33. '적용한다(적용하지 아니한다)'는 문장의 정비

(1) 변경 내용의 요점

현행 민법전에는 '적용한다' 또는 '적용하지 아니한다'고 하는 문장이 여럿 있다. 그 중에는 '적용하지 아니한다'로 마치는 문장이 압도적으로 많으며, '적용한다'고 마치는 문장은 소수에 지나지 않는다. 그리고 그 두 종류 모두에서 −'준용한다'는 규정에서와 마찬가지로− 적용되거나 적용되지 않는 조문을 맨 앞에 두고 적용되거나 적용되지 않아야 할 사항을 뒤에 두는 방법과, 적용되거나 적용되지 않아야 할 사항을 앞에 두고 관련 조문을 그 뒤에 두는 방법이 모두 발견된다. 후자의 방법에서는 앞부분에서는 '~경우에는', '~경우에도', '~에 관하여는' 또는 '~에 대하여는'이 사용되고 있다.

2018년 법무부안은 현행 민법전에서 '적용한다' 또는 '적용하지 아니한다'고 규정된 조문을 −준용규정에서처럼− 원칙적으로 적용되거나 적용되지 않아야 하는 사항을 앞에 두고 적용되거나 적용되지 않아야 하는 조문을 그 뒤에 오도록 하였다. 그런데 그 경우에는 준용규정에서만큼 원칙이 철저하게 관철되지는 않고 있다. 몇 조문에서는 현행 민법전에서와 동일하게 적용되거나 적용되지 않아야 하는 조문을 맨 앞에 두고 있기도 한 것이다.

구체적으로 변경된 내용을 보면, 2018년 법무부안은 많은 조문에서 "~경우에는 제○조를 적용하지 않는다(적용한다)"고 하였고, 또 역시 상당수의 조문에서 "~에는 제○조를 적용하지 않는다(적용한다)"고 하였다. 그런가 하면 "제○항은 ~경우에는 적용하지 않는다"와 같이 적용하지 않을 조문을 맨 앞에 둔 조문도 있다.

(2) 변경된 조문

이제 2018년 법무부안에서 '적용된다' 또는 '적용되지 않는다'고 한 문장을 정비한 조문을 구체적으로 살펴보기로 한다. 순서는 '적용되지 않는다'고 한 조문을 먼저 보려고 한다. 왜냐하면 그러한 조문이 대다수이고 '적용된다'고 한 조문은 아주 소수이기 때문이다. 그리고 여기의 수정과 관련해서는 2018년 법무부안이 현행 민법전의 방식을 그대로 따른 것도 있는데 그러한 조문도 함께 소개할 것이다.

1) '~경우에는 ~조를 ~적용하지 않는다'라고 수정되거나 유지된 조문

2018년 법무부안은 여러 조문에서 현행 민법전상 적용되지 않아야 할 조문을 앞에 두었던 것을 적용되지 않아야 할 사항을 앞에 두는 방식으로, 그리하여 '~경우에는 ~조를 적용하지 않는다'라는 방식으로 수정하였다. 그러한 조문으로는 제73조 제3항, 제144조 제2항, 제320조 제2항, 제565조 제2항, 제580조 제2항, 제632조, 제653조, 제669조가 있다. 이들 중 제320조 제2항을 아래에 인용한다.

현행 민법전	2018년 법무부안
第320條(留置權의內容) ②前項의規定은그占有가不法行爲로因한境遇에適用하지아니한다.	제320조(유치권의 내용) ② 점유가 불법행위로 인한 경우에는 제1항을 적용하지 않는다.

그런가 하면 현행 민법전이 이미 '~ 경우(때에는) ~조가 적용되지 않는다'고 규정하여 2018년 법무부안에서 그대로 유지된 조문도 있다.[279] 제135조 제2항, 제385조 제2항, 제431조 제3항, 제489조 제2항이 그에 해당한다.

2) '~에는 ~조를 적용하지 않는다'라고 수정되거나 유지된 조문

2018년 법무부안은 몇 개의 조문에서는 현행 민법전상 적용되지 않아야 할 조문을 앞에 두었던 것을 바꾸어 '~에는 ~조를 적용하지 않는다'라고 수정하였다. 제165조 제3항, 제268조 제3항, 제908조의 5 제2항, 제1070조 제3항이 그에 해당한다. 그런가 하면 현행 민법전이 적용되지 않아야 할 사항을 앞에 두면서 그것의 표현으로 '~에 관하여는'을 사용한 경우에 그 표현을 '~에는'으로 바꾸어 수정한 조문이 있다. 제191조 제3항, 제908조의 4 제2항, 제1062조에서 그리하였다.

이들 조문 중 앞의 방식의 예로 제165조 제3항과, 뒤의 방식의 예로 제191조 제3항을 아래에 인용한다.

현행 민법전	2018년 법무부안
第165條(判決等에依하여確定된債權의消滅時效) ③前2項의	제165조(판결 등에 의하여 확정된 채권의 소멸시효) ③ 판결

279) 다만, 현행 민법전에서 '때에는'이라고 되어 있을 경우 '경우에는'으로 수정하였다. 제135조 제2항, 제385조 제2항, 제489조 제2항에서 그렇다.

規定은判決確定當時에辨濟期가到來하지아니한債權에適用하지아니한다	확정 당시에 변제기(辨濟期)가 되지 않은 채권에는 제1항과 제2항을 적용하지 않는다.
第191條(混同으로因한物權의消滅) ③占有權에關하여는前2項의規定을適用하지아니한다	제191조[혼동(混同)으로 인한 물권의 소멸] ③ 점유권에는 제1항과 제2항을 적용하지 않는다.

3) 적용되지 않아야 할 조문을 앞에 두는 방식을 유지한 조문

2018년 법무부안에는 현행 민법전이 적용되지 않아야 할 조문을 앞에 둔 것을 그대로 유지한 조문도 있다. 제340조 제2항, 제492조 제2항, 제535조 제2항, 제1091조 제2항이 그에 해당한다.

이들 조문 중 제535조 제2항을 아래에 인용한다.

현행 민법전	2018년 법무부안
第535條(契約締結上의過失) ②前項의規定은相對方이그不能을알았거나알수있었을境遇에는適用하지아니한다	제535조[계약체결상의 과실(過失)] ② 제1항은 상대방이 그 불가능을 알았거나 알 수 있었을 경우에는 적용하지 않는다.

4) '적용한다'는 문장의 수정

2018년 법무부안은 현행 민법전이 '~에 관하여는(또는 ~에 대하여는) ~조를 적용한다'를 '~에는 ~조를 적용한다'고 수정하였다. 제271조 제2항('관하여는'), 제275조 제2항('관하여는'), 제561조('대하여는')가 그에 해당한다. 그런가 하면 제439조에서는 현행 민법전이 취한 '~경우에

도 ~조를 적용한다'는 형식을 그대로 유지하였다.

수정된 조문 중 제271조 제2항을 아래에 인용한다.

현행 민법전	2018년 법무부안
第271條(物件의合有) ②合有에關하여는前項의規定또는契約에依하는外에다음3條의規定에依한다	제271조[물건의 합유(合有)] ② 합유에는 제1항이나 계약에서 정하는 사항 외에는 제272조부터 제274조까지의 규정을 적용한다.

(3) 변경의 이유 내지 근거

2018년 법무부안이 원칙적으로 적용되거나 적용되지 않아야 할 조문을 앞에 두지 않고 적용되거나 적용되지 않아야 할 사항을 앞에 둔 것은 해당 조문보다는 그 사항이 더 중요하고, 그리하여 그 사항을 먼저 파악하게 하기 위한 것으로 생각된다. 그에 비하여 몇 조문에서 현행 민법전에서와 같이 조문을 앞에 둔 것은 그 경우에는 적용되는 조문(모두 제1항임)이 무엇인지를 먼저 파악하게 하는 것이 바람직하다는 사고에 기인한 것으로 보인다.[280]

34. 열거된 사항을 '호'로 분리

(1) 변경 내용

현행 민법전에는 하나의 조문이나 항에서 여러 가지 사항을 길게 열거하고 있는 조문들이 있다. 2018년 법무부안은 그와 같은 조문에서

280) 그런데 적용되지 않아야 할 조문이 제1항이어도 적용되지 않은 사항을 앞에 두기도 하여(제144조 제2항이 그 예이다), 반드시 어떤 원칙에 기초하여 그렇게 정비한 것은 아니라고 생각된다.

는 문장을 여러 '호'로 분리하여 배열하였다. 그에 해당하는 조문으로는

제38조, 제50조 제1항, 제51조 제1항, 제77조 제1항, 제85조 제1항, 제91조 제2항, 제128조, 제312조 제4항, 제316조 제2항, 제490조

가 있다.

이들 중 제38조를 아래에 인용한다.

현행 민법전	2018년 법무부안
第38條(法人의 設立許可의 取消) 法人이 目的以外의 事業을 하거나 設立許可의 條件에 違反하거나 其他 公益을 害하는 行爲를 한 때에는 主務官廳은 그 許可를 取消할 수 있다.	제38조(법인 설립허가의 취소) 법인이 다음 각 호의 어느 하나에 해당하는 행위를 한 경우에는 주무관청은 설립허가를 취소할 수 있다. 1. 목적 외의 사업을 한 경우 2. 설립허가의 조건을 위반한 경우 3. 공익을 해치는 행위를 한 경우

(2) 변경의 이유 내지 근거

문장은 길수록 의미 파악이 더 어려워진다. 유사한 사항이 열거되어 있으면 더욱 그렇다. 그와 같은 경우에 열거된 사항을 나누어 세로로 배열해 놓으면 눈에 쉽게 들어오고 의미 파악이나 기억도 수월해진다. 그러한 이유로 2018년 법무부안은 유사한 사항을 나열해 놓은 긴 문장을 여러 호(각 호)로 분리하여 배열하였다.

35. 대괄호의 사용

(1) 변경 내용

현행 민법전에서는 제목에서 소괄호를 사용하고 있을 뿐 대괄호는 전혀 사용하지 않고 있다. 그런데 2018년 법무부안에서는 용어 뒤에 한자를 병기하는 경우에 한자를 소괄호 안에 넣기 때문에 그 위에 또 괄호를 사용해야 할 때에 소괄호를 쓸 수 없게 된다. 그리하여 2018년 법무부안은 그 경우에 대괄호를 사용하고 있다. 제359조의 제목 '[과실(果實)에 대한 효력]'이 그 예이다. 대괄호의 사용은 조문의 제목에서 한자를 병기하는 경우가 압도적으로 많으나, 본문에서 사용된 경우도 있다. 약칭을 쓰거나 괄호에 어떤 사항을 추가하면서 그 안에서 또 한자를 병기하는 때에 그렇다.

2018년 법무부안이 조문의 제목에서 대괄호를 사용하는 조문으로는,

제1조, 제189조, 제191조, 제201조, 제206조, 제208조, 제209조, 제210조, 제221조, 제222조, 제227조, 제229조, 제231조, 제235조, 제241조, 제250조, 제254조, 제256조, 제258조, 제259조, 제260조, 제261조, 제271조, 제275조, 제278조, 제286조, 제292조, 제297조, 제306조, 제326조, 제336조, 제339조, 제341조, 제342조, 제348조, 제349조, 제350조, 제351조, 제357조, 제359조, 제395조, 제396조, 제427조, 제439조, 제452조, 제466조, 제491조, 제496조, 제509조, 제512조, 제515조, 제531조, 제533조, 제535조, 제562조, 제587조, 제600조, 제604조, 제605조, 제606조, 제607조, 제624조, 제629조, 제682조, 제694조, 제740조, 제742조, 제747조, 제754조, 제761조, 제772조, 제810조, 제826조의 2, 제830조, 제846조, 제862조, 제865조, 제926조, 제951조, 제1001조, 제1008조의 2, 제1057조의 2,

제1060조, 제1109조

가 있다.

그리고 본문에서 대괄호를 사용하는 조문으로는, 제292조 제1항, 제293조 제2항, 제809조 제1항이 있다.

이들 조문 중 제189조와 제292조 제1항을 아래에 인용한다.

현행 민법전	2018년 법무부안
第189條(占有改定) 動產에關한物權을讓渡하는境遇에當事者의契約으로讓渡人이그動產의占有를繼續하는때에는讓受人이引渡받은것으로본다	제189조[점유개정(占有改定)] 동산에 관한 물권을 양도하는 경우에 당사자의 계약으로 양도인이 그 동산을 계속 점유할 때에는 양수인이 동산을 인도받은 것으로 본다.
第292條(附從性) ①地役權은要役地所有權에附從하여移轉하며또는要役地에對한所有權以外의權利의目的이된다 그러나 다른約定이있는때에는그約定에依한다	제292조[지역권의 부종성(附從性)] ① 지역권은 편익을 받는 토지[이하 “요역지”(要役地)라 한다]의 소유권이 이전되면 그에 따라 이전되며, 요역지에 대한 소유권 외의 권리의 대상이 된다. 다만, 다른 약정이 있는 경우에는 그 약정에 따른다.

(2) 변경의 이유 내지 근거

2018년 법무부안은 한글로만 표기하기 때문에 의미 파악이 어렵거나 혼동할 가능성이 있는 용어에는 한자를 병기해 줄 필요가 있다. 그 때에는 조문의 제목과 같은 곳에서는 괄호를 2중으로 사용해야 하는데 소괄호를 겹쳐서 사용하는 것은 부적절하다. 조문의 본문에서 소괄호로 어떤 사항을 추가 기재해야 하는데 그 기재 내용 중 한자병기를 해야 할 사항이 있는 경우에도 마찬가지이다. 2018년 법무부안은 그와 같이 괄호를 겹쳐서 사용해야 할 경우에 바깥쪽의 괄호로 대괄호를 사용하는 것이다. 이는 한글 맞춤법에도 맞는 방법이다.

(3) 사견

2018년 법무부안에서 대괄호의 사용은 받아들일 수는 있다. 그러나 그것이 최선의 방법인지는 의문이다. 우선 제목의 모습이 대괄호가 있는 경우와 대괄호가 없는 경우가 차이가 있어서 바람직하지 않다. 그리고 소괄호는 보충하거나 부속적인 사항을 덧붙일 때 사용하는 것이어서 법률 제목에 사용하는 것은 부적절하다. 조문의 제목은 조문 수를 보충하는 것이 아니기 때문이다. 사견으로는 조문의 제목에는 항상 대괄호를 사용했으면 하는 생각이다. 법제처에서 심각하게 검토해 볼 일이다.

36. '그'에 대한 정비

(1) 변경 내용

현행 민법전은 -최근에 개정된 조문을 제외하고는- '그 연도말'에서 '그'와 같은 관형사와 '그의 직계비속'에서 '그의'와 같은 3인칭 대명사에 관형격 조사가 붙은 관형어(단수·복수 포함)를 구별하지 못하고 모두 똑같이 '그'라고 표현하고 있다. 그리고 '그'가 꼭 필요하지도 않는데 그것이 끼어들어가 있는 때도 많다. 2018년 법무부안은 이와 같이 의미 파악이 어렵고 때로는 불필요한 현행 민법전상의 '그'를 정비하였다.

2018년 법무부안은 불필요하게 삽입된 '그'는 삭제하였다. '그'의 삭제가 문장이 수정되면서 이루어진 경우도 있으나, 문장을 그대로 둔 채로 '그'가 삭제된 경우도 있다. 그러한 조문은 무척 많은데, 몇 개만 들면, 전자에 해당하는 것으로는 제22조 제2항, 제24조 제2항, 제26조 제1항 · 제2항, 제29조 제1항이 있고, 후자에 해당하는 것으로는 제13조 제3항, 제15조 제1항, 제16조 제1항, 제33조가 있다.

다음에 2018년 법무부안은 일부 조문에서는 관형사 '그'가 필요하여 현행 민법전에는 없는 '그'를 추가하였다. 그러한 조문 중에는 문장이 수정되면서 '그'가 추가된 경우도 있으나, 문장 수정이 없이 문구가 추가된 경우도 있다. 제22조 제2항은 전자의 예이고, 제8조 제2항과 제29조 제1항은 후자의 예이다.

그런가 하면 관형사 '그'가 2018년 법무부안에서도 현행 민법전에서와 동일하게 유지된 조문은 부지기수이며, 그러한 조문들은 따로 열거하지 않는다.

한편 현행 민법전상의 '그'가 '그의' 또는 '그들의'의 의미를 가지고 있는 경우에는 2018년 법무부안은 '그'를 '그의'나 '그들의'로 수정하였다. 그리고 일부 조문에서는 '그의'가 추가되었고, 하나의 조문에서는 현행 민법전상의 '그의'가 삭제되었다. 이들, 특히 맨 앞의 것은 대단히 중요한 변동사항이다.

현행 민법전에서도 최근에는 '그의'가 필요한 곳에서는 '그'가 사용되지 않고 '그의'가 사용되었다. 그 결과 현행 민법전에도 '그의'라는 표현이 적지 않게 보인다. 그러한 조문의 경우에는 2018년 법무부안에서도 현행 민법전상의 '그의'가 대체로 그대로 유지되었다.

(2) '그의'로 수정되거나 '그의'가 추가 또는 삭제된 조문

이제 구체적으로 '그'가 '그의'로 수정되거나 '그의'가 새로 추가되거나 삭제된 조문들을 구체적으로 살펴보기로 한다.

1) '그'가 '그의'로 수정된 조문

현행 민법전상의 '그'가 '그의'로 수정된 조문은 무척 많다. 그렇게 수정된 조문(괄호 안은 수정된 내용임)은 다음과 같다.

[총칙편]

제86조 제2항('그 성명'→'그의 성명'), 제93조 제2항('그 사무'→'그의 사무'), 제114조 제1항('그 권한'→'그의 권한'), 제122조 제목('그 책임'→'그의 책임'), 제123조 제1항('그 권한'→'그의 권한'), 제136조('그 대리권을'→'그의 대리권을', '그 동의를 얻어'→'그의 동의를 받아'), 제169조('그 승계인'→'그의 승계인').

[물권편]

제209조 제1항('그 점유를'→'그의 점유를'), 제215조 제1항('그의 공유로 추정한다'→'그들의 공유로 추정한다'),[281] 제216조 제1항('그 주거'→'그의 주거'), 제260조 제2항('그 지분에'→'그의 지분에'), 제263조('그 지분을'→'그의 지분을'), 제267조('그 지분'→'그의 지분'), 제270조('그 지분의 비율로'→'그의 지분 비율에 따라'), 제336조('그 권리'→'그의 권리'), 제337조 제1항('그 승계인'→'그의 승계인').

[채권편]

제446조('그 부탁으로'→'그의 부탁으로'), 제505조('그 승낙'→'그의 승낙'), 제513조 제1항('그 권리를'→'그의 권리를'), 제544조('그 채무를'→'그의 채무를'), 제556조 제1항 제1호('그 배우자'→'그의 배우자'), 제595조('그 지분을'→'그의 지분을'), 제647조 제2항('그 동의를 얻어'→'그의 동의를 받아'), 제657조 제1항('그 권리를'→'그의 권리를'), 제691조('그 상속인'→'그의 상속인'. 2회 출현), 제715조('그 채

281) 이 조문에서는 '그의'라고 하고 있는데, 여기의 '그의'는 복수인 '그들의'의 의미이다.

무'→'그의 채무'), 제729조 제1항('그 상속인'→'그의 상속인'), 제735조('그 사무를'→'그의 사무를'), 제737조('그 상속인'→'그의 상속인'), 제766조 제1항('그 법정대리인'→'그의 법정대리인').

[친족편]

제817조('그 법정대리인'→'그의 법정대리인', '그 직계존속'→'그의 직계존속'), 제818조('그 배우자'→'그의 배우자'), 제830조 제1항('그 특유재산'→'그의 특유재산'), 제840조 제3호('그 직계존속'→'그의 직계존속'), 제849조('그 직계비속'→'그의 직계비속'), 제855조 제1항('그 생부'→'그의 생부')·제2항('그 부모'→'그의 부모'), 제857조('그 직계비속'→'그의 직계비속'), 제863조('그 직계비속'→'그의 직계비속', '그 법정대리인'→'그의 법정대리인'), 제908조의 2 제3항('그 양육 상황'→'그의 양육 상황'), 제908조의 3('그 친족'→'그의 친족'), 제910조('그 친권'→'그의 친권'), 제916조('그 특유재산'→'그의 특유재산'), 제921조 제2항('그 친권'→'그의 친권'), 제923조 제1항('그 자의'→'그의 자녀의'), 제957조 제1항('그 상속인'→'그의 상속인'), 제974조 제1호('그 배우자'→'그의 배우자').

[상속편]

제999조 제1항('그 법정대리인'→'그의 법정대리인'), 제1004조 제1호('그 배우자'→'그의 배우자')·제2호('그 배우자'→'그의 배우자'), 제1014조('그 상속분에'→'그의 상속분에'), 제1016조('그 상속분에'→'그의 상속분에'), 제1018조('그 부담부분'→'그의 부담부분'), 제1032조 제1항('그 채권'→'그의 채권'), 제1043조('그 상속분'→'그의 상속분'), 제1046조 제1항('그 채권'→'그의 채권'), 제1056조 제1항('그 채권'→'그의 채권'), 제1057조('그 권리를'→'그의 권리를'), 제1076조('그 상속인'→'그의 상속인'), 제1077조 제1항('그 상속인'→'그의 상속인'), 제1092조('그 대리인'→'그의 대리인'), 제1096조 제2항('그 임무'→'그의 임무'), 제1106조('그 임무'→'그의 임무'), 제1108조 제2항('그

유언'→'그의 유언'), 제1111조('그 부담의무'→'그의 부담의무'), 제1112조 제1호~제4호('그 법정상속분'→'그의 법정상속분').

이들 조문 중 제169조, 제215조 제1항, 제863조, 제923조 제1항을 아래에 인용한다.

현행 민법전	2018년 법무부안
第169條(時效中斷의效力) 時效의中斷은當事者및그承繼人間에만效力이있다	제169조(소멸시효 중단의 효력) 소멸시효의 중단은 당사자와 그의 승계인 간에만 효력이 있다.
第215條(建物의區分所有) ①數人이한채의建物을區分하여各各그一部分을所有한때에는建物과그附屬物中共用하는部分은그의共有로推定한다	제215조(건물의 구분소유) ① 여럿이 한 채의 건물을 구분하여 각각 그 일부분을 소유한 경우에는 건물과 그 부속물 중 공용(共用)하는 부분은 그들의 공유로 추정한다.
第863條(認知請求의訴) 子와그直系卑屬또는그法定代理人은父또는母를相對로하여認知請求의訴를提起할 수 있다	제863조(인지청구의 소) 자녀와 그의 직계비속 또는 그의 법정대리인은 부나 모를 상대로 인지청구의 소를 제기할 수 있다.
第923條(財産管理의計算) ①法定代理人인親權者의權限이消滅한때에는그子의財産에對한管理의計算을하여야한다	제923조(재산관리의 계산) ① 법정대리인인 친권자의 권한이 소멸되었을 경우에는 그의 자녀의 재산을 관리한 것에 대하여 계산을 해야 한다.

2) '그의'가 새로 추가된 조문

2018년 법무부안에는 현행 민법전에 '그'가 없는데도 필요하여 '그의'가 새로 추가된 조문도 있다. 그 중에는 문장이 수정되면서 추가된 경우가 많으나, 문장이 수정되지 않고 추가된 경우도 있다. 전자에 해당하는 조문으로는 제193조, 제536조 제2항, 제729조 제2항, 제1077조 제1항이 있고, 후자에 해당하는 조문으로는 제266조 제2항이 있다.

3) '그의'가 삭제된 조문

현행 민법전에 '그의'가 있다면 그것은 최근에 개정된 것이다(제215조 제1항만은 예외임). 2018년 법무부안에는 현행 민법전상의 '그의'가 삭제된 조문이 있다. 그 중에는 문장이 수정되면서 삭제된 것도 있고, 수정 없이 삭제가 된 것도 있다. 2018년 법무부안 제950조 제3항은 전자에 해당하고, 제15조 제2항은 후자에 해당한다.

4) 현행 민법전상의 '그의'가 그대로 유지된 조문

최근에 민법전이 개정되면서 현행 민법전에 들어간 '그의'가 2018년 법무부안에서 그대로 유지된 조문들도 있다. 그것은 '그의'가 올바르고 적절하게 들어간 경우이다. 구체적으로 보면,

> 제140조('그의 법정대리인'), 제848조 제1항('그의 성년후견인이'), 제940조의 6 제2항('그의 보호'), 제945조('그의 동의'), 제947조('그의 복리'), 제947조의 2 제1항('그의 상태'), 제950조 제1항('그의 동의'), 제953조('그의 임무수행'), 제1020조('그의 친권자'), 제1021조('그의 상속인'), 제1072조 제1항 제3호('그의 배우자')

가 그에 해당한다.

(3) 변경의 이유 내지 근거

현행 민법전상의 '그'는 관형사 '그'와 3인칭 대명사의 '그'에 조사 '의'가 붙어야 하는 '그의'를 모두 포함하고 있어서, 그것의 정확한 의미를 파악하기가 대단히 어려움은 물론이고, 오히려 잘못 파악하게 만드는 요인이 되고 있다. '그'와 '그의'는 명확히 구별되는 것이므로 민법전에서도 두 가지가 별개로 규정되어야 한다. 그리하여 2018년 법무부안은 '그'가 '그의' 또는 '그들의'의 의미일 경우에는 '그의'나 '그들의'로 수정하였다. 이는 매우 필요하고 적절한 태도라고 하겠다.

그런데 이와 같은 구별은 2018년 법무부안에서 처음 행해진 것은 아니다. 그것은 2009년 법무부안을 심의한 특별분과위원회에서 2008년에 이미 결정하여[282] 2009년 법무부안에 반영되었고, 그러한 태도는 2013년 법제처 정비안에도 이어졌다. 그리고 2015년 법무부안과 2018년 법무부안은 2013년 법제처 정비안의 태도를 승계한 것이다. 한편 2008년에 법무부 특별분과위원회에서 '그'가 '그의'의 의미일 경우에는 '그의'로 수정하기로 한 뒤에는, 법제처에서도 그와 같이 정비를 해 온 것으로 생각된다. 현행 민법전의 규정 중 최근에 개정된 조문에 '그의'가 다수 존재하게 된 이유가 거기에 있다.

한편 2018년 법무부안은 '그'가 필요하지 않은데도 들어가 있는 경우에는 '그'를 삭제하였다. 그것도 내용 파악의 오류를 피하게 하고 이해를 쉽게 하기 위한 것이다. 그리고 '그'나 '그의'가 필요한 경우에 그것들을 추가한 이유도 민법 조문의 내용을 쉽게 파악하게 하기 위한 것이다.

2018년 법무부안이 '그'와 관련하여 정비한 것, 특히 '그의'의 의미일 경우에 '그'를 '그의'로 수정한 것은 민법을 알기 쉽게 하는 데 중요

---

282) 그 위원회의 제4차 회의(2008. 8. 28)에서 '그'가 소유의 의미로 쓰인 경우에는 '그의'로 수정하기로 결정하였다.

한 역할을 할 것으로 생각되며, 따라서 그러한 태도는 앞으로도 견고하게 유지되어야 한다.

37. '~에 대하여', '~에(게) 대하여는', '~에 대하여도', '~에 대하여만', '~에 대하여서만', '~에 대한'의 변경

(1) '대하여'의 변경

1) 변경 내용의 요점

현행 민법전은 '~에 대하여'라는 표현을 매우 많이 사용하고 있다. 그런데 2018년 법무부안은 '~에 대하여'라는 표현을 가능한 한 줄였다.

2018년 법무부안에서는 '~에 대하여'가 문맥에 따라 대부분 '~에게'나 '~에'로 수정되었다. 그런가 하면 때로는 '~으로부터', '~에게도'로 수정되기도 하였다. 그리고 어떤 곳에서는 문장을 수정하면서 '대하여'를 삭제하였으며, 경우에 따라서는 문장을 수정하면서 '~에 대하여'를 새로 추가하기도 하였다. 뿐만 아니라 '~에 대하여'가 필요한 곳에서는 그것이 수정되지 않고 그대로 유지되었다.

2) 변경되거나 유지된 조문

아래에서 '~에 대하여'가 수정되거나 삭제·추가된 조문, 그리고 '대하여'가 그대로 유지된 조문을 살펴보기로 한다.

(가) '~에 대하여'가 수정된 조문

현행 민법전상의 '~에 대하여'가 2018년 법무부안에서 수정된 조문(괄호 안은 수정된 내용임)은 다음과 같다.

[총칙편]

제24조 제2항('재산관리인에 대하여'→'재산관리인에게'), 제26조 제2항('재산관리인에 대하여'→'재산관리인에게'), 제60조의 2 제2항('제3

자에 대하여'→'제3자에게'), 제65조('법인에 대하여'→'법인에게'), 제88조 제1항('채권자에 대하여'→'채권자에게'), 제90조('채권자에 대하여'→'채권자에게'), 제97조 제4호('총회에 대하여'→'총회에'), 제114조 제1항('본인에게 대하여'→'본인에게'), 제121조 제1항('본인에게 대하여'→'본인에게'), 제130조('본인에 대하여'→'본인에게'), 제132조('상대방에 대하여'→'상대방에게'), 제134조('대리인에 대하여'→'대리인에게'), 제136조('대리권 없는 자에 대하여'→'대리권이 없는 자에게').

[물권편]

제200조('점유물에 대하여'→'점유물에'), 제203조 제1항('회복자에 대하여'→'점유를 회복하는 자에게'), 제213조('점유한 자에 대하여'→'점유하는 자에게'), 제214조('방해하는 자에 대하여'→'방해하는 자에게', '행위를 하는 자에 대하여'→'행위를 하는 자에게'), 제240조 제1항('소유자에 대하여'→'소유자에게'), 제242조 제2항('위반한 자에 대하여'→'위반한 자에게'), 제255조 제2항('국가에 대하여'→'국가에'), 제305조 제1항('전세권설정자에 대하여'→'전세권설정자에게'), 제311조 제2항('전세권자에 대하여'→'전세권자에게'), 제312조 제4항('전세권자에 대하여'→'전세권자에게'), 제313조('상대방에 대하여'→'상대방에게'), 제314조 제2항('전세권설정자에 대하여'→'전세권설정자에게'), 제316조 제2항('전세권설정자에 대하여'→'전세권설정자에게'), 제321조('유치물 전부에 대하여'→'유치권의 대상물(이하 "유치물"이라 한다) 전부에'), 제329조('그 동산에 대하여'→'그 동산으로부터'), 제353조 제3항('제3채무자에 대하여'→'제3채무자에게')·제4항('변제를 받은 물건에 대하여'→'변제받은 물건에'), 제356조('부동산에 대하여'→'부동산으로부터'), 제362조('저당권설정자에 대하여'→'저당권설정자에게'), 제364조('저당부동산에 대하여'→'저당부동산에'), 제366조('건물소유자에 대하여'→'건물 소유자에게').

[채권편]

제414조('어느 연대채무자에 대하여'→'어느 연대채무자에게', '모든 연대채무자에 대하여'→'모든 연대채무자에게'), 제427조 제1항('연대채무자에 대하여'→'연대채무자에게'), 제435조('채권자에 대하여'→'채권자에게'), 제437조('재산에 대하여'→'재산에'), 제440조('보증인에 대하여'→'보증인에게도'), 제442조 제1항('주채무자에 대하여'→'주채무자에게'), 제465조 제2항('채무자에 대하여'→'채무자에게'), 제476조 제1항('채무자에 대하여'→'채무자에게'), 제489조 제1항('공탁소에 대하여'→'공탁소에'), 제514조('소지인에 대하여'→'소지인에게'), 제520조 제1항('소지인에 대하여'→'소지인에게'), 제534조('청약에 대하여'→'청약에'), 제539조 제2항('채무자에 대하여'→'채무자에게'), 제548조 제1항('상대방에 대하여'→'상대방에게'), 제556조 제2항('수증자에 대하여'→'증여받은 자에게'), 제568조 제1항('매수인에 대하여'→'매수인에게'), 제571조 제2항('매수인에 대하여'→'매수인에게'), 제576조 제2항('매도인에 대하여'→'매도인에게'), 제578조 제2항('채권자에 대하여'→'채권자에게')·제3항('채권자에 대하여'→'채권자에게'), 제589조('매수인에 대하여'→'매수인에게'), 제594조 제2항('목적물에 대하여'→'매매 대상물에'), 제621조 제1항('임대인에 대하여'→'임대인에게'), 제626조 제1항('임대인에 대하여'→'임대인에게'), 제630조 제1항('임대인에 대하여'→'임대인에게'), 제637조 제2항('상대방에 대하여'→'상대방에게'), 제638조 제1항('전차인에 대하여'→'전차인에게'), 제644조 제1항('임대인에 대하여'→'임대인에게'), 제646조 제1항('임대인에 대하여'→'임대인에게'), 제647조 제1항('임대인에 대하여'→'임대인에게'), 제655조('상대방에 대하여'→'상대방에게'), 제658조 제1항('노무자에 대하여'→'노무자에게'), 제661조('상대방에 대하여'→'상대방에게'), 제667조 제1항('수급인에 대하여'→'수급인에게'), 제674조 제2항('상대방에 대하여'→'상대방에게'), 제678조 제4항('판정에

대하여'→'판정에'), 제680조('상대방에 대하여'→'상대방에게'), 제686조 제1항('위임인에 대하여'→'위임인에게'), 제688조 제1항('위임인에 대하여'→'위임인에게')·제3항('위임인에 대하여'→'위임인에게'), 제693조('상대방에 대하여'→'상대방에게'), 제739조 제1항('본인에 대하여'→'본인에게'), 제745조 제2항('채무자에 대하여'→'채무자에게'), 제756조 제3항('피용자에 대하여'→'피용자에게'), 제758조 제3항('책임있는 자에 대하여'→'책임이 있는 자에게').

[친족편]

제805조('상대방에 대하여'→'상대방에게'), 제806조 제1항('상대방에 대하여'→'상대방에게'), 제832조('제3자에 대하여'→'제3자에게'), 제839조의 2 제1항('일방에 대하여'→'한쪽에게'), 제940조의 6 제2항('재산에 대하여'→'재산에').

[상속편]

제1032조 제1항('유증받은 자에 대하여'→'유증받은 자에게'), 제1034조 제1항('채권자에 대하여'→'채권자에게')·제2항('유증받은 자에 대하여'→'유증받은 자에게'), 제1038조 제1항('유증받은 자에 대하여'→'유증받은 자에게')·제2항('유증받은 자에 대하여'→'유증받은 자에게'), 제1046조 제1항('유증받은 자에 대하여'→'유증받은 자에게'), 제1051조 제2항('유증받은 자에 대하여'→'유증받은 자에게'), 제1055조 제2항('그 상속인에 대하여'→'그 상속인에게'), 제1056조 제1항('유증받은 자에 대하여'→'유증받은 자에게'), 제1077조 제2항('유증의무자에 대하여'→'유증의무자에게'), 제1081조('그 목적물에 대하여'→'그 대상물에'), 제1085조('유증의무자에 대하여'→'유증의무자에게').

이들 조문 중 제24조 제2항('~에게'로 수정), 제255조 제2항('~에'로 수정), 제329조('~으로부터'로 수정), 제440조('~에게도'로 수정)를 아래에 인용한다.

현행 민법전	2018년 법무부안
第24條(管理人의職務) ②法院은그選任한財産管理人에對하여不在者의財産을保存하기爲하여必要한處分을命할 수 있다	제24조(재산관리인의 직무) ② 법원은 제1항의 재산관리인에게 부재자의 재산을 보존하기 위하여 필요한 처분을 명할 수 있다.
第255條(文化財의國有) ②前項의境遇에拾得者, 發見者및埋藏物이發見된土地其他物件의所有者는國家에對하여適當한報償을請求할수있다	제255조(문화재의 국유) ② 제1항의 경우 습득자, 발견자 및 매장물이 발견된 토지나 그 밖의 물건의 소유자는 국가에 적당한 보상을 청구할 수 있다.
第329條(動産質權의內容) 動産質權者는債權의擔保로債務者또는第三者가提供한動産을占有하고그動産에對하여다른債權者보다自己債權의優先辨濟를받을權利가있다	제329조(동산질권의 내용) 동산질권자는 채권의 담보로 채무자나 제3자가 제공한 동산을 점유하고 그 동산으로부터 다른 채권자보다 우선하여 자기 채권을 변제받을 권리가 있다.
第440條(時效中斷의保證人에對한效力) 主債務者에對한時效의中斷은保證人에對하여그效力이있다	제440조(소멸시효 중단의 효력) 주채무자에 대한 소멸시효의 중단은 보증인에게도 효력이 있다.

(나) '~에 대하여'가 삭제된 조문

2018년 법무부안에서 일부 조문의 경우에는 문장이 수정되면서 '~에 대하여'가 삭제되었다. 그러한 조문으로는 제556조 제1항 본문·제2호, 제587조, 제696조, 제761조 제1항, 제1048조 제1항이 있다.

(다) '~에 대하여'가 새로 추가된 조문

2018년 법무부안의 일부 조문에서는 문장을 수정하여 현행 민법전에는 없던 '~에 대하여'가 새로 추가되었다. 그러한 조문으로는 제426조 제1항('채권자에게'→'채권자에 대하여'), 제837조 제4항('사항의 협의가'→'사항에 대하여 협의가')이 있다.

(라) '~에 대하여'가 그대로 유지된 조문

2018년 법무부안에는 현행 민법전상의 '~에 대하여'가 그대로 유지된 조문들도 많이 있다. 그러한 조문으로는

> 제9조 제1항, 제12조 제1항, 제13조 제3항, 제14조의 2 제1항, 제14조의 3 제1항·제2항, 제123조 제2항, 제125조(2회 출현), 제126조, 제176조, 제180조 제1항, 제209조 제1항, 제270조, 제303조 제1항, 제307조, 제308조, 제312조의 2, 제418조 제1항, 제421조, 제425조 제1항, 제435조, 제441조 제1항, 제447조, 제451조 제1항·제2항, 제476조 제2항, 제482조 제2항 제1호·제2호·제3호·제5호, 제483조 제1항, 제547조 제1항·제2항, 제550조, 제559조 제1항, 제588조, 제592조, 제595조, 제618조, 제621조 제2항, 제622조 제1항, 제634조, 제639조 제2항, 제655조, 제662조 제2항, 제664조, 제671조 제1항, 제674조 제1항, 제711조 제2항, 제714조, 제761조 제1항, 제832조, 제920조, 제922조의 2, 제947조의 2 제3항·제5항, 제949조 제1항, 제950조 제2항, 제1016조, 제1017조 제1항, 제1039조, 제1051조 제1항, 제1059조, 제1082조 제1항

이 있다.

이들 조문 중 제123조 제2항과 제125조를 아래에 인용한다.

현행 민법전	2018년 법무부안
第123條(復代理人의權限) ②復代理人은本人이나第三者에對하여代理人과同一한權利義務가있다	제123조(복대리인의 권한) ② 복대리인은 본인이나 제3자에 대하여 대리인과 동일한 권리와 의무가 있다.
第125條(代理權授與의表示에依한表見代理) 第三者에對하여他人에게代理權을授與함을表示한者는그代理權의範圍內에서行한그他人과그第三者間의法律行爲에對하여責任이있다 그러나第三者가代理權없음을알았거나알수있었을때에는그러하지아니할 때	제125조[대리권 수여의 표시에 의한 표현대리(表見代理)] 제3자에 대하여 타인에게 대리권을 수여함을 표시한 자는 그 대리권의 범위에서 한 그 타인과 그 제3자 간의 법률행위에 대하여 책임이 있다. 다만, 그 타인에게 대리권이 없다는 사실을 제3자가 알았거나 알 수 있었을 경우에는 그렇지 않다.

3) 변경의 이유 내지 근거

현행 민법전에서 자주 사용한 '~에 대하여'는 우리말의 고유한 용어가 아니고 일본어를 번역한 것이다.283) 그리고 '~에'라는 조사와 '대하여'라는 부분에 모두 대상의 의미가 들어 있어서 동어반복의 문제도 있다.284) 그래서 2018년 법무부안은 가능한 범위에서 '~에 대하여'를 수정하였다. 구체적으로 어떻게 수정할 것인지는 조문별로 문맥에 따라 결정하였다.

그런데 조문에 따라서는 '~에 대하여'라는 표현을 사용하지 않을 경우에 오히려 의미를 오해하게 하거나 어색할 때도 있는데, 그러한 때

283) 김문오/홍사만, 우리 민법, 332면.

284) 2018년 공청회 자료집, 72면(현소혜).

에는 무리해서 수정하지 않고 그 표현을 그대로 두었다.[285] 그리고 현행 민법전의 조문 중에 의미를 정확하게 파악하게 하기 위하여 오히려 '~에 대하여'가 필요한 조문에는 그 표현을 새로 추가하였다.

(2) '~에 대하여는'의 변경

1) 변경 내용의 요점

현행 민법전에는 '~에 대하여'의 활용어 중 하나인 '~에 대하여는'이 상당히 자주 사용되었다. 2018년 법무부안은 '~에 대하여는'이라는 표현을 다른 말로 바꾸거나 아예 문장을 수정하여 그 표현을 삭제하였다.

2018년 법무부안에서 '~에 대하여는'이 수정된 경우에 그 용어는 문맥에 따라 '~는(은)', '~에는', '~에게는', '~에서는' 또는 '~에 대해서는'으로 수정되었다.

그리고 2018년 법무부안에서는 '~에 대하여는'이 모두 수정되거나 삭제되어 그 용어가 전혀 남아 있지 않다.

2) 변경된 조문

아래에서 '~에 대하여는'이 수정되거나 삭제된 조문을 살펴보기로 한다.

2018년 법무부안에서 '~에 대하여는'이 수정된 조문으로는 다음의 것이 있다.

[총칙편]

제13조 제4항('법률행위에 대하여는'→'법률행위는'), 제89조('채권자에게 대하여는'→'채권자에게는').

---

285) 동지 2018년 공청회 자료집, 73면(현소혜).

[물권편]

제204조 제2항('특별승계인에 대하여는'→'특별승계인에게는'), 제255조 제1항('물건에 대하여는'→'물건은'), 제293조 제2항('다른 부분에 대하여는'→'다른 부분에 대해서는'), 제359조('제3자에 대하여는'→'제3자에게는'), 제360조('지연배상에 대하여는'→'지연배상에 대해서는'), 제365조('경매대가에 대하여는'→'경매대가에서는').

[채권편]

제558조('이행한 부분에 대하여는'→'이행한 부분에 대해서는'), 제561조('증여에 대하여는'→'증여에는'), 제584조('양도한 행위에 대하여는'→'양도한 행위에 대해서는'), 제594조 제2항('유익비에 대하여는'→'유익비에 대해서는'), 제597조('그 금전에 대하여는'→'그 금전에는'), 제611조 제2항('비용에 대하여는'→'비용에는'), 제620조('토지에 대하여는'→'토지는', '공작물에 대하여는'→'공작물은', '동산에 대하여는'→'동산은'), 제633조('대지에 대하여는'→'대지의 임차료는', '토지에 대하여는'→'토지의 임차료는', '수확기 있는 것에 대하여는'→'수확기가 있는 임차물의 임차료는'), 제668조('공작물에 대하여는'→'공작물에 대해서는'), 제672조('사실에 대하여는'→'사실에 대해서는'), 제719조 제3항('사항에 대하여는'→'사항은'), 제752조('배우자에 대하여는'→'배우자에게는'), 제764조('명예를 훼손한 자에 대하여는'→'명예를 훼손한 자에게는').

[친족편]

제771조('혈족에 대하여는'→'혈족에 대해서는', '배우자에 대하여는'→'배우자에 대해서는'), 제836조의 2 제5항('효력에 대하여는'→'효력에는'), 제909조의 2 제5항 본문('사람에 대하여는'→'사람에게는'), 제940조의 7('후견감독인에 대하여는'→'후견감독인에게는'), 제949조의 3('후견인에 대하여는'→'후견인에게는'), 제959조의 3 제2항('한정후견인에 대하여는'→'한정후견인에게는'), 제959조의 5 제2항('한정후견

감독인에 대하여는'→'한정후견감독인에게는'), 제959조의 9 제2항('특정후견인에 대하여는'→'특정후견인에게는'), 제959조의 10 제2항('특정후견감독인에 대하여는'→'특정후견감독인에게는'), 제959조의 15 제5항('임의후견감독인에 대하여는'→'임의후견감독인에게는'), 제959조의 16 제3항('임의후견감독인에 대하여는'→'임의후견감독인에게는').

[상속편]

제1017조 제2항('채권에 대하여는'→'채권에 대해서는').

이들 조문 중 제13조 제4항, 제204조 제2항, 제365조, 제558조, 제561조를 아래에 인용한다.

현행 민법전	2018년 법무부안
제13조(피한정후견인의 행위와 동의) ④ 한정후견인의 동의가 필요한 법률행위를 피한정후견인이 한정후견인의 동의 없이 하였을 때에는 그 법률행위를 취소할 수 있다. 다만, 일용품의 구입 등 일상생활에 필요하고 그 대가가 과도하지 아니한 법률행위에 대하여는 그러하지 아니하다.	제13조(피한정후견인의 행위와 동의) ④ 한정후견인의 동의가 필요한 법률행위를 피한정후견인이 한정후견인의 동의 없이 했을 때에는 그 법률행위를 취소할 수 있다. 다만, 일용품의 구입 등 일상생활에 필요하고 그 대가가 과도하지 않은 법률행위는 그렇지 않다.
第204條(占有의回收) ②前項의 請求權은侵奪者의特別承繼人에對하여는行使하지못한다 그러나承繼人이惡意인때에는 그러하지아니하다	제204조(점유의 회수) ② 제1항의 청구권은 점유를 빼앗은 자의 특별승계인에게는 행사할 수 없다. 다만, 승계인이 악의인 경우에는 그렇지 않다.

第365條(抵當地上의建物에對한競賣請求權) 土地를目的으로抵當權을設定한後그設定者가그土地에建物을築造한때에는抵當權者는土地와함께그建物에對하여도競賣를請求할수있다 그러나그建物의競賣代價에對하여는優先辨濟를받을權利가없다	제365조(저당토지 위의 건물에 대한 경매청구권) 토지를 대상으로 저당권을 설정한 자가 저당권 설정 후 그 토지에 건물을 지은 경우에는 저당권자는 토지와 함께 그 건물도 경매를 청구할 수 있다. 다만, 그 건물의 경매대가에서는 우선변제를 받을 권리가 없다.
第558條(解除와履行完了部分) 前3條의規定에依한契約의解除는이미履行한部分에對하여는影響을미치지아니한다	제558조(해제와 이행완료 부분) 제555조부터 제557조까지의 규정에 따른 계약의 해제는 이미 이행한 부분에 대해서는 영향을 미치지 않는다.
第561條(負擔附贈與) 相對負擔있는贈與에對하여는本節의規定外에雙務契約에關한規定을適用한다	제561조(부담부 증여) 상대방에게 부담이 있는 증여에는 이 절의 규정을 적용하는 외에 쌍무계약에 관한 규정을 적용한다.

2018년 법무부안에는 문장이 수정되면서 '~에 대하여는'이 삭제된 조문들도 있다. 제20조, 제559조 제2항, 제635조 제2항 제1호·제2호, 제1116조가 그에 해당한다.

3) 변경의 이유 내지 근거

'~에 대하여는'은 '~에 대하여'의 활용어 가운데 하나이다. 즉 그것은 일본어식 표현의 변형인 것이다. 그리하여 2018년 법무부안은 '~

에 대하여'를 수정하면서 '~에 대하여는'도 수정하게 되었다.

한편 '~에 대하여는'을 '~에는'이나 '~에게는'으로 수정한 조문들은 대부분 '준용한다', '적용한다', '적용하지 않는다'는 문장으로 되어 있는 것들이다.

(3) '~에 대하여도'의 변경

1) 변경 내용의 요점

현행 민법전은 여러 조문에서 '~에 대하여도'라는 표현을 사용하고 있다. 2018년 법무부안은 그 표현을 문맥에 따라 '~도', '~에도', '~에게도', '~에 대하여' 또는 '~에 대해서도'로 수정하였으며, 수정을 하지 않고 남겨 둔 조문이 없다.

2) 변경된 조문

2018년 법무부안에서 현행 민법전의 '~에 대하여도'가 다른 말로 수정된 조문(괄호 속은 수정된 내용임)으로는,

제91조 제1항('채권에 대하여도'→'채무도'), 제336조('손해에 대하여도'→'손해에 대하여'), 제342조('물건에 대하여도'→'물건에도'), 제365조('건물에 대하여도'→'건물도'), 제428조 제2항('채무에 대하여도'→'채무에 대해서도'), 제509조 제1항('채무자에 대하여도'→'채무자에게도'), 제547조 제2항('당사자에 대하여도'→'당사자에 대해서도'), 제585조('의무이행에 대해서도'→'의무이행에도'), 제646조 제2항('부속물에 대하여도'→'부속물도'), 제647조 제2항('부속물에 대하여도'→'부속물도'), 제751조 제1항('손해에 대하여도'→'손해도'), 제806조 제2항('정신상 고통에 대하여도'→'정신적 고통에 대해서도'), 제858조('자에 대하여도'→'자녀도'), 제1035조 제1항('채권에 대하여도'→'채권도')

이 있다.

이들 조문 중 제336조, 제342조, 제365조, 제428조 제2항, 제509조 제1항을 아래에 인용한다.

현행 민법전	2018년 법무부안
第336條(轉質權) 質權者는그權利의範圍內에서自己의責任으로質物을轉質할수있다 이境遇에는轉質을하지아니하였으면免할수있는不可抗力으로因한損害에對하여도責任을負擔한다	제336조[전질권(轉質權)] 질권자는 그의 권리의 범위에서 자기의 책임으로 질물을 전질할 수 있다. 이 경우 전질을 하지 않았으면 피할 수 있었던 손해에 대하여 불가항력이었더라도 책임을 부담한다.
第342條(物上代位) 質權은質物의滅失, 毁損또는公用徵收로因하여質權設定者가받을金錢其他物件에對하여도이를行使할수있다 이境遇에는그支給또는引渡前에押留하여야한다	제342조[물상대위(物上代位)] 질권자는 질물의 멸실, 훼손 또는 공용징수로 인하여 질권설정자가 받을 금전이나 그 밖의 물건에도 질권을 행사할 수 있다. 이 경우 질권설정자에게 금전이나 물건이 지급되거나 인도되기 전에 압류해야 한다.
第365條(抵當地上의建物에對한競賣請求權) 土地를目的으로抵當權을設定한後그設定者가그土地에建物을築造한때에는抵當權者는土地와함께그建物에對하여도競賣를請求할수있	제365조(저당토지 위의 건물에 대한 경매청구권) 토지를 대상으로 저당권을 설정한 자가 저당권 설정 후 그 토지에 건물을 지은 경우에는 저당권자는 토지와 함께 그 건물도 경매를

다 그러나그建物의競賣代價에對하여는優先辨濟를받을權利가없다	청구할 수 있다. 다만, 그 건물의 경매대가에서는 우선변제를 받을 권리가 없다.
第428條(保證債務의 內容) ② 保證은 將來의 債務에 對하여도 할 수 있다.	제428조(보증채무의 내용) ② 보증은 장래의 채무에 대해서도 할 수 있다.
第509條(還背書) ①指示債權은 그債務者에對하여도背書하여 讓渡할수있다	제509조[환배서(還背書)] ① 지시채권은 그 채무자에게도 배서하여 양도할 수 있다.

3) 변경의 이유 내지 근거

'~에 대하여도'는 '~에 대하여'의 활용어 가운데 하나이다. 따라서 그 표현 역시 일본식인 것이다. 그리하여 2018년 법무부안은 현행 민법전상의 '~에 대하여도'를 모두 수정하였다.

(4) '~에 대하여만', '~에 대하여서만'의 변경

현행 민법전은 각 1개 조문에서 '~에 대하여만'과 '~에 대하여서만'이라는 표현을 사용하고 있다. 2018년 법무부안에서는 그 표현들 중 '~에 대하여만'은 '~에게만'으로, '~에 대하여서만'은 '~에 대해서만'으로 수정되었다. 그와 같이 수정된 조문은 제679조 제3항('안 자에 대하여만'→'안 자에게만'), 제92조('재산에 대하여서만'→'재산에 대해서만')이다.

아래에 이 두 조문을 인용한다.

현행 민법전	2018년 법무부안
第679條(懸賞廣告의撤回) ③前	제679조(현상광고의 철회) ③

廣告와同一한方法으로撤回할수없는때에는그와類似한方法으로撤回할수있다 이撤回는撤回한것을안者에對하여만그效力이있다	종전의 광고와 동일한 방법으로 철회할 수 없는 경우에는 그와 유사한 방법으로 철회할 수 있다. 이 경우 그 철회는 철회한 것을 안 자에게만 효력이 있다.
第92條(淸算으로부터除外된債權) 淸算으로부터除外된債權者는法人의債務를完濟한後歸屬權利者에게引渡하지아니한財産에對하여서만辨濟를請求할수있다	제92조(청산에서 제외된 채권자) 청산에서 제외된 채권자는 법인이 채무를 완전히 변제한 후에 귀속권리자에게 인도되지 않은 재산에 대해서만 변제를 청구할 수 있다.

2018년 법무부안에서 '~에 대하여만'과 '~에 대하여서만'이 수정된 이유는 그 표현들 역시 '~에 대하여'의 활용어로서 일본식이기 때문이다.

(5) '~에 대한'의 변경

1) 변경 내용의 요점

현행 민법전에는 '~에 대한'이라는 표현이 -특히 조문의 제목에서- 무척 많이 사용되었다. 2018년 법무부안은 현행 민법전상의 '~에 대한'을 대다수의 조문에서는 그대로 유지하였으나, 일부 조문에서는 다른 표현으로 수정하거나 문장을 수정하면서 삭제하였다. 그런가하면 어떤 조문에서는 '~에 대한'이라는 표현을 새로 추가하기도 하였다.

2018년 법무부안에서 '~에 대한'이 수정된 조문에서는 문맥에 따라 '~에게', '~에 대하여', '~에게 한' 또는 '~에 관한'으로 수정되었다.

2) 변경되거나 유지된 조문

(가) '~에 대한'이 수정된 조문

2018년 법무부안에서 현행 민법전의 '~에 대한'이 수정된 조문(괄호 안은 수정된 내용임)으로는,

> 제163조 제4호('법무사에 대한'→'법무사에게'), 제341조('채무자에 대한'→'채무자에 대하여'), 제470조 본문('준점유자에 대한'→'준점유자에게 한'), 제472조 본문('권한 없는 자에 대한'→'권한이 없는 자에게 한'), 제515조('전자에 대한'→'종전의 소지인에 대하여 가지고 있는'), 제556조 제1항 제1호('직계혈족에 대한'→'직계혈족에게'), 제628조('임대물에 대한'→'임대물에 관한', '장래에 대한'→'장래에 대하여'), 제758조 제3항('원인에 대한'→'원인에 대하여')

이 있다.

이들 중 제163조 제4호, 제470조, 제628조를 아래에 인용한다.

현행 민법전	2018년 법무부안
第163條(3年의短期消滅時效) 다음各號의債權은3年間行使하지아니하면消滅時效가完成한다 4. 辯護士, 辨理士, 公證人, 公認會計士및法務士에對한職務上保管한書類의返還을請求하는債權	제163조(3년의 단기소멸시효) 다음 각 호의 채권은 3년간 행사하지 않으면 소멸시효가 완성된다. 4. 변호사, 변리사, 공증인, 공인회계사 및 법무사에게 직무상 보관하고 있는 서류의 반환을 청구하는 채권

第470條(債權의準占有者에對한辨濟) 債權의準占有者에對한辨濟는辨濟者가善意이며過失없는때에限하여效力이있다	제470조(채권의 준점유자에 대한 변제) 채권의 준점유자에게 한 변제는 변제자가 선의이며 과실(過失)이 없는 경우에만 효력이 있다.
第628條(借賃增減請求權) 賃貸物에對한公課負擔의增減其他經濟事情의變動으로因하여約定한借賃이相當하지아니하게된때에는當事者는將來에對한借賃의增減을請求할 수 있다	제628조(임차료 증감 청구권) 임차물에 관한 조세, 공과금, 그 밖의 부담의 증가나 감소 또는 경제사정의 변동으로 약정한 임차료가 적절하지 않게 된 경우에는 당사자는 장래에 대하여 임차료의 증액이나 감액을 청구할 수 있다.

(나) '~에 대한'이 삭제된 조문

2018년 법무부안에는 문장을 수정하여 현행 민법전에 있는 '~에 대한'이라는 표현을 삭제한 조문들이 여럿 있다. 그러한 조문으로는

제41조 제목·본문, 제60조 제목·본문, 제114조 제2항, 제195조, 제217조 제목, 제295조 제2항, 제359조, 제389조 제3항, 제440조 제목, 제585조, 제630조 제1항·제2항, 제666조, 제714조, 제771조(2회 삭제), 제923조 제1항, 제955조 제목, 제1036조 본문

이 있다.

(다) '~에 대한'이 새로 추가된 조문

2018년 법무부안에는 현행 민법전에 없던 '~에 대한'을 새로 추가한 조문들도 있다. 그러한 조문으로는

제15조 제1항, 제65조, 제181조, 제236조, 제347조, 제397조 제1항, 제454조 제2항, 제482조 제2항 제1호, 제611조 제1항, 제669조, 제685조 제목, 제751조 제목, 제753조, 제827조 제2항, 제846조 제목, 제857조 제목, 제858조 제목, 제952조 제목, 제1021조, 제1036조 제목

이 있다.

(라) '~에 대한'이 그대로 유지된 조문

2018년 법무부안에는 현행 민법전상의 '~에 대한'이라는 표현이 그대로 유지된 조문들이 매우 많다. 그러한 조문들에서 '~에 대한'이라는 표현이 유지된 부분은 본문인 경우도 있으나, 대다수는 제목에서 그리하였다. 그러한 조문들 중 '~에 대한'이 본문에서 유지된 제90조와 제목에서 유지된 제472조를 아래에 인용하기로 하며, 조문들의 열거는 생략한다.

현행 민법전	2018년 법무부안
第90條(債權申告期間內의辨濟禁止) 清算人은第88條第1項의債權申告期間內에는債權者에對하여辨濟하지못한다 그러나法人은債權者에對한遲延損害賠償의義務를免하지못한다	제90조(채권신고 기간 내의 변제 금지) 청산인은 제88조제1항의 채권신고 기간 내에는 채권자에게 변제해서는 안 된다. 다만, 법인은 채권자에 대한 지연손해배상의 의무를 면할 수 없다.
第472條(權限없는者에對한辨濟) 前2條의境遇外에辨濟받을權限없는者에對한辨濟는債權者가利益을받은限度에서效力이	제472조(권한이 없는 자에 대한 변제) 제470조와 제471조의 경우 외에 변제받을 권한이 없는 자에게 한 변제는 채권자가

있다	이익을 얻은 한도에서 효력이 있다.

3) 변경의 이유 내지 근거

'~에 대한'도 '~에 대하여'의 활용어에 해당한다. 그 결과 그 표현 역시 일본식이어서 2018년 법무부안은 그것을 수정하려고 하였다. 그런데 대다수의 조문에서는 '~에 대한'을 대체할 적절한 표현이 없어서 그대로 유지하였다. 그리고 일부 조문에서는 오히려 '~에 대한'이라는 표현이 필요하여 그것을 새로 추가하기도 하였다.

38. '~에 관하여', '~에 관하여는', '~에 관하여서만'의 변경

(1) '~에 관하여'의 변경

1) 변경 내용의 요점

현행 민법전에서는 '~에 관하여'라는 표현이 자주 사용되었다. 2018년 법무부안에서는 많은 조문에서 현행 민법전상의 '~에 관하여'를 그대로 유지하였으나, 일부 조문에서는 적절하게 수정하였다. 2018년 법무부안에서 '~에 관하여'가 수정된 경우에는 문맥에 따라 '~에', '~에서', '~에는', '~에 관한'으로 고쳐졌다. 그런가 하면 몇 개의 조문에서는 문장을 수정하면서 '~에 관하여'를 삭제하기도 하였다. 그리고 두 개의 조문에서는 '~에 관한'을 '~에 관하여'로 고쳤다.

2) 수정되거나 유지된 조문

아래에서 '~에 관하여'가 수정되거나 삭제·추가된 조문, '~에 관하여'가 그대로 유지된 조문들을 설명하기로 한다.

(가) '~에 관하여'가 수정된 조문

2018년 법무부안에서 현행 민법전상의 '~에 관하여'가 수정된 조문(괄호 안은 수정된 내용임)으로는,

제22조 제1항('재산관리에 관하여'→'재산 관리에'), 제110조 제2항('상대방 있는 의사표시에 관하여'→'상대방이 있는 의사표시에서'), 제290조 제2항('구분지상권에 관하여'→'구분지상권에는'), 제488조 제2항('공탁소에 관하여'→'공탁소에 관한'), 제824조의 2('면접교섭권에 관하여'→'면접교섭권에는'), 제836조의 2 제1항('상담에 관하여'→'상담에 관한'), 제864조의 2('면접교섭권에 관하여'→'면접교섭권에는'), 제908조의 5 제2항('파양에 관하여'→'파양에는')

이 있다.

이들 조문 중 제22조 제1항, 제110조 제2항, 제824조의 2, 제836조의 2 제1항을 아래에 인용한다.

현행 민법전	2018년 법무부안
第22條(不在者의財産의管理) ① 從來의住所나居所를떠난者가財産管理人을定하지아니한때에는法院은利害關係人이나檢事의請求에依하여財産管理에關하여必要한處分을命하여야한다 本人의不在中財産管理人의權限이消滅한때에도같다	제22조(부재자 재산의 관리) ① 종래의 주소나 거소를 떠난 사람이 재산관리인을 정하지 않은 경우에는 법원은 이해관계인이나 검사의 청구에 의하여 재산 관리에 필요한 처분을 명해야 한다. 본인의 부재 중에 재산관리인의 권한이 소멸된 경우에도 같다.
第110條(詐欺, 强迫에依한意思	제110조(사기나 강박에 의한 의

表示) ②相對方있는意思表示에關하여第三者가詐欺나強迫을行한境遇에는相對方이그事實을알았거나알수있었을境遇에限하여그意思表示를取消할 수 있다	사표시) ② 상대방이 있는 의사표시에서 제3자가 사기나 강박을 행한 경우에는 상대방이 그 사실을 알았거나 알 수 있었을 때에만 그 의사표시를 취소할 수 있다.
제824조의2(혼인의 취소와 자의 양육 등) 제837조 및 제837조의2의 규정은 혼인의 취소의 경우에 자의 양육책임과 면접교섭권에 관하여 이를 준용한다.	제824조의2(혼인 취소와 자녀의 양육 등) 혼인이 취소된 경우에 자녀의 양육책임과 면접교섭권에는 제837조와 제837조의2를 준용한다.
제836조의2(이혼의 절차) ① 협의상 이혼을 하려는 자는 가정법원이 제공하는 이혼에 관한 안내를 받아야 하고, 가정법원은 필요한 경우 당사자에게 상담에 관하여 전문적인 지식과 경험을 갖춘 전문상담인의 상담을 받을 것을 권고할 수 있다.	제836조의2(이혼 절차) ① 협의이혼을 하려는 사람은 가정법원이 제공하는 이혼에 관한 안내를 받아야 한다. 이 경우 가정법원은 상담이 필요하다고 인정할 때에는 상담에 관한 전문적인 지식과 경험을 갖춘 전문상담인의 상담을 받도록 당사자에게 권고할 수 있다.

(나) '~에 관하여'가 삭제된 조문

2018년 법무부안에는 문장이 수정되면서 현행 민법전에 있던 '~에 관하여'가 삭제된 조문들이 있다. 그러한 조문으로는 제145조 본문, 제493조 제2항('대등액에 관하여'→'대등액만큼'), 제688조 제1항, 제837조 제4항이 있다.

(다) '~에 관한'이나 '~의'가 '~에 관하여'로 수정된 조문

2018년 법무부안에는 현행 민법전상의 '~에 관한'이나 '~의'가 '~에 관하여'로 수정된 조문이 있다. 제164조 제4호, 제836조의 2 제5항이 전자에 해당하고, 제1055조 제2항이 후자에 해당한다.

이들 중 제836조의 2 제5항과 제1055조 제2항을 아래에 인용한다.

현행 민법전	2018년 법무부안
제836조의2(이혼의 절차) ⑤ 가정법원은 당사자가 협의한 양육비부담에 관한 내용을 확인하는 양육비부담조서를 작성하여야 한다. 이 경우 양육비부담조서의 효력에 대하여는 「가사소송법」 제41조를 준용한다.	제836조의2(이혼 절차) ⑤ 가정법원은 당사자가 양육비 부담에 관하여 협의한 내용을 확인하는 양육비부담조서를 작성해야 한다. 이 경우 양육비부담조서의 효력에는 「가사소송법」 제41조를 준용한다.
第1055條(相續人의存在가分明하여진境遇) ②前項의境遇에는管理人은遲滯없이그相續人에對하여管理의計算을하여야한다	제1055조(상속인의 존재가 분명해진 경우) ② 제1항의 경우 상속재산관리인은 지체 없이 그 상속인에게 상속재산의 관리에 관하여 계산을 해야 한다.

(라) '~에 관하여'가 유지된 조문

2018년 법무부안에는 현행 민법전상의 '~에 관하여'를 그대로 유지한 조문들이 많이 있다. 그러한 조문들의 열거는 생략하고, 그 중 하나인 제59조 제1항을 아래에 인용한다.

현행 민법전	2018년 법무부안
第59條(理事의代表權) ①理事는 法人의事務에關하여各自法人을代表한다 그러나定款에規定한趣旨에違反할수없고特히社團法人은總會의議決에依하여야한다	제59조(이사의 대표권) ① 이사는 법인의 사무에 관하여 각자 법인을 대표한다. 다만, 정관에서 정한 취지를 위반할 수 없고, 특히 사단법인의 경우에는 총회의 의결에 따라야 한다.

3) 변경의 이유 내지 근거

'~에 관하여'는 일본어가 유입된 것에 해당한다.[286] 그리하여 2018년 법무부안은 '~에 관하여'를 가능한 범위에서 다른 말로 수정하였다. 그런데 '~에 관하여'가 워낙 오랫동안 사용되었기에 그 표현을 다른 말로 바꾸기가 어려운 경우도 많다. 그러한 경우에는 '~에 관하여'를 그대로 유지하였다.

'~에 관하여'를 '~에는'으로 수정한 경우는 모두 '준용한다' 또는 '적용하지 않는다'는 문구가 있는 조문이다. 그것은 현행 민법전에 '~에 관하여 ~의 규정을 준용한다(적용하지 아니한다)'를 '~에는 ~조를 준용한다(적용하지 않는다)'는 구문으로 변경한 데 따른 것이다.

(2) '~에 관하여는'의 변경

1) 변경 내용의 요점

현행 민법전에서는 '~에 관하여는'이라는 표현이 여러 차례 사용되었다. 2018년 법무부안에서는 현행 민법전상의 그 표현을 그대로 유지한 경우도 있으나, 상당수의 조문에서는 다른 말로 수정하였다. '~에 관하여는'이 수정된 경우는 '~에는' 으로 고쳐졌으며, 거기에는 예외가 없다. 그리고 한 개의 조문에서는 문장이 수정되면서 '~에 관하여는'이라

286) 김문오/홍사만, 우리 민법, 330면.

는 표현이 삭제되기도 하였다.

2) '~에 관하여는'이 수정되거나 삭제 · 유지된 조문

(가) '~에 관하여는'이 수정된 조문

2018년 법무부안에는 현행 민법전상의 '~에 관하여는'이라는 표현이 '~에는'으로 수정된 조문들이 많이 있다. 그러한 조문으로는

제59조 제2항('대표에 관하여는'→'대표에는'), 제191조 제3항('점유권에 관하여는'→'점유권에는'), 제271조 제2항('합유에 관하여는'→'합유에는'), 제274조 제2항('합유물의 분할에 관하여는'→'합유물의 분할에는'), 제275조 제2항('총유에 관하여는'→'총유에는'), 제665조 제2항('전항의 보수에 관하여는'→'제1항의 보수에는'), 제724조 제1항('권한에 관하여는'→'권한에는'), 제835조('협의상 이혼에 관하여는'→'협의이혼에는'), 제843조('손해배상책임에 관하여는'→'손해배상책임에는', '양육책임 등에 관하여는'→'양육책임 등에는', '면접교섭권에 관하여는'→'면접교섭권에는', '재산분할청구권에 관하여는'→'재산분할청구권에는', '사해행위취소권에 관하여는'→'사해행위 취소권에는'), 제884조 제2항('입양 취소에 관하여는'→'입양 취소에는'), 제897조('손해배상책임에 관하여는'→'손해배상책임에는', '입양 취소 청구권의 소멸에 관하여는'→'입양의 취소청구권 소멸에는', '입양 취소의 효력에 관하여는'→'입양 취소의 효력에는'), 제904조('파양 취소 청구권의 소멸에 관하여는'→'파양의 취소청구권 소멸에는', '협의상 파양의 성립에 관하여는'→'협의파양의 성립에는'), 제908조('손해배상책임에 관하여는'→'손해배상책임에는'), 제908조의 4 제2항('친양자 입양에 관하여는'→'친양자녀 입양에는'), 제959조의 4 제2항('대리권 등에 관하여는'→'대리권 등에는'), 제959조의 6('한정후견의 사무에 관하여는'→'한정후견사무에는'), 제959조의 7('경우에 관하여는'→'경우에는'), 제959조의 12

('특정후견의 사무에 관하여는'→'특정후견사무에는'), 제959조의 13 ('종료한 경우에는'→'종료된 경우에는'), 제1062조('유언에 관하여는' →'유언에는')

가 있다.

이들 조문 중 제665조 제2항을 아래에 인용한다.

현행 민법전	2018년 법무부안
第665條(報酬의支給時期) ②前項의報酬에關하여는第656條第2項의規定을準用한다	제665조(보수의 지급시기) ② 제1항의 보수에는 제656조제2항을 준용한다.

'~에 관하여는'이 '~에는'으로 수정된 조문들은 모두 '준용한다' 또는 '적용되지 않는다'라는 문장으로 되어 있는 것들이다. 현행 민법전에서는 그러한 조문들이 "~에 관하여는 ~조의 규정을 준용한다(적용하지 아니한다)"라고 되어 있었는데, 2018년 법무부안에서는 "~에는 ~조를 준용한다(적용하지 않는다)"라고 바꾸면서 '~에 관하여는'을 '~에는'으로 고친 것이다.

(나) '~에 관하여는'을 삭제한 조문

2018년 법무부안 제91조 제2항에서는 문장이 수정되면서 '~에 관하여는'이 삭제되었다.

(다) '~에 관하여는'이 유지된 조문

2018년 법무부안에는 현행 민법전에 있는 '~에 관하여는'을 수정하거나 삭제하지 않고 유지한 조문들도 많이 있다. 그러한 조문들의 열거는 생략하고, 그 중 하나인 제64조를 아래에 인용한다.

현행 민법전	2018년 법무부안
第64條(特別代理人의選任) 法人과理事의利益이相反하는事項에關하여는理事는代表權이없다 이境遇에는前條의規定에依하여特別代理人을選任하여야한다	제64조(특별대리인의 선임) 법인과 이사의 이익이 상반하는 사항에 관하여는 이사는 대표권이 없다. 이 경우 법원은 이해관계인이나 검사의 청구에 의하여 특별대리인을 선임해야 한다.

3) 변경의 이유 내지 근거

'~에 관하여는'은 '~에 관하여'를 활용한 표현이다. 그러므로 그것 역시 일본식 표현이다. 그리하여 2018년 법무부안은 가능한 범위에서 '~에 관하여는'을 다른 말로 수정하였다. 그런데 수정된 조문은 모두 '준용한다'거나 '적용하지 않는다'로 종결되는 것들이며, 수정된 문구는 예외 없이 '~에는'이다. 그런데 수정이 부적절한 경우에는 '~에 관하여는'이 그대로 유지되었다.

(3) '~에 관하여서만'의 변경

현행 민법전에서는 '~에 관하여서만'이라는 표현이 한 번 사용되었다. 2018년 법무부안에서는 현행 민법상의 '~에 관하여서만'을 '~에 관해서만'으로 수정하였다. 그 조문이 제72조이다. 아래에 제72조를 인용한다.

현행 민법전	2018년 법무부안
第72條(總會의決議事項) 總會는前條의規定에依하여通知한事項에關하여서만決議할수있다	제72조(총회의 결의사항) 총회는 제71조에 따라 통지한 사항에 관해서만 결의할 수 있다. 다

그러나定款에다른規定이있는 때에는그規定에依한다	만, 정관에 다른 규정이 있는 경우에는 그 규정에 따른다.

'~에 관하여서만'은 '~에 관하여'의 활용어 중 하나이며, 따라서 그 표현 역시 일본식이다. 그리하여 2018년 법무부안은 '~에 관하여서만'을 친숙한 일상용어로 '~에 관해서만'으로 수정하였다.

(4) '~에 관한'의 유지

현행 민법전에서는 '~에 관한'이라는 표현이 자주 사용되었다. 그런데 2018년 법무부안은 '~에 관한'이라는 표현은 수정하지 않고 그대로 사용하였다. 그 예로는 제14조의 2 제1항, 제39조 제2항을 둘 수 있다.

39. '~에 한하여'의 변경

(1) 변경 내용의 요점

현행 민법전에서는 '~에 한하여'라는 표현이 여러 번 사용되었다. 2018년 법무부안에서는 현행 민법전상의 그 표현을 모두 수정하였으며, 거기에는 예외가 없다. 그 결과 2018년 법무부안에는 '~에 한하여'라는 표현이 전혀 남아 있지 않다.

2018년 법무부안에서는 현행 민법전의 '~에 한하여'가 조문에 따라 '~경우에만', '~때에만', '~대해서만', '~만을', '~만이', '~에게만' 또는 '~한정된다'로 고쳐졌다.

(2) '~에 한하여'가 수정되거나 삭제된 조문

1) 현행 민법전상의 '~에 한하여'가 2018년 법무부안에서 수정된 조문(괄호 안은 수정된 내용임)으로는,

제45조 제1항('정한 때에 한하여'→'정한 경우에만'), 제62조('사항에 한하여'→'사항에 대해서만'), 제110조 제2항('경우에 한하여'→'때에만'), 제136조('다투지 아니한 때에 한하여'→'다투지 않는 경우에만'), 제203조 제2항('경우에 한하여'→'경우에만'), 제294조('표현된 것에 한하여'→'겉으로 드러난 것에 대해서만'), 제310조 제1항('경우에 한하여'→'경우에만'), 제325조 제2항('경우에 한하여'→'경우에만'), 제340조 제1항('채권에 한하여'→'채권만을'), 제360조('1년분에 한하여'→'1년분만을'), 제393조 제2항('때에 한하여'→'때에만'), 제418조 제2항('부담부분에 한하여'→'부담부분에 대해서만'), 제419조('부담부분에 한하여'→'부담부분에 대해서만'), 제420조('부담부분에 한하여'→'부담부분에 대해서만'), 제421조('부담부분에 한하여'→'부담부분에 대해서만'), 제426조 제1항('부담부분에 한하여'→'부담부분에 대해서만'), 제447조('부담부분에 한하여'→'부담부분에 대해서만'), 제470조('없는 때에 한하여'→'없는 경우에만'), 제575조 제1항('경우에 한하여'→'때에만'), 제626조 제2항('때에 한하여'→'때에만'), 제678조 제1항('자에 한하여'→'자에게만', '정한 때에 한하여'→'정한 경우에만'), 제718조 제1항('때에 한하여'→'경우에만'), 제851조('직계존속이나 직계비속에 한하여'→'직계혈족만이'), 제975조('경우에 한하여'→'경우에만'), 제1039조('경우에 한하여'→'경우에만'), 제1052조 제1항('경우에 한하여'→'경우에만'), 제1114조('행한 것에 한하여'→'증여한 것에 한정된다')

가 있다.

이들 조문 중 제310조 제1항, 제340조 제1항, 제393조 제2항, 제418조 제2항, 제678조 제1항, 제1114조를 아래에 인용한다.

현행 민법전	2018년 법무부안
第310條(傳貰權者의償還請求權) ①傳貰權者가目的物을改良하기爲하여支出한金額其他有益費에關하여는그價額의增加가現存한境遇에限하여所有者의選擇에좇아그支出額이나增加額의償還을請求할 수 있다	제310조(전세권자의 비용상환청구권) ① 전세권자가 전세물을 개량하기 위하여 지출한 금액이나 그 밖의 유익비에 관하여는 그 가액의 증가가 현존하는 경우에만 소유자의 선택에 따라 그 지출금액이나 증가액의 상환을 청구할 수 있다.
第340條(質物以外의財産으로부터의辨濟) ①質權者는質物에依하여辨濟를받지못한部分의債權에限하여債務者의다른財産으로부터辨濟를받을수있다	제340조(질물 외의 재산으로부터의 변제) ① 질권자는 질물로부터 변제받지 못한 부분의 채권만을 채무자의 다른 재산으로부터 변제받을 수 있다.
第393條(損害賠償의範圍) ②特別한事情으로因한損害는債務者가그事情을알았거나알수있었을때에限하여賠償의責任이 있다	제393조(손해배상의 범위) ② 특별한 사정으로 인한 손해는 채무자가 그 사정을 알았거나 알 수 있었을 때에만 배상할 책임이 있다.
第418條(相計의絶對的效力) ②相計할債權이있는連帶債務者가相計하지아니한때에는그債務者의負擔部分에限하여다른連帶債務者가相計할 수 있다	제418조(상계의 절대적 효력) ② 상계할 채권이 있는 연대채무자가 상계하지 않는 경우에는 그 채무자의 부담부분에 대해서만 다른 연대채무자가 상계할 수 있다.
第678條(優秀懸賞廣告) ①廣告	제678조(우수현상광고) ① 광고

에定한行爲를完了한者가數人인境遇에그優秀한者에限하여報酬를支給할것을定하는때에는그廣告에應募期間을定한때에限하여그效力이생긴다	에서 정한 행위를 완료한 자가 여럿인 경우에 그 중 우수한 자에게만 보수를 지급하기로 정한 때에는 그 광고에서 응모기간을 정한 경우에만 효력이 생긴다.
第1114條(算入될 贈與) 贈與는 相續開始전의 1年間에 행한 것에 限하여 第1113條의 規定에 의하여 그 價額을 算定한다. 當事者雙方이 遺留分權利者에 損害를 加할 것을 알고 贈與를 한 때에는 1年전에 한 것도 같다.	제1114조(산입될 증여) 제1113조에 따라 유류분을 산정할 때 산입되는 증여는 상속이 개시되기 전 1년 동안에 증여한 것에 한정된다. 당사자 양쪽이 유류분 권리자에게 손해를 입힐 것을 알고 증여한 경우에는 1년 전에 한 것도 산입된다.

2) 2018년 법무부안의 조문 중에는 문장을 수정하면서 현행 민법전상의 '~에 한하여'를 삭제한 것도 있다. 제42조 제1항이 그것이다.

(3) 변경의 이유 내지 근거

'~에 한하여'도 일본식 표현이다.[287] 그리하여 2018년 법무부안은 그 표현을 우리말 표현으로 바꾸었으며, 거기에는 예외가 없다.

287) 2018년 공청회 자료집, 74면(현소혜).

40. '~에 의하여', '~에 의하여야', '~에 의한다', '~에 의한', '~에 의하고'의 변경

(1) '~에 의하여'의 변경

1) 변경 내용의 요점

현행 민법전에서는 '~에 의하여'라는 표현이 무척 많이 사용되었다. 2018년 법무부안에서는 일정한 원칙 하에 가능한 범위에서 '~에 의하여'를 다른 말로 수정하였다. 그리고 몇 개의 조문에서는 문장을 수정하면서 '~에 의하여'를 삭제하기도 하였다. 그런가 하면 '~에 의하여'가 새로 추가된 경우도 있다. 한편 수정이 부적절한 경우에는 고치지 않고 '~에 의하여'를 그대로 두었다. 그러한 경우 중 가장 많은 예는 '청구에 의하여'이다.

2018년 법무부안에서 현행 민법전상의 '~에 의하여'가 수정된 경우에는, 조문별로 문맥에 맞추어 그것이 '~에 따라', '~(으)로', '~로부터', '~에 따라서' 또는 '협의하여'로 고쳐졌다.

2) '~에 의하여'가 수정되거나 삭제 · 추가된 조문

(가) '~에 의하여'가 수정된 조문

2018년 법무부안에서 현행 민법전상의 '~에 의하여'가 수정된 조문(괄호 안은 수정된 내용임)으로는 다음의 것이 있다.

[총칙편]

제53조('규정에 의하여'→'규정에 따라'), 제72조('전조의 규정에 의하여'→'제71조에 따라'), 제91조 제2항('평가에 의하여'→'평가에 따라'), 제101조 제1항('용법에 의하여'→'용법에 따라'), 제113조('규정에 의하여'→'규정에 따라'), 제121조 제1항('규정에 의하여'→'규정에 따라') · 제2항('지명에 의하여'→'지명으로'), 제128조('법률행위에 의하

여'→'법률행위로'), 제145조 본문('규정에 의하여'→'규정에 따라'), 제149조('일반규정에 의하여'→'일반규정에 따라'), 제160조 제1항('역에 의하여'→'태양력에 따라'), 제178조 제2항('규정에 의하여'→'규정에 따라'), 제184조 제2항('법률행위에 의하여'→'법률행위로').

[물권편]

제192조 제2항('규정에 의하여'→'규정에 따라'), 제195조('유사한 관계에 의하여'→'유사한 관계로'), 제253조('법률에 정한 바에 따라'→'법률의 규정에 따라'), 제254조('법률에 정한 바에 의하여'→'법률의 규정에 따라'), 제260조 제1항('규정에 의하여'→'규정에 따라'), 제261조('규정에 의하여'→'규정에 따라'), 제262조 제1항('지분에 의하여'→'지분으로'), 제271조 제1항('계약에 의하여'→'계약에 따라'), 제297조 제1항('수요정도에 의하여'→'필요한 정도에 따라'), 제298조('계약에 의하여'→'계약에 따라'), 제311조 제1항('성질에 의하여'→'성질에 따라'), 제318조('민사집행법의 정한 바에 의하여'→'「민사집행법」의 규정에 따라'), 제322조 제2항('평가에 의하여'→'평가에 따라'), 제338조 제2항('평가에 의하여'→'평가에 따라'), 제340조 제1항('질물에 의하여'→'질물로부터'), 제341조('규정에 의하여'→'규정에 따라'), 제344조('다른 법률의 규정에 의하여'→'다른 법률에 따라'), 제349조 제1항('제450조의 규정에 의하여'→'제450조에 따라'), 제354조('집행방법에 의하여'→'집행방법에 따라'), 제367조('제2항의 규정에 의하여'→'제2항에 따라'), 제368조 제2항('전항의 규정에 의하여'→'제1항에 따라'), 제372조('다른 법률에 의하여'→'다른 법률에 따라').

[채권편]

제375조 제1항('의사에 의하여'→'의사에 따라'), 제378조('환금시가에 의하여'→'환율에 따라'), 제405조 제1항('제1항의 규정에 의하여'→'제1항에 따라'), 제410조 제1항('전조의 규정에 의하여'→'제409조에 따라'), 제443조('전조의 규정에 의하여'→'제442조에 따라'), 제482조

제1항('전2조의 규정에 의하여'→'제480조와 제481조에 따라'), 제485조('제481조의 규정에 의하여'→'제481조에 따라'), 제532조('관습에 의하여'→'관습에 따라'), 제541조('제539조의 규정에 의하여'→'제539조에 따라'), 제543조 제1항('규정에 의하여'→'규정에 따라'), 제578조 제1항('규정에 의하여'→'규정에 따라'), 제594조 제2항('제203조의 규정에 의하여'→'제203조에 따라'), 제610조 제1항('성질에 의하여'→'성질에 따라'), 제637조 제1항('제635조의 규정에 의하여'→'제635조에 따라'), 제639조 제1항('제635조의 규정에 의하여'→'제635조에 따라'), 제656조 제1항('관습에 의하여'→'관습에 따라'), 제662조 제1항('제660조의 규정에 의하여'→'제660조에 따라'), 제676조 제2항('추첨에 의하여'→'추첨으로'), 제682조 제2항('전항의 규정에 의하여'→'제1항에 따라'), 제702조('계약에 의하여'→'계약에 따라'), 제719조 제1항('조합재산상태에 의하여'→'조합의 재산상태에 따라서'), 제747조 제2항('전항의 규정에 의하여'→'제1항에 따라').

[친족편]

제812조('「가족관계의 등록 등에 관한 법률」에 정한 바에 의하여'→'「가족관계의 등록 등에 관한 법률」에 따라'), 제816조 제1호('제815조의 규정에 의하여'→'제815조에 따라'), 제829조 제3항('약정에 의하여'→'약정에 따라')·제5항('약정에 의하여'→'약정에 따라'), 제836조 제1항('「가족관계의 등록 등에 관한 법률」의 정한 바에 의하여'→'「가족관계의 등록 등에 관한 법률」에 따라'), 제837조 제1항('협의에 의하여'→'협의하여'), 제845조('제844조의 규정에 의하여'→'제844조에 따라'), 제859조 제1항('「가족관계의 등록 등에 관한 법률」의 정하는 바에 의하여'→'「가족관계의 등록 등에 관한 법률」에 따라'), 제865조('제863조의 규정에 의하여'→'제863조에 따라').

[상속편]

제1001조('제3호의 규정에 의하여'→'제3호에 따라'), 제1008조의 2

제1항('제1010조에 의하여'→'제1010조에 따라'), 제1010조 제1항('제1001조의 규정에 의하여'→'제1001조에 따라')·제2항('제1009조의 규정에 의하여'→'제1009조에 따라'), 제1013조 제1항('협의에 의하여'→'협의하여'), 제1019조 제3항('제2호의 규정에 의하여'→'제2호에 따라'), 제1030조 제2항('제3항의 규정에 의하여'→'제3항에 따라'), 제1034조 제2항('제3항의 규정에 의하여'→'제3항에 따라'), 제1035조 제1항('전조의 규정에 의하여'→'제1034조에 따라'), 제1036조('전2조의 규정에 의하여'→'제1034조와 제1035조에 따라'), 제1037조('민사집행법에 의하여'→'「민사집행법」에 따라'), 제1038조 제1항('제3항의 규정에 의하여'→'제3항에 따라')·제2항('제3항의 규정에 의하여'→'제3항에 따라'), 제1040조 제3항('제1032조의 규정에 의하여'→'제1032조에 따라'), 제1058조 제1항('제1057조의 2의 규정에 의하여'→'제1057조의 2에 따라'), 제1095조('전2조의 규정에 의하여'→'제1093조와 제1094조에 따라'), 제1114조('제1113조의 규정에 의하여'→'제1113조에 따라'), 제1117조('시효에 의하여'→'시효로').

이들 조문 중 제72조, 제121조 제2항, 제340조 제1항, 제719조 제1항, 제837조 제1항을 아래에 인용한다.

현행 민법전	2018년 법무부안
第72條(總會의決議事項) 總會는 前條의規定에依하여通知한事項에關하여서만決議할수있다 그러나定款에다른規定이있는 때에는그規定에依한다	제72조(총회의 결의사항) 총회는 제71조에 따라 통지한 사항에 관해서만 결의할 수 있다. 다만, 정관에 다른 규정이 있는 경우에는 그 규정에 따른다.
第121條(任意代理人의復代理人選任의責任) ②代理人이本	제121조(임의대리인의 복대리인 선임에 따른 책임) ② 대리인

人의指名에依하여復代理人을選任한境遇에는그不適任또는不誠實함을알고本人에게對한通知나그解任을怠慢한때가아니면責任이없다	이 본인의 지명으로 복대리인을 선임한 경우에는 제1항의 책임이 없다. 다만, 그 복대리인이 적임자가 아니라는 사실이나 불성실하다는 사실을 알고도 본인에 대한 통지나 복대리인의 해임을 게을리했을 경우에는 그렇지 않다.
第340條(質物以外의財産으로부터의辨濟) ①質權者는質物에依하여辨濟를받지못한部分의債權에限하여債務者의다른財産으로부터辨濟를받을수있다	제340조(질물 외의 재산으로부터의 변제) ① 질권자는 질물로부터 변제받지 못한 부분의 채권만을 채무자의 다른 재산으로부터 변제받을 수 있다.
第719條(脫退組合員의持分의計算) ①脫退한組合員과다른組合員間의計算은脫退當時의組合財産狀態에依하여한다	제719조(탈퇴 조합원의 지분 계산) ① 탈퇴한 조합원과 다른 조합원 간의 계산은 탈퇴 당시 조합의 재산상태에 따라서 한다.
第837條(離婚과子의養育責任) ①當事者는 그 子의 養育에 관한 사항을 協議에 의하여 정한다.	제837조(이혼과 자녀의 양육책임) ① 당사자는 자녀 양육에 관한 사항을 협의하여 정한다.

(나) '~에 의하여'가 삭제된 조문

2018년 법무부안에는 문장이 수정되면서 현행 민법전에 있던 '~에 의하여'가 삭제된 조문들이 있다. 제64조, 제128조, 제454조 제1항이 그에 해당한다.

(다) '~에 의하여'가 새로 추가된 조문

2018년 법무부안에는 다른 표현을 고쳐서 '~에 의하여'가 새로 추가된 조문들도 있다. 제170조 제2항('재판상 청구로 인하여'→'재판상 청구에 의하여'), 제513조 제1항('배서의 연속으로'→'배서의 연속에 의하여')·제2항('약식배서로'→'약식배서에 의하여')이 그것이다.

3) '~에 의하여'가 유지된 조문

2018년 법무부안에는 현행 민법전상의 '~에 의하여'가 수정되거나 삭제되지 않고 그대로 유지된 조문들이 대단히 많이 있다. 그 중에는 특히 '~의 청구에 의하여'라고 하는 문구를 가진 조문들이 대부분을 차지한다. 그런데 그 외의 조문에서 '~에 의하여'가 유지된 경우도 여럿 있다. 이 후자에 해당하는 조문(괄호 안은 2018년 법무부안의 내용임)으로는,

> 제120조('대리권이 법률행위에 의하여 수여된'), 제140조('사기·강박에 의하여 의사표시를 한 자'), 제165조 제목('판결 등에 의하여 확정된 채권')·제1항('판결에 의하여 확정된')·제2항('파산절차에 의하여 확정된', '판결과 동일한 효력이 있는 것에 의하여 확정된 채권'), 제256조('권원(權原)에 의하여 부속된 것'), 제409조('당사자의 의사표시에 의하여 나누어질 수 없는 경우'), 제482조 제1항('자기의 권리에 의하여 구상할 수 있는 범위에서'), 제521조('공시최고절차에 의하여'), 제539조 제1항('계약에 의하여 당사자 한쪽이 제3자에게 이행할 것을 약정한 경우'), 제545조('당사자의 의사표시에 의하여 일정한 시일에 또는 일정한 기간 내에 이행하지 않으면'), 제648조('임대차에 관한 채권에 의하여'), 제649조('임차료채권에 의하여'), 제650조('임대차에 관한 채권에 의하여'), 제975조('근로에 의하여 생활을 유지할 수 없는'), 제

1014조('재판의 확정에 의하여 공동상속인이 된 사람'), 제1035조 제2항('감정인의 평가에 의하여 변제해야 한다'), 제1113조 제2항('감정인의 평가에 의하여 그 가액을 정한다')

이 있다.

이들 조문 중 제120조와 제256조를 아래에 인용한다.

현행 민법전	2018년 법무부안
第120條(任意代理人의復任權) 代理權이法律行爲에依하여付與된境遇에는代理人은本人의承諾이있거나不得已한事由있는때가아니면復代理人을選任하지못한다	제120조[임의대리인의 복대리인(復代理人) 선임권] 대리권이 법률행위에 의하여 수여된 경우에는 대리인은 본인의 승낙이 있거나 부득이한 사유가 있는 때가 아니면 복대리인을 선임할 수 없다.
第256條(不動産에의附合) 不動産의所有者는그不動産에附合한物件의所有權을取得한다 그러나他人의權原에依하여附屬된것은그러하지아니하다	제256조[부동산에의 부합(附合)] 부동산의 소유자는 그 부동산에 부합된 물건의 소유권을 취득한다. 다만, 타인의 권원(權原)에 의하여 부속된 것은 그렇지 않다.

4) 변경의 이유 내지 근거

'~에 의하여'는 일본어가 번역되어 사용된 표현이다.[288] 즉 일본식 표현인 것이다. 그리하여 2018년 법무부안은 '~에 의하여'를 가능한 범위에서 우리말로 수정하거나 삭제하였다. 그런데 상당한 범위에서 예외

288) 김문오/홍사만, 우리 민법, 336면.

를 인정하였다. 우선 '~의 청구에 의하여'는 그대로 유지하였다. 그 이유는, '~의 청구에 의하여'를 "'~의 청구에 따라'라고 수정할 경우 마치 법원이 청구권자의 청구취지 내지 신청취지에 기속되어 반드시 청구에 부합하는 내용의 재판을 해야 하는 것으로 오인될 수" 있기 때문이라고 한다.[289] 그런가 하면 일부 조문에서 '알기 쉬운 민법 개정 T/F'의 판단에 기초하여 '~에 의하여'를 남겨 두기도 하였다. 그런데 '~에 의하여'를 수정한 경우와 유지한 경우의 한계가 명확하지는 않다. 단락을 바꾸어 그에 관하여 부연 설명을 하기로 한다.

2018년 법무부안에는 유사한 경우임에도 '~에 의하여'가 수정된 조문이 있는가 하면 존치된 조문도 있다. 예를 들면 제184조 제2항에서는 '법률행위에 의하여'가 '법률행위에 따라'로 수정되었는데, 제120조에서는 '법률행위에 의하여'가 유지되었다. 그리고 제91조 제2항, 제322조 제2항, 제338조 제2항에서는 '감정인의 평가에 의하여'가 '감정인의 평가에 따라'로 수정되었는데, 제1035조 제2항과 제1113조 제2항에서는 '감정인의 평가에 의하여'가 유지되었다. 이러한 예가 있는 것은, '~에 의하여'의 수정이 필요한지, 그리고 수정된 말이 적절한지를 판단하기가 어렵다는 점을 보여준다. '~에 의하여'는 '~에 의하다'의 활용어인데, 국립국어원의 국어사전에 따르면, '의하다'는 "무엇에 의거하거나 기초하다 또는 무엇으로 말미암다"는 의미를 가지고 있다.[290] 그리고 '~에 의하여'를 수정하는 대부분의 용어인 '~에 따라'의 어원인 '따르다'는 ―여기에 관련되는 의미로만 보면― "어떤 경우, 사실이나 기준 따위에 의거하다"는 의미를 가진 것이다.[291] 이렇게 볼 때 '~에 의하여'를 '~에 따라' 등으로 수정하는 것은 가능해 보이나, 어느 때에 '~에 의하여'를 유지할 것인지를 판단하기는 쉽지 않다. 그리하여 2018년 법무부안에서

289) 2018년 공청회 자료집, 75면(현소혜).
290) [국립국어원 홈페이지 표준국어대사전 사이트 http://stdweb2.korean.go.kr/search/List_dic.jsp] (최종방문일 2018. 9. 30)
291) [국립국어원 홈페이지 표준국어대사전 사이트 http://stdweb2.korean.go.kr/search/List_dic.jsp] (최종방문일 2018. 9. 30)

한계의 모호성이 보이는 것으로 생각된다. 그리고 실제로 2018년 법무부안에서 '~에 의하여'가 유지된 경우들을 비교해 보아도 수정된 경우들과 구별되는 명확한 한계를 찾기 어렵다. 어렴풋이 '~에 의하여'가 수단의 의미가 보다 강한 경우에 그 용어가 유지되지 않았는가 여겨진다. 그런데 그 '수단성의 정도'라는 것도 상대적이어서 그것이 기준이 되었다고 할 수는 없다. 오히려 조문 전체의 맥락에서 볼 때 '~에 의하여'를 수정하면 어색하거나 부적절할 때 그 용어가 유지되었다고 봄이 솔직한 분석일 것이다.

5) 사견

현행 민법전상의 '~에 의하여'는 일본식 표현이어서 그것을 수정하는 일은 필요하다. 그렇다고 하여 무리하게 그 전부를 고치는 것은 적절하지 않다. 그러한 점에서 2018년 법무부안이 일부 조문에서는 '~에 의하여'를 수정하고 일부 조문에서는 그것을 유지한 것을 이해할 수 있다.

그런데 바로 앞에서 들었던 예 가운데 '감정인의 평가에 의하여'를 어떤 조문에서는 '감정인의 평가에 따라'라고 수정하고 다른 조문에서는 그대로 둔 것은 부적절하다. 특히 제91조 제2항과 제1035조 제2항은 현행 민법전에서는 "감정인의 평가에 의하여 변제하여야 한다"라고 완전히 동일하다. 그럼에도 불구하고 제91조 제2항에서는 '감정인의 평가에 의하여'를 '감정인의 평가에 따라'라고 수정하였고, 제1035조 제2항에서는 그대로 두었다. 이 두 경우를 다르게 처리할 특별한 이유도 없다. 이는 균형이 맞지 않는 것이며, 두 조문은 동일하게 수정되어야 한다. 그리하여 제1035조 제2항에서도 '감정인의 평가에 의하여'는 '감정인의 평가에 따라'로 고치는 것이 마땅하다. 그리고 제1113조 제2항의 경우에도 '~에 의하여'가 유지되어야 할 특별한 이유가 없으므로, 거기에서도 '감정인의 평가에 따라'라고 수정되어야 한다.

(2) '~에 의하여야'의 변경

현행 민법전에는 5개의 조문에서 '~에 의하여야'라는 표현을 사용하고 있다. 2018년 법무부안은 이들 조문 모두에서 '~에 의하여야'를 '~에 따라야'라고 수정하였다. 구체적으로는 제59조 제1항, 제68조, 제71조, 제346조, 제482조 제2항이 그에 해당한다. 이들 조문 중 제68조를 아래에 인용한다.

현행 민법전	2018년 법무부안
第68條(總會의權限) 社團法人의 事務는定款으로理事또는其他任員에게委任한事項外에는總會의決議에依하여야한다	제68조(총회의 권한) 사단법인의 사무는 정관에서 이사나 그 밖의 임원에게 위임한 사항을 제외하고는 총회의 결의에 따라야 한다.

'~에 의하여야'는 '~에 의하여'의 변형으로서 일본식 표현이다. 그리하여 2018년 법무부안은 그 표현을 우리말로 수정한 것이다.

(3) '~에 의한다'의 변경

1) 변경 내용의 요점

현행 민법전은 여러 조문에서 '~에 의한다'라는 표현을 사용하고 있다. 2018년 법무부안은 현행 민법전상의 그 표현을 모두 수정하거나 삭제하였다. 구체적으로 설명하면, 거의 전부에서 '~에 의한다'를 '~에 따른다'라고 수정하였고, 하나의 조문에서만 '~을 적용한다'고 고쳤으며, 다른 하나의 조문에서만 문장이 수정되면서 그 표현이 삭제되었다. 그리고 2018년 법무부안에서는 현행 민법전상의 '~에 의한다'라는 표현이 예외 없이 수정되거나 삭제되었고, 또한 새로 추가된 경우도 없어서 그 표현이 전혀 존재하지 않는다.

2) '~에 의한다'가 수정되거나 삭제된 조문

방금 기술한 바와 같이, 2018년 법무부안에서는 현행 민법전에 있는 '~에 의한다'라는 표현이 거의 모든 조문에서 '~에 따른다'라고 수정되었다. 그러한 조문으로는

제1조, 제42조, 제72조, 제78조, 제82조, 제105조, 제106조, 제147조 제3항, 제155조, 제224조, 제229조 제3항, 제234조, 제237조 제3항, 제276조 제1항, 제278조, 제292조 제1항, 제297조 제1항, 제333조, 제334조, 제397조(2회 출현), 제590조 제2항, 제829조 제1항, 제1010조 제1항, 제1076조, 제1079조, 제1086조, 제1090조, 제1112조

가 있다. 이들 조문 중 제78조를 아래에 인용한다.

현행 민법전	2018년 법무부안
第78條(社團法人의解散決議) 社團法人은總社員4分의3以上의同意가없으면解散을決議하지못한다. 그러나定款에다른規定이있는때에는그規定에依한다	제78조(사단법인의 해산 결의) 사단법인은 전체 사원 4분의 3 이상이 동의하지 않으면 해산을 결의할 수 없다. 다만, 정관에 다른 규정이 있는 경우에는 그 규정에 따른다.

그리고 2018년 법무부안 제271조 제2항에서는 '~에 의한다'를 '~을 적용한다'라고 수정하였다. 그 조문을 아래에 인용한다.

현행 민법전	2018년 법무부안
第271條(物件의合有) ②合有에	제271조[물건의 합유(合有)] ②

關하여는前項의規定또는契約에依하는外에다음3條의規定에依한다	합유에는 제1항이나 계약에서 정하는 사항 외에는 제272조부터 제274조까지의 규정을 적용한다.

한편 2018년 법무부안 제477조 본문에서는 문장을 수정하여 현행 민법전에 있는 '~에 의한다'를 삭제하였다. 구체적으로는 '다음 각 호의 규정에 의한다'를 '다음 각 호에 따라 충당한다'고 고쳤다.

3) 변경의 이유 내지 근거

'~에 의한다'는 일본식 표현에 해당한다. 그리하여 2018년 법무부안은 그 표현을 수정하거나 삭제하게 되었다.

(4) '~에 의한'의 변경

1) 변경 내용의 요점

현행 민법전에서는 '~에 의한'이라는 표현이 매우 여러 번 사용되었다. 그 표현은 조문의 제목과 본문 모두에서 발견되고 있다. 2018년 법무부안에서는 현행 민법전상의 그 표현을 가능한 범위에서 사용하지 않으려고 하였다. 그리하여 여러 조문에서 그 표현을 다른 말로 수정하였고, 일부 조문에서는 문장을 수정하면서 그 표현이 삭제되었다. 그런데 하나의 조문에서는 '~에 의한'이라는 표현이 새로 추가되었다. 그리고 많은 조문에서 그 표현이 그대로 유지되기도 하였다.

2018년 법무부안에서 '~에 의한'이라는 표현이 수정된 경우에 수정된 문구는 대부분 '~에 따른'인데, 두 개의 조문에서는 '~로 인한'으로 수정되었다.

2) '~에 의한'이 수정되거나 삭제 · 추가된 조문

(가) '~에 의한'이 수정된 조문

현행 민법전상의 '~에 의한'이라는 표현이 2018년 법무부안에서 수정된 경우에 수정된 문구는 대부분 '~에 따른'이다. 그렇게 수정된 조문으로는

제160조 제목, 제187조, 제207조 제1항, 제218조 제2항, 제224조 제목, 제247조 제1항, 제289조의 2, 제290조 제2항, 제334조 제목, 제372조 제목, 제407조, 제437조, 제511조, 제558조, 제582조, 제584조, 제613조 제2항, 제627조 제1항, 제670조 제1항, 제765조 제1항, 제918조 제2항, 제1003조 제1항 · 제2항, 제1008조의 2 제4항(2회 출현), 제1024조 제2항, 제1029조, 제1037조, 제1038조 제1항, 제1052조 제1항, 제1053조 제1항, 제1069조 제2항, 제1070조 제2항

이 있다. 이들 조문 중 제407조를 아래에 인용한다.

현행 민법전	2018년 법무부안
第407條(債權者取消의效力) 前條의規定에依한取消와原狀回復은모든債權者의利益을爲하여그效力이있다	제407조(채권자취소의 효력) 제406조에 따른 취소와 원상회복은 모든 채권자의 이익을 위하여 효력이 있다.

그리고 2018년 법무부안 제822조 제목과 제1110조 제목에서는 현행 민법전상의 '~에 따른'을 '~로 인한'으로 수정하였다. 이 두 조문 중 제822조의 제목을 아래에 인용한다.

현행 민법전	2018년 법무부안
第822條(惡疾等事由에依한婚姻取消請求權의消滅)	제822조(질병 등으로 인한 혼인의 취소청구권 소멸)

(나) '~에 의한'이 삭제된 조문

2018년 법무부안에서는 문장이 수정되면서 '~에 의한'이라는 표현이 삭제된 조문들이 있다.

제83조 제목, 제84조 제목, 제201조 제3항, 제453조 제목, 제454조 제목, 제456조, 제1066조 제목 · 제1항, 제1067조 제목 · 본문, 제1068조 제목 · 본문, 제1069조 제목 · 제1항, 제1070조 제목 · 제1항 · 제3항, 제1071조 제목 · 본문(2회 출현), 제1072조 제2항, 제1091조 제2항

이 그에 해당한다.

(다) '~에 의한'이 새로 추가된 조문

2018년 법무부안 제1110조 제목에서는 문장을 수정하면서 현행 민법전에는 없는 '~에 의한'을 새로 추가하였다.

3) '~에 의한'이 유지된 조문

2018년 법무부안에는 현행 민법전상의 '~에 의한'을 그대로 유지한 조문들도 많이 있다. 그 중에는 '~의 청구에 의한'이라는 표현이 유지된 경우도 있으나, 그 외의 경우도 있다.

2018년 법무부안에서 현행 민법전상의 '~에 의한'이 그대로 유지된 조문 중 '~의 청구에 의한'이라는 표현이 없는 조문(괄호 안은 2018년 법무부안의 내용임)으로는,

제110조 제목('사기나 강박에 의한 의사표시') · 제1항('사기나 강박에

의한 의사표시'), 제125조 제목('대리권 수여의 표시에 의한 표현대리'), 제217조 제목('매연 등에 의한 방해 금지'), 제296조('공유자 1인에 의한 지역권 소멸시효의 중단'), 제299조 제목('소유권 양도의 의사표시에 의한 부담 면제'), 제332조 제목('질권설정자에 의한 점유 금지'), 제434조('채권에 의한 상계로써'), 제486조 제목('변제 외의 방법에 의한 채무 소멸'), 제495조 제목('소멸시효가 완성된 채권에 의한 상계'), 제498조('채권에 의한 상계'), 제521조 제목('공시최고절차에 의한 증서의 실효'), 제522조 제목('공시최고절차에 의한 공탁'), 제532조 제목('의사실현에 의한 계약 성립'), 제730조 제목('유증에 의한 종신정기금')·본문('유증에 의한 종신정기금채권'), 제765조 제1항('과실에 의한 것'), 제845조 제목('법원에 의한 부의 결정'), 제850조 제목('유언에 의한 친생부인'), 제854조의 2 제2항('혈액채취에 의한 혈액형 검사'), 제855조의 2 제2항('혈액채취에 의한 혈핵형 검사'), 제929조 제목('성년후견 재판에 의한 후견의 개시'), 제931조 제목('유언에 의한 미성년후견인의 지정'), 제1012조 제목('유언에 의한 분할방법의 지정'), 제1013조 제목('협의에 의한 분할'), 제1094조 제목('위탁에 의한 유언집행자의 지정'), 제1096조 제목('법원에 의한 유언집행자 선임'), 제1097조 제1항('지정에 의한 유언집행자')·제2항('선임에 의한 유언집행자')·제3항('선임에 의한 유언집행자'), 제1100조 제1항('선임에 의한 유언집행자'), 제1103조 제1항('선임에 의한 유언집행자'), 제1104조 제1항('선임에 의한 유언집행자'), 제1105조('선임에 의한 유언집행자'), 제1106조('선임에 의한 유언집행자')

가 있다. 이들 조문 중 제217조 제목을 아래에 인용한다.

현행 민법전	2018년 법무부안
第217條(煤煙等에依한隣地에對한妨害禁止)	제217조(매연 등에 의한 방해 금지)

4) 변경의 이유 내지 근거

'~에 의한'도 '~에 의하다'의 활용어로서 일본식 표현에 해당한다. 그리하여 2018년 법무부안은 그 표현을 가능한 범위에서 줄이려고 하였다. 그런데 조문에 따라서는 수정이 적절하지 않아서 그대로 유지하였으며,292) '~의 청구에 의한'을 유지한 것은 '~의 청구에 의하여'를 유지한 것과 같은 맥락에 있다.

(5) '~에 의하고'의 변경

현행 민법전은 제1조와 제656조 제2항에서 '~에 의하고'라는 표현을 사용하고 있다. 2018년 법무부안은 그 두 조문에서 '~에 의하고'를 모두 '~에 따르고'라고 수정하였다. 이 두 조문 중 제656조 제2항을 아래에 인용한다.

현행 민법전	2018년 법무부안
第656條(報酬額과그支給時期) ②報酬는約定한時期에支給하여야하며時期의約定이없으면慣習에依하고慣習이없으면約定한 勞務를終了한後遲滯없이支給하여야한다	제656조(보수와 그 지급시기) ② 보수는 약정한 시기에 지급해야 하며, 지급시기를 약정하지 않았으면 관습에 따르고, 관습이 없으면 약정한 노무를 종료한 후 지체 없이 지급해야 한다.

292) 2018년 법무부안에서 '~에 의한'을 수정한 경우와 그것을 유지한 경우 사이의 구별기준도 –'~에 의하여'에 대한 것과 마찬가지로– 명확하지는 않다. 그런데 대체로 '수단'의 의미가 보다 강한 경우에 '~에 의한'을 유지한 것으로 보인다.

2018년 법무부안이 '~에 의하고'를 수정한 이유는 그것 역시 '~에 의하다'의 활용어로서 일본식 표현이기 때문이다.

41. '~(으)로 인하여'의 변경

(1) 변경 내용의 요점

현행 민법전에서는 '~(으)로 인하여'라는 표현을 자주 사용하였다. 그런데 2018년 법무부안은 그 표현을 가능한 범위에서 수정하였다. 그리고 일부 조문에서는 문장을 수정하면서 그 표현을 삭제하였다. 그런가 하면 두 개의 조문에서는 현행 민법전에는 없던 그 표현을 새로 추가하기도 하였다. 한편 2018년 법무부안에서는 '~(으)로 인하여'라는 표현이 필요한 경우에는 그것을 그대로 유지하였다.

2018년 법무부안에서 '~(으)로 인하여'라는 표현을 수정하는 경우에는 대부분 '~(으)로'로 고쳤다. 그런데 드물게는 '~에 의하여', '~함으로써'로 수정하기도 하였고, 또 '아니함으로 인하여'를 '않아'나 '않아서'로 바꾸기도 하였다.

(2) '~(으)로 인하여'가 수정되거나 삭제 · 추가된 조문

1) '~(으)로 인하여'가 수정된 조문

2018년 법무부안에서는 현행 민법전상의 '~(으)로 인하여'가 대부분 '~(으)로'로 수정되었다. 그러한 조문으로는

> 제35조 제2항, 제83조, 제104조, 제116조 제2항, 제129조, 제141조, 제148조, 제178조 제2항, 제182조, 제201조 제2항, 제202조, 제270조, 제274조 제1항, 제286조, 제312조, 제315조 제1항, 제316조 제1항, 제362조, 제369조, 제385조 제2항, 제403조, 제406조 제1항, 제459조, 제473조, 제485조, 제489조 제2항, 제500조,

제504조, 제553조(2회 출현), 제576조 제1항, 제580조 제1항, 제617조, 제627조 제1항, 제628조, 제637조 제2항, 제638조 제1항, 제639조 제2항, 제661조, 제662조 제2항, 제668조, 제671조 제2항, 제674조의 4 제1항, 제684조 제1항, 제686조 제3항, 제700조, 제732조, 제741조, 제743조, 제745조 제1항(2회 출현), 제746조, 제754조, 제758조 제1항, 제765조 제1항, 제766조 제1항, 제775조 제1항, 제776조, 제816조 제3호, 제836조의 2 제3항, 제838조, 제861조, 제884조 제1항 제3호, 제908조의 4 제1항, 제908조의 5 제1항, 제925조, 제997조, 제1016조, 제1017조 제1항, 제1018조, 제1024조 제2항, 제1027조, 제1028조, 제1044조 제1항, 제1070조 제1항, 제1088조 제2항, 제1096조 제1항, 제1115조 제1항

이 있다. 이들 조문 중 제83조를 아래에 인용한다.

현행 민법전	2018년 법무부안
第83條(法院에依한清算人의選任) 前條의規定에依하여清算人이될者가없거나清算人의缺員으로因하여損害가생길念慮가있는때에는法院은職權또는利害關係人이나檢事의請求에依하여清算人을選任할 수 있다	제83조(법원의 청산인 선임) 제82조에 따른 청산인이 될 자가 없거나 청산인의 결원으로 손해가 생길 우려가 있는 경우에는 법원은 직권으로 또는 이해관계인이나 검사의 청구에 의하여 청산인을 선임할 수 있다.

2018년 법무부안에서 '~(으)로 인하여'가 '~(으)로'가 아니고 다르게 수정된 경우들이 있다. 그러한 조문으로는 제170조 제2항('재판상의 청구로 인하여'→'재판상 청구에 의하여'), 제172조('아니함으로 인하여'→'않아'), 제175조('아니함으로 인하여'→'않아서'), 제1038조('변제함으로 인

하여'→'변제함으로써')가 있다. 그리고 제140조에서는 '착오로 인하거나'가 '착오나'로 수정되었다. 이들 조문 중 제170조 제2항과 제175조를 아래에 인용한다.

현행 민법전	2018년 법무부안
第170條(裁判上의請求와時效中斷) ②前項의境遇에6月內에裁判上의請求, 破産節次參加, 押留또는假押留, 假處分을한때에는時效는最初의裁判上請求로因하여中斷된것으로본다	제170조(재판상의 청구와 소멸시효 중단) ② 제1항의 경우 6개월 내에 다시 재판상의 청구를 하거나 파산절차 참가, 압류, 가압류 또는 가처분을 했을 때에는 최초의 재판상 청구에 의하여 소멸시효가 중단된 것으로 본다.
第175條(押留, 假押留, 假處分과時效中斷) 押留, 假押留및假處分은權利者의請求에依하여또는法律의規定에따르지아니함으로因하여取消된때에는時效中斷의效力이없다	제175조(압류·가압류·가처분과 소멸시효 중단) 압류, 가압류 및 가처분은 권리자의 청구에 의하여 또는 법률의 규정에 따르지 않아서 취소된 경우에는 소멸시효를 중단시키는 효력이 없다.

2) '~(으)로 인하여'가 삭제된 조문

2018년 법무부안에서는 문장이 수정되면서 현행 민법전에 있는 '~(으)로 인하여'가 삭제된 조문들도 있다.

제35조 제1항, 제150조 제1항·제2항, 제168조, 제232조, 제328조, 제438조, 제535조 제1항(2회 출현), 제560조, 제562조, 제572조 제1항, 제829조 제3항, 제1083조

가 그에 해당한다.

3) '~(으)로 인하여'가 새로 추가된 조문

2018년 법무부안 제468조와 제601조에서는 현행 민법전에 없던 '~(으)로 인하여'가 필요하여 새로 추가되었다.

(3) '~(으)로 인하여'가 유지된 조문

2018년 법무부안에서는 '~(으)로 인하여'가 필요하다고 판단된 경우에는 그것을 수정하거나 삭제하지 않고 그대로 유지하였다. 그러한 조문으로는

> 제63조, 제116조 제1항, 제205조 제3항, 제206조 제2항, 제220조 제1항, 제236조 제1항·제2항, 제269조 제2항, 제314조 제1항, 제341조, 제342조, 제366조, 제557조, 제575조 제1항, 제625조, 제674조의 4 제3항, 제674조의 7 제3항, 제697조, 제741조, 제743조, 제999조 제1항

이 있다. 이들 조문 중 제63조를 아래에 인용한다.

현행 민법전	2018년 법무부안
第63條(臨時理事의選任) 理事가 없거나缺員이있는境遇에이로因하여損害가생길念慮있는때에는法院은利害關係人이나檢事의請求에依하여臨時理事를選任하여야한다	제63조(임시이사의 선임) 이사가 없거나 결원이 생긴 경우에 그로 인하여 손해가 생길 우려가 있는 때에는 법원은 이해관계인이나 검사의 청구에 의하여 임시이사를 선임해야 한다.

(4) 변경의 이유 내지 근거

'~(으)로 인하여'는 일본어를 그대로 받아들인 것이다.[293] 그리고 그 표현 중 '~(으)로'만으로 충분이 원인성을 표시할 수 있다.[294] 그리하여 2018년 법무부안은 가능한 범위에서 '~(으)로 인하여'를 다른 용어로 바꾸거나 삭제하였다. 보통은 그 표현에서 '인하여'만 없애면 충분해서 '인하여'를 떼고 '~(으)로'만 남겼다. 그런데 조문에 따라서는 특별한 사정이 있기도 하여 다르게 수정한 경우도 있다. 한편 2018년 법무부안에서는 '~(으)로 인하여'가 필요하거나 그것을 수정할 경우 어색한 조문에서는 그 표현을 바꾸지 않고 유지하였다.

(5) 사견

2018년 법무부안이 '~(으)로 인하여'를 변경한 것은 대체로 적절하다. 그런데 제838조와 제884조 제1항 제3호에서 수정된 내용은 다른 조문인 제140조, 제110조의 제목 및 제1항과 불일치하여 문제가 있다. 즉 2018년 법무부안 제838조에서는 '사기나 강박으로 이혼의 의사표시를 한 사람은'이라고 하고, 제884조 제1항 제3호에서는 '사기나 강박으로 입양의 의사표시를 한 경우'라고 하고 있다. 그에 비하여 제140조에서는 '착오나 사기·강박에 의하여 의사표시를 한 자'라고 하고, 제110조의 제목과 제1항에서는 각각 '사기나 강박에 의한 의사표시', '사기나 강박에 의한 의사표시는'이라고 한다.[295] 이와 같이 전자에서는 '~으로'라고 하였고, 후자에서는 '~에 의한'이라고 하여 동일한 경우의 표현이 다르게 되어 있다. 이러한 불일치는 시정되어야 한다. 사견으로는 전자를 후자에 맞추는 것이 바람직하다고 생각한다. 그리하여 제838조와 제884조 제1항 제3호의 '사기나 강박으로'는 '사기나 강박에 의하여'로 수정해

---

293) 김문오/홍사만, 우리 민법, 340면.

294) 동지 2018년 공청회 자료집, 75면(현소혜).

295) 밑줄은 저자가 그은 것이다.

야 한다.

(6) 관련 문제 : '~(으)로 인한'의 변경

2018년 법무부안에서는 현행 민법전상의 '~(으)로 인한'이라는 표현은 대부분 그대로 사용되었고,[296] 드물게 몇 개의 조문에서는 문장이 수정되면서 그 표현이 삭제되었다.[297]

42. '~에 있어서' 등의 변경

(1) 변경 내용의 요점

현행 민법전은 10여개의 조문에서 '~에 있어서', '~에 있어서는', '~에 있어서의'라는 표현을 사용하고 있다. 2018년 법무부안은 현행 민법전상의 그러한 표현을 모두 적절하게 수정하였다.

'~에 있어서' 등이 2018년 법무부안에서 수정된 모습은 다양하다. '~에 있어서는'은 모두 '~경우에는'이라고 수정되었으나, '~에 있어서'는 '~와 관련하여', '~하면서', '~할 때'와 같이 여러 가지로 고쳐졌고, '~에 있어서의'는 '~에 관한'이나 '~때의' 등으로 바뀌었다.

(2) 변경된 조문

2018년 법무부안에서 '~에 있어서' 등이 들어 있는 조문으로서 수정된 것(괄호 안은 수정된 내용임)으로는,

제21조('어느 행위에 있어서'→'어느 행위와 관련하여'), 제80조 제2항('사단법인에 있어서는'→'사단법인의 경우에는'), 제378조('지급할 때에 있어서의'→'지급할 때의'), 제740조('사무관리를 함에 있어서'→'사

296) 제9조 제1항, 제12조 제1항, 제14조의 2 제1항 등 그 예는 많다.

297) 제122조, 제259조가 그에 해당한다.

무관리를 하면서'), 제762조 제목('손해배상청구권에 있어서의 태아의 지위'→'손해배상청구권에 관한 태아의 지위'), 제908조의 3 제2항('입양한 경우에 있어서의 배우자'→'입양한 경우에 배우자'), 제912조 제1항('친권을 행사함에 있어서는'→'친권을 행사하는 경우에는')·제2항('친권자를 지정함에 있어서는'→'친권자를 지정하는 경우에는'), 제959조의 20 제2항('선임함에 있어서'→'선임할 때'), 제1000조 제1항('상속에 있어서는'→'상속에서는'), 제1113조 제1항('상속개시시에 있어서'→'상속이 개시될 때')

이 있다. 이들 조문 중 제80조 제2항, 제378조, 제740조를 아래에 인용한다.

현행 민법전	2018년 법무부안
第80條(殘餘財産의歸屬) ②定款으로歸屬權利者를指定하지아니하거나이를指定하는方法을定하지아니한때에는理事또는淸算人은主務官廳의許可를얻어그法人의目的에類似한目的을爲하여그財産을處分할수있다. 그러나社團法人에있어서는總會의決議가있어야한다	제80조(남은 재산의 귀속) ② 정관에서 귀속권리자를 지정하지 않았거나 귀속권리자 지정 방법을 정하지 않은 경우에는 이사나 청산인(淸算人)은 주무관청의 허가를 받아 그 법인의 목적과 유사한 목적을 위하여 그 재산을 처분할 수 있다. 다만, 사단법인의 경우에는 총회의 결의가 있어야 한다.
第378條(同前) 債權額이다른나라 通貨로指定된때에는債務者는支給할때에있어서의履行地의換金市價에依하여우리나라	제378조(외화채권) 채권액이 다른 나라 통화로 지정된 경우에는 채무자는 지급할 때의 이행지(履行地) 환율에 따라 우리

通貨로辨濟할수있다	나라 통화로 변제할 수 있다.
第740條(管理者의無過失損害補償請求權) 管理者가事務管理를함에있어서過失없이損害를받은때에는本人의現存利益의限度에서그損害의補償을請求할 수 있다	제740조[관리자의 무과실(無過失) 손해보상청구권] 관리자가 사무관리를 하면서 과실 없이 손해를 입은 경우에는 본인의 이익이 현존하는 한도에서 손해의 보상을 청구할 수 있다.

(3) 변경의 이유 내지 근거

'~에 있어서'는 일본어의 번역어이고 우리의 고유어가 아니라고 한다.[298] 그리하여 2018년 법무부안은 '~에 있어서'와 그것의 변형된 표현인 '~에 있어서는', '~에 있어서의'를 모두 적절한 용어로 수정하였다. 그 결과 2018년 법무부안에는 '~에 있어서' 등의 표현이 남아 있지 않게 되었다.

43. 문장 구조의 정비

(1) 변경 내용

2018년 법무부안에는 현행 민법전상의 문장 구조를 변경한 조문도 많이 있다. 그리고 그 가운데에는 '준용한다', '적용한다', '적용하지 않는다'는 문구가 들어 있는 조문들도 있고, '직권으로 또는 ~의 청구에 의하여'를 '~의 청구에 의하여 또는 직권으로'라고 수정한 조문들도 있다. 그런데 이 두 가지의 경우에 대해서는 이미 앞에서 자세히 살펴보았으므로,[299] 여기서는 그 외의 경우 중에 문장 구조가 정비된 조문들에 대

298) 김문오/홍사만, 우리 민법, 334면.

299) '준용한다' 등의 문구가 들어 있는 경우에 대하여는 제3장 32. 참조. 그리고 '~의 청구에 의하여 또는 직권으로'를 수정한 경우들에 대하여는 제3장 24. 참조.

해서만 기술하기로 한다.

2018년 법무부안에서 문장 구조가 변경된 조문 중에는 어순이 바뀐 것이 대부분이다. 즉 뒤에 있던 주어를 앞으로 보내거나, 앞에 있던 주어를 서술어에 가깝게 보내기도 하고, 때로는 주어가 아닌 문장 성분의 순서를 바꾸기도 하였다. 그리고 조문에 따라서는 내용을 보충하면서 정비한 것(예: 제125조 단서 · 제134조 단서), 주어 하나가 생략된 것(예: 제209조 제2항), 내용을 보충하면서 하나의 문장이 두 개의 문장으로 분리된 것(예: 제836조의 2 제1항)도 있다.

2018년 법무부안에서 문장 구조가 변경된 조문 중 어순이 바뀐 것으로는,

제36조, 제54조 제1항, 제170조 제2항, 제266조 제2항, 제269조 제2항, 제280조 제2항, 제281조 제1항, 제287조, 제371조 제1항, 제457조, 제468조, 제528조 제2항, 제544조, 제590조 제3항, 제633조, 제672조, 제729조 제1항, 제817조, 제818조, 제836조의 2 제4항 · 제5항

이 있다. 이들 조문 중 제54조 제1항과 제170조 제2항을 아래에 인용한다.

현행 민법전	2018년 법무부안
第54條(設立登記以外의登記의效力과登記事項의公告) ①設立登記以外의本節의登記事項은그登記後가아니면第三者에게對抗하지못한다	제54조(설립등기 외의 등기의 효력과 등기사항의 공고) ① 이 절의 등기사항 중 설립등기 외의 사항은 등기하지 않으면 제3자에게 대항할 수 없다.
第170條(裁判上의請求와時效中	제170조(재판상의 청구와 소멸시

斷) ②前項의境遇에6月內에 裁判上의請求, 破産節次參加, 押留또는假押留, 假處分을한 때에는時效는最初의裁判上請求로因하여中斷된것으로본다	효 중단) ② 제1항의 경우 6개월 내에 다시 재판상의 청구를 하거나 파산절차 참가, 압류, 가압류 또는 가처분을 했을 때에는 최초의 재판상 청구에 의하여 소멸시효가 중단된 것으로 본다.

(2) 변경의 이유

법률조문이 어법에 맞지 않거나 문장 성분의 배치가 올바르지 않은 경우, 주어와 서술어가 너무 멀리 있는 경우, 또는 앞에 있어야 할 주어가 뒤에 있거나 뒤에 있어야 할 주어가 앞에 있는 경우에는, 그 자체가 바람직하지 않을 뿐만 아니라 이해하기도 어렵게 된다. 그리하여 2018년 법무부안에서는 현행 민법전상 어순이 적절하지 않거나 주어와 서술어의 거리가 먼 경우에는 어순을 바로잡거나 주어의 위치를 옮겨 조문을 알기 쉽게 하였다. 그리고 때로는 그와 같은 목적으로 문장의 내용을 보충하면서 어순을 조정하기도 하였다.

44. 문어체에서 구어체로 변경

(1) 변경 내용

현행 민법전은 최근에 개정된 일부 조문을 제외하고는 한문투이면서 문어체의 형식으로 되어 있다.[300] 난해한 한자어가 많고, '~에 대하여', '~에 관하여'와 같은 일본식 후치사가 곳곳에 있을 뿐만 아니라, '면하지 못한다', '증감할 수 있다', '임무가 종료하다'와 같은 한문

300) 동지 김문오/홍사만, 우리 민법, 455면

투의 표현이 즐비하다. 또한 '그러하지 아니하다', '아니한', '아니하면', '하여야 한다' 등과 같은 일반인의 언어와는 거리가 먼 본말을 사용하고 있다.

그런데 2018년 법무부안은 가능한 범위에서 한글체이면서 구어체로 변경되었다. 우선 본말 사용을 피하고 '그렇지 않다', '않은', '않는', '해야 한다' 등과 같은 준말을 사용하였다. 그리고 '~에 대하여', '~에 관하여'와 같은 표현의 사용도 불가피한 경우에 한정시켰다. 또한 전반적으로 되도록 한글로 표현을 하려고 했고, 권위주의적으로 보이는 용어도 일상적인 용어로 바꾸었다.

(2) 변경의 이유 내지 근거

사람에 따라서는 고어체나 문어체가 위엄과 품격이 있는 것으로 생각하기도 한다. 그러나 고어체나 문어체는 위엄과 품격이 느껴지기보다는 권위주의적이고 과시하는 것으로 보이며, 그것을 보는 사람은 거리감과 거부감을 느끼게 된다. 법률이 그와 같은 문체로 되어 있을 경우에는, 그 법률을 보고 알아야 하는 국민은 국가에 대하여 의지하려기보다는 피지배자의 의식만 가지게 될 것이다. 그것은 민주국가, 법치주의 국가의 올바른 모습이 아니다. 법률은 법조인 등의 법률전문가보다는 오히려 수범자인 국민들에게 더 친숙하게 느껴져야 하고 보다 쉽게 이해되어야 한다. 그런 목적에서 2018년 법무부안은 비교적 과감하게 문체를 구어체로 변경하였다.

(3) 사견

2018년 법무부안이 문어체에서 구어체로 변경된 점은 매우 의미 있는 진전이다. 특히 본말을 사용하지 않고 준말을 사용한 것은 법령 정비의 역사에서 획기적인 일이며 크게 칭찬할 만하다. 국민들은 준말 사용 자체만으로도 법률을 보다 친숙하게 느끼게 되고 법률에 대한 이해도도 적잖이 높아질 것으로 생각된다. 앞으로 모든 법령이 2018년 법무부안과 같이 준말을 사용하고 그 밖에도 일상적인 언어 관용에 맞추어 구어체로 수정하여, 국민들이 모든 법령을 보다 친근하고 쉽게 느끼게 되었으면 하는 바람이다.

제4장 조문별 특기사항

1. 서설

2018년 법무부안에서 변경된 사항들 중 여러 조문에 공통되고 중요도가 큰 것은 제3장에서 살펴보았다. 그리하여 이 장에서는 제3장에서 설명한 공통적인 특징은 제외하고 그 밖의 사항들에 대해서만 살펴보려고 한다.

그리고 그 방법으로는, 조문의 순서에 따라 설명할 필요성이 비교적 큰 조문들을 선별하여 그 안에서 논의가 필요한 사항에 한정하여 특기사항을 적을 것이다. 그러면서 아울러 변경된 이유나 근거도 비교적 간략하게 서술하고 꼭 개선할 사항이 있으면 그것도 덧붙이려고 한다. 그러나 다른 학자들의 개선의견은 특히 이미 공간된 경우[301]에는 언급하지 않을 것이다. 저자의 개인적인 의견도 다른 문헌에서 밝힌 것은 되도록 생략하려고 하며, 다만 그러한 의견이라도 반드시 다시 소개할 필요가 있는 것만은 강조하는 의미에서 적어주려고 한다.

한편 이 장에서 개별 조문별로 특기사항을 살펴본다고 했는데, 그러한 사항 중에는 하나의 조문이 아니고 여러 조문에 공통적으로 나타나는 것도 있음을 유의해야 한다. 그러한 사항은 중요성 면에서 조금 떨어져서 제3장에서 설명하지 않고 여기서 다루게 된 것이다. 그리고

301) 가령 2018 민법개정안 의견서 등.

그러한 사항에 대하여 하나의 조문에서 설명했으면 그 뒤에는 따로 언급하지 않을 것이다.

2. 제1편 총칙

(1) 제2조 제1항

현행 민법전	2018년 법무부안
第2條(信義誠實) ①權利의行使와義務의履行은信義에좇아誠實히하여야한다	제2조(신의와 성실) ① 권리를 행사하거나 의무를 이행할 때에는 신의를 지켜 성실하게 해야 한다.

이 조문에서는 우선 현행 민법전상의 '신의성실'을 '신의와 성실'로 수정하였다. 그 이유는 '신의성실'을 한글화만 할 경우에는 일반인의 입장에서는 오히려 이해하기가 더 어렵기 때문이다.[302)]

그리고 '권리의 행사와 의무의 이행은'을 '권리를 행사하거나 의무를 이행할 때에는'으로 수정하였다. 그 이유는 전자가 '의'를 사용하는 일본식 표현이기 때문이다.

또한 '신의에 좇아'를 '신의를 지켜'로 수정하였다. 그 표현 역시 '~에'를 사용한 일본식 표현이어서 고쳐야 했고 또 자연스럽지 못하기 때문이다.

(2) 제4조

현행 민법전	2018년 법무부안
제4조(성년) 사람은 19세로 성년에 이르게 된다.	제4조(성년) 사람은 19세에 이르면 성년이 된다.

302) 법제처, 민법 설명자료집 별책, 3면.

이 조문에서는 '19세로'를 '19세에 이르면'이라고 수정하였다. 그 이유는 현행 민법전의 표현이 19세에 도달한 시점을 의미하는지 19세가 지난 시점을 의미하는지 불분명하기 때문이라고 한다.303)

여기의 19세는 만 나이를 가리킨다. 그런데 그 앞에 '만'을 붙이지는 않았다. 그것은 모든 법령에서 나이가 만 나이를 가리키는데 '만'을 붙이지 않고 있으므로 여기서도 '만'을 붙이지 않도록 한 것이며, 법제처에서는 앞으로 다른 법령에서도 그러한 기준에 따라 정비하기로 하였다.304)

(3) 제5조 제1항

현행 민법전	2018년 법무부안
第5條(未成年者의能力) ①未成年者가法律行爲를함에는法定代理人의同意를얻어야한다 그러나權利만을얻거나義務만을免하는行爲는그러하지아니하다	제5조(미성년자의 행위능력) ① 미성년자가 법률행위를 할 경우에는 법정대리인의 동의를 받아야 한다. 다만, 권리만을 얻거나 의무만을 면하는 행위는 그렇지 않다.

여기서는 우선 제목에서 '능력'을 '행위능력'으로 고쳤다. 이는 정확한 의미로 표현을 바꾼 것이다.

그리고 '법률행위를 함에는'을 '법률행위를 할 경우에는'으로 수정하였다. 그 이유는 일본 민법을 번역하면서 들어간 어색한 용어의 명사형을 자연스럽게 고친 것이다.305) 2018년 법무부안에는 그러한 조문들이 여럿 있다. 제25조도 그에 해당한다.

303) 2018년 법무부안의 '개정이유'.

304) 법제처, 민법 설명자료집, 5면.

305) 김문오/홍사만, 우리 민법, 392면 참조.

또한 '동의를 얻어야'를 '동의를 받아야'로 수정하였다. 그것이 자연스럽고 일상적인 표현이기 때문이다.

(4) 제5조 제2항

현행 민법전	2018년 법무부안
第5條(未成年者의能力) ②前項의規定에違反한行爲는取消할수있다	제5조(미성년자의 행위능력) ② 제1항을 위반한 행위는 취소할 수 있다.

'전항의 규정에 위반한'을 '제1항을 위반한'으로 수정하였다. '~에 위반한'은 일본식 격조사의 표현이어서 바로잡은 것이다.[306]

2018년 법무부안에는 격조사 '~에'를 수정한 조문들이 많으며, 앞에서 본 제2조 제1항과 제103조, 제151조 제1항도 그에 해당한다.

(5) 제7조

현행 민법전	2018년 법무부안
第7條(同意와許諾의取消) 法定代理人은未成年者가아직法律行爲를하기前에는前2條의同意와許諾을取消할 수 있다	제7조(동의와 허락의 철회) 법정대리인은 미성년자가 법률행위를 하기 전에는 제5조제1항의 동의와 제6조의 허락을 철회할 수 있다.

이 조문에서는 '취소'를 '철회'로 변경하였다. 제8조 제2항에서도 같다. 이들 조문에서 '취소'는 '철회'를 의미한다는 데 모든 학자들의 의견이 일치하기 때문이다.[307]

306) 김문오/홍사만, 우리 민법, 296면 참조.
307) 2018년 법무부안 '개정이유'.

(6) 제10조 제4항

현행 민법전	2018년 법무부안
제10조(피성년후견인의 행위와 취소) ④ 제1항에도 불구하고 일용품의 구입 등 일상생활에 필요하고 그 대가가 과도하지 아니한 법률행위는 성년후견인이 취소할 수 없다.	제10조(피성년후견인의 행위와 취소) ④ 제1항에도 불구하고 일용품의 구입 등 일상생활에 필요하고 그 대가가 과도하지 않은 법률행위는 취소할 수 없다.

현행 민법전의 '성년후견인이'가 삭제되었다. 여기의 '성년후견인이'는 잘못 추가된 것으로서 그 문구가 있으면 피성년후견인은 취소할 수 있는 것으로 오해될 수가 있어서 바로잡은 것이다.

(7) 제13조 제3항

현행 민법전	2018년 법무부안
제13조(피한정후견인의 행위와 동의) ③ 한정후견인의 동의를 필요로 하는 행위에 대하여 한정후견인이 피한정후견인의 이익이 침해될 염려가 있음에도 그 동의를 하지 아니하는 때에는 가정법원은 피한정후견인의 청구에 의하여 한정후견인의 동의를 갈음하는 허가를 할 수 있다.	제13조(피한정후견인의 행위와 동의) ③ 한정후견인의 동의가 필요한 법률행위에 대하여 피한정후견인의 이익이 침해될 우려가 있는데도 한정후견인이 동의를 하지 않는 경우에는 가정법원은 피한정후견인의 청구에 의하여 한정후견인의 동의를 갈음하는 허가를 할 수 있다.

'동의를 필요로 하는 행위'를 '동의가 필요한 법률행위'로 수정하였다. '필요로 하는'이 일본식 표현이어서 이를 고쳤고, 또 '행위'를 정확한 의미로 표현해 준 것이다.

그리고 '염려'를 '우려'로 고치고, '한정후견인이 … 때에는'을 의미가 명확해질 수 있도록 어순과 표현을 정비하였다.

(8) 제14조의 2 제2항

현행 민법전	2018년 법무부안
제14조의2(특정후견의 심판) ② 특정후견은 본인의 의사에 반하여 할 수 없다.	제14조의2(특정후견의 재판) ② 특정후견의 재판은 본인의 의사에 반하여 할 수 없다.

'특정후견'을 '특정후견의 재판'으로 수정하였다. 그 이유는 여기의 '특정후견'이 '특정후견의 재판'을 의미하므로 그것을 정확하게 표현해 준 것이다.

(9) 제14조의 2 제3항

현행 민법전	2018년 법무부안
제14조의2(특정후견의 심판) ③ 특정후견의 심판을 하는 경우에는 특정후견의 기간 또는 사무의 범위를 정하여야 한다.	제14조의2(특정후견의 재판) ③ 특정후견의 재판을 하는 경우에는 특정후견의 기간이나 사무의 범위를 정해야 한다.

'기간 또는 사무의 범위'를 '기간이나 사무의 범위'로 수정하였다. 2018년 법무부안에서는 '또는'의 앞뒤에 하나의 사항만 나오는 경우에는 수식어가 걸리는 등의 특별한 사정이 없으면 '또는'을 '~(이)나'로 수정하였으며, 이는 보다 친숙하게 표현하기 위한 것으로 생각된

다. 그러한 조문은 대단히 많으므로 아래에서 다시 설명하지는 않을 것이다.

(10) 제15조 제1항

현행 민법전	2018년 법무부안
제15조(제한능력자의 상대방의 확답을 촉구할 권리) ① 제한능력자의 상대방은 제한능력자가 능력자가 된 후에 그에게 1개월 이상의 기간을 정하여 그 취소할 수 있는 행위를 추인할 것인지 여부의 확답을 촉구할 수 있다. 능력자로 된 사람이 그 기간 내에 확답을 발송하지 아니하면 그 행위를 추인한 것으로 본다.	제15조(제한능력자의 상대방이 확답을 촉구할 권리) ① 제한능력자의 상대방은 제한능력자가 행위능력자로 된 후에 그에게 1개월 이상의 기간을 정하여 취소할 수 있는 행위를 추인(追認)할 것인지에 대한 확답을 촉구할 수 있다. 행위능력자로 된 사람이 그 기간 내에 확답을 발송하지 않으면 그 행위를 추인한 것으로 본다.

우선 제목 '제한능력자의 상대방의 확답을 촉구할 권리'에서 '상대방의'를 '상대방이'로 수정하였다. 이는 관형격 조사 '의'가 두 번이나 나오는 것을 피하고 의미가 분명해지도록 하기 위해서이다.

'능력자'를 '행위능력자'로 수정하였다. 이는 여기의 '능력'이 제5조에서와 마찬가지로 '행위능력'에 해당하고 제5조에서 '능력'을 '행위능력'으로 수정하였으므로, 여기서도 정확하게 표현해 주기 위하여 '능력자'를 '행위능력자'로 수정한 것이다.

'추인할 것인지 여부의 확답을'을 '추인(追認)할 것인지에 대한 확답을'로 수정하였다. 이는 표현을 개선한 것이라고 할 수 있다.

(11) 제16조 제1항

현행 민법전	2018년 법무부안
제16조(제한능력자의 상대방의 철회권과 거절권) ① 제한능력자가 맺은 계약은 추인이 있을 때까지 상대방이 그 의사표시를 철회할 수 있다. 다만, 상대방이 계약 당시에 제한능력자임을 알았을 경우에는 그러하지 아니하다.	제16조(제한능력자의 상대방의 철회권과 거절권) ① 제한능력자와 계약을 맺은 상대방은 추인이 있을 때까지 의사표시를 철회할 수 있다. 다만, 상대방이 계약 당시에 제한능력자임을 알았을 경우에는 그렇지 않다.

1) 특기사항

2018년 법무부안은 제1항 본문에 대해 어순과 표현을 바꾸었다. 의미를 명확하게 전달하기 위해서라고 한다.[308]

2) 개선의견

제1항 본문의 수정은 바람직하지 않다. 그 수정은 제1항과 제2항 사이의 유사성을 파괴한 것이기 때문이다. 즉 현행 민법전은 제1항에서는 계약을, 제2항에서는 단독행위를 규정하면서 그것을 첫부분에서 대구(對句)의 형식으로 보여주고 있는데, 2018년 법무부안은 수정을 하면서 그것을 고려하지 않았다. 사견으로는 2013년 법제처 정비안에서처럼 "제한능력자가 맺은 계약에 대해서는(또는 계약의 경우에는) 추인이 있을 때까지 상대방이 의사표시를 철회할 수 있다"라고 하는 것이 좋다고 생각한다.

---

308) 2018년 법무부안의 '개정이유' 참조.

(12) 제21조

현행 민법전	2018년 법무부안
第21條(假住所) 어느行爲에있어서假住所를定한때에는그行爲에關하여는이를住所로본다	제21조(임시주소) 어떤 행위와 관련하여 임시주소를 정한 경우에는 그 행위에 관하여는 임시주소를 주소로 본다.

1) 특기사항

‘가주소’를 ‘임시주소’로 수정하였다. 그 이유는 ‘가주소’에서 ‘가(假)’는 한자어가 아니고 훈독되는 순수한 일본어이기 때문이다.[309] 그리고 여기의 ‘가’는 ‘임시’라는 뜻이어서 ‘가주소’를 ‘임시주소’로 수정한 것이다.

2) 사견

‘가주소’와 같은 방식의 용어로 ‘가집행’(제172조), ‘가압류’(제168조 제2호 등), ‘가처분’(제168조 제2호 등)도 있다. 그런데 2018년 법무부안에서는 이들 용어는 수정하지 않았다. 그것은 이들 용어가 다른 법령에서도 많이 사용되고 또 ‘가주소’보다는 널리 사용되고 있기 때문이 아닌가 한다. 그러나 이와 같은 이유가 있다고 하여 ‘가집행’ 등의 용어를 유지하는 것은 적절하지 않다. 다른 법령에 사용되고 있어도 과감하게 바꿀 필요가 있다.

(13) 제22조 제1항

현행 민법전	2018년 법무부안
第22條(不在者의財産의管理)	제22조(부재자 재산의 관리) ①

309) 김문오/홍사만, 우리 민법, 233면.

① 從來의住所나居所를떠난者가財産管理人을定하지아니한때에는法院은利害關係人이나檢事의請求에依하여財産管理에關하여必要한處分을命하여야한다 本人의不在中財産管理人의權限이消滅한때에도같다	종래의 주소나 거소를 떠난 사람이 재산관리인을 정하지 않은 경우에는 법원은 이해관계인이나 검사의 청구에 의하여 재산 관리에 필요한 처분을 명해야 한다. 본인의 부재 중에 재산관리인의 권한이 소멸된 경우에도 같다.

이 조문의 수정 사항 중 제2문의 '소멸한'이 '소멸된'으로 수정된 것에 대해서만 설명한다. 현행 민법전에 자주 사용된 '소멸하다'는 일본어의 번역인데, 그 일본어는 우리 말로는 '소멸하다'와 '소멸되다'에 대응하는 자동사이면서 타동사라고 한다.310) 그것을 현행 민법전은 '소멸한다'고 표현하였는데, 그 경우의 표현으로는 오히려 '소멸되다'가 우리의 어감에는 더 어울리는 경우가 많다. 특히 소멸원인이 존재할 때는 더 그렇다. 그리하여 2018년 법무부안은 현행 민법전상의 '소멸하다'를 '소멸되다'로 변경했으며, 이 조문에서도 그에 맞추어 '소멸한'을 '소멸된'이라고 하였다.

(14) 제23조

현행 민법전	2018년 법무부안
第23條(管理人의改任) 不在者가財産管理人을定한境遇에不在者의生死가分明하지아니한때에는法院은財産管理人, 利	제23조(재산관리인의 교체) 부재자가 재산관리인을 정한 경우에 부재자의 생사(生死)가 분명하지 않은 때에는 법원은 재

310) 김문오/홍사만, 우리 민법, 382면.

害關係人또는檢事의請求에依하여財産管理人을改任할수있다	산관리인, 이해관계인 또는 검사의 청구에 의하여 재산관리인을 교체할 수 있다.

이 조문에서는 '개임(改任)'을 '교체'로 수정하였다. 이는 어려운 한자어를 쉽게 고친 것이다.

(15) 제25조

현행 민법전	2018년 법무부안
第25條(管理人의權限) 法院이選任한財産管理人이第118條에規定한權限을넘는行爲를함에는法院의許可를얻어야한다 不在者의生死가分明하지아니한境遇에不在者가定한財産管理人이權限을넘는行爲를할때에도같다	제25조(재산관리인의 권한) 법원이 선임한 재산관리인이 제118조에 규정된 권한을 넘는 행위를 할 때에는 법원의 허가를 받아야 한다. 부재자의 생사가 분명하지 않은 경우에 부재자가 정한 재산관리인이 권한을 넘는 행위를 할 때에도 같다.

이 조문에서는 '규정한'을 '규정된'으로 수정하였다. 그리고 '허가를 얻어야'를 '허가를 받아야'라고 하였다. 수정된 표현이 더 자연스럽고 일상적인 것이기 때문이다.

(16) 제28조

현행 민법전	2018년 법무부안
第28條(失踪宣告의效果) 失踪宣	제28조(실종선고의 효과) 실종선

告를받은者는前條의期間이滿了한때에死亡한것으로본다	고를 받은 사람은 제27조의 기간이 만료된 때에 사망한 것으로 본다.

'만료한'이 '만료된'으로 수정되었다. '만료된'이 훨씬 자연스럽기 때문이다.

(17) 제29조 제1항

현행 민법전	2018년 법무부안
第29條(失踪宣告의取消) ①失踪者의生存한事實또는前條의規定과相異한때에死亡한事實의證明이있으면法院은本人, 利害關係人또는檢事의請求에依하여失踪宣告를取消하여야한다 그러나失踪宣告後그取消前에善意로한 行爲의效力에影響을미치지아니한다	제29조(실종선고의 취소) ① 실종자가 살아 있는 사실이나 제28조에 따라 사망한 것으로 보는 때와 다른 때에 사망한 사실이 증명되면 법원은 본인, 이해관계인 또는 검사의 청구에 의하여 실종선고를 취소해야 한다. 다만, 실종선고의 취소는 그 선고가 있은 후부터 취소되기 전까지 선의로 한 행위의 효력에는 영향을 미치지 않는다.

'실종자의 생존한 사실'이 '실종자가 살아 있는 사실'로 수정되었다. 현행 민법전이 일본어식으로 표현되어 주격조사 '가' 대신 '의'가 들어간 것을 올바르게 고친 것이다.

단서에서는 생략된 주어인 '실종선고의 취소는'을 보충하였다.

(18) 제29조 제2항

현행 민법전	2018년 법무부안
第29條(失踪宣告의取消) ②失踪宣告의取消가있을때에失踪의宣告를直接原因으로하여財産을取得한者가善意인境遇에는그받은利益이現存하는限度에서返還할義務가있고惡意인境遇에는그받은利益에利子를붙여서返還하고損害가있으면이를賠償하여야한다	제29조(실종선고의 취소) ② 실종선고가 취소된 경우에 실종선고를 직접적인 원인으로 재산을 취득한 자가 선의인 때에는 그 얻은 이익이 현존하는 한도에서 반환해야 하며, 악의인 때에는 그 얻은 이익에 이자를 붙여서 반환하고 손해가 있으면 배상해야 한다.

'그 받은 이익'이 '그 얻은 이익'으로 수정되었다. 즉 이익에 대하여는 '받은'을 쓰지 않고 '얻은'이라고 표현한 것이다. 이는 '얻은'이 더 자연스럽다고 판단한 데 따른 것이다.

(19) 제31조

현행 민법전	2018년 법무부안
第31條(法人成立의準則) 法人은法律의規定에依함이아니면成立하지못한다	제31조[법인 성립의 준거(準據)] 법인은 법률의 규정에 따라서만 성립할 수 있다.

1) 특기사항

제목에서 '준칙'을 '준거(準據)'로 수정하였다. 그 이유는 여기의 '준칙'은 본문에 비추어 볼 때 법적 근거의 의미와 따라야 할 준칙의 의미를 모두 가지고 있기 때문이다.

본문에서 이중부정문을 긍정문으로 바꾸고 그러면서 '의함'이라는 어색한 명사형을 없앴다. 그리하여 문장이 쉽고 자연스럽게 변하였다.

2) 다른 의견 및 사견

제31조의 제목과 본문의 '성립'은 '설립'으로 수정해야 한다. 성립은 '설립'한 후의 결과이며, 따라서 여기의 '성립'은 올바르지 못한 표현이다.[311] 다른 학자들도 여럿이 같은 의견이고,[312] 2009년 법무부안과 2013년 법제처 정비안도 '설립'이었으며, 그 안들을 심의한 두 위원회에서 위원들의 의견이 일치했었다.

(20) 제34조

현행 민법전	2018년 법무부안
第34條(法人의權利能力) 法人은 法律의規定에좇아定款으로定한目的의範圍內에서權利와義務의主體가된다	제34조(법인의 권리능력) 법인은 법률의 규정에 따라 정관에서 정한 목적의 범위에서 권리와 의무의 주체가 된다.

'법률의 규정에 좇아'를 '법률의 규정에 따라'로 수정하였다. 여기의 '~에'가 일본식 격조사이기 때문이다.

'정관으로 정한 목적의 범위 내에서'를 '정관에서 정한 목적의 범위에서'라고 수정하였다. 앞부분은 자연스럽게 고친 것이고, 뒷부분은 불필요한 표현인 '내'를 삭제한 것이다.

311) 좀 더 자세한 내용은 2018 민법개정안 의견서, 88면·89면(송덕수) 참조.
312) 2018 민법개정안 의견서, 89면(안경희·이진기).

(21) 제35조 제1항

현행 민법전	2018년 법무부안
第35條(法人의不法行爲能力) ① 法人은理事其他代表者가그職務에關하여他人에게加한損害를賠償할責任이있다 理事其他代表者는이로因하여自己의損害賠償責任을免하지못한다	제35조(법인의 불법행위능력) ① 법인은 이사나 그 밖의 대표자가 그 직무에 관하여 타인에게 입힌 손해를 배상할 책임이 있다. 이 경우 이사나 그 밖의 대표자는 법인이 손해배상책임을 지더라도 자기의 손해배상책임을 면할 수 없다.

'타인에게 가한 손해'를 '타인에게 입힌 손해'라고 수정하였다. 2018년 법무부안은 손해를 가한 경우를 '입힌'이라고 표현한다. 제35조 제2항에서도 같다. 이는 자연스럽고 일상적인 표현으로 고친 것이다.

(22) 제40조 제5호, 제6호

현행 민법전	2018년 법무부안
第40條(社團法人의定款) 社團法人의設立者는다음各號의事項을記載한定款을作成하여記名捺印하여야한다 5. 理事의任免에關한規定 6. 社員資格의得失에關한規定	제40조(사단법인의 정관) 사단법인의 설립자는 다음 각 호의 사항을 기재한 정관을 작성하여 기명날인(記名捺印)해야 한다. 5. 이사의 임명과 해임에 관한 규정 6. 사원 자격의 취득과 상실에 관한 규정

제5호에서는 '임면'을 '임명과 해임'으로, 제6호에서는 '득실'을 '취득과 상실'로 수정하였다. 이는 지나치게 축약된 한자어를 알기 쉽게 풀어쓴 것이다.

(23) 제41조

현행 민법전	2018년 법무부안
第41條(理事의代表權에對한制限) 理事의代表權에對한制限은이를定款에記載하지아니하면그效力이없다	제41조(이사의 대표권 제한) 이사의 대표권 제한은 정관에 기재되지 않으면 효력이 없다.

'정관에 기재하지'를 '정관에 기재되지'로 수정하였다. '기재되지'가 자연스러운 표현이기 때문이다.

(24) 제42조 제1항

현행 민법전	2018년 법무부안
第42條(社團法人의定款의變更) ①社團法人의定款은總社員3分의2以上의同意가있는때에限하여이를變更할수있다. 그러나定數에關하여定款에다른規定이있는때에는그規定에依한다	제42조(사단법인의 정관의 변경) ① 사단법인의 정관은 전체 사원 3분의 2 이상의 동의가 있어야 변경할 수 있다. 다만, 정수(定數)에 관하여 정관에 다른 규정이 있는 경우에는 그 규정에 따른다.

1) 특기사항

2018년 법무부안에서는 제1항 단서의 '정수'를 '정수(定數)'라고 한자를 병기하는 방법으로만 수정하였다. 이해를 돕기 위한 것이라고 한다.

2) 개선의견

제1항 단서의 '정수'는 사회에서 사용하지 않는 용어로 대단히 어운 것이다.[313] 거기에 한자를 병기해 주어도 마찬가지이다. 거기의 정수는 '그 수'로 알기 쉽게 고쳐 주어야 한다.

(25) 제45조 제2항

현행 민법전	2018년 법무부안
第45條(財團法人의定款變更) ② 財團法人의目的達成또는그財産의保全을爲하여適當한때에는前項의規定에不拘하고名稱또는事務所의所在地를變更할수있다	제45조(재단법인의 정관 변경) ② 재단법인의 목적 달성이나 그 재산 보전(保全)을 위하여 필요한 경우에는 제1항에도 불구하고 명칭이나 사무소의 소재지를 변경할 수 있다.

'재산의 보전을 위하여 적당한 때에는'을 '재산 보전(保全)을 위하여 필요한 경우에는'으로 수정하였다. 이는 정확하고 자연스러운 표현으로 고친 것이다.

'전항의 규정에 불구하고'를 '제1항에도 불구하고'로 수정하였다. '~에 불구하고'는 일본식 표현이고 우리에게는 자연스럽지 않기 때문이다. 이것은 법제처의 일반적인 정비기준이기도 하다.[314]

313) 동지 2018 민법개정안 의견서, 93면(김성수).
314) 법제처, 정비기준(제8판), 37면 참조.

(26) 제48조 제1항

현행 민법전	2018년 법무부안
第48條(出捐財産의歸屬時期) ① 生前處分으로財團法人을設立하는때에는出捐財産은法人이成立된때로부터法人의財産이된다	제48조(출연재산의 귀속시기) ① 생전처분으로 재단법인을 설립하는 경우에는 출연재산은 법인이 성립된 때부터 법인의 재산이 된다.

'성립된 때로부터'를 '성립된 때부터'로 수정하였다. 이는 부적절한 격조사 '로부터'를 '부터'로 올바르게 고친 것이다.

우리말에서는 '~로부터'와 '~부터'가 구별된다. '~로부터'는 "어떤 행동의 출발점이나 비롯되는 대상임을 나타내는 격조사"이고(예: 아버지로부터 편지가 왔다), '부터'는 "어떤 일이나 상태 따위에 관련된 범위의 시작임을 나타내는 보조사"이다(예: 1시부터).[315] 그러므로 이 조문과 같이 시간의 시작점을 의미하는 경우에는 '~부터'라고 해야 하며, '~로부터'라고 하면 '로'는 군더더기가 된다. 그리하여 2018년 법무부안은 시간의 시작점을 나타낼 경우에는 '~로부터'를 모두 '~부터'로 수정하였다. 제48조 제2항과 제53조가 다른 예이다.

현행 민법전에서 '~부터' 대신 '~로부터'로 규정된 이유는, 이들에 해당하는 일본어의 격조사는 이 두 가지로 구별되지 않아 통합적으로 사용되고 있는바, 그것의 영향 때문이었던 것으로 생각된다.[316]

315) [국립국어원 홈페이지 표준국어대사전 사이트 http://stdweb2.korean.go.kr/search/List_dic.jsp] (최종방문일 2018. 10. 1)
316) 김문오/홍사만, 우리 민법, 308면.

(27) 제61조

현행 민법전	2018년 법무부안
第61條(理事의注意義務) 理事는 善良한管理者의注意로그職務를行하여야한다	제61조(이사의 주의의무) 이사는 선량한 관리자의 주의로 그 직무를 수행해야 한다.

'행하여야'를 '수행해야'로 수정하였다. '행하다'는 단음절로 된 한자어근이 '하다'와 결합하여 용언화된 것으로서 그런 류의 용어가 많은 일본어의 영향을 많이 받은 것으로 보인다. 그런데 그러한 단어는 우리 사회에서는 거의 사용되지 않는다. 그리하여 여기서도 '행하여야'를 사회에서 사용하는 일상적인 용어인 '수행해야'로 고친 것이다.

(28) 제70조 제2항

현행 민법전	2018년 법무부안
第70條(臨時總會) ②總社員의5分의1以上으로부터會議의目的事項을提示하여請求한때에는理事는臨時總會를召集하여야한다. 이定數는定款으로增減할수있다	제70조(임시총회) ② 전체 사원의 5분의 1 이상이 회의의 목적사항을 제시하여 총회 소집을 청구한 경우에는 이사는 임시총회를 소집해야 한다. 이 정수는 정관으로 늘리거나 줄일 수 있다.

'증감할 수 있다'를 '늘리거나 줄일 수 있다'라고 수정하였다. 이는 지나치게 축약된 한자어를 알기 쉽게 풀어쓴 것이다.

(29) 제71조

현행 민법전	2018년 법무부안
第71條(總會의召集) 總會의召集은1週間前에그會議의目的事項을記載한通知를發하고其他定款에定한方法에依하여야한다	제71조(총회의 소집) 총회를 소집하려면 1주일 전에 회의의 목적사항을 기재한 통지를 발송해야 하며, 그 밖에 정관에서 정한 방법에 따라야 한다.

'발하고'를 '발송해야 하며'로 수정하였다. '발하다'는 단음절의 한자 어근이 '하다'와 결합하여 용언으로 된 것인데, 사회에서는 사용되지 않는다. 그리하여 '발송하다'라는 단어를 이용하여 고친 것이다.

(30) 제73조 제2항

현행 민법전	2018년 법무부안
第73條(社員의決議權) ②社員은書面이나代理人으로決議權을行使할 수 있다	제73조(사원의 결의권) ② 사원은 서면으로 또는 대리인을 통하여 결의권을 행사할 수 있다.

'서면이나 대리인으로'를 '서면으로 또는 대리인을 통하여'로 수정하였다. 본래 대리인은 결의권 행사의 도구나 수단이 아니므로 '대리인으로'라고 하는 것은 부적절하다. 그리하여 '서면'의 경우와 다르게 표현하였고, 서면에 의한 방법과 대리인을 통한 방법 사이를 '또는'으로 연결하였다.

(31) 第79조

현행 민법전	2018년 법무부안
第79條(破産申請) 法人이債務를完濟하지못하게된때에는理事는遲滯없이破産申請을하여야한다	제79조(파산신청) 법인이 채무를 완전히 변제할 수 없게 된 경우에는 이사는 지체 없이 파산신청을 해야 한다.

'완제하지 못하게 된 때'를 '완전히 변제할 수 없게 된 경우'로 수정하였다. '완제'라는 지나치게 축약된 한자어를 쉽게 풀어쓴 것이다.

(32) 第80조 제1항

현행 민법전	2018년 법무부안
第80條(殘餘財産의歸屬) ①解散한法人의財産은定款으로指定한者에게歸屬한다	제80조(남은 재산의 귀속) ① 해산한 법인의 재산은 정관에서 지정한 자에게 귀속된다.

제목에서 '잔여재산'을 '남은 재산'으로, 본문에서 '귀속한다'를 '귀속된다'로 수정하였다. 전자는 한자어를 쉬운 우리말로 고친 것이고, 후자는 우리에게 익숙한 피동형으로 고친 것이다.

(33) 第81조

현행 민법전	2018년 법무부안
第81條(淸算法人) 解散한法人은淸算의目的範圍內에서만權利가있고義務를負擔한다	제81조(청산법인) 해산한 법인은 청산의 목적 내에서만 권리와 의무가 있다.

1) 특기사항

'목적범위 내에서만'을 '목적 내에서만'이라고 수정하였다. 그 이유는 불분명하나, 아마 '범위'가 불필요하다고 판단한 듯하다.

2) 개선의견

이 규정은 거의 같은 표현을 쓰고 있는 제34조와 불일치하여 문제이다. 제34조에서는 '목적의 범위 내에서'를 '목적의 범위에서'라고 하고 있기 때문이다. 사견으로는 여기의 '목적 내에서'를 '목적 범위에서'라고 고쳐야 한다고 생각한다. 2013년 법제처 정비안이 그러한 입장이다.

(34) 제87조 제1항 제2호

현행 민법전	2018년 법무부안
第87條(淸算人의職務) ①淸算人의職務는다음과같다 2. 債權의推尋및債務의辨濟	제87조(청산인의 직무) ① 청산인의 직무는 다음 각 호와 같다. 2. 채권의 추심(推尋)과 채무의 변제

'채권의 추심 및 채무의 변제'를 '채권의 추심(推尋)과 채무의 변제'로 수정하였다. 2018년 법무부안은 두 가지가 '및'으로 연결된 경우는 특별한 사정이 없으면 '및'을 '과(와)'로 고쳤다. 그래야 더 쉽고 친숙하게 느껴지기 때문이다.

(35) 제88조 제1항

현행 민법전	2018년 법무부안
第88條(債權申告의公告) ①淸算	제88조(채권신고의 공고) ① 청

人은就任한날로부터2月內에3回以上의公告로債權者에對하여一定한期間內에그債權을申告할것을催告하여야한다. 그期間은2月以上이어야한다	산인은 취임한 날부터 2개월 내에 3회 이상 공고하여 채권자에게 일정한 기간 내에 채권을 신고할 것을 촉구해야 한다. 이 경우 채권의 신고 기간은 2개월 이상이어야 한다.

제1문과 제2문에서 '2월'을 '2개월'로 수정하였다. '2월'이라고 하면 기간으로서 2개월보다는 1년 중 두 번째 달인 2월을 생각하게 되고, 또 우리말에서 '달'로 기간을 나타낼 때에는 숫자 다음에 '개월'을 붙이기 때문에, 그와 같이 고친 것이다. 다른 조문에서도 같다.

(36) 제92조

현행 민법전	2018년 법무부안
第92條(淸算으로부터除外된債權) 淸算으로부터除外된債權者는法人의債務를完濟한後歸屬權利者에게引渡하지아니한財産에對하여서만辨濟를請求할수있다	제92조(청산에서 제외된 채권자) 청산에서 제외된 채권자는 법인이 채무를 완전히 변제한 후에 귀속권리자에게 인도되지 않은 재산에 대해서만 변제를 청구할 수 있다.

'인도하지 아니한 재산'을 '인도되지 않은 재산'으로 수정하였다. 여기에서는 재산이 인도되지 않은 것이므로, 피동형인 '인도되지'로 고친 것이다. 그 표현이 '인도하지'보다 훨씬 자연스럽기 때문이다.

(37) 제93조 제2항

현행 민법전	2018년 법무부안
第93條(淸算中의破産) ②淸算人은破産管財人에게그事務를引繼함으로써그任務가終了한다	제93조(청산 중의 파산) ② 청산인은 파산관재인(破産管財人)에게 그의 사무를 인계함으로써 임무가 종료된다.

'종료한다'를 '종료된다'로 수정하였다. 전자는 어색한 데 비하여 후자는 자연스럽기 때문이다.

(38) 제97조 본문

현행 민법전	2018년 법무부안
第97條(罰則) 法人의 理事, 監事 또는淸算人은다음各號의境遇에는 500만원 이하의過怠料에處한다	제97조(벌칙) 법인의 이사, 감사 또는 청산인이 다음 각 호의 어느 하나에 해당하는 경우에는 500만원 이하의 과태료를 부과한다.

'과태료에 처한다'를 '과태료를 부과한다'로 수정하였다. '~에 처한다'가 일본식 표현일 뿐만 아니라 '처한다'는 사회에서는 쓰지 않는 권위주의적인 용어이기 때문이다.

(39) 제100조 제1항

현행 민법전	2018년 법무부안
第100條(主物, 從物) ① 物件의	제100조[주물(主物)과 종물(從

所有者가그物件의常用에供하기爲하여自己所有인다른物件을이에附屬하게한때에는그附屬物은從物이다	物)] ① 물건의 소유자가 그 물건의 통상적 사용에 이바지하도록 자기가 소유하는 다른 물건을 이에 부속시킨 경우에는 그 부속물은 종물이다.

'상용에 공하기 위하여'를 '통상적 사용에 이바지하도록'으로 수정하였다. '상용'은 지나치게 축약된 어려운 한자어이고, '공하다'는 사회에서는 쓰지 않는, 일본에서 흔히 쓰는 방식의 용어이어서, 쉽고 일상적인 표현으로 고친 것이다.

(40) 제103조

현행 민법전	2018년 법무부안
第103條(反社會秩序의法律行爲) 善良한風俗其他社會秩序에違反한事項을內容으로하는法律行爲는無效로한다	제103조(사회질서를 위반한 법률행위) 선량한 풍속이나 그 밖의 사회질서를 위반한 사항을 내용으로 하는 법률행위는 무효이다.

제목에서 '반사회질서의'를 '사회질서를 위반한'으로, 본문에서 '사회질서에 위반한'을 '사회질서를 위반한'으로 수정하였다. 우선 '~에 위반하다'는 일본식 표현이어서 '~에'를 '~를'로 고쳤고, 제목상의 '반사회질서'가 사회에서는 쓰지 않는 축약된 표현이어서 쉽게 풀어쓴 것이다.

(41) 제104조

현행 민법전	2018년 법무부안
第104條(不公正한法律行爲) 當事者의窮迫,輕率또는無經驗으로因하여顯著하게公正을잃은法律行爲는無效로한다	제104조(불공정한 법률행위) 당사자의 곤궁하고 절박한 사정, 경솔 또는 무경험으로 현저하게 공정을 잃은 법률행위는 무효이다.

1) 특기사항

'궁박'을 '곤궁하고 절박한 사정'으로 수정하였다. 그 이유는 '궁박'이 사회에서 사용하지 않는 어려운 한자어이기 때문이다.

2) 개선의견

제104조에서 '궁박'은 경제적인 어려움만을 가리키는 것이 아니다. 그러므로 경제적 어려움을 뜻하는 '곤궁하고'는 붙이지 않아야 한다. 그리고 '절박한 사정'이라고만 해도 현행 민법상의 '궁박'을 충분히 표현하게 된다.

(42) 제106조

현행 민법전	2018년 법무부안
第106條(事實인慣習) 法令中의善良한風俗其他社會秩序에關係없는規定과다른慣習이있는境遇에當事者의意思가明確하지아니한때에는그慣習에依한다	제106조(관습) 법령 중 선량한 풍속이나 그 밖의 사회질서와 관계없는 규정과 다른 관습이 있는 경우에 당사자의 의사가 명확하지 않은 때에는 그 관습에 따른다.

제목을 '사실인 관습' 대신 '관습'이라고 하였다. 원래 '사실인 관습'은 관습을 관습법과 구별할 때 쓰는 용어이다. 그런데 민법을 잘 모르는 사람은 '사실인 관습'이라고 하면 '사실이 아닌 관습'이 있고 '사실인 관습'은 그것과 대비되는 것으로 오해할 수 있다. 따라서 아무런 의미도 없는 '사실인'을 삭제하였다.

'사회질서에 관계없는 규정'을 '사회질서와 관계없는 규정'이라고 수정하였다. 여기의 '~에'도 일본식 격조사이어서 '와'로 고친 것이다.

(43) 제107조 제2항

현행 민법전	2018년 법무부안
第107條(眞意아닌意思表示) ② 前項의意思表示의無效는善意의第三者에게對抗하지못한다	제107조[진의(眞意) 아닌 의사표시] ② 제1항 단서에 따라 의사표시가 무효인 경우에도 그 무효로써 선의의 제3자에게 대항할 수 없다.

이 조문에서는 언제 무효로 되는지를 정확하게 알려주기 위해 앞부분을 수정하였고, 그 조문에서 생략된 문구인 '그 무효로써'를 보충해 주었다.

(44) 제108조 제1항

현행 민법전	2018년 법무부안
第108條(通情한虛僞의意思表示) ①相對方과通情한虛僞의意思表示는無效로한다	제108조(통정허위표시) ① 상대방과 짜고 거짓으로 한 의사표시는 무효이다.

'상대방과 통정한 허위의 의사표시'를 '상대방과 짜고 거짓으로 한

의사표시'로 수정하였다. '통정'은 사회에서 '정을 통하다'라는 뜻으로 사용하고 있어서, 조문의 의미에 맞게 다른 표현으로 고친 것이다. 그런데 제목의 '통정허위표시'는 법률용어로서 굳어졌다고 판단하여 그대로 유지하였다.

(45) 제121조 제2항

현행 민법전	2018년 법무부안
第121條(任意代理人의復代理人選任의責任) ②代理人이本人의指名에依하여復代理人을選任한境遇에는그不適任또는不誠實함을알고本人에게對한通知나그解任을怠慢한때가아니면責任이없다	제121조(임의대리인의 복대리인 선임에 따른 책임) ② 대리인이 본인의 지명으로 복대리인을 선임한 경우에는 제1항의 책임이 없다. 다만, 그 복대리인이 적임자가 아니라는 사실이나 불성실하다는 사실을 알고도 본인에 대한 통지나 복대리인의 해임을 게을리했을 경우에는 그렇지 않다.

여기서는 현행의 제2항을 본문과 단서로 분리하고, 단서에 주어를 보충하면서 '그 부적임 또는 불성실함'을 쉽게 풀어써 주었다.

(46) 제133조

현행 민법전	2018년 법무부안
第133條(追認의效力) 追認은다른意思表示가없는때에는契約時에遡及하여그效力이생긴다	제133조(추인의 효력) 추인은 다른 의사표시가 없는 경우에는 계약을 맺은 때로 소급(遡及)

그러나第三者의權利를害하지 못한다	하여 효력이 생긴다. 다만, 이로써 제3자의 권리를 해칠 수 없다.

'계약시에 소급하여'를 '계약을 맺은 때로 소급(遡及)하여'로 수정하였다. 그 이유는 '~에 소급하여'는 일본식 표현이고, 우리말에서는 '~로 소급하다'라고 해야 올바르기 때문이다. 그러한 점은 제147조 제3항, 제167조 등에서도 같다.

단서에서는 생략된 표현인 '이로써'를 보충하여 자연스럽고 알기 쉽게 하였다.

(47) 제142조

현행 민법전	2018년 법무부안
第142條(取消의相對方) 取消할수있는法律行爲의相對方이確定한境遇에는그取消는그相對方에對한意思表示로하여야한다	제142조(취소의 상대방) 취소할 수 있는 법률행위의 상대방이 확정된 경우에는 그 법률행위의 취소는 그 상대방에 대한 의사표시로써 해야 한다.

'상대방이 확정한 경우에는'을 '상대방이 확정된 경우에는'으로 수정하였다. 여기의 '확정한'의 주어는 '상대방'이므로 피동형이어서 '확정된'으로 고친 것이다. 현행 민법전에서 '확정한'으로 규정된 것은 '확정하다'와 '확정되다' 모두의 의미를 가지고 있는 해당 일본어의 영향을 받은 결과라고 생각된다.

(48) 제145조 본문

현행 민법전	2018년 법무부안
第145條(法定追認) 取消할수있는法律行爲에關하여前條의規定에依하여追認할수있는後에다음各號의事由가있으면追認한것으로본다 그러나異議를保留한때에는그러하지아니하다	제145조(법정추인) 취소할 수 있는 법률행위를 제144조에 따라 추인할 수 있게 된 후에 다음 각 호의 어느 하나에 해당하는 사유가 있으면 추인한 것으로 본다. 다만, 이의(異議)를 단 경우에는 그렇지 않다.

'다음 각호의 사유'를 '다음 각 호의 어느 하나에 해당하는 사유'라고 수정하였다. 2018년 법무부안은 －법제처에서 일반적으로 그렇게 정비하듯이－ 여러 호 중에 어느 하나만 갖추어지면 일정한 효과가 부여되는 경우를 위와 같이 고치고 있다.

단서에서 '이의를 보류한 때에는'을 '이의(異議)를 단 경우에는'이라고 수정하였다. 전자가 어색하면서 이해하기 어려운 것이어서 알기 쉬운 표현으로 고친 것이다.

(49) 제147조 제1항 · 제2항

현행 민법전	2018년 법무부안
第147條(條件成就의效果) ①停止條件있는法律行爲는條件이成就한때로부터그效力이생긴다	제147조(조건 성취의 효과) ① 정지조건(停止條件)이 붙어 있는 법률행위는 조건이 성취된 때부터 효력이 생긴다.
②解除條件있는法律行爲는條	② 해제조건(解除條件)이 붙

件이成就한때로부터그效力을 잃는다	어 있는 법률행위는 조건이 성취된 때부터 효력을 잃는다.

1) 특기사항

제1항에서는 '정지조건 있는 법률행위'를 '정지조건이 붙어 있는 법률행위'로, '성취한 때로부터 그 효력이 생긴다'를 '성취된 때부터 효력이 생긴다'로 수정하였다. 그리고 제2항에서는 '해제조건 있는 법률행위'를 '해제조건이 붙어 있는'으로, '성취한 때로부터 그 효력을 잃는다'를 '성취된 때부터 효력을 잃는다'고 수정하였다.

이 두 항에서 '~조건이 붙어 있는'이라고 고친 것은 알기 쉽게 표현한 것이다. 그리고 '성취한'을 '성취된'으로 피동형으로 고친 것은 주어가 조건이기 때문이다. 그 외에 '때로부터'에서 불필요한 '로'를 삭제하였다.

2) 개선의견

제1항의 '생긴다'와 제2항의 '잃는다'는 계속적인 의미를 가지고 있지 않으므로 '때부터'라고 하는 것이 부적당하다.[317] 거기의 '때부터'는 '때에'로 수정해야 한다. 2013년 법제처 정비안은 그렇게 되어 있다.

(50) 第150조 제1항

현행 민법전	2018년 법무부안
第150條(條件成就, 不成就에對한反信義行爲) ①條件의成就로因하여不利益을받을當事者	제150조(조건의 성취·불성취에 대한 신의성실 위반행위) ① 조건이 성취되면 불이익을 당

317) 2018 민법개정안 의견서, 124면(송덕수).

가信義誠實에反하여條件의成就를妨害한때에는相對方은그條件이成就한것으로主張할수있다	할 당사자가 신의성실을 위반하여 조건의 성취를 방해한 경우에는 상대방은 그 조건이 성취된 것으로 주장할 수 있다.

제목에서 '반신의행위'를 '신의성실 위반행위'로, 본문에서 '불이익을 받을'을 '불이익을 당할'으로, '신의성실에 반하여'를 '신의성실을 위반하여'로 수정하였다. 이 중 맨 앞의 것은 지나치게 축약된 한자어를 풀어쓴 것이고, 가운데의 것은 '불이익'에 대하여는 '당할'을 사용하는 것이 적절하여 고쳤으며, 맨 뒤의 것은 '~에 반하다'라는 일본식 표현을 바로잡은 것이다.

(51) **제152조 제1항**

현행 민법전	2018년 법무부안
第152條(期限到來의效果) ①始期있는法律行爲는期限이到來한때로부터그效力이생긴다	제152조(기한 도래의 효과) ① 시기(始期)가 붙어 있는 법률행위는 기한이 된 때부터 효력이 생긴다.

1) 특기사항

'시기 있는'을 '시기가 붙어 있는'으로, '기한이 도래한 때로부터'를 '기한이 된 때부터'로 수정하였다. 전자는 알기 쉽게 표현한 것이고, 후자에서는 '도래한'을 알기 쉽게 '된'으로 고치면서 '~로부터'에서 '~로'를 삭제한 것이다.

2) 개선의견

우선 제152조 제목에서 '도래'를 삭제해야 한다. 제1항 본문에서

'도래한'이라는 표현을 알기 쉽게 '된'으로 고쳐서 '도래'라는 용어를 없앴으면서 제목에는 그대로 두어서 본문과 일치하지 않는다. 그리고 거기에 굳이 '도래'가 남아 있을 필요도 없다. 그 외에 제152조에서도(제2항도 같음) '~로부터'가 부적절하며, '때부터'는 '때에'로 수정해야 한다. 2013년 법제처 정비안은 그러한 모습으로 되어 있다.

(52) 제155조

현행 민법전	2018년 법무부안
第155條(本章의適用範圍) 期間의計算은法令, 裁判上의處分또는法律行爲에다른定한바가없으면本章의規定에依한다	제155조(이 장의 적용범위) 기간의 계산은 법령, 재판상의 처분 또는 법률행위로 다르게 정하지 않았으면 이 장의 규정에 따른다.

제목과 본문에서 '본장'을 '이 장'으로, 본문에서 '법률행위에 다른 정한 바가 없으면'을 '법률행위로 다르게 정하지 않았으면'으로 수정하였다. 전자는 한자어를 가능하면 우리말로 쉽게 고친 것 가운데 하나이고, 후자는 자연스럽고 쉬운 표현으로 고친 것이다.

(53) 제157조

현행 민법전	2018년 법무부안
第157條(期間의起算點) 期間을日, 週, 月또는年으로定한때에는期間의初日은算入하지아니한다 그러나그期間이午前零時로부터始作하는때에는그러	제157조(기간의 기산점) 기간을 일(日), 주(週), 월(月) 또는 연(年)으로 정한 경우에는 그 기간의 첫날은 계산에 넣지 않는다. 다만, 그 기간이 오전

하지아니하다	0시부터 시작하는 경우에는 그렇지 않다.

'초일'을 '첫날'로, '산입하지 아니한다'를 '계산에 넣지 않는다'로 수정하였다. 전자는 사회에서 거의 사용하지 않는 한자어를 쉬운 우리말로 고친 것이고, 후자는 일본식 한자어를 쉽게 풀어쓴 것이다.

(54) 제160조 제1항

현행 민법전	2018년 법무부안
第160條(曆에依한計算) ①期間을週, 月또는年으로定한때에는曆에依하여計算한다.	제160조(태양력에 따른 계산) ① 기간을 주, 월 또는 연으로 정한 경우에는 태양력에 따라 계산한다.

조문 제목과 본문에서 '역'을 '태양력'으로 수정하였다. '역'에는 양력과 음력이 있는데, 여기의 '역'은 그 중 양력 즉 태양력을 의미하므로, 그것을 명확하게 표현해 준 것이다.

(55) 제162조 제1항

현행 민법전	2018년 법무부안
第162條(債權, 財産權의消滅時效) ①債權은10年間行使하지아니하면消滅時效가完成한다	제162조(채권·재산권의 소멸시효) ① 채권은 10년간 행사하지 않으면 소멸시효가 완성된다.

'소멸시효가 완성한다'를 '소멸시효가 완성된다'로 수정하였다. 여기서 완성되는 것은 소멸시효이기 때문에, 소멸시효가 주어가 되면 피

동형인 '완성된다'고 해야만 한다.

(56) 제165조 제3항

현행 민법전	2018년 법무부안
第165條(判決等에依하여確定된債權의消滅時效) ③前2項의規定은判決確定當時에辨濟期가到來하지아니한債權에適用하지아니한다	제165조(판결 등에 의하여 확정된 채권의 소멸시효) ③ 판결 확정 당시에 변제기(辨濟期)가 되지 않은 채권에는 제1항과 제2항을 적용하지 않는다.

'변제기가 도래하지 아니한'을 '변제기가 되지 않은'으로 수정하였다. 이는 '도래'라는 어려운 한자어를 쉽게 고친 것으로서, 전술한 제152조 제1항·제2항에서 '기한이 된'과 같은 모습의 것이다.

(57) 제166조 제1항

현행 민법전	2018년 법무부안
第166條(消滅時效의起算點) ① 消滅時效는權利를行使할수있는때로부터進行한다	제166조(소멸시효의 기산점) ① 소멸시효는 권리를 행사할 수 있는 때부터 진행된다.

'진행한다'를 '진행된다'로 수정하였다. 여기의 주어도 소멸시효이므로 피동형인 '진행된다'가 되어야만 해서 그렇게 수정한 것이다.

(58) 제170조 제1항

현행 민법전	2018년 법무부안
第170條(裁判上의請求와時效中	제170조(재판상의 청구와 소멸시

斷) ①裁判上의請求는訴訟의却下, 棄却또는取下의境遇에는時效中斷의效力이없다	효 중단) ① 재판상의 청구는 소가 취하(取下), 각하(却下)되거나 청구가 기각(棄却)된 경우에는 소멸시효를 중단시키는 효력이 없다.

'소송의 각하, 기각 또는 취하의 경우에는'을 '소가 취하, 각하되거나 청구가 기각된 경우에는'으로 수정하였다. 이는, 소송법상 취하되거나 각하되는 것은 소송이 아니고 소이며, 기각되는 것은 청구이기 때문에, 그에 맞추어 고친 것이다.318)

그리고 '시효중단의 효력이 없다'를 '소멸시효를 중단시키는 효력이 없다'고 수정하였다. 이는 알기 쉽게 풀어서 써 준 것이다.

(59) 제171조

현행 민법전	2018년 법무부안
第171條(破産節次參加와時效中斷) 破産節次參加는債權者가이를取消하거나그請求가却下된때에는時效中斷의效力이없다	제171조(파산절차 참가와 소멸시효 중단) 파산절차 참가는 채권자가 이를 취하하거나 그 신고가 각하된 경우에는 소멸시효를 중단시키는 효력이 없다.

'취소하거나 그 청구가 각하된 때'를 '취하하거나 그 신고가 각하된 경우'로 수정하였다. 이는 「채무자 회생 및 파산에 관한 법률」에 맞추어 올바르게 고친 것이다.

318) 2018년 법무부안의 '개정이유' 참조.

(60) 제177조

현행 민법전	2018년 법무부안
第177條(承認과時效中斷) 時效中斷의效力있는承認에는相對方의權利에關한處分의能力이나權限있음을要하지아니한다	제177조(승인과 소멸시효 중단) 소멸시효를 중단시키는 효력이 있는 승인에는 상대방의 권리에 관한 처분의 능력이나 권한이 필요하지 않다.

'권한 있음을 요하지 아니한다'를 '권한이 필요하지 않다'로 수정하였다. 이는 '요하지 아니한다'라는 일본식 표현을 우리의 일상적인 표현으로 바꾼 것이다.

3. 제2편 물권

(1) 제185조

현행 민법전	2018년 법무부안
第185條(物權의種類) 物權은法律또는慣習法에依하는外에는任意로創設하지못한다	제185조(물권의 종류) 물권은 법률이나 관습법에 의하지 않고는 임의로 창설할 수 없다.

'관습법에 의하는 외에는'을 '관습법에 의하지 않고는'으로 수정하였다. 본래 '외'는 체언 다음에 쓰는 말이므로 현행 민법전의 표현은 문법적으로 올바르지 않고 또 매우 어색하여,[319] 2018년 법무부안은 그것을 서술어의 형태로 알기 쉽게 고쳤다.

319) 법제처, 민법 설명자료집 별책, 75면.

(2) 제186조

현행 민법전	2018년 법무부안
第186條(不動産物權變動의效力) 不動産에關한法律行爲로因한物權의得失變更은登記하여야그效力이생긴다	제186조(부동산물권 변동의 효력 발생) 법률행위로 인한 부동산에 관한 물권의 취득·상실·변경은 등기해야 효력이 생긴다.

'득실변경'을 '취득·상실·변경'으로 수정하였다. 이는 지나치게 축약된 한자어를 의미에 맞추어 풀어쓴 것이다.

(3) 제191조 제1항

현행 민법전	2018년 법무부안
第191條(混同으로因한物權의消滅) ①同一한物件에對한所有權과다른物權이同一한사람에게歸屬한때에는다른物權은消滅한다 그러나그物權이第三者의權利의目的이된때에는消滅하지아니한다	제191조[혼동(混同)으로 인한 물권의 소멸] ① 동일한 물건에 대한 소유권과 소유권 외의 물권이 동일한 자에게 귀속된 경우에는 소유권 외의 물권은 소멸된다. 다만, 그 물권이 제3자의 권리의 대상인 경우에는 소멸되지 않는다.

'귀속한'을 '귀속된'으로, '소멸한다'를 '소멸된다'로 수정하였다. 여기의 귀속하는 것과 소멸되는 것이 모두 권리이고, 그럴 때에는 피동형으로 표현하는 것이 우리에게 보다 익숙하므로, '귀속된'과 '소멸된다'고 고친 것이다.

(4) 제193조

현행 민법전	2018년 법무부안
第193條(相續으로因한占有權의移轉) 占有權은相續人에移轉한다	제193조(상속으로 인한 점유권 이전) 점유자가 사망하면 그의 점유권은 상속인에게 이전된다.

이는 현행 조문에서 생략된 부분(즉 '점유자가 사망하면')을 보충하여 알기 쉽게 하고, 조문을 법률요건과 법률효과 부분으로 구성하여 다른 조문들과 균형을 맞추고,[320] 또 권리가 이전되는 것이므로 '이전한다'를 피동형 '이전된다'로 수정하였다.

(5) 제197조 제2항

현행 민법전	2018년 법무부안
第197條(占有의態樣) ②善意의占有者라도本權에關한訴에敗訴한때에는그訴가提起된때로부터惡意의占有者로본다	제197조(점유의 모습) ② 선의의 점유자라도 본권(本權)에 관한 소송에서 패소한 경우에는 그 소가 제기된 때부터 악의의 점유자로 본다.

'소에 패소한 때'를 '소송에서 패소한 경우'라고 수정하였다. '소'는 제기하는 것이고 패소·승소는 '소송'에 관한 것이므로 그에 맞게 고친 것이다.

320) 법제처, 민법 설명자료집 별책, 79면.

(6) 제198조

현행 민법전	2018년 법무부안
第198條(占有繼續의 推定) 前後兩時에占有한事實이있는때에는그占有는繼續한것으로推定한다	제198조(점유 계속의 추정) 전후 두 시점에 점유한 사실이 있는 경우에는 그 점유는 계속된 것으로 추정한다.

'전후 양시'를 '전후 두 시점'으로, '계속한'을 '계속된'으로 수정하였다. 전자는 한자어를 알기 쉬운 말로 고친 것이고, 후자는 계속된 것이 점유이므로 피동형이 어울려서 그와 같이 고친 것이다.

(7) 제203조 제1항

현행 민법전	2018년 법무부안
第203條(占有者의償還請求權) ①占有者가占有物을返還할때에는回復者에對하여占有物을保存하기爲하여支出한金額其他必要費의償還을請求할수있다 그러나占有者가果實을取得한境遇에는通常의必要費는請求하지못한다	제203조(점유자의 비용상환청구권) ① 점유자가 점유물을 반환하는 경우에는 점유를 회복하는 자에게 점유물을 보존하기 위하여 지출한 금액, 그 밖의 필요비(必要費)의 상환을 청구할 수 있다. 다만, 점유자가 과실을 취득한 경우에는 통상적인 필요비는 청구할 수 없다.

'회복자'를 '점유를 회복하는 자'로 수정하였다. 이는 '회복자'가 지나치게 축약된 한자어로서 그 의미를 알기가 어려워 풀어쓴 것이다.

(8) 제203조 제3항

현행 민법전	2018년 법무부안
第203條(占有者의償還請求權) ③前項의境遇에法院은回復者의請求에依하여相當한償還期間을許與할 수 있다	제203조(점유자의 비용상환청구권) ③ 제2항의 경우 법원은 점유를 회복하는 자의 청구에 의하여 적절한 상환 기간을 정해 줄 수 있다.

'상환기간을 허여할 수 있다'를 '상환 기간을 정해줄 수 있다'고 수정하였다. '허여'가 어려운 한자어여서 알기 쉬운 우리말로 고친 것이다.

(9) 제204조 제1항

현행 민법전	2018년 법무부안
第204條(占有의回收) ①占有者가占有의侵奪을當한때에는그物件의返還및損害의賠償을請求할수 있다	제204조(점유의 회수) ① 점유자가 점유를 빼앗긴 경우에는 그 물건의 반환과 손해의 배상을 청구할 수 있다.

'점유의 침탈을 당한 때'를 '점유를 빼앗긴 경우'라고 수정하였다. 이는 불필요하게 어려운 한자어를 쉬운 우리말로 순화한 것이다.

(10) 제208조 제1항

현행 민법전	2018년 법무부안
第208條(占有의訴와本權의訴와의關係) ①占有權에基因한訴	제208조[점유의 소(訴)와 본권의 소(訴)의 관계] ① 점유권을

와本權에基因한訴는서로影響을미치지아니한다	원인으로 한 소와 본권을 원인으로 한 소는 서로 영향을 미치지 않는다.

'기인한 소'를 '원인으로 한 소'로 수정하였다. 이는 사회에서 별로 사용하지 않는 한자어를 쉬운 우리말로 고친 것이다.

(11) 제216조 제1항

현행 민법전	2018년 법무부안
第216條(隣地使用請求權) ①土地所有者는境界나그近傍에서담또는建物을築造하거나修繕하기爲하여必要한範圍內에서이웃土地의使用을請求할수있다 그러나이웃사람의承諾이없으면그住居에들어가지못한다	제216조(이웃 토지 사용 청구권) ① 토지 소유자는 자기 토지의 경계나 그 부근에서 담이나 건물을 짓거나 수리하기 위하여 필요한 범위에서 이웃 토지의 사용을 청구할 수 있다. 다만, 이웃의 승낙이 없으면 그의 주거에 들어갈 수 없다.

제목에서 '인지'를 '이웃 토지'로, 본문에서 '근방'을 '부근'으로, '건물을 축조하거나 수선하기 위하여'를 '건물을 짓거나 수리하기 위하여'로 수정하였다. 이들은 모두 어렵거나 사회에서 별로 사용하지 않는 한자어를 일상적인 용어로 고친 것이다.

단서에서 '이웃 사람'을 '이웃'으로 수정하였다. 여기서 '사람'을 뺀 것은 여기의 '이웃 사람'이 자연인만을 의미하는 것이 아니고 법인도 포함하는 개념이기 때문이다.

(12) 제217조 제2항

현행 민법전	2018년 법무부안
第217條(煤煙等에依한隣地에對한妨害禁止) ②이웃居住者는前項의事態가이웃土地의通常의用途에適當한것인때에는이를忍容할義務가있다	第217條(매연 등에 의한 방해금지) ② 이웃 거주자는 제1항의 매연 등이 가해(加害) 토지의 통상적인 용도에 비추어 적당한 것일 경우에는 참고 받아들일 의무가 있다.

1) 특기사항

'전항의 사태가'를 '제1항의 매연 등이'로, '이웃 토지'를 '가해 토지'로, '이를 인용할 의무'를 '참고 받아들일 의무'로 수정하였다. 이들 중 첫째의 것은 불명확한 표현을 명확하게 하려는 의도로 제1항의 표현과 유사하게 한 것이고, 둘째의 것은 '이웃 토지'가 가리키는 것을 알기 어려워 그것을 명확하게 표현한 것으로 보이며, 셋째의 것은 어렵기도 할 뿐더러 오해할 가능성이 있는 한자어를 쉽게 풀어쓴 것이다.

2) 개선의견

2018년 법무부안은 내용이 변경되었다. 그러지 않게 하려면 '매연 등이'를 '방해 등이'로, '가해 토지'를 '해당 토지'로 수정해야 한다.[321]

(13) 제218조 제1항

현행 민법전	2018년 법무부안
第218條(水道等施設權) ①土地	제218조(수도 등의 설치권) ①

321) 그 이유는 2018 민법개정안 의견서, 152면(송덕수) 참조.

所有者는他人의土地를通過하지아니하면必要한水道, 疏水管, 까스管, 電線等을施設할수없거나過多한費用을要하는境遇에는他人의土地를通過하여이를施設할수있다 그러나이로因한損害가가장적은場所와方法을選擇하여이를施設할것이며他土地의所有者의請求에依하여損害를補償하여야한다	토지 소유자는 타인의 토지를 통과하지 않으면 필요한 수도·배수관·가스관·전선 등을 설치할 수 없거나 설치하는 데 비용이 지나치게 많이 드는 경우에는 타인의 토지를 통과하여 설치할 수 있다. 다만, 시설의 설치로 인한 손해가 가장 적은 장소와 방법을 선택하여 설치해야 하며, 시설이 통과하는 토지 소유자의 청구에 의하여 손해를 보상해야 한다.

제목과 본문·단서에서 '시설'을 '설치'로, 본문에서 '소수관'을 '배수관'으로, '과다한 비용을 요하는'을 '설치하는 데 비용이 지나치게 많이 드는'으로 수정하였다. 이들 중 앞의 둘은 어려운 한자어를 개선한 것이고, 맨 뒤의 것은 일본식 표현을 순화하면서 의미 파악이 쉽도록 내용도 보충한 것이다.

단서에서는 '타 토지'를 '시설이 통과하는 토지'로 수정하였다. 이는 거기의 '타 토지'가 어느 토지를 가리키는지를 분명하게 해주기 위한 것이다.

(14) 제220조 제1항

현행 민법전	2018년 법무부안
第220條(分割, 一部讓渡와周圍通行權) ①分割로因하여公路	제220조(분할 및 일부 양도와 주위통행권) ① 분할로 인하여 공

에通하지못하는土地가있는때에는그土地所有者는公路에出入하기爲하여다른分割者의土地를通行할수있다 이境遇에는補償의義務가없다	로로 통하지 못하는 토지가 생긴 경우에는 그 토지의 소유자는 공로에 출입하기 위하여 분할된 다른 토지를 통행할 수 있다. 이 경우에는 보상할 의무가 없다.

'공로에'를 '공로로'로, '다른 분할자의 토지'를 '분할된 다른 토지'로, '보상의 의무'를 '보상할 의무'로 수정하였다. 이중 첫째('~에')와 셋째('~의')의 것은 일본식 표현을 고친 것이고, 둘째의 것은 어색한 표현을 알기 쉽게 바로잡은 것이다.

(15) 제222조

현행 민법전	2018년 법무부안
第222條(疏通工事權) 흐르는물이低地에서閉塞된때에는高地所有者는自費로疏通에必要한工事를할 수 있다	제222조[소통공사권(疏通工事權)] 흐르는 물이 낮은 곳에 있는 토지에서 막힌 경우에는 높은 곳에 있는 토지의 소유자는 자기 비용으로 물길을 트는 데 필요한 공사를 할 수 있다.

'저지'를 '낮은 곳에 있는 토지'로, '폐색된'을 '막힌'으로, '고지소유자'를 '높은 곳에 있는 토지의 소유자'로, '자비로'를 '자기 비용으로'로, '소통에 필요한'을 '물길을 트는 데 필요한'으로 수정하였다. 이들은 모두 어려운 한자어를 쉽고 일상적인 표현으로 개선한 것이다.

(16) 제225조

현행 민법전	2018년 법무부안
第225條(처마물에對한施設義務) 土地所有者는처마물이이웃에直接落下하지아니하도록適當한施設을하여야한다	제225조(낙숫물에 대한 시설의무) 토지 소유자는 낙숫물이 이웃에 직접 떨어지지 않도록 적당한 시설을 설치해야 한다.

제목과 본문에서 '처마물'을 '낙숫물'로 수정하였다. 국어사전에 따르면 처마물은 표준어가 아닌 북한어이고, 낙숫물이 표준어이기 때문이다.

(17) 제226조 제1항

현행 민법전	2018년 법무부안
第226條(餘水疏通權) ①高地所有者는浸水地를乾燥하기爲하여또는家用이나農, 工業用의餘水를疏通하기爲하여公路, 公流또는下水道에達하기까지低地에물을通過하게할 수 있다	제226조(남은 물의 소통권) ① 높은 곳에 있는 토지의 소유자는 물에 잠긴 토지를 마르게 하거나 가사용, 농업용 또는 공업용으로 쓰고 남은 물을 흘려보내기 위하여 공로나 공류(公流) 또는 하수도에 도달하기까지 낮은 곳에 있는 토지로 물이 지나가게 할 수 있다.

어려운 여러 한자어를 쉽게 개선했고, '달하기까지'를 '도달하기까지'로 수정하였다. 후자는 일본어식 단음절 한자 어근 단어인 '달하다'의 활용어를 일상적인 용어인 '도달하다'의 활용어로 고친 것이다.

(18) 제229조 제1항

현행 민법전	2018년 법무부안
第229條(水流의變更) ①溝渠其他水流地의所有者는對岸의土地가他人의所有인때에는그水路나水流의幅을變更하지 못한다	제229조[수류(水流)의 변경] ① 도랑이나 그 밖에 물이 흐르는 토지의 소유자는 건너편 기슭의 토지가 타인의 소유인 경우에는 그 수로나 수류의 폭을 변경해서는 안 된다.

'수류지'를 '물이 흐르는 토지'로 수정하였다. 이는 어려운 한자어를 쉽게 풀어쓴 것이다.

(19) 제235조

현행 민법전	2018년 법무부안
第235條(共用水의用水權) 相隣者는그共用에屬하는源泉이나水道를各需要의程度에應하여他人의用水를妨害하지아니하는範圍內에서各各用水할權利가있다	제235조[공용수(共用水)의 용수권] 서로 이웃하는 자들은 그들이 공용하는 원천(源泉) 또는 수도에서 타인의 물 사용을 방해하지 않는 범위에서 각자 필요한 정도에 따라 물을 사용할 권리가 있다.

'상린자'를 '서로 이웃하는 자들'로, '각 수요의 정도에 응하여'를 '각자 필요한 정도에 따라'로, '용수를'을 '물 사용을'으로 수정하였다. 이들은 모두 한자어를 알기 쉽게 우리말로 고친 것이다.

(20) 제237조 제2항

현행 민법전	2018년 법무부안
第237條(境界標, 담의設置權) ② 前項의費用은雙方이折半하여負擔한다 그러나測量費用은土地의面積에比例하여負擔한다	제237조(경계표·담의 설치권) ② 제1항의 비용은 양쪽이 절반씩 부담한다. 다만, 측량비용은 토지의 면적에 비례하여 부담한다.

'절반하여'를 '절반씩'으로 수정하였다. 이는 어렵고 사회에서 쓰지 않는 어려운 한자어를 일상적이고 쉬운 표현으로 고친 것이다.

(21) 제245조 제1항

현행 민법전	2018년 법무부안
第245條(占有로因한不動産所有權의取得期間) ①20年間所有의意思로平穩, 公然하게不動産을占有하는者는登記함으로써그所有權을取得한다	제245조(부동산소유권의 취득시효) ① 20년간 소유의 의사로 평온하고 공연하게 부동산을 점유한 자는 등기를 함으로써 그 소유권을 취득한다.

조문의 제목을 본문 내용에 맞추어 개선하였다. 그러한 점은 제246조, 제294조의 경우에도 같다.

(22) 제252조 제1항

현행 민법전	2018년 법무부안
第252條(無主物의歸屬) ①無主의動産을所有의意思로占有한者는그所有權을取得한다	제252조(소유자 없는 물건의 귀속) ① 소유자 없는 동산을 소유의 의사로 점유한 자는 그 소유권을 취득한다.

제목에서 '무주물'을 '소유자 없는 물건'으로, 본문에서 '무주의'를 '소유자 없는'으로 수정하였다. 이는 한자어를 쉬운 우리말로 고친 것이다.

(23) 제253조

현행 민법전	2018년 법무부안
제253조(遺失物의所有權取得) 遺失物은法律에定한바에依하여公告한後6개월내에그所有者가權利를主張하지아니하면拾得者가그所有權을取得한다	제253조(유실물의 소유권 취득) 유실물은 법률의 규정에 따라 공고한 후 6개월 내에 그 소유자가 권리를 주장하지 않으면 습득자가 소유권을 취득한다.

'법률에 정한 바에 의하여'를 '법률의 규정에 따라'로 수정하였다. 이는 자연스럽고 일상적인 표현으로 수정한 것인데, 2018년 법무부안은 제254조에서도 동일하게 수정하였다.

(24) 제256조

현행 민법전	2018년 법무부안
第256條(不動産에의附合) 不動	제256조[부동산에의 부합(附合)]

産의所有者는그不動産에附合한物件의所有權을取得한다 그러나他人의權原에依하여附屬된것은그러하지아니하다	부동산의 소유자는 그 부동산에 부합된 물건의 소유권을 취득한다. 다만, 타인의 권원(權原)에 의하여 부속된 것은 그렇지 않다.

'부합한'을 '부합된'으로 수정하였다. 여기서 부합된 것이 물건이기 때문에 피동형이 자연스럽고 올바른 표현이어서 그렇게 수정한 것이다.

(25) 제259조 제1항

현행 민법전	2018년 법무부안
第259條(加工) ①他人의動産에加工한때에는그物件의所有權은原材料의所有者에게屬한다 그러나加工으로因한價額의增加가原材料의價額보다顯著히多額인때에는加工者의所有로한다	제259조[가공(加工)] ① 타인의 동산에 가공한 경우에는 그 물건의 소유권은 원재료의 소유자에게 속한다. 다만, 가공으로 증가한 가액이 원재료의 가액보다 현저히 큰 경우에는 가공자의 소유로 한다.

1) 특기사항

'가공으로 인한 가액의 증가가'를 '가공으로 증가한 가액이'라고 수정하였다. 이는 일본식 표현('~로 인한')을 고치고 문장을 알기 쉽게 수정한 것이다.

2) 개선의견

'동산에 가공한'은 일본식 표현인데 바로잡히지 않았다. '동산을 가공한'으로 고쳐야 한다.

(26) 제276조 제2항

현행 민법전	2018년 법무부안
第276條(總有物의管理, 處分과使用, 收益) ②各社員은定款其他의規約에좇아總有物을使用, 收益할수있다	제276조(총유물의 관리 · 처분과 사용 · 수익) ② 각 사원은 정관이나 그 밖의 규약에 따라 총유물을 사용하고 수익할 수 있다.

'규약에 좇아'를 '규약에 따라'로 수정하였다. 이는 일본식 표현을 우리의 일상적인 방식으로 고친 것이다.

(27) 제277조

현행 민법전	2018년 법무부안
第277條(總有物에關한權利義務의得喪) 總有物에關한社員의權利義務는社員의地位를取得喪失함으로써取得喪失된다	제277조(총유물에 관한 권리와 의무의 취득 · 상실) 총유물에 관한 사원의 권리와 의무는 사원의 지위를 취득하거나 상실함에 따라 취득하거나 상실한다.

제목에서 '득상'을 '취득 · 상실'로, 본문에서 '취득상실된다'를 '취득하거나 상실한다'로 수정하였다. 전자는 지나치게 축약된 어려운 한자어를 풀어쓴 것이고, 후자는 어색한 한자어를 자연스럽고 알기 쉽게 표현한 것이다.

(28) 제280조 제2항

현행 민법전	2018년 법무부안
第280條(存續期間을約定한地上權) ②前項의期間보다短縮한期間을定한때에는前項의期間까지延長한다	제280조(존속기간을 약정한 지상권) ② 지상권의 존속기간을 제1항의 기간보다 단축한 경우에는 제1항의 기간까지 연장된다.

앞부분은 생략된 부분을 보충하여 알기 쉽게 표현한 것이고, 맨 뒤의 '연장한다'를 '연장된다'로 수정한 것은 연장되는 것이 기간이어서 피동형이 적절하여 그렇게 고친 것이다.

(29) 제285조 제1항

현행 민법전	2018년 법무부안
第285條(收去義務, 買受請求權) ①地上權이消滅한때에는地上權者는建物其他工作物이나樹木을收去하여土地를原狀에回復하여야한다	제285조(수거의무와 매수청구권) ① 지상권이 소멸된 경우에는 지상권자는 건물이나 그 밖의 공작물 또는 수목을 수거하여 토지를 원래 상태로 회복시켜야 한다.

'원상에 회복하여야 한다'를 '원래의 상태로 회복시켜야 한다'로 수정하였다. 현행 민법전상의 표현인 전자는 일본식 격조사('~에')와 일본어 동사(자·타 양용 동사)의 영향을 받은 것이다. 그리하여 우리의 어법에 맞지 않고 매우 어색하다. 그리하여 그것을 우리의 어법에 맞고 자연스러운 표현으로 고쳤다.

(30) 제299조

현행 민법전	2018년 법무부안
第299條(委棄에依한負擔免除) 承役地의所有者는地役權에必要한部分의土地所有權을地役權者에게委棄하여前條의負擔을免할 수 있다	제299조(소유권 양도의 의사표시에 의한 부담 면제) 승역지의 소유자는 지역권에 필요한 부분의 토지소유권을 지역권자에게 양도한다는 의사표시를 함으로써 제298조의 부담을 면할 수 있다.

1) 특기사항

제목에서 '위기'를 '소유권 양도의 의사표시'로, 본문에서 '위기하여'를 '양도한다는 의사표시를 함으로써'로 수정하였다. 이는 '위기'라는 매우 어려운, 사회에서 전혀 사용하지 않을 뿐만 아니라 법률전문가에게도 쉽지 않은 한자 법률용어를 알기 쉬운 표현으로 고친 것이다.

2) 개선의견

2018년 법무부안 제299조는 의미가 중대하게 변경되었다. 그것을 바로잡으려면 '양도한다는' 앞에 '일방적으로'를 반드시 추가해야 한다.

(31) 제302조

현행 민법전	2018년 법무부안
第302條(特殊地役權) 어느地域의住民이集合體의關係로各自가他人의土地에서草木, 野生	제302조(특수지역권) 어느 지역의 주민이 집합체를 이루어 각자가 타인의 토지에서 초목,

物및土砂의採取, 放牧其他의收益을하는權利가있는境遇에는慣習에依하는外에本章의規定을準用한다	야생물(野生物) 및 토사를 채취하거나 방목하거나 그 밖의 방법으로 수익할 권리가 있는 경우에는 특별한 관습이 없으면 이 장의 규정을 준용한다.

1) 특기사항

'집합체의 관계로'를 '집합체를 이루어'로, '토사의 채취, 방목 기타의 수익을 하는 권리'를 '토사를 채취하거나 방목하거나 그 밖의 방법으로 수익할 권리'로, '관습에 의하는 외에'를 '특별한 관습이 없으면'으로 수정하였다. 이들 중 앞의 둘은 자연스럽고 쉬운 표현으로 수정한 것이고, 맨 뒤의 것은 '의하는'이라는 일본식 표현과 어법에 맞지 않게 사용된 '외'의 표현을 바로잡기 위한 것이다.

2) 개선의견

이 조문의 2018년 법무부안은 현행 규정과 의미가 다르다. 우선 관습에 의한다는 의미가 거의 없어져 버렸기 때문이다. 이는 중대한 실수이다.[322] 그리고 '특별한 관습'이라고 표현하여 '특별한'이라는 현행 민법전에 없는 문구를 추가했는데, '특별한 관습'이 무엇인지, 그것을 추가해도 괜찮은지 의문이다. 이 조문의 문제점은 반드시 바로잡아야 한다.

(32) 제328조

현행 민법전	2018년 법무부안
第328條(占有喪失과留置權消滅) 留置權은占有의喪失로因	제328조(점유 상실과 유치권 소멸) 유치권자가 점유를 상실

322) 저자는 2018 민법개정안 의견서, 172면(송덕수)에서도 이 의견을 밝혔다.

하여消滅한다	하면 유치권은 소멸된다.

'~로 인하여'라는 일본식 표현을 고칠 필요가 있는 조문을 문장구조를 바꾸는 방식으로 고쳤다.

(33) 제330조

현행 민법전	2018년 법무부안
第330條(設定契約의要物性) 質權의設定은質權者에게目的物을引渡함으로써그效力이생긴다	제330조(동산질권의 설정방법) 질권의 설정은 질권자에게 질권의 대상인 동산(이하 "질물"이라 한다)을 인도해야 효력이 생긴다.

조문의 제목을 본문의 내용에 맞추어 수정하였고, '인도함으로써'라는 어색한 표현을 '인도해야'라고 쉽게 고쳤다.

(34) 제332조

현행 민법전	2018년 법무부안
第332條(設定者에依한代理占有의禁止) 質權者는設定者로하여금質物의占有를하게하지못한다	제332조(질권설정자에 의한 점유 금지) 질권자는 질권설정자로 하여금 질물을 점유하게 할 수 없다.

제목에서 '대리점유의 금지'를 '점유 금지'로 수정하였다. 본래 점유는 대리의 대상이 될 수 없으므로 '대리점유'라는 표현은 올바르지 못한 것이었다. 2018년 법무부안에서는 그것을 바로잡았다.

(35) 제339조

현행 민법전	2018년 법무부안
第339條(流質契約의 禁止) 質權設定者는債務辨濟期前의契約으로質權者에게辨濟에 갈음하여質物의所有權을取得하게하거나法律에定한方法에依하지아니하고質物을處分할것을約定하지못한다.	제339조[유질계약(流質契約)의 금지] 질권설정자는 채무변제기 전의 계약으로 질권자에게 변제를 갈음하여 질물의 소유권을 취득하게 하거나 법률에서 정한 방법에 따르지 않고 질물을 처분하기로 하는 약정을 할 수 없다.

'변제에 갈음하여'를 '변제를 갈음하여'로 수정하였다. '~에'가 일본식 격조사이어서 '를'로 바로잡은 것이다. 이러한 조문은 제339조 외에도 많이 있으며, 제395조가 그 예이다.

4. 제3편 채권

(1) 제385조 제1항

현행 민법전	2018년 법무부안
第385條(不能으로因한選擇債權의特定) ①債權의目的으로選擇할數個의行爲中에처음부터不能한것이나또는後에履行不能하게된것이있으면債權의目的은殘存한것에存在한다	제385조(불가능으로 인한 선택채권의 특정) ① 채권의 내용으로 선택할 수 있는 여러 개의 행위 중에 처음부터 불가능한 것이나 나중에 이행이 불가능하게 된 것이 있으면 나머지

	행위가 채권의 내용이 된다.

제목과 본문에서 '불능'을 '불가능'으로, 본문에서 '이행불능하게 된'을 '이행이 불가능하게 된'으로 수정하였다. '불능'은 본래 일본어로서 그것은 우리말에서는 '불가능'이고, 또 '불능'이라는 용어가 부정적인 어감을 가지고 있으며, 문법적으로도 어색하여 '불가능'으로 고친 것이다.

'잔존한 것에'를 '나머지 행위가'로 수정하였다. 이는 알기 쉽게 표현하고 아울러 거기의 '것'이 '행위'임을 분명하게 해 주기 위하여 그와 같이 고쳤다.

(2) 제393조 제1항

현행 민법전	2018년 법무부안
第393條(損害賠償의範圍) ①債務不履行으로因한損害賠償은通常의損害를그限度로한다	제393조(손해배상의 범위) ① 채무불이행으로 인한 손해배상은 통상적인 손해를 한도로 한다.

'통상의 손해'를 '통상적인 손해'로 수정하였다. 이는 일본식의 표현을 피하면서 일상적인 표현으로 알기 쉽게 고친 것이다.

(3) 제402조

현행 민법전	2018년 법무부안
第402條(同前) 債權者遲滯中에는利子있는債權이라도債務者는利子를支給할義務가없다	제402조(채권자지체와 이자) 채권자지체 중에는 이자가 있는 채권이라도 채무자는 이자를 지급할 의무가 없다.

제목을 '동전'에서 '채권자지체와 이자'로, 본문에서 '이자있는 채권'을 '이자가 있는 채권'으로 수정하였다. 전자는 제목을 본문에 맞는 내용으로 고친 것이고, 후자는 일본어에서 자주 발견되는 주격조사가 생략된 문구에 −우리의 일상적인 언어에 맞추어− 주격조사를 추가한 것이다. 2018년 법무부안에서 주격조사를 추가한 조문은 여전히 많다.

(4) 제404조 제1항

현행 민법전	2018년 법무부안
第404條(債權者代位權) ①債權者는自己의債權을保全하기爲하여債務者의權利를行使할수있다 그러나一身에專屬한權利는그러하지아니하다	제404조(채권자대위권) ① 채권자는 자기의 채권을 보전(保全)하기 위하여 채무자의 권리를 행사할 수 있다. 다만, 채무자의 일신에 전속된 권리는 그렇지 않다.

단서에서 '전속한 권리'를 '전속된 권리'로 수정하였다. 이는 전속되는 것이 권리이어서 피동형이 더 적절하기 때문이다.

(5) 제425조 제1항

현행 민법전	2018년 법무부안
第425條(出財債務者의求償權) ①어느連帶債務者가辨濟其他自己의出財로共同免責이된때에는다른連帶債務者의負擔部分에對하여求償權을行使할 수	제425조(재산을 출연한 채무자의 구상권) ① 어느 연대채무자가 변제나 그 밖의 자기 재산 출연으로 공동면책이 되게 한 경우에는 다른 연대채무자

있다	의 부담부분에 대하여 구상권을 행사할 수 있다.

제목에서 '출재채무자'를 '재산을 출연한 채무자'로, 본문에서 '자기의 출재로'를 '자기 재산 출연으로'로, '공동면책이 된 때'를 '공동면책이 되게 한 경우'로 수정하였다. '출재'는 '출연'이라고도 하므로, 앞의 둘은 '출재' 대신 '출연'이라는 용어로 고친 것이고, 맨 뒤의 것은 정확한 의미를 밝혀서 고친 것이다.

(6) 제426조

현행 민법전	2018년 법무부안
第426條(求償要件으로서의通知) ①어느連帶債務者가다른連帶債務者에게通知하지아니하고辨濟其他自己의出財로共同免責이된境遇에다른連帶債務者가債權者에게對抗할수있는事由가있었을때에는그負擔部分에限하여이事由로免責行爲를한連帶債務者에게對抗할수있고그對抗事由가相計인때에는相計로消滅할債權은그連帶債務者에게移轉된다	제426조(연대채무자의 통지) ① 어느 연대채무자가 다른 연대채무자에게 통지하지 않고 변제나 그 밖의 자기 재산 출연으로 공동면책이 되게 한 경우에 다른 연대채무자에게 채권자에 대하여 대항할 수 있는 사유가 있었을 때에는 그 연대채무자는 자기의 부담부분에 대해서만 그 사유로써 면책행위를 한 연대채무자에게 대항할 수 있고, 그 대항사유가 상계인 때에는 상계로 소멸될 채권은 면책행위를 한 연대채무자에게 이전된다.

제목을 '구성요건으로서의 통지'에서 '연대채무자의 통지'로 수정하였다. 그 이유는 '통지'가 구성요건이 아니어서 현행 민법전의 제목이 부적절하기 때문이다. 그러한 수정은 제445조에서도 행해졌다.

(7) 제433조 제1항

현행 민법전	2018년 법무부안
第433條(保證人과主債務者抗辯權) ①保證人은主債務者의抗辯으로債權者에게對抗할 수 있다	제433조(보증인과 주채무자의 항변권) ① 보증인은 주채무자가 채권자에게 항변할 수 있는 사유로써 채권자에게 대항할 수 있다.

제목에서 '주채무자항변권'을 '주채무자의 항변권'으로, 본문에서 '주채무자의 항변으로'를 '주채무자가 채권자에게 항변할 수 있는 사유로써'로 수정하였다. 전자는 의미를 알기 쉽게 하기 위하여 관형격조사 '의'를 추가한 것이고, 후자는 정확한 의미를 알게 하기 위하여 내용을 보충하여 표현한 것이다.

(8) 제437조

현행 민법전	2018년 법무부안
第437條(保證人의催告, 檢索의抗辯) 債權者가保證人에게債務의履行을請求한때에는保證人은主債務者의辨濟資力이있는事實및그執行이容易할것을證明하여먼저主債務者에게請	제437조(보증인의 이행청구·집행의 항변) 채권자가 보증인에게 채무의 이행을 청구한 경우에는 보증인은 주채무자에게 변제할 자력이 있다는 사실과 그 집행이 쉽다는 것을 증명하

求할것과그財産에對하여執行할것을抗辯할수있다 그러나保證人이主債務者와連帶하여債務를負擔한때에는그러하지아니하다	여 먼저 주채무자에게 청구할 것과 주채무자의 재산에 집행할 것을 항변할 수 있다. 다만, 보증인이 주채무자와 연대하여 채무를 부담한 경우에는 그렇지 않다.

제목에서 '검색'을 '집행'으로, 본문에서 '주채무자의 변제자력이 있는 사실'을 '주채무자에게 변제할 자력이 있다는 사실'로, '용이할 것'을 '쉽다는 것'으로 수정하였다. 이들 중 '검색'을 '집행'으로 고친 것은 본문의 내용에 맞춘 것이며, 나머지는 알기 쉬운 표현으로 고친 것이다.

(9) 제441조

현행 민법전	2018년 법무부안
第441條(受託保證人의求償權) ①主債務者의付託으로保證人이된者가過失없이辨濟其他의出財로主債務를消滅하게한때에는主債務者에對하여求償權이있다	제441조(부탁받은 보증인의 구상권) ① 주채무자의 부탁으로 보증인이 된 자가 과실(過失) 없이 변제나 그 밖의 재산 출연으로 주채무를 소멸시킨 경우에는 주채무자에 대하여 구상권을 가진다.

제목에서 '수탁보증인'을 '부탁받은 보증인'으로 수정하였다. 이는 지나치게 축약된 어려운 한자어를 풀어쓴 것이다.

(10) 제444조 제2항

현행 민법전	2018년 법무부안
第444條(付託없는保證人의求償權) ②主債務者의意思에反하여保證人이된者가辨濟其他自己의出財로主債務를消滅하게한때에는主債務者는現存利益의限度에서賠償하여야한다	제444조(부탁받지 않은 보증인의 구상권) ② 주채무자의 의사에 반하여 보증인이 된 자가 변제나 그 밖의 자기 재산 출연으로 주채무를 소멸시킨 경우에는 주채무자는 이익이 현존하는 한도에서 보증인에게 배상해야 한다.

우선 제목에서 '부탁 없는 보증인'을 '부탁받지 않은 보증인'으로 수정하였다. 이는 자연스러운 표현으로 고친 것이다.

제2항 본문에서 '현존이익의 한도에서'를 '이익이 현존하는 한도에서'로 수정하였다. 이는 한자어를 풀어쓰면서 자연스럽고 일상적인 표현으로 고친 것이다.

(11) 제466조

현행 민법전	2018년 법무부안
第466條(代物辨濟) 債務者가債權者의承諾을얻어本來의債務履行에 갈음하여 다른給與를한때에는辨濟와같은效力이있다	제466조[대물변제(代物辨濟)] 채무자가 채권자의 승낙을 받아 본래의 채무이행을 갈음하여 다른 급여를 한 경우에는 변제와 같은 효력이 있다.

'승낙을 얻어'를 '승낙을 받아'로 수정하였다. 이는 승낙의 경우에는 '얻다'보다 '받다'가 더 잘 어울린다고 보기 때문이다. 제480조 제1항에서도 이와 동일하게 수정되었다.

(12) 제469조 제1항

현행 민법전	2018년 법무부안
第469條(第三者의辨濟) ①債務의辨濟는第三者도할수있다 그러나債務의性質또는當事者의意思表示로第三者의辨濟를許容하지아니하는때에는그러하지아니하다	제469조(제3자의 변제) ① 채무의 변제는 제3자도 할 수 있다. 다만, 채무의 성질이나 당사자의 의사표시로 제3자의 변제가 허용되지 않는 경우에는 그렇지 않다.

'제3자의 변제를 허용하지 아니하는 때'를 '제3자의 변제가 허용되지 않는 경우'라고 수정하였다. 이는 현행 민법전의 표현이 어색하고 부자연스러워 자연스러운 표현으로 고친 것이다.

(13) 제490조

현행 민법전	2018년 법무부안
第490條(自助賣却金의供託) 辨濟의目的物이供託에適當하지아니하거나滅失또는毁損될念慮가있거나供託에過多한費用을要하는境遇에는辨濟者는法院의許可를얻어그物件을競賣하거나市價로放賣하여代金을	제490조(매각대금의 공탁) 변제의 대상물이 다음 각 호의 어느 하나에 해당하는 경우에는 변제자는 법원의 허가를 받아 그 물건을 경매하거나 시가(市價)로 매각하여 그 대금을 공탁할 수 있다.

供託할수있다	1. 공탁하기에 적당하지 않은 경우 2. 멸실 또는 훼손될 우려가 있는 경우 3. 공탁하는 데 지나치게 많은 비용이 들 경우

제목에서 '자조매각금'을 '매각대금'으로, 본문에서 '방매'를 '매각'으로 수정하였다. 이들은 어려운 한자어를 익숙한 용어로 고친 것이다.

(14) **제493조 제2항**

현행 민법전	2018년 법무부안
第493條(相計의方法, 效果) ② 相計의意思表示는各債務가相計할수있는때에對等額에關하여消滅한것으로본다	제493조(상계의 방법과 효과) ② 상계의 의사표시가 있으면 각 채무는 상계할 수 있는 때에 대등액만큼 소멸된 것으로 본다.

현행 민법전의 규정은 그 의미를 알기가 어렵다. 그리하여 2018년 법무부안은 그 의미가 명확히 드러날 수 있도록 문장의 구조를 바꾸고 표현을 다듬어서 알기 쉽게 고쳤다.

(15) **제511조**

현행 민법전	2018년 법무부안
第511條(略式背書의 處理方式) 背書가前條第2項의略式에依	제511조(약식배서의 처리방법) 배서가 제510조제2항의 약식

한때에는所持人은다음各號의方式으로處理할수있다	에 따른 것인 경우에는 소지인은 다음 각 호의 방법으로 처리할 수 있다.
1. 自己나他人의名稱을被背書人으로記載할수있다	1. 자기나 타인의 명칭을 피배서인으로 기재할 수 있다.
2. 略式으로또는他人을被背書人으로表示하여다시證書에背書할수있다	2. 약식으로 또는 타인을 피배서인으로 표시하여 다시 증서에 배서할 수 있다.
3. 被背書人을記載하지아니하고背書없이證書를第三者에게交付하여讓渡할 수 있다	3. 피배서인을 기재하지 않고 배서 없이 증서를 제3자에게 교부함으로써 양도할 수 있다.

1) 특기사항

제목에서 '처리방식'을 '처리방법'으로, 본문에서 '방식'을 '방법'으로 수정하였다. 그 이유는 이 조문은 처리방식이 아니고 처리방법에 대한 규정이어서 그렇게 고쳤다고 한다.

2) 개선의견

이 조문의 제목을 굳이 바꿔야 하는지 모르겠는데, 만약 바꾼다면 제510조의 제목인 '배서의 방식'도 '배서의 방법'으로 바꿨어야 한다.

(16) **제542조**

현행 민법전	2018년 법무부안
第542條(債務者의抗辯權) 債務者는第539條의契約에基한抗辯으로그契約의利益을받을第	제542조(채무자의 항변권) 채무자는 제539조의 계약에 기초한 항변으로써 그 계약의 이익

三者에게對抗할 수 있다	을 받을 제3자에게 대항할 수 있다.

‘계약에 기한 항변으로’를 ‘계약에 기초한 항변으로써’로 수정되었다. 여기의 ‘기(基)한’은 일본어 ‘기인(基因)한’을 번역한 것이며, 우리말로는 ‘기초한’이 적절하여 그렇게 고쳤다.

(17) 제546조

현행 민법전	2018년 법무부안
第546條(履行不能과解除) 債務者의責任있는事由로履行이不能하게된때에는債權者는契約을解除할 수 있다	제546조(이행불능과 해제) 채무자에게 책임이 있는 사유로 이행이 불가능하게 된 경우에는 채권자는 계약을 해제할 수 있다.

1) 특기사항

‘채무자의 책임있는 사유’를 ‘채무자에게 책임이 있는 사유’로 수정하였다. 이는 주격조사 ‘이’를 추가하고 알기 쉽게 고친 것이다.

2) 개선의견

제목에서는 ‘이행불능’을 그대로 두었는데, 이는 부적절하고, 제538조의 제목에서 ‘이행불능’을 ‘이행 불가능’으로 수정한 것과 균형도 맞지 않는다. 여기의 제목에서도 ‘이행불능’을 ‘이행 불가능’으로 수정해야 한다.[323)]

323) 2018 민법개정안 의견서, 253면(송덕수)도 참조.

(18) 第554조

현행 민법전	2018년 법무부안
第554條(贈與의意義) 贈與는當事者一方이無償으로財産을相對方에授與하는意思를表示하고相對方이이를承諾함으로써그效力이생긴다	第554조(증여의 의의) 증여는 당사자 한쪽이 상대방에게 재산을 무상으로 준다는 의사를 표시하고, 상대방이 이를 승낙함으로써 효력이 생긴다.

'무상으로 재산을 상대방에 수여하는'을 '상대방에게 재산을 무상으로 준다는'으로 수정하였다. 여기서 우선 '상대방에'를 '상대방에게'로 수정하였다. 현행 민법전이 '상대방에'라고 규정한 것은 일본어의 영향이다. 일본어에서는 사람이든 무생물이든 구별 없이 처소격조사 '에'가 사용되기 때문이다. 그런데 우리말에서는 사람에 대해서는 '~에게'라고 하고, 무생물에 대해서는 '~에'라고 표현한다. 그리하여 2018년 법무부안은 '상대방에게'라고 고친 것이다. 현행 민법전에 사람에 대하여 '~에'가 붙여진 경우는 여기 외에도 많다.

한편 이 조문의 다른 부분은 자연스럽게 하기 위하여 어순을 바꾸고 또 표현도 쉬운 것으로 고쳤다.

(19) 第556조 제1항

현행 민법전	2018년 법무부안
第556條(受贈者의行爲와贈與의解除) ①受贈者가贈與者에對하여다음各號의事由가있는때에는贈與者는그贈與를解除할	第556조(증여받은 자의 행위와 증여의 해제) ① 증여받은 자가 다음 각 호의 어느 하나에 해당하는 경우에는 증여자는

수있다 1. 贈與者또는그配偶者나直系血族에對한犯罪行爲가있는때 2. 贈與者에對하여扶養義務있는境遇에이를履行하지아니하는때	증여를 해제할 수 있다. 1. 증여자 또는 그의 배우자나 직계혈족에게 범죄행위를 한 경우 2. 증여자를 부양할 의무가 있는데도 의무를 이행하지 않은 경우

제목과 본문에서 '수증자'를 '증여받은 자'로 수정하였다. 이는 어려운 한자어를 알기 쉽게 고친 것이다. 증여계약에 관한 다른 규정에서도 똑같이 수정하였다(제559조 제1항, 제560조 참조). 그런데 상속편에서는 '수증자'가 '유증받은 자'이므로 그렇게 수정을 하였다(제1088조 제2항 등 참조).

(20) 제559조 제2항

현행 민법전	2018년 법무부안
第559條(贈與者의擔保責任) ② 相對負擔있는贈與에對하여는贈與者는그負擔의限度에서賣渡人과같은擔保의責任이있다	제559조(증여자의 담보책임) ② 상대방에게 부담이 있는 증여의 경우에는 증여자는 그 부담의 한도에서 매도인과 같은 담보책임이 있다.

'상대부담 있는 증여'를 '상대방에게 부담이 있는 증여'로, '담보의 책임'을 '담보책임'으로 수정하였다. 전자는 축약된 표현을 알기 쉽게 풀어쓴 것이고, 후자는 강학상의 언어 관용에 맞춰 고친 것이다.

(21) 제569조

현행 민법전	2018년 법무부안
第569條(他人의權利의賣買) 賣買의目的이된權利가他人에게屬한境遇에는賣渡人은그權利를取得하여買受人에게移轉하여야한다	제569조(타인의 권리 매매) 매매의 대상인 권리가 타인의 권리인 경우에는 매도인은 그 권리를 취득하여 매수인에게 이전해야 한다.

제목을 '타인의 권리의 매매'에서 '타인의 권리 매매'로 수정하였다. 이는 '의'가 중복해서 나오지 않도록 한 것이다.

(22) 제571조 제1항

현행 민법전	2018년 법무부안
第571條(同前－善意의賣渡人의擔保責任) ①賣渡人이契約當時에賣買의目的이된權利가自己에게屬하지아니함을알지못한境遇에그權利를取得하여買受人에게移轉할수없는때에는賣渡人은損害를賠償하고契約을解除할수있다	제571조(타인의 권리 매매와 선의의 매도인의 해제권) ① 매도인은 계약 당시에 매매의 대상인 권리가 자기의 권리가 아님을 알지 못한 경우에 그 권리를 취득하여 매수인에게 이전할 수 없는 때에는 손해를 배상하고 계약을 해제할 수 있다.

조문의 제목을 '동전－선의의 매도인의 담보책임'에서 '타인의 권리 매매와 선의의 매도인의 해제권'으로 수정하였다. 그 이유는 여기의 내용이 선의의 매도인이 지는 '담보책임'이 아니고 매도인에게 해제권을

인정하는 것이기 때문이다.

(23) 제590조 제1항

현행 민법전	2018년 법무부안
第590條(還買의意義) ①賣渡人이賣買契約과同時에還買할權利를保留한때에는그領收한代金및買受人이負擔한賣買費用을返還하고그目的物을還買할 수 있다	제590조(환매의 의의) ① 매도인이 매매계약과 동시에 환매할 권리를 유보(留保)한 경우에는 그가 받은 대금과 매수인이 부담한 매매비용을 반환하고 그 대상물을 환매할 수 있다.

'권리를 보류한 때'를 '권리를 유보한 경우'로 수정하였다. '보류'와 '유보'는 비슷한 의미의 것인데, 권리와 의무 따위를 뒷날로 미루어 두거나 보존하는 것은 보류가 아니고 유보이다.[324] 그러한 점에서 보면 현행 민법상의 '보류'는 '유보'로 고쳐져야 하며, 따라서 2018년 법무부안이 그와 같이 수정한 것이다. 그러한 수정은 제592조, 제595조, 제636조에서도 이루어졌다.

(24) 제599조

현행 민법전	2018년 법무부안
第599條(破産과消費貸借의失效) 貸主가目的物을借主에게引渡하기前에當事者一方이破産宣告를받은때에는消費貸借	제599조(파산과 소비대차의 실효) 대여자가 소비대차의 대상물을 차용인에게 인도하기 전에 당사자 한쪽이 파산선고

324) 그에 비하여 보류는 어떤 일을 당장 처리하지 않고 나중으로 미루어두는 것을 가리킨다.

는그效力을잃는다	를 받은 경우에는 소비대차는 효력을 잃는다.

1) 특기사항

'대주'를 '대여자'로, '차주'를 '차용인'으로 수정하였다. 이는 일본식 표현을 고친 것이다.

2) 개선의견

'대주'를 '대여자'로 수정한 것은 부적절하다. 일반적으로 '자'가 비하적인 의미로 사용되기 때문이다. 그리고 '차주'를 '차용인'이라고 하는 것과 균형도 맞지 않는다. 제602조 등 다른 조문에서도 같다.[325]

(25) 제618조

현행 민법전	2018년 법무부안
第618條(賃貸借의意義) 賃貸借는當事者一方이相對方에게目的物을使用, 收益하게할것을約定하고相對方이이에對하여借賃을支給할것을約定함으로써그效力이생긴다	제618조(임대차의 의의) 임대차는 당사자 한쪽이 상대방에게 대상물을 사용·수익하게 하기로 약정하고, 상대방이 그에 대하여 임차료를 지급하기로 약정함으로써 효력이 생긴다.

'차임'을 '임차료'로 수정하였다. 이는 어려운 한자 용어를 사회에서 쓰는 용어로 고친 것이다.

325) 2018 민법 개정안 의견서, 264면(송덕수)도 참조.

(26) 제622조 제2항

현행 민법전	2018년 법무부안
第622條(建物登記있는借地權의對抗力) ②建物이賃貸借期間滿了前에滅失또는朽廢한때에는前項의效力을잃는다	제622조(건물등기가 있는 토지임대차의 대항력) ② 건물이 임대차 기간 만료 전에 멸실되거나 낡아서 쓸모없게 된 경우에는 제1항의 효력을 잃는다.

'멸실 또는 후폐한 때'를 '멸실되거나 낡아서 쓸모없게 된 경우'로 수정하였다. 여기서는 우선 '후폐'라는 사회에서 전혀 사용하지 않는 어려운 한자어를 쉽게 풀어써 주었고, '또는'을 개선하여 '멸실 또는'을 '멸실되거나'로 고쳤다.

(27) 제629조 제1항

현행 민법전	2018년 법무부안
第629條(賃借權의讓渡, 轉貸의制限) ①賃借人은賃貸人의同意없이그權利를讓渡하거나賃借物을轉貸하지못한다.	제629조[임차권 양도와 임차물 전대(轉貸)의 제한] ① 임차인은 임대인의 동의 없이 임차권을 양도하거나 임차물을 전대할 수 없다.

제목을 '임차권의 양도, 전대의 제한'에서 '임차권 양도와 임차물 전대의 제한'으로 수정하였다. 제목을 현행 민법전과 같이 할 경우에는 '전대'가 '임차권'의 전대로 오해될 가능성이 있기 때문이다.

(28) 제640조

현행 민법전	2018년 법무부안
第640條(借賃延滯와解止) 建物其他工作物의賃貸借에는賃借人의借賃延滯額이2期의借賃額에達하는때에는賃貸人은契約을解止할 수 있다	제640조(임차료 연체와 해지) 건물이나 그 밖의 공작물의 임차인이 연체한 임차료가 2기(期)분의 액수에 이른 경우에는 임대인은 계약을 해지할 수 있다.

'임차인의 차임연체액이 2기의 차임액에 달하는 때'를 '임차인이 연체한 임차료가 2기(期)분의 액수에 이른 경우'라고 수정하였다. 이는 의미 파악이 어려운 부분을 자세하게 표현해 준 것이다.

(29) 제648조

현행 민법전	2018년 법무부안
第648條(賃借地의附屬物, 果實等에對한法定質權) 土地賃貸人이賃貸借에關한債權에依하여賃借地에附屬또는그使用의便益에供用한賃借人의所有動産및그土地의果實을押留한때에는質權과同一한效力이있다	제648조(임차토지의 부속물·과실 등에 대한 법정질권) 토지임대인이 임대차에 관한 채권에 의하여 임차토지에 부속되거나 임차토지의 사용의 편익에 제공된 임차인 소유의 동산이나 그 토지에서 생긴 과실을 압류한 경우에는 질권과 동일한 효력이 있다.

제목과 본문에서 '임차지'를 '임차토지'로, 본문에서 '편익에 공용한'을 '편익에 제공된'으로 수정하였다. 이들은 모두 어려운 한자어를 일상적인 용어로 고친 것이다.

(30) 제649조

현행 민법전	2018년 법무부안
第649條(賃借地上의建物에對한法定抵當權) 土地賃貸人이辨濟期를經過한最後2年의借賃債權에依하여그地上에있는賃借人所有의建物을押留한때에는抵當權과同一한效力이있다	제649조(임차토지 위의 건물에 대한 법정저당권) 토지 임대인이 변제기가 지난 최후 2년의 임차료채권에 의하여 임차토지 위에 있는 임차인 소유의 건물을 압류한 경우에는 저당권과 동일한 효력이 있다.

'변제기를 경과한'을 '변제기가 지난'으로, '차임채권'을 '임차료채권'으로 수정하였다. 전자는 알기 쉬운 표현으로 바꾼 것인데, 그러한 수정은 다른 여러 조문에서도 하고 있다. 후자는 '차임'을 '임차료'라고 고친 데 따른 것이다.

(31) 제662조 제1항

현행 민법전	2018년 법무부안
第662條(默示의更新) ①雇傭期間이滿了한後勞務者가繼續하여그勞務를提供하는境遇에使用者가相當한期間內에異議를하지아니한때에는前雇傭과同	제662조(묵시적 갱신) ① 고용기간이 만료된 후 노무자가 계속하여 노무를 제공하는 경우에 사용자가 적절한 기간 내에 이의를 제기하지 않은 때에는

一한條件으로다시雇傭한것으로본다 그러나當事者는第660條의規定에依하여解止의通告를할수있다	종전의 고용과 동일한 조건으로 다시 고용한 것으로 본다. 다만, 당사자는 제660조에 따라 해지를 통고할 수 있다.

제목에서 '묵시의'를 '묵시적'으로, 본문에서 '고용기간이 만료한'을 '고용 기간이 만료된'으로, '이의를 하지 아니한 때'를 '이의를 제기하지 않은 때'로 수정하였다. 이들 중 첫째의 것은 일본식 표현을 자연스럽게 고친 것이고, 둘째의 것은 '기간'에 대해서는 피동형이 더 잘 어울리기 때문에 '만료된'으로 수정한 것이다. 그리고 셋째의 것은 현행 민법전의 표현이 어색하여 고친 것이며, 2018년 법무부안은 일반적으로 이 조문에서처럼 수정하고 있다. 제476조 제2항, 제639조 제1항, 제678조 제4항이 그 예이다.[326]

(32) 제678조 제2항

현행 민법전	2018년 법무부안
第678條(優秀懸賞廣告) ②前項의境遇에優秀의判定은廣告中에定한者가한다 廣告中에判定者를定하지아니한때에는廣告者가判定한다	제678조(우수현상광고) ② 제1항의 경우 우수하다는 판정은 광고에서 정한 자가 하며, 광고에서 판정자를 정하지 않은 때에는 광고자가 판정한다.

이 항은 두 문장이 모두 우수현상광고의 판정자에 대해 규정하고 있고, 문장의 길이도 길지 않아서, 두 문장을 하나의 문장으로 통합하였다.

326) 그리고 제706조 제3항에서는 '이의가 있는 때'를 '이의를 제기한 경우'로 수정하였고, 제451조 제1항에서는 '이의를 보류하지 아니하고'를 '이의를 달지 않고'로 바꾸었다.

(33) 제681조

현행 민법전	2018년 법무부안
第681條(受任人의善管義務) 受任人은委任의本旨에따라善良한管理者의注意로써委任事務를處理하여야한다	제681조(수임인의 주의의무) 수임인은 위임의 본래 취지에 따라 선량한 관리자의 주의로써 위임사무를 처리해야 한다.

'위임의 본지'를 '위임의 본래 취지'로 수정하였다. 이는 어려운 한자어를 일상적인 용어로 알기 쉽게 풀어쓴 것이다.

(34) 제698조

현행 민법전	2018년 법무부안
第698條(期間의約定있는任置의解止) 任置期間의約定이있는때에는受置人은不得已한事由없이그期間滿了前에契約을解止하지못한다 그러나任置人은언제든지契約을解止할 수 있다	제698조(기간을 약정한 임치의 해지) 임치 기간을 약정한 경우에는 수치인은 부득이한 사유 없이 그 기간이 만료되기 전에 계약을 해지할 수 없다. 다만, 임치인은 언제든지 계약을 해지할 수 있다.

제목에서 '기간의 약정 있는'을 '기간을 약정한'으로, 본문에서 '임치기간의 약정이 있는 때'를 '임치 기간을 약정한 경우'로 수정하였다. 이는 자연스러운 표현으로 고친 것이다.

그리고 2018년 법무부안은 '기간의 약정 있는'을 '기간을 약정한'으로 고친 것과 같은 맥락에서, '기간의 약정 없는'은 '기간을 약정하지 않은'으로 수정하고 있다. 전자의 예로는 제636조, 제637조 제1항, 제661

조가 있고, 후자의 예로는 제635조, 제660조 제목·제1항, 제699조가 있다.

(35) 제700조

현행 민법전	2018년 법무부안
第700條(임치물의返還場所) 任置物은그保管한場所에서返還하여야한다 그러나受置人이正當한事由로因하여그物件을轉置한때에는現存하는場所에서返還할 수 있다	제700조(임치물의 반환장소) 임치물은 보관한 장소에서 반환해야 한다. 다만, 수치인이 정당한 사유로 그 물건을 다른 곳에 옮겨 둔 경우에는 현재 그 물건이 있는 장소에서 반환할 수 있다.

'전치한 때'를 '다른 곳에 옮겨 둔 경우'로, '현존하는 장소'를 '현재 그 물건이 있는 장소'로 수정하였다. 이들은 모두 어려운 한자어를 알기 쉽게 풀어쓴 것이다.

(36) 제706조 제2항

현행 민법전	2018년 법무부안
第706條(事務執行의方法) ②組合의業務執行은組合員의過半數로써決定한다 業務執行者數人인때에는그過半數로써決定한다	제706조(사무집행의 방법) ② 조합의 업무집행은 조합원 과반수로 결정하며, 업무집행자가 여럿인 경우에는 업무집행자의 과반수로 결정한다.

이 항의 두 문장은 모두 조합의 업무집행 방법에 대하여 규정하고 있고, 문장도 길지 않아서, 두 문장을 하나로 통합하였다.

(37) 제706조 제3항

현행 민법전	2018년 법무부안
第706條(事務執行의方法) ③組合의通常事務는前項의規定에不拘하고各組合員또는各業務執行者가專行할수있다 그러나그事務의完了前에다른組合員또는다른業務執行者의異議가있는때에는卽時中止하여야한다	제706조(사무집행의 방법) ③ 조합의 통상적인 사무는 제2항에도 불구하고 각 조합원이나 각 업무집행자가 단독으로 처리할 수 있다. 다만, 그 사무가 완료되기 전에 다른 조합원이나 다른 업무집행자가 이의를 제기한 경우에는 즉시 중지해야 한다.

'통상사무'를 '통상적인 사무'로, '전행할 수 있다'를 '단독으로 처리할 수 있다'로 수정하였다. 이들 중 전자는 사회에서 사용하지 않는 용어를 일상적인 용어로 수정한 것이고, 후자는 어려운 한자어를 알기 쉽게 풀어 쓴 것이다.

(38) 제729조 제1항

현행 민법전	2018년 법무부안
第729條(債務者 歸責事由로因한死亡과債權存續宣告) ①死亡이定期金債務者의責任있는事由로因한때에는法院은定期金債權者또는그相續人의請求에依하여相當한期間債權의存	제729조(채무자에게 책임 있는 사유로 인한 사망과 채권 존속 선고) ① 정기금 채무자에게 책임이 있는 사유로 사망한 경우에는 법원은 정기금 채권자나 그의 상속인의 청구에 의

續을宣告할 수 있다	하여 적절한 기간 동안 채권이 존속함을 선고할 수 있다.

제목에서 '채무자 귀책사유'를 '채무자에게 책임 있는 사유'로 수정하였다. 이는 제목을 본문에 맞춘 것이다. 이러한 수정은 제538조의 제목에서도 동일하게 행하여졌다.

(39) **제733조**

현행 민법전	2018년 법무부안
第733條(和解의效力과錯誤) 和解契約은錯誤를理由로하여取消하지못한다 그러나和解當事者의資格또는和解의目的인紛爭以外의事項에錯誤가있는때에는그러하지아니하다	제733조(화해의 효력과 착오) 화해계약은 착오를 이유로 취소할 수 없다. 다만, 화해 당사자의 자격에 착오가 있거나 화해의 대상인 분쟁 외의 사항에 착오가 있는 경우에는 그렇지 않다.

단서에서 '자격 또는'을 '자격에 착오가 있거나'로 수정하였다. 이는 현행 민법전에서 '자격'이 '분쟁' 다음에 있는 '이외의'에 걸리는 것으로 오해할 가능성이 커서 그러한 오해를 방지하기 위한 것이다.

(40) **제742조**

현행 민법전	2018년 법무부안
第742條(非債辨濟) 債務없음을 알고이를辨濟한때에는그返還을請求하지못한다	제742조[비채변제(非債辨濟)] 채무가 없음을 알고도 변제한 경우에는 변제한 것의 반환을 청구할 수 없다.

'채무 없음'을 '채무가 없음'으로, '그 반환'을 '변제한 것의 반환'으로 수정하였다. 전자는 주격조사를 보충한 것이고, 후자는 의미가 불분명하여 알기 어려운 것을 구체적으로 규정하여 알기 쉽게 고친 것이다.

5. 제4편 친족

(1) 제769조

현행 민법전	2018년 법무부안
第769條(姻戚의系源) 血族의配偶者, 配偶者의血族, 配偶者의血族의配偶者를姻戚으로한다	제769조(인척의 정의) "인척"이란 혈족의 배우자, 배우자의 혈족 및 배우자의 혈족의 배우자를 말한다.

제목을 '인척의 계원'에서 '인척의 정의'로 수정하였다. '계원'이라는 어려운 한자를 순화하고, 조문의 내용을 고려하여 제767조 · 제768조의 제목과 유사하게 제목을 고친 것이다.

(2) 제770조 제1항 · 제2항

현행 민법전	2018년 법무부안
第770條(血族의寸數의計算) ① 直系血族은自己로부터直系尊屬에이르고自己로부터直系卑屬에이르러그世數를定한다	제770조(혈족의 촌수 계산) ① 직계혈족의 촌수는 자기로부터 직계존속에 이르는 세대수(世代數) 또는 자기로부터 직계비속에 이르는 세대수로 계산한다.
②傍系血族은自己로부터同源	② 방계혈족의 촌수는 자기로

의直系尊屬에이르는世數와그同源의直系尊屬으로부터그直系卑屬에이르는世數를通算하여그寸數를 定한다	부터 공통의 직계존속에 이르는 세대수와 그 직계존속으로부터 그 직계비속에 이르는 세대수를 합하여 계산한다.

제1항에서는 '세수'를 '세대수'로 수정하고, 문장을 바꾸었다. 이는 '세수'라는 어려운 한자어를 일상적인 용어로 고친 것이고, 문장의 의미를 알기 쉽고 명확하게 한 것이다.

제2항에서는 '동원의'를 '공통의'로, '통산하여'를 '합하여'로 수정하였다. 이들은 모두 어려운 한자어를 쉽게 고친 것이다.

(3) 제772조 제1항

현행 민법전	2018년 법무부안
第772條(養子와의親系와寸數) ①養子와養父母및그血族, 姻戚사이의親系와寸數는入養한때로부터婚姻中의出生子와同一한것으로본다	제772조[양자녀와의 친계(親系)와 촌수] ① 양자녀와 양부모, 양부모의 혈족 및 인척 간의 친계와 촌수는 입양한 때부터 혼인 중에 출생한 자녀와 동일한 것으로 본다.

제목과 본문에서 '양자'를 '양자녀'로, 본문에서 '혼인 중의 출생자'를 '혼인 중에 출생한 자녀'로 수정하였다. 민법전에서 '양자', '출생자' 등의 경우에 '자'는 아들뿐만 아니라 자녀 모두를 의미하므로, 그 점을 명확히 하고 양성평등의 관념을 살리기 위하여 위와 같이 고친 것이다.

(4) 제772조 제2항

현행 민법전	2018년 법무부안
第772條(養子와의親系와寸數) ②養子의配偶者, 直系卑屬과 그配偶者는前項의養子의親系를基準으로하여寸數를定한다	제772조[양자녀와의 친계(親系)와 촌수] ② 양자녀의 배우자, 양자녀의 직계비속과 그 직계비속의 배우자의 경우에는 제1항의 양자녀의 친계를 기준으로 하여 촌수를 계산한다.

'직계비속'을 '양자녀의 직계비속'으로, '그 배우자'를 '그 직계비속의 배우자'라고 수정하였다. 이들은 현행 민법전상의 표현이 의미에 혼동을 줄 수 있어서 명확하게 표현한 것이다.

(5) 제781조 제1항

현행 민법전	2018년 법무부안
제781조(자의 성과 본) ① 자는 부의 성과 본을 따른다. 다만, 부모가 혼인신고시 모의 성과 본을 따르기로 협의한 경우에는 모의 성과 본을 따른다.	제781조(자녀의 성과 본) ① 자녀는 부의 성과 본을 따른다. 다만, 부모가 혼인신고를 할 때 모의 성과 본을 따르기로 협의한 경우에는 모의 성과 본을 따른다.

제목과 본문에서 '자'를 '자녀'로, '혼인신고시'를 '혼인신고를 할 때'로 수정하였다. 전자는 '양자'를 '양자녀'로 수정한 것과 같은 맥락에 있으며, 후자는 알기 쉽고 일상적인 표현으로 고친 것이다.

(6) 제801조

현행 민법전	2018년 법무부안
제801조(약혼연령) 18세가 된 사람은 부모나 미성년후견인의 동의를 받아 약혼할 수 있다. 이 경우 제808조를 준용한다.	제801조(약혼할 수 있는 나이) 18세가 된 사람은 부모나 미성년후견인의 동의를 받아 약혼할 수 있다. 이 경우 제808조를 준용한다.

제목 '약혼연령'을 '약혼할 수 있는 나이'로 수정하였다. 이는 어려운 한자어를 쉬운 우리말로 풀어쓴 것이다.

(7) 제807조

현행 민법전	2018년 법무부안
제807조(혼인적령) 만 18세가 된 사람은 혼인할 수 있다.	제807조(혼인할 수 있는 나이) 18세가 된 사람은 혼인할 수 있다.

제목 '혼인적령'을 '혼인할 수 있는 나이'로 수정하였다. 이는 어려운 한자어를 쉬운 우리말로 풀어쓴 것이다.

(8) 제809조 제1항

현행 민법전	2018년 법무부안
제809조(근친혼 등의 금지) ①8촌 이내의 혈족(친양자의 입양전의 혈족을 포함한다) 사이에서는 혼인하지 못한다.	제809조(근친혼의 금지) ① 8촌 이내의 혈족[친양자녀(親養子女)의 입양 전 혈족을 포함한다] 간에는 혼인할 수 없다.

'친양자'를 '친양자녀'로, '사이'를 '간'으로 수정하였다. 전자는 '자'를 '자녀'로 고친 것과 같은 성질의 것이다. 그리고 2018년 법무부안은 '혈족 사이' 등의 경우에 '사이'를 모두 '간'으로 고쳤다. 다른 조문들에서도 같다(제809조 제2항 · 제3항 등 참조).

(9) 제812조 제1항

현행 민법전	2018년 법무부안
第812條(婚姻의成立) ①婚姻은 「가족관계의 등록 등에 관한 법률」에定한바에依하여申告함으로써그效力이생긴다.	제812조(혼인의 성립) ① 혼인은 「가족관계의 등록 등에 관한 법률」에 따라 신고해야 효력이 생긴다.

'「가족관계의 등록 등에 관한 법률」에 정한 바에 의하여 신고함으로써'를 '「가족관계의 등록 등에 관한 법률」에 따라 신고해야'로 수정하였다. 이는 일본식 표현을 피하고 일상적인 표현으로 쉽게 고친 것이며, 이러한 수정은 이 조문 외에 제836조, 제859조, 제878조에서도 이루어졌다.

(10) 제812조 제2항

현행 민법전	2018년 법무부안
第812條(婚姻의成立) ②前項의 申告는當事者雙方과成年者인 證人2人의連署한書面으로하여야한다	제812조(혼인의 성립) ② 제1항의 신고는 당사자 양쪽과 성년자인 증인 2명이 잇따라 서명한 서면으로 해야 한다.

'연서한'을 '잇따라 서명한'으로 수정하였다. 이는 어려운 한자어를 알기 쉬운 우리말로 고친 것이다.

(11) 제816조 제2호

현행 민법전	2018년 법무부안
第816條(婚姻取消의事由) 婚姻은 다음 각 호의 어느 하나의 境遇에는法院에그取消를請求할 수 있다. 2. 婚姻當時當事者一方에夫婦生活을繼續할수없는惡疾其他重大事由있음을알지못한때	제816조(혼인 취소의 사유) 혼인이 다음 각 호의 어느 하나에 해당하는 경우에는 법원에 혼인의 취소를 청구할 수 있다. 2. 혼인 당시 당사자 한쪽에 부부 생활을 계속할 수 없는 악성 질병이나 그 밖의 중대한 사유가 있음을 알지 못한 경우

'악질'을 '악성 질병'으로 수정하였다. 여기의 '악질'은 사회에서 일반적으로 사용하는 '악질(惡質)'과 다른 단어이어서 그 의미를 명확하게 해줄 필요가 있고, 매우 어려운 한자어이어서 쉬운 용어로 고칠 필요가 있었다.

(12) 제820조

현행 민법전	2018년 법무부안
第820條(근친혼등의 취소청구권의 소멸) 第809條의規定에違反한婚姻은그當事者間에婚姻中 포태(胞胎)한 때에는 그取消를請求하지못한다.	제820조(근친혼의 취소청구권 소멸) 제809조를 위반한 혼인은 당사자 간에 혼인 중 임신한 경우에는 취소를 청구할 수 없다.

'포태(胞胎)'를 '임신'으로 수정하였다. 이는 사회에서 전혀 사용하지 않고 불필요하게 어려운 한자어를 일상적이고 쉬운 용어로 고친 것이다. 최근에 개정된 민법 조문에 이미 '포태' 대신 '임신'이라는 용어가 들어가 있는 경우도 있다. 제819조, 제844조 제1항 · 제2항 · 제3항이 그에 해당한다.

(13) 제830조 제1항

현행 민법전	2018년 법무부안
第830條(特有財産과歸屬不明財産) ①夫婦의一方이婚姻前부터가진固有財産과婚姻中自己의名義로取得한財産은그特有財産으로한다	제830조[특유재산(特有財産)과 귀속이 불분명한 재산] ① 부부 중 한쪽이 혼인 전부터 가진 고유재산과 혼인 중 자기의 명의로 취득한 재산은 그의 특유재산이다.

제목에서 '귀속불명재산'을 '귀속이 불분명한 재산'으로 수정하였다. 이는 지나치게 축약된 어려운 한자어를 풀어쓴 것이다.

(14) 제834조

현행 민법전	2018년 법무부안
第834條(協議上離婚) 夫婦는協議에依하여離婚할수있다	제834조(협의이혼) 부부는 협의하여 이혼할 수 있다.

제목 '협의상이혼'을 '협의이혼'으로, 본문에서 '협의에 의하여'를 '협의하여'로 수정하였다. 이들은 모두 일반적인 표현으로 고친 것이다.

(15) 第836조의 2 제2항

현행 민법전	2018년 법무부안
第836조의2(이혼의 절차) ② 가정법원에 이혼의사의 확인을 신청한 당사자는 제1항의 안내를 받은 날부터 다음 각 호의 기간이 지난 후에 이혼의사의 확인을 받을 수 있다. 1. 양육하여야 할 자(포태 중인 자를 포함한다. 이하 이 조에서 같다)가 있는 경우에는 3개월 2. 제1호에 해당하지 아니하는 경우에는 1개월	第836조의2(이혼 절차) ② 가정법원에 이혼의사의 확인을 신청한 당사자는 제1항의 안내를 받은 날부터 다음 각 호의 구분에 따른 기간이 지난 후에 이혼의사의 확인을 받을 수 있다. 1. 양육해야 할 자녀(태아를 포함한다. 이하 이 조에서 같다)가 있는 경우: 3개월 2. 양육해야 할 자녀가 없는 경우: 1개월

본문에서 '각 호의 기간'을 '각 호의 구분에 따른 기간'으로, 제1호에서 '포태 중인 자'를 '태아'로 수정하였다. 전자는 불명확한 표현을 명확하게 한 것이고, 후자는 어려운 한자어를 쉽게 고친 것이다.

(16) 第844조 제1항

현행 민법전	2018년 법무부안
第844조(남편의 친생자의 추정) ① 아내가 혼인 중에 임신한 자녀는 남편의 자녀로 추정한다.	第844조(남편의 친생자녀의 추정) ① 아내가 혼인 중에 임신한 자녀는 남편의 자녀로 추정한다.

제목의 '친생자'를 '친생자녀'로 수정하였다. 이는 '자'를 '자녀'로 수

정한 것과 같은 맥락에 있다.

(17) 제845조

현행 민법전	2018년 법무부안
第845條(法院에 依한 父의 決定) 재혼한 여자가 解産한 境遇에 제844조의 規定에 依하여 그 子의 父를 定할 수 없는 때에는 法院이 當事者의 請求에 依하여 이를 定한다.	제845조(법원에 의한 부의 결정) 재혼한 여성이 자녀를 낳은 경우에 제844조에 따라 그 자녀의 부를 정할 수 없는 때에는 당사자의 청구에 의하여 법원이 정한다.

'여자가'를 '여성이'로, '해산한 경우에'를 '자녀를 낳은 경우에'로 수정하였다. 전자는 양성평등의 관념을 반영하여 개선한 것이고, 후자는 어려운 한자어를 쉽게 고친 것이다.

(18) 제847조 제1항

현행 민법전	2018년 법무부안
제847조(친생부인의 소) ①친생부인(親生否認)의 소(訴)는 부(夫) 또는 처(妻)가 다른 일방 또는 자(子)를 상대로 하여 그 사유가 있음을 안 날부터 2년 내에 이를 제기하여야 한다.	제847조(친생부인의 소) ① 친생부인의 소는 남편이나 아내가 배우자나 자녀를 상대로 그 사유가 있음을 안 날부터 2년 내에 제기해야 한다.

'부 또는 처가'를 '남편이나 아내가'로, '다른 일방 또는 자를 상대로 하여'를 '배우자나 자녀를 상대로'로 수정하였다. 전자는 일상적인 용어로 고친 것이고, 후자에서는 '다른 일방'이 배우자를 가리키고 '자'는 '자

녀'라고 수정하고 있으므로 그에 따른 것이며, '상대로 하여'에서 '하여'는 불필요한 말이어서 삭제한 것이다.

(19) 제898조

현행 민법전	2018년 법무부안
第898조(협의상 파양) 양부모와 양자는 협의하여 파양(罷養)할 수 있다. 다만, 양자가 미성년자 또는 피성년후견인인 경우에는 그러하지 아니하다.	第898조(협의파양) 양부모와 양자녀는 협의하여 파양할 수 있다. 다만, 양자녀가 미성년자나 피성년후견인인 경우에는 그렇지 않다.

제목을 '협의상 파양'에서 '협의파양'으로 수정하였다. 이는 '협의상 이혼'을 '협의이혼'으로 수정한 것과 같은 맥락에 있다. 또 일반적인 언어 관용을 고려한 것이기도 하다.

(20) 제905조 제4호

현행 민법전	2018년 법무부안
第905조(재판상 파양의 원인) 양부모, 양자 또는 제906조에 따른 청구권자는 다음 각 호의 어느 하나에 해당하는 경우에는 가정법원에 파양을 청구할 수 있다. 4. 그 밖에 양친자관계를 계속하기 어려운 중대한 사유가 있는 경우	第905조(재판상 파양의 사유) 양부모, 양자녀 또는 제906조에 따른 청구권자는 다음 각 호의 어느 하나에 해당하는 경우에는 가정법원에 파양을 청구할 수 있다. 4. 그 밖에 양친자녀관계를 계속하기 어려운 중대한 사유가 있는 경우

'양친자관계'를 '양친자녀관계'로 수정하였다. 이는 '자'를 '자녀'로 수정한 것과 같은 성질의 수정이다.

(21) 제908조의 4 제1항

현행 민법전	2018년 법무부안
제908조의4(친양자 입양의 취소 등) ① 친양자로 될 사람의 친생(親生)의 아버지 또는 어머니는 자신에게 책임이 없는 사유로 인하여 제908조의2제1항제3호 단서에 따른 동의를 할 수 없었던 경우에 친양자 입양의 사실을 안 날부터 6개월 안에 가정법원에 친양자 입양의 취소를 청구할 수 있다.	제908조의4(친양자녀 입양의 취소 등) ① 친양자녀로 입양될 사람의 친생의 부 또는 모는 자신에게 책임이 없는 사유로 제908조의2제1항제3호 단서에 따른 동의를 할 수 없었던 경우에는 친양자녀 입양의 사실을 안 날부터 6개월 내에 가정법원에 친양자녀 입양의 취소를 청구할 수 있다.

'아버지 또는 어머니'를 '부 또는 모'로 수정하였다.

2018년 법무부안은 이와 같이 수정한 이유로 "① 현행 민법의 '부모', '양부모', '생부', '생모'는 그대로 두고 '부', '모'만 '아버지', '어머니'로 수정할 경우 통일성에 반하고, ② '부', '모'라고 규정하는 것이 무색투명하고 보다 경제적이므로 현행 민법의 '아버지', '어머니'를 "부", "모"로 변경함이 상당함"을 들고 있다.[327]

그러나 저자는 이러한 이유도 납득하기 어렵고, 그 결과도 적절하지 않다고 생각한다.

327) 2018년 법무부안 제854조의 2 '개정이유'.

(22) 제913조

현행 민법전	2018년 법무부안
第913條(保護, 敎養의權利義務) 親權者는子를保護하고敎養할權利義務가있다	제913조(보호·교육·양육할 권리와 의무) 친권자는 자녀를 보호하고 교육하며 양육할 권리와 의무가 있다.

제목에서 '보호, 교양의'를 '보호·교육·양육할'으로, 본문에서 '교양할'을 '교육하며 양육할'으로 수정하였다. 이는 '교양'이라는 어려운 한자어를 쉬운 용어로 풀어쓴 것이다.

(23) 제918조 제3항

현행 민법전	2018년 법무부안
第918條(第三者가無償으로子에게授與한財産의管理) ③第三者의指定한管理人의權限이消滅하거나管理人을改任할必要있는境遇에第三者가다시管理人을指定하지아니한때에도前項과같다	제918조(제3자가 무상으로 자녀에게 준 재산의 관리) ③ 제3자가 지정한 관리인의 권한이 소멸되거나 관리인을 바꿀 필요가 있는 경우에 제3자가 다시 관리인을 지정하지 않은 때에도 제2항과 같다.

'개임할'을 '바꿀'로 수정하였다. 이는 어려운 한자어를 쉬운 우리말로 고친 것이다.

6. 제5편 상속

(1) 제1000조 제2항

현행 민법전	2018년 법무부안
第1000條(相續의順位) ②前項의境遇에同順位의相續人이數人인때에는最近親을先順位로하고同親等의相續人이數人인때에는共同相續人이된다.	제1000조(상속의 순위) ② 제1항의 경우 같은 순위의 상속인이 여러 명일 때에는 피상속인과 촌수가 가장 가까운 사람이 선순위가 되고, 촌수가 같은 상속인이 여러 명일 때에는 모두가 공동상속인이 된다.

‘동순위의’를 ‘같은 순위의’로, ‘최근친을 선순위로 하고’를 ‘피상속인과 촌수가 가장 가까운 사람이 선순위가 되고’로, ‘동친등의’를 ‘촌수가 같은’으로 수정하였다. 이들은 모두 어려운 한자어를 일상적이고 쉬운 용어로 고친 것이며, 나아가 둘째의 것은 지나치게 축약된 한자어를 알기 쉽게 풀어쓰기도 한 것이다.

(2) 제1005조

현행 민법전	2018년 법무부안
第1005條(相續과包括的權利義務의承繼) 相續人은相續開始된때로부터被相續人의財産에關한包括的權利義務를承繼한다 그러나被相續人의一身에專	제1005조(상속과 권리·의무의 포괄적 승계) 상속인은 상속이 개시된 때부터 피상속인의 재산에 관한 권리와 의무를 포괄적으로 승계한다. 다만, 피상

屬한것은그러하지아니하다.	속인의 일신에 전속된 것은 그렇지 않다.

제목에서 '포괄적 권리의무의 승계'를 '권리·의무의 포괄적 승계'로, 본문에서 '포괄적 권리의무를 승계한다'를 '권리와 의무를 포괄적으로 승계한다'로, 단서에서 '전속한'을 '전속된'으로 수정하였다. 앞의 둘은 부자연스러운 표현을 일상적인 표현으로 알기 쉽게 고친 것이고, 맨 뒤의 것은 전속된 것이 권리·의무이어서 피동형이 적절하여 '전속된'으로 고친 것이다.

(3) 제1008조

현행 민법전	2018년 법무부안
第1008條(特別受益者의相續分) 共同相續人中에被相續人으로부터財産의贈與또는遺贈을받은者가있는境遇에그受贈財産이自己의相續分에達하지못한때에는그不足한部分의限度에서相續分이있다.	제1008조(특별수익자의 상속분) 공동상속인 중에 피상속인으로부터 재산의 증여나 유증을 받은 사람이 있는 경우에 그 증여나 유증을 받은 재산이 자기의 상속분에 미치지 못할 때에는 그 부족한 부분의 한도에서 상속분이 있다.

'수증재산'을 '증여나 유증을 받은 재산'으로, '달하지'를 '미치지'로 수정하였다. 전자는 이 조문에서 '수증재산'은 '증여나 유증을 받은 재산'이기 때문에 그 점을 명확하게 한 것이고, 후자는 일본어식 표현을 우리에게 친숙한 표현으로 고친 것이다.

(4) 제1008조의 3

현행 민법전	2018년 법무부안
第1008條의3(墳墓등의 承繼) 墳墓에 속한 1町步이내의 禁養林野와 600坪이내의 墓土인 農地, 族譜와 祭具의 所有權은 祭祀를 主宰하는 者가 이를 承繼한다.	제1008조의3(분묘 등의 승계) 분묘에 속한 9,917.36제곱미터 이내의 금양임야(禁養林野)와 1,983.47제곱미터 이내의 묘토(墓土)인 농지, 족보와 제사 도구의 소유권은 제사를 주재하는 사람이 승계한다.

이 조문에서는 임야와 묘토의 면적을 현재의 법정 도량형으로 계산하여 수정하였고, '제구'를 알기 쉽게 '제사 도구'로 고쳤다.

(5) 제1009조 제2항

현행 민법전	2018년 법무부안
第1009條(法定相續分) ②被相續人의 配偶者의 相續分은 直系卑屬과 共同으로 相續하는 때에는 直系卑屬의 相續分의 5割을 加算하고, 直系尊屬과 共同으로 相續하는 때에는 直系尊屬의 相續分의 5割을 加算한다.	제1009조(법정상속분) ② 피상속인의 배우자의 상속분은 직계비속과 공동으로 상속하는 경우에는 직계비속 상속분에 50퍼센트를 더하고, 직계존속과 공동으로 상속하는 경우에는 직계존속 상속분에 50퍼센트를 더한다.

현행 조문상 '상속분의 5할을 가산하고'의 표현이 어떤 의미인지 알기가 어려워 '상속분에 50퍼센트를 더하고'라는 식으로 의미를 알기

쉬우면서도 명확하게 하였다.

(6) 제1014조

현행 민법전	2018년 법무부안
第1014條(分割後의被認知者等의請求權) 相續開始後의認知또는裁判의確定에依하여共同相續人이된者가相續財産의分割을請求할境遇에다른共同相續人이이미分割 其他處分을한때에는그相續分에相當한價額의支給을請求할權利가있다	제1014조(분할 후에 인지된 사람 등의 청구권) 상속 개시 후에 인지나 재판의 확정에 의하여 공동상속인이 된 사람이 상속재산 분할을 청구하는 경우에 다른 공동상속인이 이미 분할이나 그 밖의 처분을 한 때에는 그의 상속분에 해당하는 가액의 지급을 청구할 권리가 있다.

'피인지자'를 '인지된 사람'으로 수정하였다. 이는 '피인지자'가 어려운 한자어일 뿐만 아니라 한글로 써 놓으면 그 의미를 알기가 더욱 어려워 쉬운 말로 풀어쓴 것이다.

(7) 제1036조

현행 민법전	2018년 법무부안
第1036條(受贈者에의辨濟) 限定承認者는前2條의規定에依하여相續債權者에對한辨濟를完了한後가아니면遺贈받은者에게辨濟하지못한다	제1036조(유증받은 자에 대한 변제) 한정승인자는 제1034조와 제1035조에 따라 상속채권자에게 변제를 완료한 후가 아니면 유증받은 자에게 변제할 수 없다.

제목에서 '수증자'를 '유증받은 자'로 수정하였다. 여기의 '수증자'는 －제556조 제1항 등에서와 달리－ '유증받은 자'를 가리킨다. 그리하여 그 점을 분명히 하기 위하여 위와 같이 수정하였다. 이는 제1078조 제목, 제1079조 제목·본문, 제1080조, 제1085조, 제1087조 제1항, 제1088조 제목·제2항에서도 같다. 그에 비하여 조문에 따라서는 '수증자'가 '유증받을 자'를 가리킬 때도 있어서 그렇게 수정된 경우도 있으며, 그러한 조문으로는 제1064조, 제1076조 제목·본문, 제1077조 제1항·제2항, 제1089조 제목·제1항·제2항, 제1090조가 있다.

(8) 제1051조 제2항

현행 민법전	2018년 법무부안
第1051條(辨濟의拒絶과配當辨濟) ②前項의期間滿了後에相續人은相續財産으로써財産分離의請求또는그期間內에申告한相續債權者, 遺贈받은者와相續人이알고 있는相續債權者, 遺贈받은者에對하여各債權額또는受贈額의比率로辨濟하여야한다 그러나優先權있는債權者의權利를害하지못한다	제1051조(변제의 거절과 배당변제) ② 제1항의 기간이 만료된 후에 상속인은 재산분리를 청구하거나 그 기간 내에 신고한 상속채권자 및 유증받은 자와 상속인이 알고 있는 상속채권자 및 유증받은 자에게 상속재산에서 각 채권액이나 유증받은 가액의 비율에 따라 변제해야 한다. 다만, 우선권이 있는 채권자의 권리를 해칠 수 없다.

'수증액'을 '유증받은 가액'으로 수정하였다. 여기의 '수증액'은 '유증받은 가액'을 가리키기 때문에 그것을 구체적으로 표현한 것이다.

(9) 第1058조 제1항

현행 민법전	2018년 법무부안
第1058條(相續財産의國家歸屬) ①제1057조의2의 규정에 의하여 분여(分與)되지 아니한 때에는 相續財産은 國家에 歸屬한다.	제1058조(상속재산의 국가귀속) ① 제1057조의2에 따라 특별연고자에게 나누어 주지 않은 상속재산은 국가에 귀속된다.

'분여되지'를 '나누어 주지'로, '귀속한다'를 '귀속된다'로 수정하였다. 전자는 어려운 한자어를 쉬운 우리말로 고친 것이고, 후자는 피동형이 적절하여 피동형으로 고친 것이다.

(10) 제1066조 제1항

현행 민법전	2018년 법무부안
第1066條(自筆證書에依한遺言) ①自筆證書에依한遺言은遺言者가그全文과年月日, 住所, 姓名을自書하고捺印하여야한다	제1066조(자필증서로 하는 유언) ① 자필증서로 하는 유언은 유언자가 그 전체 내용과 작성 연월일, 주소 및 성명을 직접 쓰고 날인해야 한다.

제목과 본문에서 '자필증서에 의한 유언'을 '자필증서로 하는 유언'으로, '전문'을 '전체 내용'으로, '자서하고'를 '직접 쓰고'로 수정하였다. 이들 중 첫째의 것은 일본식 표현을 없애면서 알기 쉽게 고친 것이며, 그러한 수정은 제1067조, 제1068조, 제1069조, 제1070조에서도 똑같이 하고 있다. 그리고 앞의 수정 내용 중 둘째와 셋째의 것은 그 의미에 맞게 일상적이면서 쉬운 말로 바꾼 것이다.

(11) **제1069조 제1항**

현행 민법전	2018년 법무부안
第1069條(秘密證書에依한遺言) ①秘密證書依한遺言은遺言者가筆者의姓名을記入한證書를嚴封捺印하고이를2人以上의證人의面前에提出하여自己의遺言書임을表示한後그封書表面에提出年月日을記載하고遺言者와證人이各自署名또는記名捺印하여야한다	제1069조(비밀증서로 하는 유언) ① 비밀증서로 하는 유언은 유언자가 필자의 성명을 기입한 증서를 단단히 봉하여 날인하고, 이를 두 사람 이상의 증인 앞에 제출하여 자기의 유언서임을 표시한 후 그 봉투 겉면에 제출 연월일을 기재하며, 유언자와 증인이 각자 서명하거나 기명날인해야 한다.

'엄봉날인하고'를 '단단히 봉하여 날인하고'로, '증인의 면전에'를 '증인 앞에'로, '그 봉서 표면에'를 '그 봉투 겉면에'로 수정하였다. 이들은 모두 어려운 한자어를 쉬운 말로 고친 것이다.

(12) **제1110조**

현행 민법전	2018년 법무부안
第1110條(破毁로因한遺言의撤回) 遺言者가故意로遺言證書또는遺贈의目的物을破毁한때에는그破毁한部分에關한遺言은이를撤回한것으로본다	제1110조(파손 등에 의한 유언의 철회) 유언자가 고의로 유언증서나 유증의 대상물을 파손하거나 훼손한 경우에는 그 부분에 관한 유언은 철회한 것으로 본다.

제목에서 '파훼로 인한'을 '파손 등에 의한'으로, 본문에서 '파훼한 때'를 '파손하거나 훼손한 경우'로 수정하였다. 이것들은 사회에서 사용하지 않는 매우 어려운 한자어를 일상적이고 쉬운 용어로 고친 것이다.

제5장 알기 쉬운 민법을 위한 추가 연구 과제

1. 서설

이 책 제3장과 제4장에서는 2018년 법무부안의 변화된 모습을 각각 집단적으로, 그리고 개별적으로 살펴보았다. 그리고 그 과정에서 미시적으로 2018년 법무부안의 다소 미흡한 점을 언급하기도 하였다. 그런데 여기서는 보다 거시적인 관점에서 우리 민법전이 알기 쉽게 변하기 위하여 연구·검토해야 할 점을 기술하려고 한다. 그러한 과제 가운데에는 중요하지만 어려운 법률용어의 개선도 있고, '법원'을 '가정법원'이라고 규정해야 하느냐와 같은 규정방법에 관한 것도 있다. 그런가 하면 쉼표의 활용과 같은 일반적인 어법의 문제도 있다. 그리고 이들 중에는 결심하기에 따라서 이번 입법과정에서 즉시 반영될 수 있는 것도 있다. 이하에서 하나씩 차례로 살펴보기로 한다.

2. '참칭상속권자'의 변경

2018년 법무부안은 제999조에서 현행 민법전상의 '참칭상속권자(僭稱相續權者)'라는 용어를 그대로 유지하고 있다. 이는 대단히 바람직하지 못한 태도이다. '참칭(僭稱)'은 그 음을 제대로 알기조차 어려운 한자어이다. 알기 쉬운 민법을 만들면서 이러한 용어를 그대로 남겨 두는 일은 결코 있어서는 안 된다. 2018년 법무부안을 심의한 T/F에서는 참칭상속인에 대한 현재의 해석에 비추어 다른 용어로 변경하는 것이 내용 손상을 가져올까봐 유지했다고 한다.328) 이와 같은 조심스러운 태도도 이해되기는 하나, 그러다보면 민법을 알기 쉽게 만드는 데서 멀어지는 문제가 생긴다. 사실 참칭상속인에 대한 현재의 해석이 '참칭'이라는 단어에서 비롯된 것이라고 보기는 어렵다. '참칭'은 사전에 따르면 "분수에 넘치는 칭호를 스스로 이름"을 가리킨다.329) 이러한 단어의 뜻에 비추어보면 그 명칭은 결코 참칭상속인에 대한 현재의 여러 해석의 준거점을 제시해 주지도 못한다. 그리고 본래 용어의 의미는 실질이 결정하므로, 알기 쉬운 민법의 입법에 따라 참칭상속인의 용어가 변경된 뒤 용어가 변경되었음을 전제로 그 해석에 관한 판례와 이론이 유지되면 이제 새로운 용어에 대한 이론으로 정착하게 된다. 이는 결국 민법을 누구를 위해 얼마나 쉽게 바꾸어 줄 것인가의 문제라고 할 수 있다. 이 같은 용어를 남겨 두고 어떻게 민법을 쉽게 고쳤다고 하겠는가? 그러한 시점에서 저자는 이미 다른 문헌에서 참칭상속권자의 표현은 "설사 용어의 의미가 약간 손상된다고 해도 반드시 바꾸어야 한다"고 주장한 바 있다.330) 그러나 이것이 내용 개정이 되더라도 쉽게 고치는 것이 능사라는 의미는 아니다. '참칭상속권자'라는 용어가 민법전에 꼭 필요하지 않으면서 너무나도 어려운 용어이어서 수정의 필요성이 그만큼 크다는 뜻으로 한 말이다.

2013년 법제처 정비안에서는 깊이 있는 논의 끝에 '참칭상속권자'를 '가장상속인'으로 고쳤다. 2018년 법무부안에서는 '가장'이라는 표현

328) 2018년 공청회 자료집, 98면 · 99면(현소혜).

329) [국립국어원 홈페이지 표준국어대사전 사이트 http://stdweb2.korean.go.kr/search/List_dic.jsp] (최종방문일 2018. 10. 1)

330) 2018 민법개정안 의견서, 313면(송덕수).

이 통정허위표시와 결합되어 사용되고 그 의미와 참칭상속인에 대한 해석이 불일치한 점을 들어 이를 채택하지 않았다고 한다.[331] 그러나 전술한 '용어의 실질 의존성'을 고려할 때 반드시 설득력 있는 이유라고는 할 수 없다. 그리하여 사견으로는 '가장상속인'이 적절한 대안이라고 생각한다. 만약 그 용어가 미흡하다면 다른 적절한 용어를 찾아서라도 '참칭상속권자'라는 용어는 반드시 고쳐야 한다.

3. '공작물(工作物)'의 변경

현행 민법전은 제223조 등 여러 조문에서 '공작물'이라는 용어를 사용하고 있다. 그런데 일반인들은 이 '공작물'을 대단히 어렵게 느낀다. 그리하여 2013년 법제처 정비안을 심의한 자문위원회에서는 '공작물'을 순화하는 데 대해 심도 있게 검토하였다.[332] 그 결과 위원들 모두가 '공작물'을 적절한 용어로 고쳐야 한다는 점에서는 의견이 일치했으나, 모든 규정에서 동일한 하나의 용어로 교체할 것인지 개별 조문별로 다르게 바꿀 것인지, 그리고 대체 용어를 무엇으로 할 것인지에 대해 의견이 나뉘어, 위원회에서는 '공작물'을 유지하기로 했었다.[333] 그런데 그 후 법제처에서는 내부 논의를 거쳐 최종안을 확정하면서 다른 법령에서 '공작물'을 대체하는 용어로 사용되어 오던 '인공구조물'로 고치기로 하여, 2013년 법제처 정비안에서는 '공작물'이 모두 '인공구조물'로 수정되었다.[334]

2013년 법제처 자문위원회에서 '공작물'에 대해 논의할 무렵 저자는 주변의 일반인들에게 '공작물'이라는 말을 어떻게 생각하는지 물어보았다. 그랬더니 어떤 이는 초등학교 시절의 공작시간이 떠오른다고 하고, 또 어떤 이는 공작원(첩보원)이 연상된다고 하였다. 그리고 어느 누

331) 2018년 공청회 자료집, 98면(현소혜) 참조.

332) 그 논의는 자문위원회 제4차 회의(2013. 7. 24)에서 행해졌다. 그 회의 자료에 대해서는 법제처, 민법 설명자료집, 28면 이하(제철웅) 참조.

333) 그에 대해서는 법제처, 민법 설명자료집, 30면 주 1(제철웅)에도 소개되어 있다.

334) 동지 법제처, 민법 설명자료집, 30면 주 1(제철웅).

구도 민법상의 '공작물'의 개념과 가깝게 생각하지 않았다. 즉 '공작물'은 민법상의 의미라면 일반인에게는 거리가 먼 개념인 것이다. 그렇다면 '공작물'이라는 용어는 마땅히 친숙하고 알기 쉬운 용어로 고쳐져야 한다. 그 용어는 전문적인 법률용어의 반열에 있는 것도 아니어서 더욱 그렇다.

'공작물(工作物)'이라는 용어가 －일본에서－ 처음에 어떻게 만들어졌는지 확실히 알기는 어렵다. 그런데 그것은 한자의 뜻을 이용하여, 인공적으로('工'), 만들어진('作') 물건('物')을 그렇게 표현한 것으로 생각된다. 그리고 그러한 뜻이 문자 '工作物'에 고스란히 담겨 있다. 그런데 일반인은 물론이고 법률전문가도 '공작물'을 보고 바로 그런 뜻을 생각해내지 못한다. 이러한 사실은 '공작물'이 바람직하지 않은 용어임을 단적으로 보여준다. 그래서 그 용어를 다르게 바꾼다면, 문자적인 의미에 가장 가까운 것은 '인공제작물'이라고 할 수 있다. 그런데 우리나라 사람들은 대개 '인공'이라는 단어에 거부감을 가지고 있다. 그리고 '인공'이라는 단어만 사용하면 '인공적인'이라는 의미를 바로 떠올리지 못한다. 그러한 점을 고려하여 '인공제작물'을 '제작물'이라고 줄여서 표현할 수도 있다. 다만, '제작물'은 도급계약에서 '제작물공급계약'이 논의되고 있는 점 때문에 주저하게 하는 면이 있다. 그렇지만 좋은 대체 용어 중 하나라고 생각한다.

'공작물'의 대체용어로는 방금 언급한 '인공제작물'이나 '제작물' 외에 2013년 법제처 정비안에서 사용한 '인공구조물'이나 자문위원회에서 제시된 바 있는 '시설물'이 검토될 수 있다. 아무튼 어느 용어로 하든지 '공작물'이라는 용어도 수정하는 것이 필요하며, 사견으로는 그 수정도 알기 쉬운 민법을 위한 개정시에 이루어졌으면 한다.

4. '면접교섭권'의 변경

현행 민법전은 제837조의 2에서 면접교섭권을 규정하고 있다. 이

면접교섭권은 미성년의 자를 보호·양육하지 않는 부 또는 모와 그 자녀가 상호간에 직접 만나거나 전화·편지 등을 통하여 접촉할 수 있는 권리이다.[335] 그리고 그 권리는 −2016. 12. 2.의 민법 개정에 따라− 자를 직접 양육하지 않는 부모 일방의 직계존속에게도 일정한 요건 하에 인정되고 있다. 이와 같은 면접교섭권은 부, 모 또는 그의 직계존속(일정한 경우)이 자녀와 직접 만나거나 교류를 할 권리이며, 어떤 '교섭'을 하는 권리가 아니다. 그런 점에서 볼 때 '면접교섭권'이라는 명칭은 적절하지 않다.

2009년 법무부안을 심의한 특별분과위원회에서는 전술한 점을 고려하여 '면접교섭권'을 '면접교류권'으로 수정하기로 하였고, 그러한 태도는 2013년 법제처 자문위원회에서도 유지되었다. 그 결과 2009년 법무부안과 2013년 법제처 정비안은 모두 '면접교섭권'을 '면접교류권'이라고 수정하였다.

2018년 공청회 자료집에 따르면, 2018년 법무부안을 심의한 T/F도 초기(제4회 회의)에는 '면접교섭권'을 '면접교류권'으로 수정하기로 의결했다고 한다.[336] 그런데 나중에(제18차 회의) 그 명칭을 다시 '면접교섭권'으로 되돌리기로 하였고, 그 주된 이유는 내용 변경의 우려가 있기 때문이었다고 한다.[337] 그리고 그 우려가 생긴 원인으로 본래 면접교섭권이 비양육친이 양육친과 양육에 관한 사항을 협의할 때 자녀의 면접에 관한 사항에 대해서도 교섭할 수 있는 권리를 인정해 준 것에 연원이 있다는 점, 면접교섭권은 비양육친의 양육친에 대한 권리일 뿐 비양육친의 자녀에 대한 권리로 보기는 어렵다는 점 등을 든다.[338] 그러나 이는 현재 민법전에 규정되어 있는 면접교섭권의 실체를 직시하기보다 주변적인 문제를 지나치게 의식하는 입장이어서 그것이 충분한 근거가

335) 송덕수, 앞의 친족상속법, [80].
336) 2018년 공청회 자료집, 97면(현소혜).
337) 2018년 공청회 자료집, 97면·98면(현소혜) 참조.
338) 2018년 공청회 자료집, 97면·98면(현소혜).

되기는 어렵다. 그리고 민법 제837조의 2의 면접교섭권은 어디까지나 부 · 모 · 직계존속이 '자녀와' 교류하는 권리로 되어 있어서 제837조의 2의 제목에 사용된 '면접교섭권'이라는 명칭은 그 규정의 본문과 일치하지 않는다. 그러므로 '면접교섭권'은 '면접교류권'으로 수정되어야 한다. 이에 대한 보다 깊은 연구 · 검토가 필요하다고 하겠다.

5. '부', '모'의 변경

현행 민법전은 제781조 등 많은 조문에서 '부', '모'라는 표현을 사용하고 있다. 2018년 법무부안은 이러한 현행 민법전상의 '부', '모'라는 표현을 '아버지', '어머니'라고 고치지 않고 그대로 유지하였다. 오히려 최근에 민법이 개정되면서 법제처의 정비기준[339]에 따라 '아버지', '어머니'라고 되어 있는 조문도 '부', '모'로 다시 개정하려고 한다. 제854조의 2 제1항, 제856조, 제908조의 4 제1항에서 그렇다. 이와 같은 2018년 법무부안의 태도에는 의문이 있으며, 옳지 않다고 생각한다.

일반사회에서 '부'나 '모'는 단독으로 사용되는 단어가 아니다.[340] 그 말은 법률에서만 사용되는 법률전문가만의 용어일 뿐이다. 그러므로 민법을 국민들에게 친숙하게 하려면 일상적인 단어로 고쳐주어야 한다. 그러한 취지에서 2009년 법무부안에서 이미 '부'를 '아버지'로, '모'를 '어머니'로 수정하기로 하였으며, 그러한 태도는 2013년 법제처 정비안에도 승계되었다. 그리고 법제처에서는 그것을 법령의 정비기준으로 삼기도 하였다.[341] 그 후 2015년 법무부안도 같은 태도를 취하였다. 그런데 2018년 법무부안은 예전의 태도로 되돌아갔다.

2018년 공청회 자료집에는 2018년 법무부안이 '부', '모'로 규정하기로 한 이유들이 제시되어 있다.[342] 그것은, ① '부모'라는 합성어를 사

339) 법제처, 정비기준(제8판), 200면('모') · 204면('부') 참조.

340) 일본어에서는 우리말에서와 달리 훈독하는 고유어로 '부', '모'가 있다고 한다. 김문오/홍사만, 우리 민법, 241면.

341) 주 339의 문헌 참조.

342) 2018년 공청회 자료집, 93면 · 94면(현소혜) 참조.

용할 수 있다면 '부' 또는 '모'와 같은 단일어를 사용하지 못할 이유가 없다는 점, ② 일상적으로 사용되는 '아버지'나 '어머니'라는 표현에는 친부모 외에 계부모, 양부모 등이 포함되므로 '아버지', '어머니'를 법률 용어로 도입하면 법률적 정의에 대한 논란과 국민들에게 혼란이 생길 우려가 있다는 점, ③ '부', '모'는 인물을 지칭하는 성격이 있는데 비해 '아버지', '어머니'는 '호칭'으로서의 성격도 겸해서 문제가 생길 수 있다는 점으로 요약될 수 있다. 그러나 —위 ①에 대해서 본다면— 언어 관행은 논리나 타당성으로 강제할 수 없는 것이고, ②는 지나친 기우이며, ③에 대해서는, 우리처럼 '아버지', '어머니' 외에 '부', '모'라는 말이 없는 나라에서는 민법에 규정하는 것 자체가 불가능할 것이고 우리나라에서도 처음에 '아버지', '어머니'를 사용했으면 아무런 논란도 없이 법이 시행되었을 것이라는 점을 지적할 수 있다. 그런데 보다 중요한 것은, 이러한 점들이 아니고, 오히려 알기 쉬운 민법이 어떤 목적으로 누구를 위하여 만들어져야 하는가의 관점에서 검토되어야 한다는 점이다. 일반인의 시각은 고사하고 국어 학자도 아니고 법률문언에 아주 익숙해져 버린 법률전문가의 시각에서 다소 억지스러운 이유나 근거를 들어서 쉽고 자연스러운 용어 사용을 포기한다면 그것은 거시적인 관점에서 볼 때 대단히 부적절하다. 사견으로는 '부', '모'는 반드시 '아버지', '어머니'로 수정되어야 하며, '부', '모'를 '아버지', '어머니'로 수정하도록 하는 현재 법제처의 정비기준은 앞으로도 그대로 유지되어야 한다.

6. '하자(瑕疵)'의 변경

현행 민법전은 제116조, 제119조 제2항 등 매우 많은 조문에서 '하자'라는 어려운 한자어를 사용하고 있다. 그런데 2018년 법무부안은 그 '하자'를 그대로 유지하고 있다. 이는 바람직하지 않다. 그에 대해서는 이미 다른 곳에서 의견을 밝힌 바 있다.[343)]

343) 2018 민법개정안 의견서, 14면(송덕수) 참조.

'하자'는 매우 어려운 한자어이지만 법률전문가에게는 익숙한 용어이다. 이러한 사정은 그 용어를 더욱 수정해야 한다는 점을 보여준다. 만약 법률전문가가 그 용어를 사용하게 되면 일반 국민들은 매우 권위주의적이고 이질적으로 느끼게 될 것이다.[344] 그러므로 국민을 생각한다면 이번에 '하자'를 수정해야 한다. 법제처에서도 오래 전부터 '하자'를 '흠' 등으로 수정해오고 있다.[345]

7. 민법전상의 '가정법원'의 변경

현행 민법전은 제9조 제1항·제2항 등 많은 규정[346]에서 '가정법원'이라는 표현을 쓰고 있다. 그것은 가정법원의 관할에 속하는 점을 규정한 것이다. 그 표현은 민법 제정시에는 전혀 없었는데 그 후에 특히 친족편이 개정되면서 들어가기 시작하여 상당수가 존재하게 되었다. 그런데 실체법이고 기본법인 민법에 '가정법원'이라고 규정하는 것은 부적절하다. 어떤 사건에 대하여 가정법원의 전속관할로 할 것인지는 가사소송법 등 절차법에서 규정하면 되고 그에 관하여 굳이 실체법인 민법에서 규정할 필요는 없다. 그리고 민법전에 '가정법원'이라고 규정한 경우에 후에 가사소송법에서 관할 법원을 바꾸면 민법전을 함께 개정하든지, 아니면 민법은 개정되지 않은 채 관할 법원이 바뀌게 되는데, 이러한 점 때문에도 민법전에 '가정법원'이라고 규정하는 것이 바람직하지 않다.[347] 또한 현재의 민법 조문에 '가정법원'이라고 규정하지 않고 있는데 가정법원의 관할로 되어 있는 경우도 있는데(제22조 제1항, 제27조 제1항이 그 예임), 그와 같은 경우에 관한 규정과 균형이 맞지 않는 점도 있다.[348] 그러므로 현행 민법전에서 '가정법원'이라고 하고 있는 것은 모두 '법원'으로 고쳐주어야 한다.

---

344) 2018 민법개정안 의견서, 14면(송덕수) 참조.
345) 법제처, 정비기준(제8판), 242면 참조.
346) 그러한 규정은 특히 친족편·상속편에 많이 있다.
347) 2018 민법개정안 의견서, 17면(송덕수)에서도 같은 취지로 기술하였다.
348) 2018 민법개정안 의견서, 17면(송덕수)도 같은 취지이다.

2009년 법무부안과 2013년 법제처 정비안은 모두 그러한 태도를 취하였다. 그리고 2015년 법무부안도 그러한 입장이었다. 그런데 2018년 법무부안만은 태도가 달라졌다. 2018년 법무부안에서는 ① '가정법원'을 '법원'으로 수정하면 가정법원의 전속관할로 선언하였던 과거의 입법자의 의사를 무시하고 이번 개정에 의해 관할변경의 가능성을 인정한 것으로 오인받을 우려가 있다는 점, ② 통일을 위해 현행 민법상 '법원'이라고만 서술되어 있는 부분을 모두 '가정법원'으로 수정한다면 해당 사건의 관할 문제를 가사소송법에 맡기고자 했던 입법자의 의도에 반하는 결과를 가져온다는 점을 유지의 근거로 제시한다.[349] 그러나 이는 납득하기 어려운 주장이다. 민법에서 '가정법원'을 '법원'으로 수정한다고 하여 관할이 바뀌는 것이 아님은 물론이고 그것을 보고 관할 변경으로 오인할 사람이 있을 것 같지도 않다. 그리고 민법에서 '가정법원'의 관할로 규정한 것은 법체계를 넘어선 입법이므로 그것은 바로잡아야 마땅하며, 두 가지 모습의 입법에서 입법자의 의도를 과대평가하는 것도 문제이다. 2018년 법무부안처럼 하면 오히려 민법전에 '가정법원'의 관할 사건이라는 점이 규정되어 있는 점에서 부적절하며, 그렇게 규정된 경우 외에 민법전상 '법원'의 관할로 규정되어 있는데도 가정법원의 관할에 속하는 사건이 있어서 혼란이 생길 여지만 커진다.

요컨대 민법전상 '가정법원'이라는 문구는 모두 '법원'으로 수정되어야 한다.

8. '유류분(遺留分)'의 변경

현행 민법전상의 '유류분'이라는 용어는 대단히 어려운 한자어이다. 그러므로 먼 장래에 민법을 사용할 사람들을 생각하여 이번 기회에 그 용어를 좀 더 쉬운 용어로 수정할 필요가 있다.[350] 2013년 법제처 정비안에서는 깊은 논의를 거쳐 '유류분'을 '상속유보분'이라고 고쳤으며, 그

349) 2018년 공청회 자료집, 97면(현소혜) 참조.
350) 저자는 2018 민법개정안 의견서, 16면(송덕수)에서 이러한 의견을 밝힌 바 있다.

용어가 적절하다고 생각한다.

9. '제777조의 규정에 따른(의한) 친족'의 변경

현행 민법전에는 청구권자로서 친족을 규정하면서 '제777조의 규정에 따른 친족'이라고 표현한 조문이 몇 개 있다. 제781조 제6항, 제906조 제1항('제777조에 따른 양자의 친족'), 제918조 제2항, 제954조, 제1053조 제1항('제777조의 규정에 의한 피상속인의 친족')이 그에 해당한다. 그런데 현행 민법전에는 역시 청구권자로서의 친족을 규정하면서 –의미는 '제777조에 따른(의한) 친족'으로 동일함에도 불구하고– 단순히 '친족'이라고만 규정하고 있는 조문들도 많이 있다.

> 제909조의 2 제1항 · 제2항 · 제3항 · 제5항, 제922조의 2, 제924조 제1항 · 제2항, 제925조, 제926조, 제927조의 2 제2항, 제932조, 제936조 제2항, 제940조, 제940조의 3 제1항 · 제2항, 제940조의 4 제1항 · 제2항, 제959조의 5 제1항, 제959조의 10 제1항, 제959조의 15 제3항, 제959조의 17 제2항, 제974조

가 그에 해당한다. 그러한 조문에서의 '친족'이 제767조에서의 '친족'의 의미일 수는 없다. 이와 같이 일부 조문들에서 규정된 '제777조에 따른(의한) 친족'과 다른 조문들에서 규정된 '친족'이 가리키는 바가 완전히 같은 데도 표현이 불일치하는 것은 문제이다.

그러한 점 때문에 2013년 법제처 자문위원회에서는 '친족'과 '제777조에 따른(의한) 친족' 중 어느 것으로 통일할 것인지에 대해서 검토하였다. 그 결과 '친족'으로 통일하기로 결정하였다. 그 이유로는 ① 2005년 이후에 개정된 민법에서는 '친족'으로 규정하고 있는 점, ② '제777조에 따른'을 붙이지 않아도 해석에 혼란이 없다는 점, ③ 다른 법령에서 친족관계를 규정할 때에도 '친족'으로 규정하고 있는 점이 고려되

었다.[351] 그리고 이러한 태도는 2015년 법무부안에서도 그대로 유지되었다.

그런데 2018년 법무부안은 태도를 바꾸어 '제777조에 따른(의한) 친족'을 현행 민법전에 있는 그대로 두기로 하였다. 그 주된 이유는 '제777조의 규정에 따른 친족'을 '친족'이라고 수정하면 일반 국민은 친족의 범위에 관해 제777조를 적용하지 않기로 내용 개정을 했다고 오인할 위험이 있다는 것이다.[352] 그러나 이는 지나친 걱정이며, 그러한 점 때문에 객관적으로 동일하지 않은 표현이 동일한 내용을 가리키는 불합리를 방치하는 것은 이해하기 어렵다. '제777조에 따른 친족'이라고 규정된 조문이 내용과 관련하여 언제 개정될지 모르고, 민법 개정이 쉽게 이루어지지 않는 점을 고려하면 적절하지 않은 이유를 들면서 필요하고도 좋은 기회를 그냥 버리는 것이어서 안타깝기까지 하다. '제777조에 따른(의한) 친족'이라는 표현은 이번 기회에 반드시 '친족'으로 수정되어야 한다.

10. '선량한 관리자의 주의'의 변경

우리 민법에서 주의(注意)의 원칙은 '선량한 관리자의 주의'이고 그것이 명문으로는 제374조에 규정되어 있다. 그런데 '선량한 관리자의 주의'라는 표현은 사회에서는 전혀 사용하지 않는 것이다. 그러므로 그 표현은 바꾸어주는 것이 좋다. 2013년 법제처 자문위원회에서는 그 문제에 대하여 깊이 있게 검토하였으며,[353] 그 결과 '선량한'을 '성실한'으로 고치기로 하였다. 그 방법이 기존 법률가의 용어 사용에 혼란을 최소화하면서 그것의 문자적인 의미에도 가깝고 일반인에게도 다소 쉬워지기 때문이다.[354]

351) 법제처, 민법 설명자료집 별책, 273면(제781조 제6항의 정비이유).
352) 2018년 공청회 자료집, 95면(현소혜).
353) 그 회의 자료에 관하여는 법제처, 민법 설명자료집, 53면 이하(김성수) 참조.
354) 저자는 이런 이유로 2013년 법제처 정비안과 같이 수정할 것을 제안한 바 있다. 2018 민법개정안 의견서, 15면(송덕수) 참조.

그런데 2018년 법무부안은 현행 민법전상의 '선량한 관리자의 주의'라는 표현을 그대로 유지하였다. 그러한 태도는 2015년 법무부안에서도 마찬가지였다.

생각건대 전문용어라도 일반 국민에게 어렵다면 합리적인 범위에서 수정을 고려하는 것이 필요하다. 그러한 점에서 2013년 법제처 정비안에서처럼 '선량한 관리자의 주의'를 '성실한 관리자의 주의'로 고쳤으면 한다. 그리고 여기에서 더 나아가 보다 쉬운 용어의 창출을 위해 깊은 연구에 착수했으면 한다.

11. '선의', '악의'의 변경

'선의(善意)', '악의(惡意)'라는 표현은 현행 민법전에서 매우 자주 사용된 중요한 법률용어이다. 그런데 그 용어들의 의미는, 실제 사회에서 사용되는 것과 전혀 다르게, 대체로 '어떤 사정을 모르는 것', '어떤 사정을 아는 것'을 가리킨다. 여기서 일반 국민의 시각에서 볼 때 그 용어들은 어려운 것에 해당하고, 따라서 쉬운 표현으로 바꾸는 것이 고려된다. 그러한 점 때문에 2013년 법제처 자문위원회에서는 '선의', '악의'를 문자적인 의미와 유리되지 않는 쉬운 용어로 또는 그 내용을 풀어서 설명해 주는 방식으로 수정하는 데 대하여 심도 있게 검토를 하였다.[355] 그 결과 그 용어가 우리나라뿐만 아니라 대륙법계 국가는 물론이고 영미법계 국가에서도 동일하게 사용되고 있어서 변경에 신중을 기해야 하고, 그것의 의미가 항상 동일하지 않고 풀어쓸 경우에 어려움이 있다는 등의 이유로, 장기 연구과제로 삼고 2013년 법제처 정비안에서는 수정을 하지 않기로 하였다.

'선의', '악의'를 수정하는 문제에 대해서는 2015년 법무부안을 심의할 때도 검토되었으며, 수정을 하지 않기로 하였다.[356] 그리고 2018년 법무부안을 심의할 때에는 특별히 논의되지 않았던 것으로 보인다.

355) 그 회의 자료에 대하여는 법제처, 민법 설명자료집, 32면 이하(김재형) 참조.
356) 2015년 공청회 자료집, 42면 이하(안태용) 참조.

생각건대 '선의', '악의'와 같은 오랜 역사를 가지고 있는 개념은 수정을 검토할 때 매우 신중해야 한다. 그러므로 섣불리 수정을 해서는 안 된다. 그렇다고 하여 실제 사회에서의 의미, 문자적인 의미와 전혀 다르게 사용됨에도 역사성만을 고려하여 신성시할 것만도 아니다. 그러한 용어라도 보다 쉽고 적절하게 고칠 수 있는지를 검토해 보고 적절한 방법이 있으면 적극적으로 수정에 나서야 한다. 그런데 현재의 단계에서는 그렇게 할 만큼 연구가 되어 있지 않으므로, 아직은 수정을 하지 않고, 장차 수정을 위해 연구에 몰두했으면 한다. 그야말로 장기적인 연구과제라고 할 수 있다.

12. '인도', '양도', '양수' 등 훈독하는 일본어의 변경

현행 민법전에는 '인도'(제188조 제1항 등), '양도'(제188조 제1항 등), '양수'(제245조 등) 등의 표현이 자주 사용되고 잇다. 그런데 '인도', '양도', '양수'라는 표현은 우리의 한자어가 아님은 물론 일본에서 음독하는 단어도 아니고 훈독하는 일본 고유어라고 한다.[357] 그러므로 그러한 용어는 우리 민법전에서는 사용하지 않아야 한다. 그런데 이들 용어를 지금 단계에서 바꿀 수는 없다. 그에 대한 깊은 연구가 없었기 때문이다. 그러나 장차에는 이들을 쉽고 적절한 우리 단어로 수정할 수 있어야 한다. 그러기 위해서 그 용어들의 변경에 대해서도 연구를 시작했으면 한다. 특히 문헌에 따르면, 우리가 법전에서 널리 사용하고 있는 취소 · 지분 · 조합 · 인수 · 신원(身元) · 친자(親子) 등도 훈독하는 일본 고유어라고 하니,[358] 이것들의 대체어도 함께 연구되어야 한다. 중요한 장기 연구과제 중의 하나이다.

---

357) 김문오/홍사만, 우리 민법, 236면. 곽윤직, 앞의 민법총칙, 50면도 참조.

358) 곽윤직, 앞의 민법총칙, 50면. 그 외에 특히 판례에서 자주 사용되는 '명도(明渡)'도 마찬가지라고 한다.

13. 쉼표의 적극적인 활용

현행 민법전에는 쉼표가 아주 적게 사용되었다. 민법전 제정 당시 모든 문장의 마침표조차 전혀 없었으니 쉼표가 그렇게라도 사용된 것이 그나마 다행인지도 모른다. 그런데 쉼표 사용의 빈도는 그 후에 민법이 개정될 때나 2018년 법무부안에서도 크게 달라지지 않았다. 2018년 법무부안에서도 쉼표는 특별한 경우, 즉 표준어 규정에 쉼표를 전형적으로 사용하도록 정해진 경우에만 사용되고 있다. 그리하여 아주 긴 문장도 중간에 쉬어갈 곳이 없어 이해하기가 아주 어려운 상태이다.

그런데, 개인적인 경험에 비추어 볼 때, 쉼표를 적절한 곳에 자주 사용해 주어야 문장이 쉬워진다. 특히 법률문장 같이 때로 길어지면서도 어려운 것에서는 쉼표만이 난이도를 낮춰주는 수단이 된다. 무엇보다도 영어에서처럼 조건절 다음에 쉼표가 있으면, 중간에 쉬면서 거기까지의 문장을 생각하면서 그 뒷부분을 보게 되어 이해하기가 한결 쉬워진다. 2009년 법무부안을 심의할 때 저자는 이러한 의견을 제시하였고, 그러한 의견이 받아들여져서 2009년 법무부안은 조건절 다음에 쉼표를 붙이게 되었다. 그 후 2013년 법제처 정비안에서는 긴 문장에서만 조건절 뒤에 쉼표를 붙이기로 하여 긴 조문에서는 쉼표를 붙였었다. 그런데 2018년 법무부안은 다시 옛날 것으로 되돌아가 문장의 장단에 관계없이 조건절 뒤에 쉼표를 붙이는 등의 수정은 하지 않았다. 그러다보니 쉼표를 활용한 알기 쉽게 만드는 방안은 쓰이지 않게 되었다. 아마도 그것이 어법이라는 이유 때문이었을 것이다.

사실 법률규정처럼 '~하는 경우에는 ~효과가 있다'는 문장에서는 조건절 다음에 쉼표가 있는 것이 바람직한데, 우리의 어법에 그것을 명시해 두지 않아 개인적으로 불만이 있었다. 그런데 이번에 표준어 규정을 찾아보다가 큰 희망을 발견하였다. 표준어규정은 제14항에서 "준말이 널리 쓰이고 본말이 잘 쓰이지 않는 경우에는, 준말만을 표준어로 삼는다."라고 되어 있다. 그때 '경우에는' 다음에 쉼표를 찍은 것이다. 저자가 바라던 그 쉼표이다. 여기서 조건절 다음에 쉼표를 찍는 것이 금지되어 있지 않고 허용된다는 것을 간접적으로 알 수 있었다. 따라서 앞으로는 법률문장에서 쉼표를 찍는 적절한 방법을 연구해야 한다. 짧은 문장에서까지 쉼표를 찍는다면 번거롭다고 할 수도 있어서 어떤 경우에 쉼표를 찍는 것이 바람직할지 연구를 할 필요가 있는 것이다. 그리고 그 외에서 쉼표를 찍는 데 적절한 곳이 어디인지에 대한 연구도 필요하다. 그러한 연구를 한 뒤에 민법전과 다른 법령들에 그 방법을 적극적으로 활용하여 문장이 더욱 쉬워질 수 있도록 해야 한다.

제6장 결론

이제까지 2018년 법무부안을 중심으로 그 안이 어떻게 만들어졌고, 현행 민법전과 비교할 때 어떤 공통적·개별적 특징이 있으며, 민법을 더욱 알기 쉽게 개선하기 위하여 우리가 향후 무엇을 해야 하는가에 관하여 밀도 있게 살펴보았다. 아래에서는 그 과정에서 저자가 느낀 점과 덧붙일 점에 대하여 적으려고 한다.

2018년 법무부안이 구체적으로 준비되기 시작된 것은 2008년이며, 그리하여 이제 만 10년에 이르고 있다. 그리고 2008년의 논의가 있기 전에 이미 국어 학자들을 중심으로 민법전을 쉽게 고치기 위한 연구들이 행해졌다. 그런가 하면 2008년의 논의 결과로 2009년 법무부안이 완성되었고, 2013년에는 법제처에서 자문위원회를 구성하여 심도 있는 논의를 거쳐 2013년 법제처 정비안이 성안되었으며, 그 안을 기초로 다시 법무부에서 심의하여 2015년 법무부안이 나왔고, 이번에 2018년 법무부안이 공표되었다. 그 과정에서 다수의 법학자·법조인·법제전문가·국어 학자들이 연구와 논의에 참여하였을 뿐만 아니라, 매 과정에서 깊이 연구하고 치열하게 토론하였다.[359] 그러고 보면 2018년 법무부안을 두고 단기간에 졸속으로 만들었다고는 말할 수 없다.

359) 여기에 대해서는 적어도 저자가 직접 참여했던 2008년 법무부 특별분과위원회와 2013년 법제처 자문위원회 논의에 관한 한 경험과 자료로 증언할 수 있다.

2018년 법무부안은 내용적으로는 완성도가 매우 높다. 그 이유는 아마도 여러 단계에 걸쳐 검토되고, 더구나 각 단계에서 각기 다른 전문가들이 검토를 했기 때문이라고 생각된다. 특히 2013년 법제처 자문위원회에서는 중요 문제에 대해서 깊은 연구에 기초한 회의 자료를 준비한 뒤 토론을 하게 되었고, 위원들 외에 법제처의 주요 전문가들도 총출동하여 집중적으로 논의를 했었는데, 그 영향이 컸던 것으로 보인다. 아무튼 여러 단계에서 충실한 제안과 검토가 행해져서 예상보다 훨씬 뛰어난 안이 만들어졌다. 그러한 성과 중 핵심적인 것은 이 책 제3장에서 상세히 설명하였다. 거기에서 설명한 것이 무엇보다도 2018년 법무부안에서 가장 귀중한 성과라고 할 수 있다.

그런데 2018년 법무부안에는 다소 아쉬운 점도 있다. 알기 쉬운 민법을 위한 '일부 사항에서' 현행 민법전 수준으로 되돌아가버렸기 때문이다. 특히 '가정법원'을 '법원'이라고 수정하지 않은 점이나 '제777조에 따른 친족'을 '친족'이라고 수정하지 않은 점 등은, 불합리가 방치됨을 알면서도 사소한 다른 이유로 민법을 알기 쉽게 만드는 일과 민법전을 일관되게 하는 일을 한꺼번에 포기한 점에서 안타깝기까지 하다. 이 책에서 몇 번 언급했듯이, 누구를 위하여 왜 이렇게 민법개정을 해야 하는가를 생각하여 보다 적극적으로 나설 필요가 있다. 그러한 점에서 이 책 제5장에서 기술한 점들은 보다 능동적으로 개정에 반영하여야 한다.

2018년 법무부안이 입법예고되고 공청회까지 다시 행해졌으니 이제 신속하게 입법화하는 일만 남아 있다. 저자는 이번에 이 책의 집필을 위하여 현행 민법전을 다시 읽어보면서 민법전이 어떻게 아직까지도 이렇게 고색창연한 모습으로 남아 있었는지, 우리가 과연 법률문화의 면에서 선진국으로 될 수 있는지 의아할 정도였다. 그리고 그러한 민법전으로 공부를 하고 실무를 하는 사람들에게 가여운 생각이 들었다. 또한 알기 쉬운 민법을 위해 입법을 했어야 할 사람은, 적극적으로 행동에 앞장서야 할 위치에 있었는데 그러지 않았던 사람이든 그러한 입법을 음으로 양으로 도왔어야 하는데 돕지 못한 사람이든, 누구를 막론하고 모두가 국민들에게는 도리를 다하지 못하고 있는 것이라고 여겨졌다. 그리고 저자라도 나서서 입법을 위한 노력을 기울여야 하겠다고 생각했다. 이 책의 집필은 그러한 노력의 일환이다.

2018년 법무부안은 곧바로 입법되어야 한다. 그런데 알기 쉬운 민법 만들기가 그것으로 충분한 것은 아니다. 그 안을 넘어서서 민법전이 더욱 쉬워질 수 있도록 추가적인 연구와 논의가 행해져야 한다. 민법전을 쉽게 하기 위한 노력이 입법 후에도 계속되어야 하는 것이다. 그리하여 우리 민법전이 세계적으로 유례없이 국민들에게 친숙하고 사랑받는 민법전이 되어야 한다. 가까운 장래에 그러한 소망이 이루어지기를 기원한다.

주요 참고문헌과 자료

1. 단행본

곽윤직, 민법총칙, 신정수정판, 1998
곽윤직, 채권총론, 신정수정판, 1999
국립국어원 표준국어대사전
김상용, 민법총칙, 화산미디어, 2009
김주수/김상용, 친족상속법, 제13판, 2016
김증한/김학동, 민법총칙, 제10판, 2013
민의원, 법제사법위원회 민법안심의소위원회, 민법안심의록(상), 1957
법제처, 알기 쉬운 법령 만들기 백서, 2016
법제처, 알기 쉬운 법령 만들기를 위한 정비기준, 2006(초판)
법제처, 알기 쉬운 법령 정비기준, 제2판, 2009. 1
법제처, 알기 쉬운 법령 정비기준, 제3판, 2009. 12
법제처, 알기 쉬운 법령 정비기준, 제4판, 2011. 12
법제처, 알기 쉬운 법령 정비기준, 제5판, 2012. 12
법제처, 알기 쉬운 법령 정비기준, 제6판, 2014. 12
법제처, 알기 쉬운 법령 정비기준, 제7판, 2015. 12
법제처, 알기 쉬운 법령 정비기준, 제8판, 2017. 12
법제처, 알기 쉽게 새로 쓴 「민법」 설명자료집, 2013
법제처, 알기 쉽게 새로 쓴 「민법」 설명자료집 [별책] 알기 쉽게 새로 쓴 「민법」 정비안, 2013
송덕수, 민법총칙, 제4판, 2018
송덕수, 친족상속법, 제4판, 2018
이영준, 민법총칙, 개정증보판, 2007
이은영, 민법총칙, 제5판, 2009

한국민사법학회 편, 2018년 민법 일부 개정법률[알기 쉬운 민법]안에 관한 민법학자 의견서, 2018

Brox, Allgemeiner Teil des BGB, 15. Aufl., 1991

Fikentscher, Schuldrecht, 8. Aufl., 1992, Rn. 460

Fikentscher/Heinemann, Schuldrecht, 10. Aufl., 2006

2. 논문(용역 보고서 포함) 및 자료

가정준, "적법절차적 측면에서 바로 본 미국 연방의 'Plain Writing Act'", 미국헌법연구(미국헌법학회, 2013), 제24권 제3호

김동욱, "잠정(暫定), 배제(排除), 단행(單行), 병행(竝行) 정립과정을 거쳐 일본어로부터 유래된 한국어 법령 용어", 유라시아연구(아시아·유럽미래학회, 2011), 제8권 제4호

김문오/홍사만, 쉽게 고쳐 쓴 우리 민법, 국립국어원, 2003

김성수, "대만민법전의 물권법개정(2009년, 2010년)과 우리 민법전의 비교법적 시사점－물권편(제3편) 통칙과 소유권, 용익물권의 점유를 중심으로－", 법학연구(경상대학교 법학연구소, 2014), 제22권 제2호

김성수, "대만민법전의 재산편 개정에 관한 연구－제정 후의 주요 개정내용을 중심으로－", 비교사법(한국비교사법학회, 2007), 제14권 제4호

김정인, "국외자가 본 민법의 용어와 문장", 「민법개정, 무엇을 어떻게 할 것인가」(한국민사법학회 2008년 하계 학술대회 발표문집, 2008)

류창호, "2013년 민법개정시안의 문장과 용어의 순화에 관한 연구", 법조(법조협회, 2015), 제64권 제8호

박동진, "알기 쉬운 민법 만들기", 민사법학(한국민사법학회, 2008), 제42호

법무부, 「알기 쉬운 민법」 개정을 위한 민법 개정 공청회 자료집, 2018

서민, '알기 쉬운 민법'을 위한 연구, 법무부 연구용역 과제 보고서, 2011

서민, '알기 쉬운 민법'을 위한 연구(2)<가족법>, 법무부 연구용역 과제 보고서

연구책임자 송덕수, 알기 쉬운 법령 만들기 10년의 성과 평가 및 발전방안에 관한 연구, 법제처 연구용역 보고서(발간등록번호 11－1170000－000588－01, 미공간), 2016

유영일, “상법 제2편(상행위)의 용어와 문장 정비에 관한 고찰－2015년 「알기 쉬운 민법」 개정안과 관련하여－”, 영남법학(영남대학교 법학연구소, 2017), 제45호

윤철홍, “알기 쉬운 민법 개정 작업의 경과와 주요 내용”, ‘「알기 쉬운 민법」 개정을 위한 민법 개정 공청회’ 자료집(법무부, 2015)

윤철홍, “‘알기 쉬운 민법’ 개정작업의 경과와 주요내용”, 법조(법조협회, 2016), 제65권 제1호

이지원, “알기 쉬운 민법을 만들기 위한 법무부 개정 작업”, 「민법개정, 무엇을 어떻게 할 것인가」(한국민사법학회 2008년 하계 학술대회 발표문집), 2008

임중호, “한국에서의 외국법의 계수와 법률용어의 형성과정”, 법학논문집(중앙대학교 법학연구원, 2002), 제26집 제2호

정종휴, “민법전과 법언어(3)－법률용어와 조문구조(條文構造)를 중심으로－”, 사법행정(한국사법행정학회, 1988), 제29권 제7호

정종휴, “일본민법의 현대화”, 법학연구(부산대학교, 2007), 제48권 제1호

황희윤, “민법 알기 쉽게 새로 쓰기”, 고려법학(고려대학교 법학연구원, 2014), 제72호

2015년 법무부안 [법무부 홈페이지 ‘법령/자료’→‘법령 정보’→‘입법 예고’ 사이트 http://www.moj.go.kr/HP/COM/bbs_04/ShowData.do?strNbodCd=foru0002&strFilePath=moj/&strThmWrtNo=820&strThmAnsNo=A&strFilePath=moj/&strRtnURL=MOJ_40203000&strOrgGbnCd=100000]

2018년 법무부안 [법무부 홈페이지 ‘법령/자료’→‘법령 정보’→‘입법 예고’ 사이트
http://www.moj.go.kr/HP/COM/bbs_04/ShowData.do?strNbodCd=foru0002&strFilePath=moj/&strThmWrtNo=977&strThmAnsNo=A&strFilePath=moj/&strRtnURL=MOJ_40203000&strOrgGbnCd=100000 (총칙편)
http://www.moj.go.kr/HP/COM/bbs_04/ShowData.do?strNbodCd=foru0002&strFilePath=moj/&strThmWrtNo=978&strThmAnsNo=A&strFilePath=moj/&strRtnURL=MOJ_40203000&strOrgGbnCd=100000 (물권편)
http://www.moj.go.kr/HP/COM/bbs_04/ShowData.do?strNbodCd=foru0002

&strFilePath=moj/&strThmWrtNo=979&strThmAnsNo=A&strFilePath=moj/&strRtnURL=MOJ_40203000&strOrgGbnCd=100000 (채권편)
http://www.moj.go.kr/HP/COM/bbs_04/ShowData.do?strNbodCd=foru0002&strFilePath=moj/&strThmWrtNo=980&strThmAnsNo=A&strFilePath=moj/&strRtnURL=MOJ_40203000&strOrgGbnCd=100000 (친족편 · 상속편)]

저자약력

서울대학교 법과대학, 동 대학원 졸업
법학박사(서울대)
경찰대학교 조교수
Santa Clara University, School of Law의 Visiting Scholar
사법시험 · 행정고시 · 외무고시 · 입법고시 · 감정평가사시험 · 변리사시험 위원
현재: 이화여자대학교 법학전문대학원 교수

주요 저서

착오론
민법주해[Ⅱ], [Ⅷ], [Ⅸ], [ⅩⅢ](각권 공저)
주석민법 채권각칙(7)(공저)
법학입문(공저)
법률행위와 계약에 관한 기본문제 연구
대상청구권에 관한 이론 및 판례연구
부동산 점유취득시효와 자주점유
법률행위에 있어서의 착오에 관한 판례연구
계약체결에 있어서 타인 명의를 사용한 경우의 법률효과
흠있는 의사표시 연구
민법개정안의견서(공저)
제 3 자를 위한 계약 연구
민법사례연습
민법강의(상)(하)
채권의 목적 연구
불법원인급여에 관한 이론 및 판례 연구
법관의 직무상 잘못에 대한 법적 책임 연구
신민법강의
신민법사례연습
신민법입문
민법 핵심판례200선(공저)
민법총칙
물권법
채권법총론
채권법각론
친족상속법
시민생활과 법(공저)
기본민법

2018년 법무부 민법개정안(알기 쉬운 민법안)을 중심으로
민법전의 용어와 문장구조

초판발행 2018년 11월 10일

지은이 송덕수
펴낸이 안종만

편 집 김선민
기획/마케팅 조성호
표지디자인 조아라
제 작 우인도·고철민

펴낸곳 (주) 박영사
서울특별시 종로구 새문안로3길 36, 1601
등록 1959. 3. 11. 제300-1959-1호(倫)
전 화 02)733-6771
f a x 02)736-4818
e-mail pys@pybook.co.kr
homepage www.pybook.co.kr
ISBN 979-11-303-3287-1 93360

정 가 26,000원